KRAICHTALER KOLLOQUIEN

Band 14

KRAICHTALER KOLLOQUIEN

Herausgegeben
von der Stadt Kraichtal

Band 14

Jan Thorbecke Verlag

BAUERNKRIEG

REGIONALE UND ÜBERREGIONALE ASPEKTE EINER SOZIALEN ERHEBUNG

Herausgegeben
von Kurt Andermann
und Gerrit Jasper Schenk

Jan Thorbecke Verlag

Dieses Buch und die ihm zugrundeliegende Tagung wurden ermöglicht mit freundlicher Unterstützung

des Kraichgauer Adeligen Damenstifts, Karlsruhe
der Gustav-Siegle-Stiftung, Bad Rappenau
der Gisela und Reinhold Häcker-Stiftung, Odenheim
des Heimatvereins Kraichgau e. V., Sinsheim
des Heimat- und Museumsvereins Kraichtal e. V.
der Sparkasse Kraichgau, Bruchsal und Sinsheim
des Weinguts des Grafen Neipperg, Schwaigern
der Stadt Kraichtal

Die Verlagsgruppe Patmos ist sich ihrer Verantwortung gegenüber unserer Umwelt bewusst. Wir folgen dem Prinzip der Nachhaltigkeit und streben den Einklang von wirtschaftlicher Entwicklung, sozialer Sicherheit und Erhaltung unserer natürlichen Lebensgrundlagen an. Näheres zur Nachhaltigkeitsstrategie der Verlagsgruppe Patmos auf unserer Website www.verlagsgruppe-patmos.de/nachhaltig-gut-leben

Bibliografische Information der Deutschen Nationalbibliothek
Die Deutsche Nationalbibliothek verzeichnet diese Publikation
in der Deutschen Nationalbibliografie; detaillierte bibliografische Daten
sind im Internet über http://dnb.d-nb.de abrufbar.

2., unveränderte Auflage 2025
Alle Rechte vorbehalten
© 2024 Jan Thorbecke Verlag
Verlagsgruppe Patmos in der Schwabenverlag AG, Senefelderstr. 12, 73760 Ostfildern
kundenservice@verlagsgruppe-patmos.de
www.thorbecke.de

Gestaltung und Satz: Schwabenverlag AG, Ostfildern
Druck: Memminger MedienCentrum, Memmingen
Hergestellt in Deutschland
ISBN 978-3-7995-9284-0

Inhalt

Vorwort 7

Gerrit Jasper Schenk
    Was wollten die Bauern? Die Zwölf Artikel und das Problem
    der Allmende 11

Kurt Andermann
    Bäuerliches Recht und herrschaftliche Verdichtung 45

Enno Bünz
    Bauern und Reformation. Eine Umschau im Reich 65

Nina Gallion
    „Damit das evangelium und die gerechtigkeit ein furgang uberkom".
    Der Bauernkrieg im Kraichgau und am Bruhrain 107

Christine Reinle
    Gewalthandeln von Bauern. Bauernfehden und Bauernkrieg
    im Vergleich 135

Hermann Ehmer
    Die Weinsberger Bluttat. Der Wendepunkt des Bauernkriegs 169

Oliver Auge
    Hauptmann der Bauern oder ihr Gefangener?
    Götz von Berlichingens Rolle im Bauernkrieg. 187

Andreas Flurschütz da Cruz
    „Würde er lieber zugesehen haben, daß sie erstochen würden,
    als daß er sich mit ihnen verbrüderte".
    Florian Geyer von Giebelstadt im Bauernkrieg 205

Bernd Schneidmüller
　Wieviel Bauer braucht die bürgerliche Bauernkriegsforschung?
　Schlussgedanken 233

Register der Personen und Orte 257

Register der Sachen und Begriffe 267

Abbildungsnachweis 273

Verzeichnis der Autorinnen und Autoren 274

Vorwort

Der deutsche Bauernkrieg von 1525 war in der Erinnerung allzeit präsent, aber mit Jubiläen wird seiner erst in jüngerer Zeit gedacht.[1] Bauernkriegschroniken und Rechtfertigungsschriften entstanden bereits unmittelbar nach dem Aufstand, erinnert sei nur an die eingehenden Berichte Lorenz Fries',[2] Peter Harers,[3] Georg Schwarzerds[4] und die Aufzeichnungen eines anonymen Autors zum Bauernkrieg am Oberrhein[5] oder an die Lebensbeschreibung Götz von Berlichingens.[6] Im übrigen jedoch wurde das von Leopold von Ranke behutsam so bezeichnete „größte Naturereigniß des deutschen Staates"[7] drei Jahrhunderte lang eher peinlich beschwiegen. Mit dem dreibändigen Werk des evangelischen württembergischen Pfarrers und späteren Paulskirchen-Abgeordneten Wilhelm Zimmermann über die ‚Allgemeine Geschichte des großen Bauernkrieges'[8] begann dann noch vor der Revolution von 1848 die historisch-wissenschaftliche Beschäftigung mit dem Aufstand von 1525, und bald danach gründete Friedrich Engels auf Zimmermanns

---

1 Friedrich WINTERHAGER, Bauernkriegsforschung (Erträge der Forschung 157), Darmstadt 1981, dazu die Rezension von Eike WOLGAST in: Blätter für deutsche Landesgeschichte 119 (1983) S. 473–476; Horst BUSZELLO, Deutungsmuster des Bauernkriegs in historischer Perspektive, in: Der deutsche Bauernkrieg (UTB 1275), hg. von Horst BUSZELLO, Peter BLICKLE und Rudolf ENDRES, Paderborn u. a. 1984, S. 11–22; Der deutsche Bauernkrieg von 1525 (Wege der Forschung 460), hg. von Peter BLICKLE, Darmstadt 1985; Peter BLICKLE, Der Bauernkrieg. Die Revolution des Gemeinen Mannes (Beck Wissen 2103), München ⁵2018, S. 7–10.
2 August SCHÄFFLER und Theodor HENNER, Lorenz Fries. Die Geschichte des Bauernkrieges in Ostfranken, 2 Bde. Würzburg 1883.
3 Günther FRANZ, Peter Harers wahrhafte und gründliche Beschreibung des Bauernkriegs (Schriften der Pfälzischen Gesellschaft zur Förderung der Wissenschaften 25), Kaiserslautern 1936.
4 Josef WÜRDINGER, Nachricht von dem Bauernaufruhr oder bäurischen Krieg des Georg Schwarzerdt 1514 bis 1526 (Separatabdruck aus dem Neuburger Collectaneenblatt), Neuburg an der Donau 1879.
5 Franz Joseph MONE, Quellensammlung der badischen Landesgeschichte, Bd. 2, S. 17–41.
6 Helgard ULMSCHNEIDER, Götz von Berlichingen. Mein Fehd und Handlungen (Forschungen aus Württembergisch Franken 17), Sigmaringen 1981, S. 122–134.
7 Leopold VON RANKE, Deutsche Geschichte im Zeitalter der Reformation, Bd. 2, Berlin 1839, S. 210.
8 Wilhelm ZIMMERMANN, Allgemeine Geschichte des großen Bauernkrieges, nach handschriftlichen und gedruckten Quellen, 3 Bde., Stuttgart 1841–1843.

Werk seine Schrift über den „großartigsten Revolutionsversuch des deutschen Volkes",[9] mit der das Thema nachhaltig in den politischen Diskurs eingeführt war. „Jubiliert" hat man indes auch dann noch lange nicht, schon gar nicht 1875, und nicht einmal 1925, nachdem man sich der Monarchie und des Gottesgnadentums erfolgreich entledigt hatte. Mit dem in den späten 1920er und frühen 1930er Jahren entstandenen und bis in die 1980er Jahre in vielen Auflagen erschienenen Buch ‚Der deutsche Bauernkrieg' von Günther Franz fand das Thema seine für mehrere Generationen gültige Würdigung.[10] Dass schließlich der „Revolution von 1525" anlässlich ihres 450jährigen Jubiläums 1975 in großem Stil und mit schier zahllosen Publikationen gedacht wurde, lag seinerzeit gewissermaßen in der Luft, zumal dabei die Historiographen zweier im Kalten Krieg befangener deutscher Staaten Gelegenheit fanden, um die Deutungshoheit über das historische Geschehen zu konkurrieren, in den westlichen Teilen Deutschlands namentlich Peter Blickle,[11] in den östlichen Teilen Adolf Laube, Max Steinmetz und Günter Vogler.[12] Insbesondere Blickle und sein Schülerkreis dominierten seither die Diskussion um den Bauernkrieg, seine Anlässe und seine Vorgeschichte. Inzwischen steht zum Jahr 2025 das fünfhundertjährige Jubiläum des Bauernkriegs an, zu dem wiederum vielerorts Ausstellungen, Tagungen und sonstige Veranstaltungen vorbereitet werden. Man darf gespannt sein, welche neuen Ansätze in Forschung und Darstellung sich diesmal ergeben werden.

Auch das 14. Kraichtaler Kolloquium vom 6. bis 8. Mai 2022 nahm das näher rückende Bauernkriegsjubiläum in den Blick und widmete sich dem Thema aus landesgeschichtlich vergleichender Perspektive. Gefragt wurde dabei nicht allein nach den Forderungen der aufständischen Bauern, sondern auch nach Ursachen und Hintergründen, so vor allem nach den Folgen des spätmittelalterlichen Verfassungswandels für den bäuerlichen Alltag und nach dem Verhältnis der Bauern zur frühen Reformation, nach den Bedingungen bäuerlichen Gewalthandelns und dessen Konkretisierung in der Bluttat von Weinsberg sowie nach der Rolle adliger Akteure wie Götz von Berlichingen oder Florian Geyer von Giebelstadt. Selbstverständlich kam auch das Bauernkriegsgeschehen im Kraichgau und am Bruhrain[13]

---

9   Friedrich ENGELS, Der deutsche Bauernkrieg (1850), in: Karl MARX [und] Friedrich ENGELS, Werke, hg. vom Institut für Marxismus-Leninismus beim ZK der SED, Bd. 7, Berlin (Ost) 1973, S. 327–413.
10 Günther FRANZ, Der deutsche Bauernkrieg, München 1933 (zuletzt Darmstadt [11]1977, unveränderter ND der 4. Auflage von 1956).
11 Revolte und Revolution in Europa (Historische Zeitschrift, Beih. NF 4), hg. von Peter BLICKLE, München 1975; Peter BLICKLE, Die Revolution von 1525, München 1985 (^{3}1993); BLICKLE, Bauernkrieg (wie Anm. 1).
12 Illustrierte Geschichte der frühbürgerlichen Revolution, hg. von Adolf LAUBE, Max STEINMETZ und Günther VOGLER, Berlin (Ost) 1974.
13 In diesem Vorwort wie im ganzen Buch findet bewusst die ältere Formulierung „am Bruhrain" Verwendung statt der neuerdings verbreiteten „im Bruhrain". Zwar ist der Bruh-

Hinrichtung des Bauernführers Jäcklein Rohrbach. Miniatur in Peter Harers Chronik des Bauernkriegs, 1525

zur Sprache, nicht zuletzt im Hinblick auf seine merkwürdige Verspätung. Alle diese Vorträge sind in diesem Band versammelt, zum Teil in gegenüber den in Gochsheim gehaltenen Referaten stark erweiterter Fassung. Wegen des lokalen Bezugs sei darüber hinaus noch an den aus dem Kraichgau stammenden, notorisch streitbaren Stephan von Mentzingen erinnert, der im März 1525 in Rothenburg ob der Tauber einen Aufstand gegen das patrizische Stadtregiment anzettelte, sich aber wenig später mit allen Parteien überwarf und schließlich am 1. Juli 1525 mit anderen Rädelsführern in Rothenburg hingerichtet wurde; über ihn gibt es seit längerem ein in den Quellen fundiertes Lebensbild aus der Feder Ludwig Schnurrers.[14] Und hinzuweisen bleibt schließlich auf Ralf Fetzers ganz neues Buch über Flehingen zur Zeit des Bauernkriegs, das allerdings erst erschien, als die Beiträge zu diesem Band bereits druckfertig vorlagen, und folglich von den Autoren nicht mehr berücksichtigt werden konnte.[15]

Einmal mehr gilt es all jenen zu danken, die am Zustandekommen von Tagung und Buch entscheidenden Anteil haben, vorweg den Autorinnen und Autoren, die sich bereitwillig auf die ihnen gestellten Themen einließen und bei der Ausarbeitung der Manuskripte für den Druck keine Mühe scheuten. Die Drucklegung in gewohnt ansprechender Form haben das Kraichgauer Adelige Damenstift, die Gustav-Siegle-Stiftung, die Oberrheinische Stiftung für Geschichte und Kultur (Trautmann-Schröder-Stiftung), die Gisela und Reinhold Häcker-Stiftung, der Heimat- und Museumsverein Kraichtal e. V. und die Sparkasse Kraichgau mit großzügigen Beihilfen gefördert, alle nicht zum ersten Mal. Das Weingut des Grafen Neipperg stiftete einmal mehr den „Tagungswein". Wie immer seit nun schon

---

rain sowohl unter naturräumlichem als auch unter historischem Aspekt durchaus eine eigene kleine Landschaft, was ein „im" vielleicht sogar zu rechtfertigen vermöchte. Der vormoderne Sprachgebrauch, dem sich der Name verdankt, kennt aber ausschließlich das richtigere „am", so etwa den *Faut am Bruhrain*, der seinen Sitz in der Burg zu Kislau hatte und später auch für das bischöflich speyrische Territorium um Bruchsal zuständig war. Tatsächlich umfasst der Bruhrain auch nur ehedem speyrisches Gebiet entlang der Bergstraße (heute B 3) von Untergrombach im Süden bis nach Malsch im Norden. Sein Name setzt sich zusammen aus dem Grundwort -rain im Sinn von Grenze (Wegrain, Feldrain) und dem Bestimmungswort Bruch- (Sumpf, Morast). Beschrieben wird mit der Bezeichnung Bruhrain das hier durchziehende uralte Feuchtgebiet des vorgeschichtlichen Kinzig-Murg-Stroms – dem auch Bruchsal (der Herrenhof am Bruch) seinen Namen verdankt – westlich der Bergstraße in Verbindung mit der östlich der Straße gelegenen Bodenwelle, die die Grenze, den Rain, zum Kraichgau bildet. Mithin scheidet dieser sumpfige Rain den Kraichgau von der Rheinebene mit der Hardt, und Ubstadt, Stettfeld oder Mingolsheim liegen von jeher am Bruhrain.
14 Ludwig SCHNURRER, Stephan von Menzingen. Ein Lebensbild aus der Bauernkriegszeit in und um Rothenburg ob der Tauber, in: Jahrbuch des Historischen Vereins für Mittelfranken 96 (1993) S. 37–60; Ludwig SCHNURRER, Men(t)zingen, Stefan von, in: Neue Deutsche Biographie, Bd. 17, Berlin 1994, S. 111.
15 Ralf FETZER, Flehinger Bauern, Junker, Pfaffen und Juden. Die Herren von Flehingen und ihre Untertanen zwischen Spätmittelalter, Bauernkrieg und Reformation, Edingen-Neckarhausen 2022.

mehr als 25 Jahren ermöglichte die ebenso gastliche wie aufgeschlossene Stadt Kraichtal eine rundum gelungene Tagung und die Konservierung von deren Erträgen in dem vorliegenden Buch; die Zusammenarbeit mit Frau Carmen Krüger, ihren Helferinnen und Helfern und mit Bürgermeister Tobias Borho, der an der ganzen Tagung persönlich teilnahm, war wieder einmal das reine Vergnügen. Beim Verlag Jan Thorbecke gewährleistete Herr Jürgen Weis eine in langen Jahren schon vielfach bewährte Zusammenarbeit.

Stutensee und Darmstadt, im Januar 2024   *Kurt Andermann*
Gerrit Jasper Schenk

GERRIT JASPER SCHENK

Was wollten die Bauern?

Die Zwölf Artikel und das Problem der Allmende

Was wollten die Bauern? So einfach diese Frage ist, so unmöglich ist eine einfache Antwort. Zunächst muss die Frage präzisiert werden: Was wollten die aufständischen Bauern im sogenannten Großen Bauernkrieg 1524 bis 1526? Diese Frage geht von stillschweigenden Voraussetzungen aus, nämlich der Begriffsbildung Bauernkrieg für eine Reihe von Aufständen und ihrer zeitlich präzisen Eingrenzung. Im Folgenden wird zur Beantwortung der Frage mittels einer Dekonstruktion und neuen (Re-) Konstruktion des Forschungsfelds Bauernkrieg (I) ermittelt, welche Rolle den Zwölf Artikeln für die als Bauernkrieg bezeichneten Phänomene zukommt (II). Als Schwerpunkt innerhalb der Forderungen in den Zwölf Artikeln werden die in der Forschung bisher nur am Rande gewürdigten sozionaturalen Rahmenbedingungen der Aufstandsbewegungen als ein meist vernachlässigter, aber zentraler Grund für viele Aufstandsbewegungen thematisiert. Eine besondere Rolle spielte die Ressourcennutzung auf dem Land und das im 16. Jahrhundert zunehmend drängender werdende Problem der Allmende (III). Abschließend wird vor diesem Hintergrund noch ein kurzer Blick auf den Bauernkrieg im Kraichgau geworfen, der an einem Fallbeispiel die entsprechenden Forderungen der Aufständischen regionalspezifisch zu skizzieren erlaubt (IV).

I

Schon der Stuttgarter Politiker, Schriftsteller, Historiker und Theologe Wilhelm Zimmermann (1807–1878) nahm eine einheitliche Kategorisierung der Ereignisse der Jahre 1524 bis 1526 vor. In seinem dreibändigen, quellengesättigten Werk, das in mehreren Lieferungen erstmals 1840 bis 1843 erschien, brachte er die Ereignisse auf den Begriff „großer Bauernkrieg".[1] Diese Begriffsbildung lag bis zu einem gewissen Grad nahe, denn die Ereignisse wurden in den Quellen des 16. Jahrhunderts erstaunlich einheitlich als *aufrur* der *bauern* bezeichnet, wie Benjamin Hei-

---

1 Wilhelm ZIMMERMANN, Allgemeine Geschichte des großen Bauernkrieges. Nach handschriftlichen und gedruckten Quellen, 3 Bde., Stuttgart 1841–1843.

denreich unlängst nachwies.² Als bereits zeitgenössischer „Tendenzbegriff" spiegelt der Terminus Bauernkrieg freilich die herrschaftliche Perspektive wider.³ Die markanteste (aber nicht einzige) Reaktion auf diese Bewegung war Gewalt, eben ein Krieg gegen die Bauern. Die Bezeichnung als Bauernkrieg hat sich in der Folgezeit terminologisch durchgesetzt, so das alle Bemühungen einer Dekonstruktion des Begriffs müßig erscheinen, so berechtigt die Kritik auch daran sein mag, mit ihm eine gewisse Einheitlichkeit der Ereignisse als Krieg zu suggerieren und die oft einseitige Perspektive der Sieger im Konflikt zu übernehmen. Eben weil der Begriff Bauernkrieg als „heroic narrative", wie Gerd Schwerhoff kürzlich die vor allem deutschen Forschungstradionen seit Zimmermann zusammenfasste, den Blick auf die Ereignisse, ihre konkreten Ursachen und Folgen verstellt, müssen die mit ihm verbundenen Sehweisen und Ergebnisse der bisherigen Forschungen kritisch gemustert werden.⁴

Tatsächlich fasst das Masternarrativ Bauernkrieg einen bunten Flickenteppich von Unruhen, Erhebungen und Aufständen nicht nur auf dem Land, sondern auch in vielen Städten zusammen. Sie verteilen sich auf sechs Regionen des Reiches von Thüringen bis in die Alpen und sind in mindestens fünf Phasen unterteilbar, beginnend mit dem Stühlinger Aufstand am 23. Juni 1524 bis zur Flucht des Bauernanführers Michael Gaismair nach der Niederlage der Bauern bei Radstadt im Salzburger Land am 2. Juli 1526.⁵ Zimmermann verstand die Unruhen um 1525 vor dem Hintergrund seiner eigenen Zeit, dem Kampf um Freiheit und politische Par-

---

2 Benjamin HEIDENREICH, Ein Ereignis ohne Namen? Zu den Vorstellungen des „Bauernkriegs" von 1525 in den Schriften der „Aufständischen" und in der zeitgenössischen Geschichtsschreibung (Quellen und Forschungen zur Agrargeschichte 59), Berlin und Boston 2019, S. 8 f., 35–46 und öfter; Patrick HONECKER, Vorreformatorische Schlagwörter. Spiegel politischer, religiöser und sozialer Konflikte in der frühen Neuzeit, Diss. phil. Trier 2002, S. 96–99.
3 Horst BUSZELLO, Spätmittelalterliche Bauernrevolten und Deutscher Bauernkrieg. Konfliktszenarien, Legitimationsweisen, Lösungsstrategien, in: Zwischen Bauernkrieg und Französischer Revolution. Untertanenkonflikte am Oberrhein (Oberrheinische Studien 44), hg. von Horst BUSZELLO und Konrad KRIMM, Ostfildern 2022, S. 9–55, Zitat S. 19.
4 Ich folge damit der Argumentation von Gerd SCHWERHOFF, Beyond the Heroic Narrative. Towards the Quincentenary of the German Peasants' War, 1525, in: German History 41 (2023) S. 103–126, komme aber zu anderen Schlussfolgerungen und erweitere seinen Vorschlag einer praxeologischen und akteurszentrierten Analyse unter Berücksichtigung der symbolischen und emotionalen Kommunikation der Beteiligten um die Frage nach sozioökologischen Hintergründen für die Spezifik der Aufstände.
5 Peter BLICKLE, Unruhen in der ständischen Gesellschaft 1300 bis 1800 (Enzyklopädie deutscher Geschichte 1), München ³2012, S. 28–33; Barbara HUBER, Im Zeichen der Unruhe. Symbolik bäuerlicher Protestbewegungen im oberdeutschen und eidgenössischen Raum 1400 bis 1700, Diss. phil. Zürich 2005, S. 61 mit Anmerkung 113 f., nämlich im Einzelnen: Oberrheingebiet, Oberschwaben und Württemberg, Franken, Thüringen, Mittelrhein, Alpenländer; Phasen: Aufstände seit 1524, Aufstände seit Januar 1525, Aufstände seit 15. März 1525, Aufstände seit 16. April 1525, Aufstände nach dem 30. April 1525.

tizipation im Vormärz, als einen Kampf des deutschen Mannes um seine Freiheit gegen Adel und Klerus. Dass auch Frauen an diesem Kampf beteiligt waren, ist erst eine Entdeckung der jüngsten Forschung.[6] Man könnte sogar behaupten, dass Zimmermanns Perspektive auf die zahlreichen Unruhen vor allem im Südwesten des Reiches die Lesart der verstreuten Ereignisse als eines einzigen großen Bauernkriegs überhaupt erst fest etablierte. Auch seine letztlich positive Sichtweise der Aufstände als Freiheitsstreben wurde prägend. In der entstehenden Arbeiterbewegung blieb sie einflussreich und wird ein Grund für die Wiederauflage seines Werks bis weit ins 20. Jahrhundert hinein gewesen sein. Obwohl er sicher kein sozialistischer Revolutionär war, wurde seine Lesart der Ereignisse sowohl von Friedrich Engels als auch später von der Forschung des Arbeiter- und Bauernstaats DDR aufgegriffen.[7] Doch auch in der westdeutschen Forschung wurde seine Sichtweise rezipiert. Der lange Zeit in Bern lehrende und 2017 verstorbene Bauernkriegsforscher Peter Blickle würdigte Zimmermanns Werk noch 2008 als „die erste Gesamtdarstellung des Bauernkriegs, die methodischen Standards der Geschichtswissenschaft entspricht, und zweifellos [...] die einflussreichste".[8]

Die jüngere Forschung hat dennoch kritisch diskutiert, ob es sich erstens überhaupt um eine in sich homogene Bewegung und ein einheitliches Geschehen gehandelt habe und zweitens, ob der Aufstand beziehungsweise Krieg maßgeblich von Bauern getragen worden sei.[9] Einigkeit bei der Beantwortung dieser Fragen

---

[6] Erste Hinweise bei Marion KOBELT-GROCH, Aufsässige Töchter Gottes. Frauen in Bauernkrieg und in den Täuferbewegungen (Geschichte und Geschlechter 4), Frankfurt am Main und New York 1993, S. 34–63 und 171–175; vgl. auch Samuel K. COHN Jr., Lust for Liberty. The Politics of Social Revolt in Medieval Europe, 1200 to 1425. Italy, France, and Flanders, Cambridge u. a. 2006, S. 130–156; Samuel K. COHN Jr., Women and Revolt in Medieval and Early Modern Europe, in: The Routledge History Handbook of Medieval Revolt, hg. von Justine FIRNHABER-BAKER und Dirk SCHOENAERS, Abingdon und New York 2017, S. 208–219, hier S. 211.
[7] Vgl. Laurenz MÜLLER, Diktatur und Revolution. Reformation und Bauernkrieg in der Geschichtsschreibung des „Dritten Reiches" und der DDR (Quellen und Forschungen zur Agrargeschichte 50), Stuttgart 2004, S. 167–287.
[8] Peter BLICKLE, „Freiheitsbegeisterung". Wilhelm Zimmermann verankert den Bauernkrieg in der deutschen Geschichte, in: Bauernkrieg und Revolution, Wilhelm Zimmermann. Ein Radikaler aus Stuttgart (Veröffentlichungen des Archivs der Stadt Stuttgart 100), hg. von Roland MÜLLER und Anton SCHINDLING, Stuttgart und Leipzig 2008, S. 37–55, hier S. 39.
[9] Peter BIERBRAUER, Methodenfragen der gegenwärtigen Bauernkriegsforschung, in: Der deutsche Bauernkrieg, hg. von Horst BUSZELLO, Peter BLICKLE und Rudolf ENDRES, Paderborn u. a. ³1995, S. 23–37; Peter BLICKLE, Coniuratio. Figurationen spätmittelalterlicher Revolten in Europa, in: „Armer Konrad" und Tübinger Vertrag im interregionalen Vergleich. Fürst, Funktionseliten und „Gemeiner Mann" am Beginn der Neuzeit (Veröffentlichungen der Kommission für geschichtliche Landeskunde in Baden-Württemberg B 206), hg. von Sigrid HIRBODIAN, Robert KRETZSCHMAR und Anton SCHINDLING, Stuttgart 2016, S. 15–32, hier S. 21: „Bauernkrieg als angemessene wissenschaftliche Bezeichnung ist mittlerweile in Abgang gekommen".

besteht nach wie vor nicht und ist angesichts des komplexen Forschungsgegenstandes vielleicht auch gar nicht wünschenswert, weil dadurch entscheidende Unterschiede verwischt und der Weg zu neuen Erkenntnissen verstellt würde.

Tatsächlich lässt sich der Bauernkrieg in eine gemeineuropäische Geschichte von Bauernunruhen im Spätmittelalter und der beginnenden Frühneuzeit einordnen. Zu nennen wären etwa die Jacquerien im Frankreich und die Bauernrevolten im England des 14. Jahrhunderts wie beispielsweise die peasant's revolt in Südengland 1381, aber auch andernorts in Europa.[10] Freilich beschränkte sich die Unruhe in der mittelalterlichen Gesellschaft seit dem 14. Jahrhundert nicht auf die ländliche Bevölkerung allein, auch in den Städten gärte es, breitere Gesellschaftsschichten beanspruchten Teilhabe an politischen Entscheidungen, Zunftvertreter rückten in die Räte einiger Städte ein.[11] In der Kirche sorgten die großen Reformkonzilien in Konstanz und Basel für Veränderung, klimatische Veränderungen und Hungersnöte, eine veritable Agrarkrise und wiederkehrende Pestzüge durch Europa seit 1348 führten zu demographischen Einbrüchen, so dass das 14. Jahrhundert in der Forschung immer wieder als Krisenzeit charakterisiert wurde.[12] Im Reich scheinen die Unruhen, Aufstände und Revolten vom 14. bis in den Beginn des 16. Jahrhunderts sogar noch zuzunehmen, soweit diese Phänomene im

---

10   Justine FIRNHABER-BAKER, The Eponymous Jacquerie. Making revolt mean some things, in: Routledge History Handbook (wie Anm. 6) S. 55–75; Justine FIRNHABER-BAKER, The Jacquerie of 1358. A French Peasant's Revolt, Oxford 2021; Andrew PRESCOTT, ‚Great and Horrible Rumour'. Shaping the English revolt of 1381, in: Routledge History Handbook (wie Anm. 6) S. 76–103. Zum europäischen Vergleich: COHN, Lust for Liberty (wie Anm. 6); Armed memory. Agency and peasant revolts in Central and Southern Europe (1450–1700) (Refo500. Academic Studies 27), hg. von Gabriella ERDÉLYI, Göttingen 2016; Jacques KRYNEN, La Rébellion du Bien public (1465), in: Ordnung und Aufruhr im Mittelalter. Historische und juristische Studien zur Rebellion (Ius commune, Sonderh. 70), hg. von Marie Theres FÖGEN, Frankfurt am Main 1995, S. 81–97.

11   Vgl. Bernd KANNOWSKI, Bürgerkämpfe und Friedebriefe. Rechtliche Streitbeilegung in spätmittelalterlichen Städten (Forschungen zur deutschen Rechtsgeschichte 19), Köln u. a. 2001, S. 168–171; BLICKLE, Unruhen (wie Anm. 5) S. 7–12; einige Beiträge in Vorderfflik twistringhe unde twytracht. Städtische Konflikte im späten Mittelalter (Oldenburger Schriften zur Geschichtswissenschaft 18), hg. von Rudolf HOLBACH, David WEISS und Matthias BÜTTNER, Oldenburg 2017.

12   Vgl. vor allem František GRAUS, Pest – Geißler – Judenmorde. Das 14. Jahrhundert als Krisenzeit (Veröffentlichungen des Max Planck-Instituts für Geschichte 86), Göttingen ²1988; Heribert MÜLLER, Kirche in der Krise I. Das große abendländische Schisma (1378–1417), in: Europa im 15. Jahrhundert. Herbst des Mittelalters – Frühling der Neuzeit?, hg. von Klaus HERBERS und Florian SCHULLER, Regensburg 2012, S. 10–21; Michael NORTH, Europa expandiert 1250–1500 (Handbuch der Geschichte Europas 4), Stuttgart 2007, S. 361–371; Martin BAUCH und Gerrit Jasper SCHENK, Teleconnections, Correlations, Causalities between Nature and Society? An Introductory Comment on the "Crisis of the 14th Century", in: The Crisis of the 14th Century. Teleconnections between Environmental and Societal Change? (Das Mittelalter. Perspektiven mediävistischer Forschung, Beihefte 13), hg. von Martin BAUCH und Gerrit Jasper SCHENK, Berlin und Boston 2020, S. 1–22.

vorstatistischen Zeitalter und angesichts der besser werdenden Überlieferungslage statistische Signifikanz beanspruchen können. In die Regierungszeit der Kaiser Maximilian I. (1493–1519) und Karl V. (1519–1556) fallen allein 20 Prozent aller erfassten Revolten zwischen 1300 und 1800.[13] Peter Blickle errechnete für das 14. Jahrhundert je Generation, gerechnet zu 25 Jahren, nur einen bäuerlichen Aufstand, im Zeitraum von 1500 bis 1525 jedoch achtzehn.[14] Die Zeit des Bauerkriegs 1525 kann als eine Zeit verdichteter Unruhen unter maßgeblicher Beteiligung von Bauern charakterisiert werden. Ein derartig flächenhafter Bauernkrieg ist als Phänomen sui generis erklärungsbedürftig, zumal er wohl auch die für lange Zeit blutigste Aufstandsbewegung blieb. Blickle rechnet mit rund 100.000 Toten, bei anzunehmenden 16 Millionen Einwohnern im Reich nördlich der Alpen um 1500 eine erhebliche Zahl.[15]

Einige der Probleme, die den Unruhen seit dem 14. Jahrhundert zugrunde lagen, wurden in Forderungen anlässlich punktueller Aufstände im Südwesten des Reiches im ausgehenden 15. und beginnenden 16. Jahrhundert bereits thematisiert, aber keineswegs alle. Zu nennen sind beispielsweise Forderungen der unterschiedlichen Bundschuhbewegungen (1493–1517), die sich allerdings immer noch nur in Umrissen fassen und von vorangegangenen Unruhen abheben lassen, und die vor allem den Umgang mit Allmendgütern, Abgaben und Frondiensten betroffen zu haben scheinen.[16] Ein weiteres Beispiel sind ähnliche Forderungen in der Bewegung des Armen Konrad im badischen Bühl um Bastian Gugel (7. bis 15. Juni 1514).[17] Sie stimmen auffällig mit den Beschwerden vieler Bauern in der Markgrafschaft Baden aus den Ämtern Kuppenheim und Durlach sowie der Stadt Ettlingen

---

13 Peter BLICKLE, Revolten in Europa 1200 bis 1800, in: Armed memory (wie Anm. 10) S. 41–57, hier S. 46.
14 BLICKLE, Unruhen (wie Anm. 5) S. 13.
15 BLICKLE, Revolten (wie Anm. 13) S. 48; Horst RABE, Reich und Glaubensspaltung. Deutschland (Die neue deutsche Geschichte 4), München 1989, S. 27.
16 Georg Brenz über die Untergrombacher Bewegung 1502, ediert Albert ROSENKRANZ, Der Bundschuh. Die Erhebung des südwestdeutschen Bauernstandes in den Jahren 1493 bis 1517, 2 Bde., Heidelberg 1927, hier Bd. 2 (Quellen), Nr. 3, S 95–97, hier S. 95: „Man wurd furbas fri sein, den hern nit geben noch frönen …". Horst BUSZELLO, Joß Fritz und der Bundschuh zu Lehen 1513, in: Bundschuh. Untergrombach 1502. Das unruhige Reich und die Revolutionierbarkeit Europas, hg. von Peter BLICKLE und Thomas ADAM, Stuttgart 2004, S. 80–121. Die Unterschiede zu früheren Bewegungen wie dem Hegauer Bundschuh 1460 betont Rolf KÖHN, Der Hegauer Bundschuh (Oktober 1460). Ein Aufstandsversuch in der Herrschaft Hewen gegen die Grafen von Lupfen, in: Zeitschrift für die Geschichte des Oberrheins 138 (1990) S. 99–141, hier S. 120 f. und 137 f.
17 Quellen: ROSENKRANZ, Bundschuh (wie Anm. 16) Bd. 2, Nr. 10 § 1, 3, 8, S. 243–246, und Nr. 16, S. 252–258; Michael RUMPF, Bastian Gugel und der „Arme Konrad" zu Bühl, in: Die Grosse Kreisstadt Bühl. Beitrag zu einer Monographie, Bühl 1988, S. 19–25 und 35–38. Analyse bereits bei Hermann HEIMPEL, Die Federschnur. Wasserrecht und Fischrecht in der ‚Reformation Kaiser Siegmunds', in: Deutsches Archiv für Erforschung des Mittelalters 19 (1963) S. 451–488, hier S. 484.

überein, die der Markgraf durch seinen Vogt von Durlach, Konrad von Venningen, offenbar in Reaktion auf die Bewegung erheben und durch seine Amtsleute begutachten ließ.[18] Besonders häufig wurden neben den an erster Stelle stehenden Klagen über die Höhe der Abgaben an den Landes- und Leibherrn (besonders beim Todfall) Beschwerden über die Frondienste, die Waldgerechtsame (Einschränkungen der Waldnutzung, besonders bei der Schweinemast), Wildschäden, Veränderungen der Fischereigerechtsame sowie Konflikte bei Wiesenbewässerung und Weidegang (herrschaftliche Nutzung der bäuerlichen Allmende durch Schaftrieb) genannt.[19] Jüngere Untersuchungen sprechen dafür, dass sich die spezifischen Forderungen dieser Aufständischen vor dem Hintergrund von Subsistenzkrisen eher klein- und unterbäuerlicher Schichten entwickelten, die aus Teuerungs- und Hungerkrisen und ihrer mangelnden Steuerung durch ihre Herren resultierten.[20] Im Bauernkrieg wurden die überlokal gesammelten Forderungen 1525 schließlich ausdrücklich in den Zwölf Artikeln formuliert, wie die Abschaffung der in ihrer Art und ihrem Umfang regional äußerst unterschiedlich ausgestalteten und durchaus nicht immer drückenden Leibeigenschaft mit Frondiensten[21], vor allem aber die Freiheit von Fisch- und Vogelfang, von Holz, Wald und Weide.[22] Insofern ist der Bauernkrieg 1525 eine Erscheinung, die ohne ihre mittelalterliche Vorgeschichte nicht verständlich wird, die sich aber auch in entscheidenden Details von den vorausgegangenen Aufstands- und Protestereignissen unterscheidet.[23]

---

18   Gerhard KATTERMANN, Bäuerliche Beschwerden in der Markgrafschaft Baden nach dem Bühler Armen Konrad von 1514, in: Zeitschrift für die Geschichte des Oberrheins 95 (1943) S. 110–205, hier S. 111 f.
19   KATTERMANN, Bäuerliche Beschwerden (wie Anm. 18) S. 113–116, Nr. 1–6.
20   Vgl. jüngst Gerhard FOUQUET, Getreide, Brot und Geld – offene Forschungsfragen zum Untergrombacher Bundschuh 1502 und ihre wirtschafts- und sozialgeschichtliche Einordnung und Wertung, in: Vierteljahrschrift für Sozial- und Wirtschaftsgeschichte 104 (2017) S. 29–51, zu entsprechenden Hintergründen der Untergrombacher Aufstandsbewegung zwischen 1500 und 1502.
21   Vgl. für die frühe Zeit Rolf KÖHN, Wahrnehmung und Bezeichnung von Leibeigenschaft in Mittel- und Westeuropa vor dem 14. Jahrhundert, in: Sozialer Wandel im Mittelalter. Wahrnehmungsformen, Erklärungsmuster, Regelungsmechanismen, hg. von Jürgen MIETHKE und Klaus SCHREINER, Sigmaringen 1994, S. 301–334, hier S. 321 und 330; Kurt ANDERMANN, Leibeigenschaft, in: Handwörterbuch der deutschen Rechtsgeschichte, Bd. 2, Berlin ²2012, Sp. 771–777, hier: Sp. 772 f.; Tom SCOTT, The Survival of Serfdom in Western Europe, in: Zeitschrift für Rechtsgeschichte, Germanistische Abteilung 136 (2019) S. 51–75, hier S. 53–55.
22   Ein analytischer Überblick über die Forderungen in den oberschwäbischen Beschwerdebriefen im Abgleich mit den Forderungen der Zwölf Artikel von 1525 bei Peter BLICKLE, Die Revolution von 1525, München ⁴2004, S. 328–333; Hermann HEIMPEL, Fischerei und Bauernkrieg, in: Festschrift Percy Ernst Schramm zu seinem siebzigsten Geburtstag von Schülern und Freunden zugeeignet, hg. von Peter CLASSEN und Peter SCHEIBERT, Bd. 1, Wiesbaden 1964, S. 353–373.
23   BUSZELLO, Spätmittelalterliche Bauernrevolten (wie Anm. 3) S. 14–19.

Die Interpretationen der Ereignisse um 1525 sind immer auch ein Ausdruck der jeweiligen Zeit und der Persönlichkeit, die eine Interpretation vorschlägt. Wie des Bauernkriegs von 1525 gedacht und wie er der großen Öffentlichkeit gegenüber dargestellt wird, ist nicht nur eine Frage feuilletonistischer Erinnerungskultur, sondern bis heute ein Politikum. Die Ereignisse um 1525 wurden im Kontext der jeweiligen Gegenwart immer wieder neu gedeutet und zeitweise auch gegenwartspolitisch instrumentalisiert, um bestimmte Geschichtsauffassungen in Lehr- und Schulbüchern, in Ausstellungen und im allgemeinen politischen Bewusstsein zu verankern.[24] Im „fernen Spiegel" der Vergangenheit wird bekanntlich die Gegenwart verhandelt und Geschichte als Argument oder sogar Waffe in sehr gegenwärtigen Debatten und Konflikten eingesetzt.[25] Insofern darf man gespannt sein, welche Deutungen der Bauernkrieg anlässlich seines 500jährigen Gedenkens im Jahr 2025 noch erfahren wird. Die im Folgenden vorgeschlagene umwelthistorische Lesart des Bauernkriegs als einer kollektiven Protestbewegung ist insofern, angesichts der Zeitgenossenschaft mit Protestbewegungen gegen den anthropogenen Klimawandel als Resultat der Übernutzung von Allmendgütern, ebenfalls eine zeittypische Perspektivierung der Vergangenheit.

Die Aufstandsbewegungen um 1525 verdienen die Aufmerksamkeit der Forschung und der breiteren Öffentlichkeit aber nicht nur, um die Instrumentalisierbarkeit von Geschichte durchschauen und dadurch vielleicht entschärfen zu können. Ein zweiter Grund liegt im Interesse am historischen Wirkungszusammenhang, der die Konstellationen, Entscheidungen und eingeschlagenen Wege der Vergangenheit in Bezug zu gegenwärtigen Zuständen setzt, was in der Technikgeschichte als „Pfadabhängigkeit" charakterisiert wird.[26] Diese reicht in unserem Fall von der eher kleinräumig organisierten Kulturlandschaft des deutschen Südwestens bis hin zu den genossenschaftlichen Strukturen im Weinbau, die beide mit der über lange Zeiträume spezifisch ausgeprägten soziokulturellen Struktur der Landwirtschaft im Südwesten des Reiches zusammenhängen.[27] Und schließlich kann Geschichte

---

24 Thomas T. MÜLLER. Zwischen Staatsdoktrin und Bürgerwillen. Die Gründung der Bauernkriegsmuseen in Deutschland, in: Reformation und Bauernkrieg. Erinnerungskultur und Geschichtspolitik im geteilten Deutschland (Schriften der Stiftung Luthergedenkstätten in Sachsen-Anhalt 2), hg. von Jan SCHEUNEMANN, Leipzig 2010, S. 215–230.
25 Barbara TUCHMAN, Der ferne Spiegel. Das dramatische 14. Jahrhundert, München 1978.
26 Zum Konzept Raymund WERLE, Pfadabhängigkeit, in: Handbuch Governance. Theoretische Grundlagen und empirische Anwendungsfelder, hg. von Arthur BENZ u. a., Wiesbaden 2007, S. 119–131; Christoph BERNHARDT, Path-Dependency and Trajectories, in: Concepts of urban-environmental history (Environmental and Climate History 1), hg. von Sebastian HAUMANN, Martin KNOLL und Detlev MARES Bielefeld 2020, S. 65–77, hier S. 65–67 und 72 f.
27 Peter RÜCKERT, Landnutzung und Landschaftsentwicklung im deutschen Südwesten im späten Mittelalter, in: Herrschaft, Markt und Umwelt. Wirtschaft in Oberschwaben 1300 bis 1600 (Oberschwaben. Forschungen zu Landschaft, Geschichte und Kultur 3), hg. von

immer auch als ein Arsenal gesellschaftlicher Erfahrungen verstanden werden, das die Unterschiede zwischen einst und jetzt erkennbarer macht und den Möglichkeitshorizont für gegenwärtige Problemkonstellationen erweitert.[28]

Doch wie lässt sich nun das Profil des Bauernkriegs 1525 genauer ermitteln? Um ein unverwechselbares Bild zeichnen und den Bauernkrieg von vorangegangenen, folgenden oder ähnlichen Erscheinungen andernorts in Europa abgrenzen zu können, bietet sich eine Untersuchung nach den Ursachen und Gründen des Aufstands, seinen Trägerschichten und den Zielsetzungen der Akteure an.[29] Als zentral für die Beantwortung dieser Fragen gelten die Zwölf Artikel der oberschwäbischen Bauern, die in der Forschung gern als im Kern gemeinsames Programm der Aufständischen verstanden werden.[30] Der Schwerpunkt liegt damit auf den spezifischen Ursachen für die Forderungen der Bauern mit Blick auf die sozionaturalen Rahmenbedingungen, auf Faktoren wie ihre Ressourcennutzung und das Problem der Allmende und die damit verbundenen Nutzungskonflikte. Neben den Texten der Akteure müssen auch ihre zeichenhaften Handlungen berücksichtigt werden, weil bei einer weitgehend illiteraten Schicht wie den Bauern ein praxeologischer Zugriff erfolgversprechend scheint, um den ansonsten stummen Akteuren näher zu kommen.

Eine lange Zeit vorherrschende Deutung des Bauernkriegs stammt von Günther Franz (1902–1992), der von den 1930er Jahren bis in die 1980er Jahre vor allem den westdeutschen Forschungsdiskurs bestimmte. Der bekennende Nationalsozialist hat spätestens seit einem Beitrag Wolfgang Behringers auf dem 42. Deutschen Historikertag in Frankfurt 1998 einen üblen Ruf als Bauern-Franz und Rassen-Günther.[31] Er bekannte sich in der nationalsozialistischen Zeit zur Blut-und-

---

Sigrid HIRBODIAN, Rolf KIESSLING und Edwin Ernst WEBER, Stuttgart 2019, S. 37–52, hier S. 48–51; Michael MATHEUS, Winzerdörfer. Wirtschafts- und Lebensformen zwischen Stadt und Land. Überlegungen zu einem Siedlungstyp in vergleichender europäischer Perspektive, in: Landwirtschaft und Dorfgesellschaft im ausgehenden Mittelalter (Vorträge und Forschungen 89), hg. von Enno BÜNZ, Ostfildern 2020, S. 127–166, hier S. 165.
28 Vgl. Gerrit Jasper SCHENK, Aus der Geschichte lernen? Chancen, Probleme und Grenzen des Lernens aus der Geschichte von ‚Natur'-Katastrophen, in: Mensch – Natur – Wechselwirkungen in der Vormoderne. Beiträge zur mittelalterlichen und frühneuzeitlichen Umweltgeschichte, hg. von Margit MERSCH, Göttingen 2016, S. 39–72, hier S. 54f.
29 BIERBRAUER, Methodenfragen (wie Anm. 9) S. 34–37.
30 Horst BUSZELLO, Modelle und Programme politischer Gestaltung im Bauernkrieg, in: Mühlhausen, der Bauernkrieg und Thomas Müntzer. Realitäten – Visionen – Illusionen, hg. von Martin SÜNDER und Katrin PRINICH-HEUTZENRÖDER, Mühlhausen 2000, S. 28–65; BLICKLE, Unruhen (wie Anm. 5) S. 77, betrachtet die Frage nach einem „im Kern gemeinsames Programm" der Akteure im Bauernkrieg hingegen als eine offene Forschungsfrage.
31 Wolfgang BEHRINGER, Bauern-Franz und Rassen-Günther. Die politische Geschichte des Agrarhistorikers Günther Franz (1902–1992), in: Deutsche Historiker im Nationalsozialismus, hg. von Winfried SCHULZE und Otto Gerhard OEXLE, Frankfurt am Main 1999, S. 114–141, hier: S. 115; Thomas T. MÜLLER, Bauernkrieg in Thüringen. Eine kurze rezeptionsgeschichtliche Einführung, in: Reformation und Bauernkrieg (Quellen und Forschungen

Boden-Ideologie und interpretierte die Machtergreifung Adolf Hitlers als Vollendung der Ziele des Bauernkriegs von 1525. Auch nach dem Krieg blieb er als Agrarhistoriker an der Universität Hohenheim eine prägende Figur, nicht zuletzt durch eine von ihm beeinflusste jüngere Generation wie Peter Blickle und andere.[32] Seine Interpretationen des Bauernkriegs stützen sich auf ein gründliches, wenn auch einseitiges Quellenstudium und müssen ernst genommen werden.[33] Verkürzt gesagt, interpretierte Franz den Bauernkrieg als Kulminationspunkt spätmittelalterlicher Proteste bäuerlicher Gemeinden, die sich gegen Eingriffe in ihre seit dem Hochmittelalter aus der alten grundherrlichen Herrschaft herausgewachsenen Selbstbestimmung durch die Herren gewehrt hätten. Er deutet sie also politisch als Reaktion auf einen spätmittelalterlich-frühneuzeitlichen Prozess der Herrschaftsintensivierung und Territorialisierung. Aus den Quellen ermittelt er die Gründe für den Widerstand, indem er die Begründungen der Bauern für ihre Forderungen analysiert. Er verortet diese in einem dichotomisch aufgespannten Feld zwischen dem Alten Recht und dem Göttlichen Recht. Als rückwärtsgewandt charakterisierte Gruppen bäuerlicher Gemeinden, wie die Bewegung des Armen Konrad 1514, hätten sich auf altes, oft nicht verschriftlichtes „germanisches" Gewohnheitsrecht berufen. Dieses hätten sie gegen die als Eingriff empfundene, gelehrte Verschriftlichung und Homogenisierung des römischen Rechts durch die Landesherren ins Feld geführt. Andere, als progressiv charakterisierte Gruppen, wie die Bundschuh-Bewegung, hätten ihre Forderungen auf eine Art Weiterentwicklung hussitischen Gedankenguts[34] und später im Reformationskontext vor allem auf bestimmte Stellen des Evangeliums abgestützt, dem als „göttlich" charakterisierten Recht. Diese Gruppen hätten Forderungen aufgestellt, die

---

zu Thüringen im Zeitalter der Reformation 12), hg. von Werner GREILING, Thomas T. MÜLLER und Uwe SCHIRMER, Wien u. a. 2019, S. 9–17, hier S. 13 f.
32 Vgl. Peter BLICKLE, Ein Brief anstelle eines Vorworts, in: Bauer, Reich und Reformation. Festschrift für Günther Franz zum 80. Geburtstag am 23. Mai 1982, hg. von Peter BLICKLE, Stuttgart 1982, S. 5–8.
33 Vor allem Günther FRANZ, Der deutsche Bauernkrieg, München und Berlin 1933 (Darmstadt [12]1984); grundlegende Quellensammlung (aber mit zum Teil perspektivierenden Kürzungen) Günther FRANZ, Der deutsche Bauernkrieg. Aktenband, München und Berlin 1935; Günther FRANZ, Quellen zur Geschichte des Bauernkrieges (Ausgewählte Quellen zur deutschen Geschichte der Neuzeit, Freiherr vom Stein-Gedächtnisausgabe 2), Darmstadt 1963.
34 FRANZ, Deutsche Bauernkrieg (wie Anm. 33) S. 4–6 (Wiclif) und 75–77 (Hussiten). Der Zusammenhang mit hussitischem Gedankengut, das etwa 1425 bis 1432 um Worms herum offenbar auf fruchtbaren Boden fiel, ist meines Erachtens noch nicht hinreichend geklärt; vgl. die grundsätzliche Ablehnung der weltlichen Herrschaft der Geistlichkeit in Johannes Drändorfs Manifest *Misericors deus* in Hermann HEIMPEL, Drei Inquisitions-Verfahren aus dem Jahre 1425. Akten der Prozesse gegen die deutschen Hussiten Johannes Drändorf und Peter Turnau sowie gegen Drändorfs Diener Martin Borchard (Veröffentlichungen des Max Planck-Instituts für Geschichte 24), Göttingen 1969, Nr. 1, S. 55–58.

über die Restitution alter Rechte deutlich hinaus gegangen sei.[35] Diese Argumentation mit einem in moderner Begrifflichkeit fast schon naturrechtlich wirkenden Göttlichen Recht habe die Radikalisierung der Bauernkriegsbewegung und ihre Einbindung in die reformatorische Bewegung begünstigt.

Die westdeutsche Forschung wurde lange Zeit, in Aneignung wie Ablehnung, von diesem Deutungsmuster beeinflusst.[36] So gerieten zunächst die naheliegenden, in einigen Quellen auch klar nachweisbaren religiösen Ursachen und Gründe für den Bauerkrieg in den Blick.[37] Der theologisch-utopische Rekurs auf das göttliche Recht der Heiligen Schrift, die Verbindungen der thüringischen Bauern zu spiritualistischen Predigern wie Thomas Müntzer[38] und den Wiedertäufern ließ den Brückenschlag zur Reformationsgeschichtsschreibung zu und trug auf diese Weise erheblich zur Erforschung der bäuerlichen Reformation bei. Im Umkehrschluss hat der Reformationshistoriker Thomas Kaufmann den Bauerkrieg mit seinem Antiklerikalismus deswegen auch als einen „Ermöglichungsfaktor der Reformation" bezeichnet.[39]

Folglich gerieten früh auch die Trägerschichten des Bauernkriegs und damit soziale und wirtschaftliche Gründe für die Aufstände in die Diskussion. In der Sowjetunion hatte bereits 1947 Moisej Mendelvič Smirin (1895–1975) als Antwort auf die als faschistisch charakterisierte Lesart des Bauernkriegs von Franz seine Studie ‚Die Volksreformation des Thomas Münzer und der große Bauernkrieg' veröffentlicht. Sie erschien 1952 auf Deutsch in der DDR und deutete den Bauernkrieg entsprechend der marxistischen Ideologie als Aufstand der Unterschichten.[40] Der einflussreiche Historiker Max Steinmetz (1912–1990), der in der DDR zahlreiche Qualifikationsarbeiten betreute, brachte in der DDR-Forschung seit 1961 das schon ältere Konzept der „frühbürgerlichen Revolution" zu breitem Erfolg, dem zufolge das entstehende Bürgertum, die Reformation und die Bauernaufstände von 1525 miteinander in kausalen Zusammenhang gebracht und die gewalttätigen

---

35 Vgl. David von Mayenburg, Gemeiner Mann und Gemeines Recht. Die Zwölf Artikel und das Recht des ländlichen Raums im Zeitalter des Bauernkriegs (Studien zur europäischen Rechtsgeschichte, Veröffentlichungen des Max Planck-Instituts für europäische Rechtsgeschichte Frankfurt am Main 311), Frankfurt am Main 2018, S. 25 f.
36 Blickle, Unruhen (wie Anm. 5) S. 58–60.
37 Blickle, Revolution (wie Anm. 22) S. 311–320.
38 Hans-Jürgen Goertz, Thomas Müntzer. Revolutionär am Ende der Zeiten. Eine Biografie, München 2015.
39 Thomas Kaufmann, Geschichte der Reformation, Frankfurt am Main und Leipzig 2009, S. 58 (Zitat); zur „publizistischen" Einbindung der Bauern auch Thomas Kaufmann, Der Anfang der Reformation. Studien zur Kontextualität der Theologie, Publizistik und Inszenierung Luthers und der reformatorischen Bewegung (Spätmittelalter, Humanismus, Reformation 67), Tübingen 2012, v. a. S. 21 f. und 412–429.
40 Moisej Mendelevič Smirin, Die Volksreformation des Thomas Münzer und der grosse Bauernkrieg, Berlin 1952; vgl. dazu Blickle, Unruhen (wie Anm. 5) S. 73; Müller, Bauernkrieg (wie Anm. 31) S. 14 f.; Müller, Diktatur (wie Anm. 7) S. 174–181.

Auseinandersetzungen im marxistischen Sinn als frühkapitalistischer Klassenkonflikt gedeutet wurden.[41] Damit wurden potentielle sozioökonomische Voraussetzungen des Bauernkriegs thematisiert: die spätmittelalterliche Wirtschaftskrise mit ihrer Transformation der Agrarwirtschaft; die Verbindung zur stärker spezialisierten Wirtschaft der wachsenden Städte mit ihrem Ausgriff aufs Land (beispielsweise durch Sonderkulturen und „Industriepflanzen" wie Waid) und der wachsenden Unterschicht; der Zusammenhang mit dem stark kapitalgetriebenen Bergbau und den genossenschaftlich organisierten Bergarbeitern; die ideologisch bedingte Annahme einer Verbindung von städtischen und bäuerlichen Unterschichten.[42]

Die Frage nach den Trägerschichten des Bauernkriegs ist empirisch bis heute nicht zufriedenstellend beantwortet.[43] Sicher ist nur, dass es erhebliche regionale Unterschiede gab, keineswegs nur Bauern beteiligt waren und die einfachen Annahmen der älteren Forschung nicht zutreffen. Günther Franz hatte die dörflichen Eliten und „Ehrbarkeiten", vor allem die reicheren Bauern, als Träger und Anführer der Aufständischen angenommen,[44] die marxistische Forschung dagegen bäuerliche und städtische Unterschichten. Die bisher ermittelten Zahlen sprechen aber keineswegs eine eindeutige Sprache. Im ostschwäbischen Raum beteiligten sich, bezogen auf die Gesamtzahl der Höfe, tatsächlich 90 bis 100 Prozent der Bauern am Bauernkrieg, aber bei den Rädelsführern liegt im Raum des oberschwäbischen Biberach der Anteil der Vollerwerbsbauern bei 57 Prozent, der Anteil der Nebenerwerbsbauern bei 43 Prozent.[45] Georges Bischoff hat für den Bauernkrieg

---

41   Die frühbürgerliche Revolution in Deutschland. Referat und Diskussion zum Thema Probleme der frühbürgerlichen Revolution in Deutschland 1476–1535 (Tagung der Sektion Mediävistik der Deutschen Historiker-Gesellschaft 2), red. von Gerhard BRENDLER, Berlin 1961. Vgl. Lothar MERTENS, Priester der Clio oder Hofchronisten der Partei? Kollektivbiographische Analysen zur DDR-Historikerschaft (Berichte und Studien, Hannah-Arendt-Institut für Totalitarismusforschung 52), Göttingen 2006, S. 78; BLICKLE, Unruhen (wie Anm. 5) S. 52 und 73; MÜLLER, Diktatur (wie Anm. 7) S. 202–204 und 208–213.
42   Jüngst wieder kritisch diskutiert von den Beiträgen in Reformation und frühbürgerliche Revolution. Neue Studien, hg. von Joachim SCHAPER und Volker LEPPIN, Leipzig 2023.
43   BLICKLE, Unruhen (wie Anm. 5) S. 59, 87 und 114f.; BLICKLE, Revolution (wie Anm. 22) S. 303f.; Werner TROSSBACH, Tagelöhner und dörfliche Eliten. Überlegungen zum Verhältnis von Struktur- und Ereignisgeschichte im Bauernkrieg (1524–1526), in: Revolte und Sozialstatus von der Spätantike bis zur Frühen Neuzeit. Révolte et statut social de l'Antiquité tardive aux Temps modern (Pariser historische Studien 87), hg. von Philippe DEPREUX, München 2008, S. 229–254; Tom SCOTT, Ungelöste Probleme des Deutschen Bauernkrieges, in: Bauernkrieg in Franken (Publikationen aus dem Kolleg „Mittelalter und frühe Neuzeit" 2), hg. von Franz FUCHS und Ulrich WAGNER, Würzburg 2016, S. 37–48, hier S. 40–43.
44   Günther FRANZ, Die Führer im Bauernkrieg, in: Günther FRANZ, Persönlichkeit und Geschichte. Aufsätze und Vorträge, hg. von Oswald HAUSER, Göttingen u.a. 1977, S. 97–109, hier S. 99–102.
45   Nach BLICKLE, Revolution (wie Anm. 22) S. 303f.

im Elsass die starke Beteiligung städtischer Kommunen nachweisen können, für die exemplarisch eine Person wie der Straßburger Gärtner, Laienprediger und Sympathisant des Bauernkriegs Clemens Ziegler stehen mag.[46]

Die Grenzen zwischen Stadt und Umland verschwimmen beim Blick auf die Trägerschicht und auch deswegen hat der Vorschlag von Peter Blickle (1938–2017) einiges für sich, vom Bauernkrieg mit einem Quellenbegriff als einer Revolution des „Gemeinen Mannes" zu sprechen.[47] Unter dieser nur schwach konturierten Kollektivbezeichnung fasst Blickle „die nicht herrschaftsfähigen Bauern, Bürger und Knappen" zusammen inklusive Frauen und Knaben.[48] Seine Auffassung blieb zu Recht, zum Beispiel durch Tom Scott, nicht unwidersprochen und gegenüber der Verwendung des Begriffs der Revolution, die schließlich auf eine Systemveränderung zielt, gibt es sehr berechtigte Vorbehalte.[49] Aber zweifellos kann nicht von einem reinen Bauernkrieg gesprochen werden, weil an den Unruhen auch nichtbäuerliche Gemeinden, Gemeinschaften und Gruppen beteiligt waren, mit Tom Scott die „verfächerte" Sozialstruktur des Dorfes vor allem im Südwesten des Reiches.[50] Mit Blick auf die Leitfrage „was wollten die Bauern?" muss also verstärkt nach spezifischen Akteursgruppen, kommunalen Konflikten und Zielsetzungen gefragt werden, um die unterschiedlichen Interessen und sozialen Abstufungen hinter der Sammelbezeichnung „Bauer" zu erfassen.

Die jüngste rechtsgeschichtliche Untersuchung des Bauernkriegs von David von Mayenburg setzt hier an, indem sie nach den Selbstbezeichnungen der Aufständischen am Beispiel der Zwölf Artikel von 1525 fragt.[51] Die Bezeichnungen lauten ganz überwiegend Bauer, aber auch Armer Mann, Mensch, (ganze) Gemeinde, (ganzes) Dorf, Bauernschaft und Hintersassen.[52] Damit werden nuanciert sehr unterschiedliche Gruppenkonstellationen erfasst und innerhalb des Fokus auf die ländliche Trägerschicht kontextabhängig erhebliche Binnendifferenzierungen ge-

---

46 Georges BISCHOFF, La guerre des paysans. L'Alsace et la révolution du Bundschuh 1493 à 1525, Straßburg 2010, S. 151, 247 f., 319 f., 381 f. und 448 f.; zu Ziegler John D. DERKSEN, From radicals to survivors. Strasbourg's religious nonconformists over two generations 1525 to 1570 (Bibliotheca humanistica & reformatorica 61), Utrecht 2002, S. 38–89; Rodolphe PETER, Le Maraîcher Clément Ziegler. L'Homme et son Œuvre, in: Revue d'histoire et de philosophie religieuses 36 (1954) S. 255–282. Ich bereite einen Aufsatz zu Ziegler vor.
47 BLICKLE, Revolution (wie Anm. 22) S. 304 f.
48 BLICKLE, Revolution (wie Anm. 22) S. 191–195, 304 (Zitat); BLICKLE, Unruhen (wie Anm. 5) S. 75 und 87 f. (Frauen).
49 Konzentriert zuletzt SCOTT, Ungelöste Probleme (wie Anm. 43).
50 BLICKLE, Coniuratio (wie Anm. 9) S. 21–23; Tom SCOTT, Bürger, Handwerker und Sondergruppen. Zur verfächerten Sozialstruktur des Dorfs in Südwestdeutschland um die Wende vom Mittelalter zur Neuzeit, in: Dorf und Gemeinde. Grundstrukturen der ländlichen Gesellschaft in Spätmittelalter und Frühneuzeit (Kraichtaler Kolloquien 8), hg. von Kurt ANDERMANN und Oliver AUGE, Epfendorf 2012, S. 133–152.
51 MAYENBURG, Gemeiner Mann (wie Anm. 35) S. 72–111 und 355 f.
52 MAYENBURG, Gemeiner Mann (wie Anm. 35) S. 73.

macht. Der Begriff des Untertanen, der von der Obrigkeit und den Herren gebraucht wurde, wurde aber offenbar bewusst vermieden. Die Bauern vertrauten Mayenburg zufolge sehr weitgehend den etablierten Formen rechtlicher Konfliktlösung vom Reichskammergericht über die Judikative des Schwäbischen Bundes bis hin zu ad hoc besetzten Schiedsverfahren. Sie engagierten im *ius commune* erfahrene Anwälte, und renommierte Juristen wie der Freiburger Ulrich Zasius versuchten sogar, das Gemeine Recht für die sehr spezifischen Probleme der zeitgenössischen Agrarverfassung so nutzbar zu machen, dass die Bauern einen Rechtsschutz gegenüber ihren Herren erhielten.[53] Die politischen Probleme einer stärkeren gemeindlichen Partizipation hätten so nicht gelöst, aber rechtlich prozeduralisiert und dadurch entschärft werden können. David von Mayenburg räumt in seiner Studie auch mit der seit Günther Franz notorischen Gegenüberstellung von Altem und Göttlichem Recht gründlich auf, wenn er notiert, dass „die in der historischen Literatur herrschende Auffassung eines bäuerlichen ‚Paradigmenwechsels' weg von der rechtlichen und hin zu einer theologisch begründeten gewaltsamen Lösung jedenfalls in dieser einfachen Zuspitzung nicht zutraf".[54]

II

Die erwähnten und in der Forschung schon oft und umfassend analysierten Zwölf Artikel eignen sich in besonderem Maß, um die Forderungen der Bauern und einige fundamentale zugrundeliegende Probleme und Ursachen des Aufstands zu verstehen, auch wenn in ihnen vor allem oberschwäbische Anliegen formuliert werden.[55] Der Text entstand wohl Ende Februar bis Anfang März 1525 in und um Memmingen. Dort hatten sich am 6. März etwa fünfzig Vertreter der drei aufständischen oberschwäbischen Bauerngruppen versammelt, des Seehaufes vom Bodensee sowie des Baltringer und Allgäuer Haufens.[56] Sie berieten über ein gemeinsames Auftreten gegenüber dem Schwäbischen Bund, um ihre Anliegen durchzusetzen, die sie ihren Herren in den vorangegangenen Monaten in Be-

---

53 MAYENBURG, Gemeiner Mann (wie Anm. 35) S. 213f. und 359–361.
54 MAYENBURG, Gemeiner Mann (wie Anm. 35) S. 359.
55 Eine umfangreiche Analyse ist wegen begrenzten Raums unmöglich; ich folge dem Tenor der Forschung, setze mit der Auswahl der im Folgenden fokussierten Artikel jedoch eigene Akzente. Editionen beziehungsweise Forschung in Auswahl: Alfred GÖTZE, Die zwölf Artikel der Bauern 1525, in: Historische Vierteljahrschrift 13 (1902) S. 1–33; FRANZ, Quellen (wie Anm. 33) Nr. 43, S. 174–179; David Warren SABEAN, Landbesitz und Gesellschaft am Vorabend des Bauernkriegs. Eine Studie der sozialen Verhältnisse im südlichen Oberschwaben in den Jahren vor 1525 (Quellen und Forschungen zur Agrargeschichte 26), Stuttgart 1972, S. 82–85 und 114–120; BLICKLE, Revolution (wie Anm. 22) S. 24–31; MAYENBURG, Gemeiner Mann (wie Anm. 35) S. 206–210; Die 12 Bauernartikel. Flugschrift aus dem Frühjahr 1525, hg. von Heide KUSZAT-EWIG, Memmingen 2018.
56 Günther FRANZ, Der deutsche Bauernkrieg, Darmstadt [10]1975, S. 113–127.

schwerdeschriften bereits vorgebracht hatten. Am 7. März verbündeten sie sich per Eid – als *coniuratio*, Eidgenossenschaft, also in den Augen der Herren als Verschwörer – zur Christlichen Vereinigung und gaben sich eine Bundesordnung. Am 20. März wurden die Zwölf Artikel verabschiedet. Der Titel des ältesten Drucks vom März 1525 (bei Renatus Beck in Straßburg) lautet: *Dye grundtlichen vnd rechten haupt artickel, aller baurschafft vnnd hyndersessen der gaistlichen vnd weltlichen oberkayten, von woelchen sy sich beschwert vermainen*.[57] Als Redakteur gilt der aus Horb am Neckar stammende, als Laienprediger in Memmingen wirkende Kürschnergeselle Sebastian Lotzer (ca. 1490–nach 1525), Feldschreiber des Baltringer Haufens. Sein Mentor, der aus St. Gallen stammende Memminger Prediger Christoph Schappeler (ca. 1472–1551), wirkte bei der Redaktion mit, verfasste wahrscheinlich die Einleitung und steuerte Bibelstellen bei. Allein in den ersten zwei Monaten erschienen 25 Ausgaben der Zwölf Artikel mit einer geschätzten Gesamtauflage von 25.000 Exemplaren; das neue Druckzeitalter sorgte für ihre rasche und weite Verbreitung.[58]

Peter Blickle wies durch Vergleiche nach, dass es sich um eine redaktionell überarbeitete Zusammenstellung aus den vorgängigen Beschwerdeschriften der oberschwäbischen Bauern handelt, im Kern des Baltringer Haufens, die für den gesamten oberschwäbischen Raum repräsentativ seien.[59] Davon abgesehen spricht ihre Verbreitung, teils durch wörtliche Übernahmen in Forderungen anderer Aufstandsgruppen,[60] immerhin dafür, dass die Artikel im gesamten Reich auf prinzipielle Zustimmung bei Bauern trafen. Ihre Rezeption in Aneignung und Ablehnung spricht beschreibungssprachlich dafür, die verstreuten Aufstandsbewegungen als zumindest lose zusammengehöriges Phänomen zu charakterisieren. Wer wissen will, was die Bauern im März 1525 wollten, darf also die Zwölf Artikel heranziehen. Die wohl von Schappeler formulierte Einleitung nennt als Adressaten den *christliche(n) leeser*[61], zugleich verneint sie rhetorisch einen kausalen Zusammenhang zwischen Reformation und Bauernaufständen. Die gegenwärtige Empörung sei im Gegenteil eine Folge der Unterdrückung des Evangeliums und seiner Grundsätze (und kann damit analytisch doch als reformatorisch motiviert gewertet werden). Dann folgen elf Forderungen und eine salvatorische Klausel, hier knapp zusammengefasst:

1. Pfarrwahl: Gemeinden sollen das Recht haben, ihren Pfarrer zu wählen und abzusetzen, wenn er das Evangelium nicht klar und rein lehrt.

2. Zehnt: Der Kleinzehnt (auf Obst, Gemüse, Flachs, Kleinvieh) soll aufgehoben werden, der Großzehnt (auf Getreide, Wein, Heu, Holz, Großvieh) soll, von

---

57 GÖTZE, Zwölf Artikel (wie Anm. 55) S. 8.
58 BLICKLE, Revolution (wie Anm. 22) S. 24.
59 BLICKLE, Revolution (wie Anm. 22) S. 34–39.
60 FRANZ, Deutscher Bauernkrieg (wie Anm. 56) S. 126.
61 MAYENBURG, Gemeiner Mann (wie Anm. 35) S. 321.

gewählten Pröpsten verwaltet, dem Pfarrer, den Armen und der Landesverteidigung zukommen.

3. Leibeigenschaft: Die Leibeigenschaft soll aufgehoben werden, doch man will der von Gott eingesetzten Obrigkeit in allen angemessenen und christlichen Sachen unterworfen bleiben. Die Interpretation dieses Artikels ist umstritten, weil unterschieden wird zwischen *aigen leut*, als die die Bauern nicht mehr angesehen werden wollen und womit sie also – so zumindest die vorherrschende Interpretation – auch die Leibeigenschaft ablehnen, und einer Freiheit, die sie beanspruchen, ohne generell gegen die Obrigkeit zu sein.[62]

4. Fischerei, Vogelfang und Jagd: Vogelfang und Jagd sowie Fischfang sollen frei sein, soweit sie in fließenden Gewässern erfolgt, die nicht nachweislich in Privatbesitz sind. Die Wildhaltung der Herren führe zu Wildschaden der Bauern und sei gegen Gottes Gebote und die Nächstenliebe.

5. Holzungsrechte: Die Gemeinden fordern die von den Herren unrechtmäßig angeeigneten Wälder zurück, damit die Hausnotdurft (Brenn- und Bauholz) mit Wissen der Gemeindebeamten entnommen werden kann, doch so, dass der Wald erhalten bleibt. Die Klärung unklarer Besitzverhältnisse und Nutzungsrechte soll in gütlichen Vergleichsverfahren erfolgen.

6. Frondienste (I): Die gesteigerten Frondienste sollen wieder auf das alte Maß (der Elterngeneration) nach Laut des Gottesworts reduziert werden. Der Bezugspunkt ist hier laut Marginalie der Paulusbrief an die Römer, Kapitel 10, Vers 3–4, in der die unzulängliche menschliche von der göttlichen Gerechtigkeit abgegrenzt wird.[63]

7. Frondienste (II): Die Herren sollen die Frondienste nicht über das ursprünglich vereinbarte Maß hinaus anheben und wenn zusätzliche Arbeitsleistung nötig sei, dann nach Absprache und gegen Lohn erhalten.

8. Gülten: Die Pacht- beziehungsweise Bodenzinse sind zu hoch und sollen nach Begutachtung angemessen vermindert werden.

9. Frevel: Die Gerichtsbußen sollen beim alten Herkommen bleiben und nicht ständig neue Satzungen und willkürliche Urteile gemacht werden.

10. Allmendrechte: Wiesen und Äcker in Gemeindebesitz sollen Allmende bleiben, außer im Fall des Kaufs von Allmende durch die Herren. Die Klärung unklarer Besitzverhältnisse und Nutzungsrechte soll in gütlichen Vergleichsverfahren erfolgen.

---

62 Die grundtlichen vnd rechten haupt artickel aller baurschafft vnd hyndersessen der geistlichen vnd weltlichen ober|kayten von welchen sy sich beschwert vermainen, Regensburg (Paul Kohl) 1525 (VD16 G 3553), S. AIIv–AIII. Zur Frage des unterschiedlichen Umfangs und der Bedeutung der Eigenschaft beziehungsweise Leibeigenschaft bereits oben Anm. 21; SABEAN, Landbesitz (wie Anm. 35) S. 36–48.
63 MAYENBURG, Gemeiner Mann (wie Anm. 35) S. 299 f.

11. Todfallabgaben: Die Erbschaftssteuern (wie Besthaupt und Bestkleid) sollen vollständig aufgegeben werden.

12. Salvatorische Klausel: Die Bauern legen fest, dass Artikel, die einer Überprüfung nach der Heiligen Schrift nicht standhalten, nicht gelten sollen und umgekehrt, dass weitere Artikel nach der heiligen Schrift ergänzt werden können.

Keine dieser Forderungen ist überraschend neu. Vorstellungen über Recht und Unrecht waren im dörflichen Alltag oft ein Ergebnis nachbarschaftlicher Aushandlungsprozesse, der Anwendung von alten Rechtssätzen aus dem Sachsen- oder Schwabenspiegel, auch ungeschriebener oder zunehmend geschriebener Dorfordnungen, konkreter Urteile von Dorfgerichten und der Erfahrungen, die die Bauern mit der sich professionalisierenden Rechtsprechung und dem *ius commune* vom Landgericht bis zum Reichskammergericht machen konnten. Im Frühjahr 1525 trauten die Bauern den unterschiedlichen prozeduralen Formen der Rechtsprechung offensichtlich noch faire Konfliktlösungen zu, wie der mehrfache Verweis zeigt, dass man sich im Streitfall sollte *gütlich und briederlich mitainander vergleichen nach gestalt der sach.*[64] Dies galt nicht nur im Konfliktfall untereinander, sondern offensichtlich auch im Verhältnis zu den Herren.

In der Tendenz und Gesamtheit der Forderungen lässt sich aber eine Zuspitzung erkennen, wenn es beispielsweise um die generelle Abschaffung des Kleinzehnten, der Leibeigenschaft und der Todfallabgaben geht. Unverkennbar ist auch der religiöse Impetus durch die vielen Verweise auf das Gotteswort, welchen die Forschung mit der Reformation in Verbindung brachte. Es ist plausibel, dass die Beratung und Redaktion durch den Prediger Schappeler und den Laienprediger Lotzer dafür maßgeblich war, sicher auch die 1525 verbreitete reformatorische Unruhe in Stadt und Land. Dennoch bleibt die Mischung aus den sehr präzisen Bezugnahmen auf die Agrarordnung und ihre rechtliche Verfasstheit beziehungsweise auf das alte Herkommen mit den juristisch vagen Verweisen auf ein unklar biblizistisch begründetes göttliches Recht erklärungsbedürftig.

Die Verweise auf das Evangelium interpretiere ich vor dem Hintergrund der bäuerlichen Lebenswelt als einen Versuch, auf mehr gesellschaftliche Gerechtigkeit zu drängen. Sie erfolgte auf der Grundlage eines allgemeinen, nicht ausschließlich, aber vor allem christlich geprägten Verständnisses und ging wahrscheinlich von einer gemeinsamen Gottesebenbildlichkeit von Bauern und Herren aus.[65] Wenn es

---

64 Den 10. Artikel, ediert GÖTZE, Zwölf Artikel (wie Anm. 55) S. 14; die Betonung der Brüderlichkeit im Verhältnis zu den Herren ist bezeichnend. Zur Rolle vor allem außergerichtlicher Schiedsverfahren bereits David VON MAYENBURG, Streitschlichtung auf dem Lande. Untersuchungen zur südwestdeutschen Schiedsordnung zwischen Spätmittelalter und Bauernkrieg, in: Max Planck Institute for European Legal History Research Paper Series Nr. 2016-12, S. 29–36, https://ssrn.com/abstract=2866977 (Zugriff am 30.05.2023).

65 Es ist wenig wahrscheinlich, dass hier eine renaissancehumanistische oder eine dezidiert reformatorische, gar lutherische Lesart der Gottesebenbildlichkeit vorliegt, vgl. Thorsten

um dieses fundamentale Verständnis von Recht und Unrecht, fair und unfair zwischen gesellschaftlich Ungleichen ging, die nicht in Schriftform gefasst oder durch Verfahren geregelt war, sondern auf ethischen Prinzipien beruhte, dann lag den Bauern offenkundig der Verweis auf das Evangelium am nächsten, das ihnen gerade in dieser Zeit über Dorfpfarrer oder Prediger und in der Volkssprache nahegebracht wurde. Insofern richtete sich diese verschwommen argumentierende Stoßrichtung der Zwölf Artikel fundamental gegen die Gesellschaftsordnung der Zeit, aber griff damit auf schon länger, wenigstens seit dem Konziliarismus des 15. Jahrhunderts diskutierte Positionen zurück. Hier kann man tatsächlich einen, wenn man so will, revolutionären Kern sehen, denn eine konsequente Weiterentwicklung dieser Ansätze hätte dazu geführt, die Systemfrage zu stellen. Es wäre dann in den Augen der Herren nicht nur um prozedurale Gerechtigkeit, um legitime Partizipation an Besitz und Rechten, sondern um Freiheit von Herrschaft überhaupt gegangen – und das war der nervus rerum, der die Bauernbewegung strukturell so gefährlich machte. Mit der neueren Interpretation der Reformationszeit als einer „Transformation" stimmt das insofern überein, als sich je nach Perspektivierung der Geschehnisse von einer Mischung unterschiedlicher Elemente wie der „Sprunghaftigkeit von einzelnen Entwicklungen" mit „Entwicklungen, die [...] in weit zurückreichenden Vorgängen wurzeln", sprechen lässt.[66] Zu diskutieren wäre gegen diese Interpretation, ob der Verweis auf Gottes Wort hier nicht auch eine beschwichtigende Funktion im Sinn eines Angebots zum Gespräch oder sogar zur Verhandlung über die gemeinsamen Grundlagen und die Forderungen im Einzelnen gehabt haben könnte. Dafür spräche, dass die Bauern am 15. März 1525 die führenden Reformatoren um eine Begutachtung ihrer Artikel gebeten hatten und Martin Luther, Philipp Melanchthon, Johannes Brenz und Urbanus Regius auch tatsächlich auf ihre Schrift (wenig überraschend weitgehend ablehnend) reagierten.[67]

WAAP, Gottesebenbildlichkeit und Identität. Zum Verhältnis von theologischer Anthropologie und Humanwissenschaft bei Karl Barth und Wolfhart Pannenberg (Forschungen zur systematischen und ökumenischen Theologie 121), Göttingen 2008, S. 43–48, sondern eher ein allgemeines, christliches Verständnis grundsätzlicher Gleichheit vor Gott.

66 Volker LEPPIN, Transformation. Ein Modell zur Bestimmung von Kontinuität im Wandel, in: Reformation als Transformation? Interdisziplinäre Zugänge zum Transformationsparadigma als historiographischer Beschreibungskategorie (Spätmittelalter, Humanismus, Reformation 126), hg. von Volker LEPPIN und Stefan MICHELS, Tübingen 2022, S. 43–60, hier S. 59.

67 MAYENBURG, Gemeiner Mann (wie Anm. 35) S. 209 (mit Nachweisen). Zur einflussreichsten Positionierung vgl. Michael BEYER, Die drei Bauernkriegsschriften Martin Luthers von 1525, in: Reformation und Bauernkrieg (wie Anm. 31) S. 241–258, hier S. 253 und 255–257. Zu Brenz, der nach dem Aufstand den Kraichgauer Adel zur Milde gegenüber den Bauern aufrief, Malte HOHN, Die rechtlichen Folgen des Bauernkrieges von 1525. Sanktionen, Ersatzleistungen und Normsetzung nach dem Aufstand (Schriften zur Rechtsgeschichte 112), Berlin 2004, S. 370–372.

III

Peter Blickle, Hartmut Zückert und zuletzt David von Mayenburg haben für die Anliegen aller Artikel jeweils viele ganz konkrete lebensweltliche Beispiele aus den Jahrzehnten vor 1525 gefunden.[68] Die Forderungen der Bauern – soweit man von einer Gruppe mit gemeinsamen Zielen trotz innerer Heterogenität sprechen kann – beruhen also zweifellos auf bitterer Erfahrung, auch wenn ihre Ansprüche im Einzelfall diskutabel waren. Viele Beschwerden, vor allem in Artikel 2, 4, 5 und 10, hingen mit konkreten Konflikten um die Ressourcennutzung zusammen. Diese Kontexte des Bauernkriegs wurden meist als „Krise der feudalen Agrarverfassung" unter verfassungsgeschichtlicher Perspektive als Etappe auf dem Weg in den Territorialstaat thematisiert[69] und sind bisher kaum en détail als Konflikte, die von den spezifischen örtlichen sozionaturalen Voraussetzungen abhingen, untersucht worden. Immerhin hatte David Warren Sabean bereits 1972 zu den zwei Hauptfaktoren, die zur Bewegung der oberschwäbischen Bauern 1525 führten, den „ökologische[n] Faktor" gezählt.[70] Er ist zentral für ein Verständnis der Anliegen und konkreten Vorgehensweise der Bauern.

Eine umwelthistorisch perspektivierte Analyse hat das komplexe Zusammenspiel von gesellschaftlichen und natürlichen Faktoren zu berücksichtigen, die das Leben der Bauern auf dem spezifischen „sozio-naturalen Schauplatz" der dörflichen Gemeinschaft prägt.[71] Natürliche und kulturelle Vorgänge spielen hier eine eigenständige, aber wechselwirkende Rolle, ohne einseitig zu determinieren. Die durch bestimmte Vorstellungen geformten gesellschaftlichen Praktiken wie beispielsweise die Dreifelderwirtschaft mit Hutewäldern und der Nutzung von Wasserläufen für Fischfang und Teichbau prägten den Austausch mit der Natur, die durch Praktiken wie der Waldweide und der Entnahme von Bau- und Brennholz aus dem Wald in eine spezifische Kulturlandschaft transformiert wurde. Durch Rückkoppelungen wurden aber auch wieder die Akteure dieser Veränderungen beziehungsweise ihre Vorstellungen etwa von der Nutzung von Allmend-

---

68 BLICKLE, Revolution (wie Anm. 22) S. 32–90, Hartmut ZÜCKERT, Allmende und Allmendaufhebung. Vergleichende Studien zum Spätmittelalter bis zu den Agrarreformen des 18./ 19. Jahrhunderts (Quellen und Forschungen zur Agrargeschichte 47), Stuttgart 2003, S. 14–73 und 131–135: MAYENBURG, Gemeiner Mann (wie Anm. 35) S. 263–289.
69 BLICKLE, Revolution (wie Anm. 22) S. 105–149, Zitat S. 105 und öfter.
70 SABEAN, Landbesitz (wie Anm. 55) S. 114.
71 Zum Konzept des sozio-naturalen Schauplatzes vgl. Verena WINIWARTER und Martin SCHMID, Socio-Natural Sites, in: Concepts of Urban-Environmental History, hg. von Sebastian HAUMANN, Martin KNOLL und Detlev MARES, Bielefeld 2020, S. 33–50; Gerrit Jasper SCHENK und Dieter SCHOTT, Was ist Umweltgeschichte? Fragestellungen, Begriffe, Konzepte und Modelle, in: Umweltgeschichte, hg. von Miriam GRABARITS und Detlev MARES, Frankfurt am Main 2023, S. 32–48, hier S. 34f.

gütern bei steigender Bevölkerungszahl verändert.[72] Natürliche und halb-natürliche Prozesse wirkten auf die Umwelt der Menschen ein und führten zu kommunizierbaren Erfahrungen und damit wiederum zu neuen Vorstellungen und Praktiken. Diese Austauschbeziehung zwischen menschlicher Gesellschaft und belebter wie unbelebter Welt wird mit einem zwischen Metapher und Modell changierenden Begriff als „gesellschaftlicher Stoffwechsel" bezeichnet.[73] Jedem mittelalterlichen Bauern war dieser Stoffwechsel ganz praktisch etwa durch seine Einbindung in den Rhythmus der Dreifelderwirtschaft vertraut, die zwar schon seit dem Frühmittelalter bekannt war, aber vor allem im Prozess der seit dem Hochmittelalter beschleunigten Auflösung der klassischen Grundherrschaft und der spätmittelalterlichen „Verdorfung" zur Vergesellschaftung der bäuerlichen Schichten beitrug.[74] So wurde auf das jeweils brachliegende Feld das eigene und das Gemeindevieh getrieben, das die Reste abweidete und zugleich das Feld für eine bessere Ernte düngte.[75] Mit diesem keineswegs nur metaphorisch zu verstehenden „Stoffwechsel" und dem dafür notwendigen Zugriff auf Ressourcen hingen die in den besagten Artikeln 2, 4, 5 und 10 thematisierten Probleme eng zusammen.

Für eine umweltgeschichtliche Perspektivierung der Aufstandsgründe spricht auch die konkrete Situation gerade im Südwesten des Reiches zu Beginn des

---

72 SABEAN, Landbesitz (wie Anm. 55) S. 20 und 36–48 hat bereits auf den Konflikt um Allmendgüter zwischen Lehensbauern und Tagelöhnern als Resultat des wachsenden Bevölkerungsdrucks hingewiesen.
73 Vgl. zum Modell, das in vorstatistischen Epochen schwer umsetzbar ist, Marina FISCHER-KOWALSKI und Helmut HABERL, Stoffwechsel und Kolonisierung. Konzepte zur Beschreibung des Verhältnisses von Gesellschaft und Natur, in: Gesellschaftlicher Stoffwechsel und Kolonisierung von Natur. Ein Versuch in Sozialer Ökologie, hg. von Marina FISCHER-KOWALSKI u. a., Amsterdam 1997, S. 3–12; Verena WINIWARTER und Christoph SONNLECHNER, Der soziale Metabolismus in der vorindustriellen Landwirtschaft in Europa, Stuttgart 2001.
74 Vgl. bereits Roger SABLONIER, Das Dorf im Übergang vom Hoch- zum Spätmittelalter. Untersuchungen zum Wandel ländlicher Gemeinschaftsformen im ostschweizerischen Raum, in: Institutionen, Kultur und Gesellschaft im Mittelalter. Festschrift für Josef Fleckenstein, hg. von Hans FENSKE, Werner RÖSENER und Thomas ZOTZ, Sigmaringen 1984, S. 727–745; Rainer SCHREG, Feld-, Wald- und Wiesenarchäologie, in: Komplexität und Diversität des kulturellen Erbes. Forschungsbeiträge aus dem Institut für Archäologische Wissenschaften, Denkmalwissenschaften und Kunstgeschichte, hg. von Wolfgang BRASSAT, Bamberg 2020, S. 11–32, hier S. 22–26; vgl. als Beispiel zur vergesellschaftenden Wirkung die Lokalstudie zur Gemeinde im kurpfälzischen Oberamt Alzey von Sigrid SCHMITT, Territorialstaat und Gemeinde im kurpfälzischen Oberamt Alzey (Geschichtliche Landeskunde 38), Stuttgart 1992, S. 228–285.
75 Zu den Verhältnissen im Kraichgau etwas schematisierend, aber insgesamt zutreffend Karl-Heinz GLASER, Bäuerliche Gesellschaft im Wandel, in: Wässerwiesen. Geschichte, Technik und Ökologie der bewässerten Wiesen, Bäche und Gräben in Kraichgau, Hardt und Bruhrain (Beihefte zu den Veröffentlichungen für Naturschutz und Landschaftspflege in Baden-Württemberg 87), hg. von Dieter HASSLER, Michael HASSLER und Karl-Heinz GLASER, Ubstadt-Weiher 1995, S. 15–39, hier S. 22–32.

16. Jahrhunderts. In der Mitte des 14. Jahrhunderts hatte die sogenannte Krise des Spätmittelalters, als sich das Klima leicht abkühlte, wohl ein Drittel der Bevölkerung an der Pest starb[76] und der Wald wüst gefallene Siedlungen und Anbauflächen zurückeroberte, einen langsamen, aber tiefgreifenden Wirtschaftswandel angestoßen.[77] Die Krise führte zu einem Getreidepreisverfall und zur Aufgabe unrentabler Anbauflächen. Man reagierte mit extensiver Viehwirtschaft in Wald und Flur, mit einer Spezialisierung und Differenzierung des Anbaus, vor allem Weinbau und Gartenbau mit Obst und Gemüse („Vergartung"), in dafür geeigneten Gebieten auch mit der verstärkten Anlage von Fischteichen, um die im Vergleich zum Getreide größere Preisstabilität der Fische zu nutzen.[78] Das verstärkte einerseits den Niedergang der Grundherrschaften alten Typs und begünstigte die Verdorfung, andererseits versuchten einige Grundherren ihre Leibherrschaft zu intensivieren und die Städte waren bemüht, für ihre prosperierenden Gewerbe mehr Anbauflächen für Sonderkulturen (Färberwaid, Flachs, Krapp) zu gewinnen.

So wurden seit der Mitte des 15. Jahrhunderts die Anbauflächen im Südwesten zu Lasten des Waldes wieder ausgeweitet.[79] Im 15. Jahrhundert begann auch eine demographische Erholung und zugleich stiegen die Preise für landwirtschaftliche

---

76 Werner RÖSENER, Die Krise des Spätmittelalters in neuer Perspektive, in: Vierteljahrschrift für Sozial- und Wirtschaftsgeschichte 99 (2012) S. 189–208, hier S. 201–208; Bruce M.S. CAMPBELL, The Great Transition. Climate, Disease and Society in the Late-Medieval World. The 2013 Ellen McArthur Lectures, Cambridge 2016, S. 48–65; Gerrit Jasper SCHENK, Die Zeit Karls IV. zwischen Frost und Blüte. Katastrophen, Krisen und Klimawandel im 14. Jahrhundert, in: Kaiser Karl IV. 1316–2016. Erste Bayerisch-Tschechische Landesausstellung, Ausstellungskatalog, hg. von Jiří FAJT und Markus HÖRSCH, Prag 2016, S. 30–39, hier S. 35–38.
77 Werner RÖSENER, Bauern im Mittelalter, München 1985, S. 255–276, zum allgemeinen Bild; regional fokussiert Peter RÜCKERT, Umwelt und Klima um 1500. Strukturen und Tendenzen ökonomischer Rahmenbedingungen, in: Landwirtschaft und Dorfgesellschaft (wie Anm. 27) S. 75–98, hier S. 85 f.
78 Werner RÖSENER, Das Wärmeoptimum des Hochmittelalters. Beobachtungen zur Klima- und Agrarentwicklung des Hoch- und Spätmittelalters, in: Zeitschrift für Agrargeschichte und Agrarsoziologie 58 (2010) S. 13–30, hier S. 23 f.; Werner RÖSENER, Der Wald als Wirtschaftsfaktor und Konfliktfeld in der Gesellschaft des Hoch- und Spätmittelalters, in: Zeitschrift für Agrargeschichte und Agrarsoziologie 55 (2007) S. 14–31, hier S. 20–31; Gerrit Jasper SCHENK, ‚Erlesener' Gartenbau? Überlegungen zum Wandel von Landwirtschaft und Gartenbau im Spannungsfeld zwischen Theorie und Praxis (ca. 1350–1570), in: Gewissheiten im Wandel. Wissensformierung und Handlungsorientierung von 1350 bis 1600 (Kulturgeschichtliche Beiträge zum Mittelalter und zur frühen Neuzeit 9), hg. von Christa BERTELSMEIER-KIERST, Berlin u. a. 2020, S. 13–80, hier S. 26–39 und 51–55 (Beispiel Kloster Maulbronn); Urs AMACHER, Zürcher Fischerei im Spätmittelalter. Realienkunde, Sozial- und Wirtschaftsgeschichte der Fischerei im Zürcher Gebiet (Mitteilungen der Antiquarischen Gesellschaft in Zürich 63), Zürich 1996, S. 89.
79 RÜCKERT, Umwelt (wie Anm. 77) S. 85.

Produkte.[80] Im Ottobeurer Klosterterritorium wuchs die Bevölkerung von der Mitte des 15. bis zur Mitte des 16. Jahrhunderts um rund 50 Prozent.[81] Archäobotanische Untersuchungen haben gezeigt, dass in Schwaben im 15. Jahrhundert an die Stelle des Anbaus von Roggen nun vermehrt auch der witterungsunempfindlichere und auf schlechteren Böden gedeihende Dinkel trat.[82] Die Technik der Wiesenwässerung für eine intensivierte Weidewirtschaft breitete sich aus,[83] die für Klimaschwankungen unempfindlichere Teichwirtschaft mit beispielsweise der Karpfenzucht wurde nicht nur von Klöstern, Adel und Städten, sondern auch von Dorfgemeinden betrieben.[84]

Die Folgen dieser generellen Entwicklung waren zweifellos regional unterschiedlich, bedeuteten aber in jedem Fall, dass der Nutzungsdruck auf bisher gemeinsam, weniger oder nicht genutzte Ressourcen beziehungsweise Grundstücke zunahm und aus dieser Konkurrenz Konflikte entstanden. Im Südwesten des Reiches, wo die Realteilung weit verbreitet war oder andere Formen der Vererbung von Besitz parallel zum Bevölkerungswachstum zu einer höheren Zahl von Tagelöhnern und Kleinstbauern führte, nahm mit der Konkurrenz um die Allmenden der Druck vor allem auf die Ressource Wald und die begrenzten Jagd- und Fischfang-

---

80   Zuletzt überzeugend am Beispiel Basels Gerhard FOUQUET, Stadtgemeinde, gemeiner Nutzen und private Not. Resilienzressourcen und Anpassungsfähigkeiten der Ratselite während der Getreidepreiskrisen in Basel um 1500, in: Annales Mercaturae 6 (2020) S. 149–174, hier S. 155–159.
81   BLICKLE, Revolution (wie Anm. 22) S. 79 f.
82   Manfred RÖSCH, Stadt und Umland im deutschen Südwesten aus archäobotanischer Sicht. Nahrungserzeugung, -verteilung und -verbrauch im Hoch- und Spätmittelalter, in: Württembergische Städte im späten Mittelalter. Herrschaft, Wirtschaft und Kultur im Vergleich (Tübinger Bausteine zur Landesgeschichte 26), hg. von Sigrid HIRBODIAN und Peter RÜCKERT, Ostfildern 2016, S. 61–76, hier S. 66–75; RÜCKERT, Umwelt (wie Anm. 77) S. 86.
83   Grundlegend Christian LEIBUNDGUT und Ingeborg VONDERSTRASS, Traditionelle Bewässerung – ein Kulturerbe Europas, Bd. 1: Grundlagen, Langenthal 2016; zum Kraichgau vgl. Wässerwiesen (wie Anm. 75) und Gerrit Jasper SCHENK, Das Baby in der Wiege. Hochwasser zwischen Alltag und Katastrophe (ca. 1250–1550). Beobachtungen zur ‚fluvialen Anthroposphäre' im Kraichgau, in: Wasser. Ressource – Gefahr – Leben (Kraichtaler Kolloquien 12), hg. von Kurt ANDERMANN und Gerrit Jasper SCHENK, Ostfildern 2020, S. 79–113, hier S. 101–112.
84   Hans BECKER, Die Feld-Teich-Wechselwirtschaft und ihre agrargeographischen Probleme, in: Genetische Ansätze in der Kulturlandschaftsforschung. Festschrift für Helmut Jäger (Würzburger geographische Arbeiten 60), hg. von Wolfgang PINKWART, Würzburg 1983, S. 171–188; Urs AMACHER, Die Teichwirtschaft im Spätmittelalter. Vom Frischhaltebecken zum Fischmastweiher, in: Medium Aevum Quotidianum 34 (1996) S. 68–90; Angelika LAMPEN, Wirtschaftsformen und Repräsentationskultur. Zum Verhältnis von Adel und Teichwirtschaft im Spätmittelalter, in: Der weite Blick des Historikers. Einsichten in Kultur-, Landes- und Stadtgeschichte. Festschrift für Peter Johanek, hg. von Wilfried EHBRECHT, Angelika LAMPEN, Franz-Joseph POST u. a., Köln u. a. 2002, S. 369–386; zum Beispiel Kloster Maulbronn SCHENK, Gartenbau (wie Anm. 78) S. 51–53.

möglichkeiten zu.⁸⁵ Hinzu kam die sogenannte „industrielle Revolution"⁸⁶ des Spätmittelalters mit vermehrtem Erzabbau und -verhüttung sowie der Glasherstellung, die in Schwarzwald, Odenwald und Kraichgau zum Holzeinschlag beigetragen haben wird.⁸⁷ Die Schwarzwaldflößerei prosperierte, als Folge des verstärkten Einschlags entstanden Hochmoore und die Fichte verdrängte zunehmend Buche und Eiche, die jedoch mit ihrem Laub und ihren Früchten für die Waldweide entscheidend waren.⁸⁸ Die geistlichen und weltlichen Territorialherren konsolidierten ihre Macht, bauten repräsentative Residenzen für ihre Hofhaltung und trugen mit ihrem Repräsentationsbedürfnis zur erhöhten Nachfrage nach Waren und Luxusgütern bei, reagierten aber auch mit ersten Schutzbestimmungen für den Wald, die freilich die Bedürfnisse der Bauern kaum im Auge hatten. So wurde 1495 in der ersten württembergischen Landesordnung von Herzog Eberhard im Bart (1445–1496) verlangt, *dieweyl in unserm fürstenthum groser mangel an holtz zu prenen und pauwen erscheint*, dass Waldflächen vor zu starkem Einschlag, vor Viehweide und der Umwandlung in Wiesen geschützt werden, *damit das holtz gleich mag erwachsen*.⁸⁹

Daher liegt die Hypothese nahe, dass um 1500 das seit der Krise des 14. Jahrhunderts neu entstandene sozionaturale System an Grenzen stieß und zu Nut-

---

85 Vgl. für Oberschwaben SABEAN, Landbesitz (wie Anm. 55) S. 36–38, 42 und 47.
86 Der problematische Begriff stammt von Jean GIMPEL, Die industrielle Revolution des Mittelalters, Zürich und München 1980. Zum Bergbau beispielsweise Regio Mineralia. Les mines au Moyen Âge en Forêt-Noire et dans les Vosges. Regio Mineralia. Mittelalterlicher Bergbau in den Vogesen und im Schwarzwald, hg. von Bernard BOHLY, Pierre FLUCK, Guntram GASSMANN u. a., [Mulhouse] 2019; Jochen BAPIST, Anthropogene Geländemorphologie des Bergbaureviers Weschnitz bei Fürth im mittleren Odenwald (Südhessen) – Entstehung einer Kulturlandschaft. Online-Publikationen des Geo-Naturparks Bergstraße-Odenwald e. V. 2013, http://www.forschung.geo-naturpark.net (Zugriff am 28.07.2023), S. 31 f.; Bertram JENISCH, ‚Alles glaswergkh, das múglich ist ...' Spätmittelalterliche Glashütten im Oberrheingebiet, in: Spätmittelalter am Oberrhein. Alltag, Handwerk und Handel 1350–1525. Große Landesausstellung Baden-Württemberg, Bd. 2,2: Aufsatzband, hg. von Sönke LORENZ und Thomas ZOTZ, Stuttgart 2001, S. 195–201; Uwe MEYERDIRKS, Bergbau in der Oberrheinebene und den angrenzenden Mittelgebirgen, in: ebenda, Bd. 2,2, S. 231–241; Ludwig H. HILDEBRANDT, Mittelalterlicher Blei-Silber-Bergbau in Nordbaden, in: ebenda, Bd. 2,2, S. 243–246.
87 Hans HARTER, Flößerei, in: Spätmittelalter am Oberrhein (wie Anm. 86) Bd. 2,2, S. 215–223; Michaela RÖSSGER, Holzversorgung und Holzhandel, in: ebenda, Bd. 2,2, S. 225–229; zum Kraichgau Ralf FETZER, Der Kampf um den Wald. Frühneuzeitliche Auseinandersetzungen zwischen Obrigkeiten und ihren Untertanen um Waldnutzung und Waldeigentum im Kraichgau, in: Zeitschrift für die Geschichte des Oberrheins 150 (2002) S. 161–183, hier S. 162–167.
88 RÜCKERT, Umwelt (wie Anm. 77) S. 92.
89 Stephan MOLITOR, 1495. Württemberg wird Herzogtum. Dokumente aus dem Hauptstaatsarchiv Stuttgart zu einem epochalen Ereignis, Stuttgart 1995, Nr. 24: 1495 November 11. Erste württembergische Landesordnung, S. 109–115, hier S. 111 (Zitat); vgl. bereits RÜCKERT, Umwelt (wie Anm. 77) S. 91.

zungskonflikten führte, die sehr genau an den Forderungen der (meist vermögenderen) Bauern ablesbar sind, die ihre seit der Krise gewonnene gemeindliche oder genossenschaftliche Selbstverwaltung und wirtschaftliche Position bedroht sahen. Schon Karl Siegfried Bader zeigte, dass im Südwesten des Reiches der Verdorfungsprozess mit Dreifelderwirtschaft in Gemengelage und Flurzwang zu einer besonders engen, in Form einer Gemeinde beziehungsweise Genossenschaft organisierten Kooperation geführt hat.[90] Nachdem die herrschaftlichen Eigenwirtschaften zurückgegangen, oft auch Geldrenten an die Stelle von Naturalabgaben getreten waren, waren viele agrarorganisatorische Aufgaben an die Gemeinde übergegangen, die Bauermeister, Heimbürgen, Gemeindehirten und andere Organe einsetzte. Diese sorgten für die Abstimmung zwischen individuell bewirtschaftetem Haus und Hof, Acker und Wiese und dem gemeinsam genutzten Weide- und Waldland. Die Bauern waren im dörflichen Gemeindeverband recht selbständig, unterhielten im Spätmittelalter gemeinsame Einrichtungen wie Brunnen, Backhaus, Badstube, Schmiede und Hirtenhaus und zogen sogar gerichtliche Kompetenzen an sich. Da die Herren ursprünglich die Nutzung der Mark, von Wald und Weide, den abhängigen Bauern neben dem Ackerbau zugestanden hatten, vor allem für Holzeinschlag und zum Viehtrieb, gingen diese Nutzungsrechte nun als Allmende schleichend in die Verfügung der Gemeinde über, manchmal auch tatsächlich als Besitz durch Kauf, Pacht oder Tausch.[91] Es ist also keineswegs so, dass die Herren unrechtmäßig handelten, wenn sie in ihrem Wald das Wild für ihr Jagdvergnügen hegten und die Nutzung des Waldes ihrerseits intensivierten, weil sie meist das Obereigentum hatten oder mit einem gewissen Recht beanspruchten.[92] Doch da die wachsenden Bauerngemeinden für ihr agrarwirtschaftliches System die Allmende zwingend als Ressource brauchten, entstanden Nutzungskonflikte, die sich am zweiten Teil des vierten und dem zehnten Artikel der Bauern ablesen lassen.

---

90 Vgl. hier und im Folgenden Karl Siegfried BADER, Dorfgenossenschaft und Dorfgemeinde (Studien zur Rechtsgeschichte des mittelalterlichen Dorfes 2), Köln und Graz 1962, S. 266–426 (Oberrheingebiet); SCHMITT, Territorialstaat (wie Anm. 74) S. 228–279 (Kurpfalz); ZÜCKERT, Allmende (wie Anm. 68) S. 3–13 (allgemein).
91 Zur im Einzelnen erheblich komplexeren Geschichte, die Markgenossenschaften, Gemeinden und Haingerichte analytisch auseinanderzuhalten hätte, wobei auch die Rolle weiterer Rechteinhaber zu berücksichtigen wäre, ferner regionale und temporale Unterschiede einbezogen werden müssten, neben der in Anm. 90 genannten Forschung noch Werner RÖSENER, Zur Erforschung der Marken und Allmenden, in: Allmenden und Marken vom Mittelalter bis zur Neuzeit (Kataloge und Schriften des Museumsdorfs Cloppenburg 14), hg. von Uwe MEINERS und Werner RÖSENER, Cloppenburg 2004, S. 9–16.
92 Rita SAILER, Untertanenprozesse vor dem Reichskammergericht. Rechtsschutz gegen die Obrigkeit in der zweiten Hälfte des 18. Jahrhunderts (Quellen und Forschungen zur höchsten Gerichtsbarkeit im Alten Reich 33), Köln u. a. 1999, S. 139–154.

Gerade in Krisenzeiten, wenn ein Ausweichen auf Notnahrung[93] für unterbäuerliche Schichten, Tagelöhner und Dorfarme von entscheidender Wichtigkeit wurde und der Druck auf zugängliche Allmendgüter in Wald, Flur und Bach (Pilze, Beeren, Kräuter, Rinde, Vögel, Fische etc.) entsprechend anstieg, konnte die Einschränkung ihrer Nutzung fatale Wirkungen zeitigen. Gerhard Fouquet hat jüngst zeigen können, dass die „neue Ratio adliger Wirtschaftsführung" gegen Ende des 15. Jahrhunderts mit ihrer Aneignung von Allmendrechten, Ausweitung von Frondiensten und Fiskalisierung der Leib- und Steuerherrschaft im Gebiet des späteren Untergrombacher Bundschuhs von 1502 regelrecht verhinderte, dass die Herren des Hoch- und Domstifts Speyer in den Jahren schlechter Ernten unmittelbar vor der Verschwörung angemessen für die Nahrung und Notdurft der ihnen unterworfenen Landbevölkerung sorgten.[94] Auf die Anträge vieler Dörfer auf Zehntnachlass und auf Kredite zum Ankauf von Brotgetreide, die aus der Subsistenzkrise resultierten, reagierten die Speyrer Domherren zögerlich und unflexibel und legten damit offenbar erst das Fundament einer anschwellenden Unzufriedenheit mit ihrer Herrschaft.

Nutzungskonkurrenzen konnten sich aber nicht nur zwischen Herren und Bauern, sondern auch zwischen Tagelöhnern, Seldnern, Weinbauern auf der einen und Vollbauern auf der anderen Seite entwickeln, die kein Interesse an einer Aufteilung der Allmende hatten. Insofern wäre die Bauernkriegsforschung gut beraten, die interne Struktur der aufständischen Gruppen genauer als bisher nach prosopographischen Zusammenhängen, sozioökonomischer Zugehörigkeit und politischen Interessen zu untersuchen.[95] Das bedeutet, die Aufstände im Sinn der jüngeren, meist soziologischen und politologischen Bewegungsforschung zu analysieren, um das Selbstverständnis der Aufständischen als kollektive Bewegung und ihre Handlungsformen besser zu erfassen sowie die sozioökonomischen Gründe für ihre innere und äußere Dynamik, die (oft fehlende) Zusammenarbeit der einzelnen Aufstandsgruppen und ihre sehr unterschiedlichen Misserfolge oder Erfolge präziser zu verstehen.[96]

---

93 Zur langen Tradition der Notnahrung vgl. Dominik COLLET, Die doppelte Katastrophe. Klima und Kultur in der europäischen Hungerkrise 1770 bis 1772 (Umwelt und Gesellschaft 18), Göttingen 2019, S. 206–209.
94 FOUQUET, Getreide (wie Anm. 20) S. 32 (Zitat).
95 So auch SCOTT, Ungelöste Probleme (wie Anm. 43) S. 40–43.
96 Theoretische Anregungen liefern etwa James M. JASPER, A Strategic Approach to Collective Action. Looking for Agency in Social Movement Choices, in: Mobilization. An international journal 9 (2004) S. 1–16; Ingmar HAGEMANN, Johanna LEINIUS und Judith VEY, Poststrukturalistische Perspektiven auf soziale Bewegungen. Grundzüge einer Forschungsperspektive, in: Handbuch Poststrukturalistische Perspektiven auf soziale Bewegungen. Ansätze, Methoden und Forschungspraxis (Edition Politik 82), hg. von Ingmar HAGEMANN, Johanna LEINIUS und Judith VEY, Bielefeld 2019, S. 17–36.

Das Problem der Allmende hatte also mindestens drei Seiten: Erstens die der Aushandlung eines Regelsystems für konkurrierende Eigentums- und Nutzungsrechte zwischen teilhabenden Parteien, zweitens die einer immer wieder neuen Herstellung der Verteilungsgerechtigkeit durch regelbasierte Aushandlungsprozesse unter berechtigten Nutzern und drittens die einer (möglicherweise institutionalisierten) Etablierung und Durchsetzung von Sanktionen gegen eine potentielle Übernutzung durch die Teilhabenden, die der Ökologe Garrett Hardin 1968 als „Tragedy of the Commons" charakterisiert hat.[97] Seine Diagnose nahm zwar die Umweltverschmutzung der Hochmoderne zum Ausgangspunkt, aber die spätmittelalterlichen Maßnahmen zum Schutz des Waldes deuten auf ein ähnliches Problem der Übernutzung von Allgemeingütern. Die Wirtschaftsnobelpreisträgerin Elinor Ostrom hat schon vor Jahren unter anderem an historischem Material zeigen können, dass eine langfristige und nachhaltige Nutzung von Allmendressourcen nur durch eine Etablierung bestimmter Interaktionsprinzipien aller Nutzer möglich ist.[98] Der fünfte Artikel der Bauern spiegelt dieses Problem im Kern wider und schlägt daher bei der Waldnutzung eine Kontrolle sowohl der Verteilungsgerechtigkeit als auch in Ansätzen eine Wahrung einer gewissen Nachhaltigkeit avant la lettre vor.[99]

Ein anderer sachlicher Hintergrund lässt sich für den zweiten Artikel der Bauern annehmen. Im Zuge der landwirtschaftlichen Transformation war der Gartenbau immer wichtiger geworden und wurde auf Flächen ausgedehnt, die vormals für den Getreideanbau und daher großzehntpflichtig gewesen waren. Gärten selbst wurden ohnehin gern als zu Haus und Hof zugehörig angesehen und ob sie dann immer mit Abgaben wie dem Kleinzehnt belegt wurden, ist oft unklar.[100] Klein-

---

97 Im Kern malthusianisch argumentierend Garrett HARDIN, The Tragedy of the Commons. The population problem has no technical solution; it requires a fundamental extension in morality, in: Science 162 (13. December 1968) S. 1243–1248.
98 Elinor OSTROM, Die Verfassung der Allmende. Jenseits von Staat und Markt (Die Einheit der Geisteswissenschaften 104), Tübingen 1999; Elinor OSTROM, Was mehr wird, wenn wir teilen. Vom gesellschaftlichen Wert der Gemeingüter, München 2011, S. 85–89.
99 GÖTZE, Zwölf Artikel (wie Anm. 55) S. 12 f. Annette KEHNEL, Wir konnten auch anders. Eine kurze Geschichte der Nachhaltigkeit, München 2021, S. 63–95, nimmt S. 94 an, dass im Mittelalter weit verbreitete „Prinzipien der Gemeinwirtschaft" in ihrer „Ausrichtung klaren ökonomischen Logiken" folgten, „deren Einhaltung sich über Jahrhunderte als nachhaltige Nutzungsform bewährt hat". Es ist jedoch nicht gesagt, dass die gemeindliche Forstverwaltung tatsächlich im modernen Sinn auf Nachhaltigkeit des Holzeinschlags achtete, vgl. den gegenteiligen Fall der Dickenreishauser Bauern 1574, denen das Memminger Spital Holzeinschlag im eigenen Bannwald gewähren musste, damit sich der Gemeindewald erholen konnte, Rolf KIESSLING, Die Stadt und ihr Land. Umlandpolitik, Bürgerbesitz und Wirtschaftsgefüge in Ostschwaben vom 14. bis ins 16. Jahrhundert (Städteforschung A 29), Köln 1989, S. 512. Wenn sich überhaupt empirisch nachweisbar nachhaltige Nutzungsformen eingestellt haben sollten, entstanden sie jedenfalls als Kollateralnutzen ökonomischer Zwecke.
100 SCHENK, Gartenbau (wie Anm. 78) S. 67–74, zu stadtnahen Gärten.

vieh wie Hühner konnten ebenfalls zu dieser Betriebsform gehören, in der zudem eher Frauen arbeiteten. Die Sonderkultur Flachs für die Tucherstellung, von ländlichen Webern und städtischen Märkten nachgefragt, wurde offenbar auf Kosten von Allmendflächen ausgedehnt und machte andere Nutzungen wie die Viehweide durch das notwendige Verrottenlassen der Flachsfasern auf den Feldern unmöglich.[101] Die Forderung nach vollständiger Abschaffung des Kleinzehnten zielte also vielleicht darauf, durch die absehbare Ausweitung von Sonderkulturen wirtschaftliche Vorteile zu erringen.

Die Forderung nach freiem Fisch- und Vogelfang und freier Jagd im vierten Artikel sprach zentrale Konfliktfelder der Ressourcennutzung an. Kaum eine Ressource unterlag so vielfältigen Nutzungsinteressen wie das Wasser: Fischer, Müller, Schiffer, Flößer, Gerber, Färber, Flachsröster, Wäscherinnen und Bauern konkurrierten um die Nutzung fließender Gewässer.[102] David von Mayenburg betont, dass die Forderung mit Blick auf die Vielzahl an unklaren Rechtsfragen im Zusammenhang mit der Gewässernutzung zwar radikal klinge, aber mit ihrem Vorschlag einer rechtlichen Prozeduralisierung eines notorischen „Graubereichs der Eigentumsordnung" moderat sei.[103] Tatsächlich berührte jedoch gerade der Punkt des freien Fischfangs einen empfindlichen Punkt der Herren, denn Fisch war Herrenspeise.[104]

Die Relevanz dieses Ressourcenkonflikts lässt sich hervorragend durch eine Analyse der Protestformen des bäuerlichen Widerstands und der Aktionen der Bauern im Bauernkrieg selbst nachweisen, auf die schon Hermann Heimpel und Barbara Huber aufmerksam machten.[105] Auffällig oft, so konnte Thomas Roth in seiner Darmstädter Masterthesis von 2020 zeigen, bedienten sich die aufständischen Bauern nämlich performativer Handlungen, um ihre Forderung nach freiem Fischfang zu verdeutlichen. Zu Beginn eines Aufruhrs zogen sie los, fischten demonstrativ einen herrschaftlichen Teich oder ein Gewässer leer und verzehrten in einem gemeinsamen Festmahl den gefangenen Fisch.[106] Das gemeinsame Mahl besiegelt den Bund der Aufständischen wie ein Eid.

---

101 So etwa in Memmingen, ZÜCKERT, Allmende (wie Anm. 68) S. 54; KIESSLING, Stadt (wie Anm. 99) S. 498–504, 523 f. und 776, zum Verlagssystem und der Einbindung ländlicher Vorprodukte in die städtische Produktion mit der Annahme, dass ländliche Produzenten deswegen auf eine Aufteilung der dörflichen Allmende drängten.
102 Lukas WERTHER, Natascha MEHLER, Gerrit Jasper SCHENK u. a., On the Way to the Fluvial Anthroposphere. Current Limitations and Perspectives of Multidisciplinary Research, in: Water MDPI 13 (2021), 2188, DOI https://doi.org/10.3390/w13162188 (Zugriff am 30.07.2023).
103 MAYENBURG, Gemeiner Mann (wie Anm. 35) S. 244.
104 LAMPEN, Wirtschaftsformen (wie Anm. 84).
105 HEIMPEL, Fischerei (wie Anm. 22); HUBER, Zeichen (wie Anm. 5) S. 102–142.
106 Vgl. Thomas ROTH, Nutzungskonflikte im Wandel. Allmendforderungen im Rahmen von Bauernunruhen im 15. und 16. Jahrhundert, ungedruckte Masterthesis an der Techni-

Michel Hetter berichtet im Verhör über seine Mitwirkung am Aufstand in der Grafschaft Henneberg im Frühjahr 1525 sogar, *wir wollten ein fetzen machen lassen, daran ein crucifix und geschriben sten sollt: wer es mit dem wort Gots halten wolt, der solt zu diesem vendlein tretten, und daneben visch, vogel und holz auch gemalt sein und solt das crucifix bedeuten das ewangelium und handhabung des worts Gots; und bei den vogeln, vischen und welden solt dardurch zu versten sein, daß solchs alles frei sein sollt.*[107] Wie im vierten der Zwölf Artikel wird die Forderung nach Allmendrechten in Anspielung auf Genesis 1, 28 über den Menschen als Herrn „über die Fische im Meer und über die Vögel unter dem Himmel und über alles Getier, das auf Erden kriecht" begründet und auf ein Herrschaftszeichen gemalt. Auch wenn diese Fahne nicht gemalt worden zu sein scheint, lässt sich kaum ein stärkeres Zeichen dafür finden, welche Kernanliegen die Aufständischen hatten.

IV

Abschließend soll ein kurzer Blick in den Kraichgau, wo Anton Eisenhut und sein Kraichgauer Haufe als Protagonisten des Bauernkriegs wirkten, die regionale Relevanz der Allemendproblematik verdeutlichen. Michael Klebon hat den Geschehnissen im Kraichgau kürzlich ein Buch gewidmet und der Beitrag von Nina Gallion in diesem Band analysiert die Ereignisse.[108] Daher ist hier eine Beschränkung auf einige Anmerkungen zu aussagekräftigen zeichenhaften Handlungen, den Beteiligten und ihren möglichen Motiven möglich. Dafür werden die Akten eines Prozesses herangezogen, den die Gemeinde Münzesheim gegen Adam Hofwart von Kirchheim und seine Mutter Kunigunde 1530 bis 1543 vor dem Reichskammergericht in Speyer führte.[109] Der Prozess fand bereits im Zusammenhang mit

---

schen Universität Darmstadt 2020, Anhang 2 S. 99–101; HEIMPEL, Fischerei (wie Anm. 22) S. 365 f.
107 HEIMPEL, Fischerei (wie Anm. 22) S. 365, S. 365, nach Akten zur Geschichte des Bauernkriegs in Mitteldeutschland, hg. von Otto MERX, Günther FRANZ und Walther Peter FUCHS, Bd. 2, Nr. 1007, S. 628.
108 Mit einem wertenden Akzent auf reformatorische Aspekte Michael KLEBON, Im Taumel des Evangeliums. Anton Eisenhut und der Kraichgauer Haufen im „Bauernkrieg". Absichten, Planungen und Taten als Ausdruck einer ungemein dynamischen Phase der Revolution von 1525 (Heimatverein Kraichgau, Sonderveröffentlichung 40), Ubstadt-Weiher u. a. 2020, hier S. 82 f., 87 f. und 173 f. Grundlegend, aber im Einzelnen diskutabel Bernd RÖCKER, Der Bauernkrieg in Kraichgau und Hardt (Heimatverein Kraichgau, Sonderveröffentlichung 22), Ubstadt-Weiher 2020.
109 GLA Karlsruhe 71, Nr. 2006. Vgl. schon Gustav BOSSERT, Zur Geschichte des Bauernkriegs im heutigen Baden, in: Zeitschrift für die Geschichte des Oberrheins 65 (1911) S. 250–266, hier S. 256, zum Konflikt des Kraichgauer Haufens 1525 mit der Familie der Hofwart von Kirchheim; Adam war der Sohn Hans Hofwarts, vgl. Anneliese SEELIGER-ZEISS, Die Inschriften des Großkreises Karlsruhe (Die Deutschen Inschriften 20 – Heidelberger Reihe 7), München 1981, Nr. 184, dort jedoch mit dem falschen Sterbedatum von Hans (1522),

der besser untersuchten, langen Konfliktgeschichte zwischen dem Dorf Menzingen und den Herren von Mentzingen, vor allem Philipp von Mentzingen (1460–1525) und seinen Söhnen Erasmus (1493–1535) und Peter (1498–1565), in der Aufstandsforschung Beachtung.[110] Bei dem Menzinger Konflikt zwischen der Dorfgemeinde Menzingen und ihrem Dorfherren, der sich vom ausgehenden 15. Jahrhundert bis zum Ende des Alten Reichs hinzog, ging es vor allem um den Wald und die Nutzung dieser umstrittenen Ressource.[111] Dieser Fall zeigt Charakteristika, die mutatis mutandis auch auf den Münzesheimer Fall zuzutreffen scheinen:

Das Nahverhältnis zwischen den niederadligen Herren und der Dorfgemeinde bedingte eine genaue Kenntnis der Verhältnisse vor Ort, häufig sicher auch eine gewisse persönliche Vertrautheit,[112] die sowohl Phasen kompromissbereiter Absprachen als auch Phasen erbitterter Konfliktführung erklären könnte, weil es auf beiden Seiten immer gleich um die Ehre einander persönlich bekannter Akteure ging[113]; die Gewalttaten während des Zugs des Kraichgauer Haufens unter Anton Eisenhut 1525 überlagerten in auffälliger Weise die „zum Teil langen Widerstands-

---

der noch 1525 gelebt haben muss, vgl. Ralf FETZER, Frühneuzeitliche Untertanenkonflikte im Kraichgau. Rahmenbedingungen, divergierende Wertesysteme und das Verhältnis von Gemeindeprotest und Bauernkrieg, in: Bauernkrieg (wie Anm. 3) S. 99–139, hier S. 136 f. (Aussagen von Hans Lepp und Rumei Dilman zu den Ereignissen im Mai 1525).

110 Vor allem FETZER, Frühneuzeitliche Untertanenkonflikte (wie Anm. 109) S. 99–139, hier S. 124 und 135–138, zum Prozess und Münzesheim im Bauernkrieg; erwähnt bereits in FETZER, Kampf (wie Anm. 87) S. 171 f.

111 Vgl. zum Menzinger Konflikt die edierten Quellen bei FRANZ, Bauernkrieg Aktenband (wie Anm. 33) Nr. 22, S. 134–143; Studien in Auswahl: Bernd RÖCKER, Das Dorf Menzingen im Bauernkrieg. Ein Beitrag zur Vorgeschichte und zum Verlauf des Bauernkrieges im Kraichgau, in: Kraichgau 6 (1979) S. 136–145; Franz IRSIGLER, Der Junker und die Bauern. Zur Krise adeliger Herrschaft und bäuerlicher Wirtschaft um 1500 am Beispiel des Kraichgaudorfes Menzingen, in: Region und Reich. Zur Einbeziehung des Neckar-Raumes in das Karolinger-Reich und zu ihren Parallelen und Folgen (Quellen und Forschungen zur Geschichte der Stadt Heilbronn 1), hg. von Christhard SCHRENK und Hubert WECKBACH, Heilbronn 1992, S. 255–270; SAILER, Untertanenprozesse (wie Anm. 92) S. 72–95; FETZER, Kampf (wie Anm. 87) S. 168–171.

112 Zur politischen Kleinteiligkeit des Kraichgaus Kurt ANDERMANN, Der Kraichgau als Adelslandschaft, in: Zeitschrift für die Geschichte des Oberrheins 169 (2021) S. 255–275, hier S. 257–260 und 267 f.

113 Zur Ehre als wesentlichem Faktor des soziopolitischen Lebens vgl. Klaus SCHREINER, Verletzte Ehre. Überlegungen zu einem Forschungskonzept, in: Verletzte Ehre. Ehrkonflikte in Gesellschaften des Mittelalters und der frühen Neuzeit (Norm und Struktur. Studien zum sozialen Wandel in Mittelalter und Früher Neuzeit 5), hg. von Klaus SCHREINER und Gerd SCHWERHOFF, Köln u. a. 1995, S. 1–28; zur Relevanz der Ehre bei einfachen Leuten und Frauen Élisabeth CLEMENTZ, ‚als ob ich mich miner eren vergessen het'. L'honneur des petites gens de Strasbourg au tribunal vers 1470, in: Revue d'Alsace 146 (2020) S. 99–116, hier S. 113 f.

traditionen und Konfliktketten"[114], setzten dem zugrundeliegenden Ressourcenkonflikt aber kein Ende; der Konflikt wurde vor und nach dem Jahr 1525 meist mit niederschwelligeren Mitteln, etwa mit Akten symbolischer Kommunikation oder mit Hilfe des Rechts, geführt; eine Bewertung des Ressourcenkonflikts mit Blick auf das Problem der Allmende fällt schwer, weil beispielsweise nicht klar ist, inwieweit die wechselseitigen Vorwürfe der Parteien zutreffen, sie würden mit der Ressource Wald zerstörerisch umgehen; auf ganz lange Sicht wurde die Auseinandersetzung zwischen Ortsherrn und Gemeinde zwar ganz überwiegend zugunsten der Eigentumsrechte des Herrn und zu Ungunsten der Nutzungsrechte der Gemeinde entschieden, doch während dieses Prozesses scheint es immer wieder Phasen gegeben zu haben, die auf Aushandlungsprozessen der Akteursgruppen beruht haben müssen und einen kleinteiligen Ausgleich der Interessen ermöglichten.[115]

Im besagten Prozess der Gemeinde Münzesheim gegen ihren Ortsherrn Adam Hofwart von Kirchheim ging es im Kern ebenfalls um strittige Nutzungsrechte am Wald und damit um einen im Bauernkrieg zentralen Konflikt. Er war die Folge einer auf den ersten Blick undurchsichtigen Gemengelage von Interessen, Parteien, Verträgen und alten Gewohnheitsrechten, die hier nur umrissen werden kann. Ausgangspunkt war ein Streit um Nutzungsrechte im Gemeindewald, der wohl schon seit längerem von den benachbarten Dörfern Münzesheim und Oberacker gemeinsam genutzt wurde.[116] Die Konflikte um die Waldnutzung sollten laut einem Vertrag von 1529 beigelegt werden. Er war durch den Ortsherrn von Münzesheim schon seit 1526 ohne Wissen der Gemeinde Münzesheim offenbar mit dem Hintergedanken einer Erweiterung seines Einflusses auf den Münzesheimer Gemeindewald ausgehandelt worden. Zudem stand er einem unter Vermittlung des Markgrafen von Baden 1513 zustande gekommen Vertrag über die Rechte der Gemeinde am Wald entgegen. Die Gemeinde Münzesheim hatte dies festgestellt, als sie wie bisher Schweine zur Mast in den Wald treiben wollte, und ihren Ortsherrn daraufhin beim badischen Hofgericht in Baden-Baden verklagte. Die Reaktion Adam Hofwarts auf diesen eigentlich ganz üblichen Rechtsstreit war mit Blick auf

---

114 FETZER, Frühneuzeitliche Untertanenkonflikte (wie Anm. 109) S. 126.
115 Vgl. für den Konflikt in Menzingen die Versuche, über den Marburger Vergleich von 1530, die Dorfordnung von 1546 und ihre Ergänzungen und Veränderungen im Dorfbuch von 1548 die Ressourcenkonflikte zu lösen, bereits SAILER, Untertanenprozesse (wie Anm. 92) S. 78–81; Anna BRAUCH, Die Menzinger Dorfordnung von 1546. Eine Antwort auf den Bauernaufstand im Kraichgau?, in: Kraichgau 26 (2020) S. 209–230, hier S. 216–219 und 226–230.
116 Ich folge hier FETZER, Kampf (wie Anm. 87) S. 171 f., ferner den Akten des Reichskammergerichtsprozesses samt (meist kopial) beigelegten Quellen in GLA Karlsruhe 71, Nr. 2006: Texte 9, 12 und 150–152 (Schreiben der Markgrafen Philipp von Baden und des Regiments in Stuttgart 1529/30 an die streitenden Parteien); Texte 95 und 132 (von Markgraf Christoph von Baden vermittelter Vergleich der Gemeinde Münzesheim mit Hans Hofwart von Kirchheim, unter anderem den Wald betreffend).

die oben beschriebenen kleinräumigen und persönlichen Verhältnisse heftig und überschritt die Grenzen symbolischer Kommunikation bei weitem: Er legte zwölf Gemeindevertreter in den Turm. Nicht genug damit, warf er den Bürgermeister der Gemeinde, Georg Keller, der ihm ein Schreiben Markgraf Christophs von Baden überbringen wollte, in den Schlossgraben und zwang ihn, das verschmutzte Schreiben aufzuessen. Rasch eskalierte der Streit zwischen Dorfgemeinde und Ortsherr, der weitere Münzesheimer (unter anderen Matthes Seuter) 1532 überfallen und in den Turm legen ließ, Gemeindemitglieder vertrieb und auch vor Folter nicht zurückschreckte.

Das Reichskammergericht versuchte, den Konflikt in seiner Tiefe und Gänze zu ergründen. Die Reichskammergerichts-Protonotare Pallas Sybolt und Hamerstetter führten 1536/37 Verhöre durch und befragten Zeugen aus Münzesheim, Ober- und Unteröwisheim, Oberacker, Pforzheim, Bruchsal, Bretten, Heidelberg, Gochsheim und anderen Orten über die Haft des Matthes Seuter im Schloss Rosenberg sowie – und dies wird ein Grund für die drastischen Reaktionen gewesen sein – die Einnahme von Schloss Münzesheim und das Ausfischen des dortigen Sees im Bauernkrieg 1525.[117] Die Befragung erfolgte, wie üblich, einheitlich nach einem Katalog von Fragen[118], nach Alter, Familienstand und Kindern, Beruf, Verwandtschaft, Vermögen, vor allem aber nach der individuellen Beteiligung am Bauernkrieg. Hier ging es vor allem um den Überfall auf das Schloss des Adam Hofwart von Kirchheim am nördlichen Ufer des Kraichbachs bei Münzesheim am 9. Mai 1525.[119] Und tatsächlich zeigte sich, dass die Auseinandersetzung um die Nutzungsrechte am Gemeindewald tiefe Wurzeln hatte und besonders zwischen Adam Hofwart von Kirchheim und dem Münzesheimer Matthes Seuter ältere persönliche Spannungen bestanden haben müssen.

Eine genaue Auswertung der Protokolle unter kritischer Berücksichtigung der Eigenarten der Quellengattung und besonderen Situation im Verhör[120] würde sich lohnen, denn dadurch ließe sich auch prosopographisch genauer bestimmen, wie

---

117 Dazu in Auszügen FETZER, Frühneuzeitliche Untertanenkonflikte (wie Anm. 109) S. 135–138.
118 GLA Karlsruhe 71, Nr. 2006, Texte 111 und 136.
119 RÖCKER, Bauernkrieg (wie Anm. 108) S. 59, geht von einer Zerstörung des Schlosses aus, von der aber nicht die Rede ist; KLEBON, Taumel (wie Anm. 108) S. 82 f., spricht vorsichtiger von Schäden am Schloss, FETZER, Frühneuzeitliche Untertanenkonflikte (wie Anm. 109) S. 135, nimmt an, dass es weder eine Zerstörung noch „Gewalttaten gegenüber der Herrschaft" gab.
120 HOHN, Rechtliche Folgen (wie Anm. 67) S. 279–316, hier v. a. S. 314, zur Rolle des Reichskammergerichts bei Prozessen, in denen Personen ihr Verhalten mit einer behaupteten Bauernkriegsteilnahme ihrer Prozessgegner zu rechtfertigen suchten. Neben eine besondere quellenkritische Vorsicht beim Umgang mit Aussagen in Verhören, bei denen vermieden wurde, sich selbst zu belasten und Absprachen nicht auszuschließen sind, tritt die Notwendigkeit, die Eigenarten von nach einem Fragenkatalog protokollierten Antworten von sonst selten zu Wort kommenden Akteuren zu berücksichtigen.

der Kraichgauer Haufen sich zusammensetzte und was vor Ort geschah. Aufschlussreich ist jedenfalls, wie sich die Zeugen in der Situation des Verhörs im Abstand von über zehn Jahren nach den Ereignissen an den Konflikt erinnerten (beziehungsweise nicht erinnern wollten) oder vielmehr, wie sie sich als Handelnde beziehungsweise Unbeteiligte im Bauernkrieg darstellten. Man darf freilich skeptisch sein, wie nah man durch eine kritische Lektüre den Zeitgenossen kommt und ob eine quasi ethnographisch dichte Beschreibung des Geschehens aus Prozessakten überhaupt möglich ist.[121]

Hanns Seutter zu Müntzesheym der allt zum Beispiel gibt zu Protokoll, er sei *uff funftzig jare allt, uff dryhundert gulden, ein bauerman, nit in bann und acht, haußhablich zu Munzesheym, habe weib, kinder, ander freundschaft daselbst* […] und sagt er sey nit mit dem *auffrürische[n] bauern gezogen* und zwar, weil seine Frau gerade ein Kind bekommen habe, *aber er sy woll ein mahl im schloss zu Munzesheim gewesen, da hab man ime eyn mall zu drincken geben, jme sey auch ein stuck flysch worden.*[122] Das war sicher eine unvorsichtige Aussage, bedenkt man, dass ein gemeinsames Mahl mit den Aufständischen, die offenbar die Bestände des Schlosses plünderten, als Beteiligung am Aufstand gewertet werden konnte. Anzunehmen ist, dass Matthes Seuter mit Hans Seuter dem Alten verwandt, vielleicht sein Sohn war, was erklären würde, warum Adam Hofwart von Kirchheim gerade diesen Münzesheimer hatte überfallen und in den Turm legen lassen. Hans Bender aus Oberacker ist vorsichtiger und gibt zwar zu, auch im Schloss gewesen zu sein, er habe *aber nichts genommen.*[123] Und Simon Konlin, Wirt und wohnhaft zu Unteröwisheim, will zwar sechs Tage mit dem Haufen gezogen sein, auch auf dem Schloss zu Münzesheim sei er dabei gewesen, *aber nit anders dann uf bitt frow Kunigunde Hoffwarths, damit er jn das jrig hülfe zu schirmen und zu beschutzen.*[124] Endete so also der Schwung des Kraichgauer Haufens im Frühjahr 1525 über zehn Jahre später vor den Speyrer Reichskammergerichtsnotaren mit Ausreden, Ausflüchten oder sogar der Beteuerung, man sei von anderen gezwungen worden und habe seine Herren eigentlich nicht plündern, sondern im Gegenteil beschirmen und beschützen wollen?

Ralf Fetzer hat jüngst darauf aufmerksam gemacht, dass diese Annahme zu einfach wäre.[125] Die Aussage Simon Konlins deckt sich nämlich erstaunlich gut mit

---

121 Dazu jüngst optimistischer Thomas T. MÜLLER, Mörder ohne Opfer. Die Reichsstadt Mühlhausen und der Bauernkrieg in Thüringen. Studien zu den Hintergründen, Verlauf und Rezeption der gescheiterten Revolution von 1525 (Schriftenreihe der Friedrich-Christian-Lesser-Stiftung 40), Petersberg 2021, S. 29–31.
122 GLA Karlsruhe 71, Nr. 2006,4 (unpaginiert, Aussage Nr XII).
123 GLA Karlsruhe 71, Nr. 2006,5 (Text 111, unpaginiert, dritter Zeuge).
124 GLA Karlsruhe 71, Nr. 2006,5 (Text 111, unpaginiert, zweiter Zeuge).
125 Im Folgenden nach FETZER, Frühneuzeitliche Untertanenkonflikte (wie Anm. 109) S. 136 f. (Aussagen von Hans Lepp und Peter Suter).

einer ganz ähnlichen des Münzesheimers Peter Suter. Aus einer Aussage Hans Lepps erfahren wir außerdem, dass dieser sich als Vertreter der Gemeinde beim Nahen der Aufständischen, die sie zum Anschluss gedrängt hätten, bei ihrem Herrn Hans Hofwart, dem damals noch lebenden Vater Adam Hofwarts, rückversichert habe, ob er ihnen den geforderten Schutz gewähren könne oder Hilfe anrücke. Dies habe der Herr verneint und sie von ihren Eiden entbunden, damit sie sich ohne Verletzung ihrer Pflichten dem nahenden Bruhrainischen Haufen hätten anschließen können. Ralf Fetzer schließt daraus, auch im Vergleich mit ähnlichen Fällen, „dass es – zumindest zunächst – kein tiefes Zerwürfnis zwischen der Gemeinde und der Herrschaft gab."[126] Doch ist diese Interpretation zutreffend? Immerhin scheinen sich bereits 1525 nicht alle Münzesheimer als heimliche Schützer und Schirmer ihres alten Herren Hans Hofwart und seiner Frau Kunigunde betätigt zu haben, wie das Beispiel Hans Seuters des Alten zeigt. Hat die Familie der Hofwart von Kirchheim im Angesicht der Gefahr mit verteilten Rollen gespielt, die alte Generation dilatorisch,[127] die junge Generation wenige Jahre nach der Erschütterung ihrer Herrschaft mit Matthes Seuter zielgerichtet den Sohn eines Rädelsführers ergreifend? Haben die Dorfgenossen ihre Aussagen abgesprochen, um den vor dem Reichskammergericht fortgesetzten Konflikt mit ihren Herren doch noch zu gewinnen?

Man sollte nicht unterschätzen, dass auf allen Seiten mit Verstand, Hartnäckigkeit, den Mitteln des Rechts und manchmal auch der Gewalt eigene Interessen verfolgt wurden. Und man sollte auch nicht übersehen, was die Bauern auf lange Sicht erreichten. Weder der Bauernkrieg noch der Konflikt um die Allmende kannte klare Sieger und Verlierer. In der Forschung wird diskutiert, ob in bestimmten Regionen und unter bestimmten Bedingungen sogar von einem gewissen Erfolg der Bauern hinsichtlich der Anerkennung bestimmter Rechte, gerade hinsichtlich der Allmende, gesprochen werden kann.[128]

Die Analyse dieser Langzeitfolgen steht noch ganz am Anfang. Vielleicht markieren die Konflikte in den Jahren um 1525 nur eine Zäsur innerhalb eines langsam ablaufenden und hochkomplexen Transformationsprozesses von regionalspezifischen sozionaturalen Systemen. Die zugrunde liegenden Ressourcenkonflikte bedurften der Aushandlung zwischen den Akteursgruppen und wurden bisher möglicherweise nur wegen des eng damit verbundenen spektakulären Aufstands-

---

126   FETZER, Frühneuzeitliche Untertanenkonflikte (wie Anm. 109) S. 137.
127   In Michelfeld wollte die Herrschaft nach Ende des Bauernkriegs nichts mehr davon wissen, der Gemeinde den angeblich erzwungenen Anschluss an die Aufständischen durch ein Schreiben an seinen Keller erlaubt zu haben, vgl. FETZER, Frühneuzeitliche Untertanenkonflikte (wie Anm. 109) S. 134.
128   So bereits KIESSLING, Stadt (wie Anm. 99) S. 779, für Memmingen; auch für den Konflikt der Menzinger mit den Herren von Mentzingen kann nicht von einer völligen Niederlage der Bauern gesprochen werden, vgl. oben Anm. 115.

geschehens 1525 überwiegend als soziopolitisches Ereignis interpretiert, das in einer Niederlage der Bauern mündete. Aus umweltgeschichtlicher Perspektive entzieht sich der Transformationsprozess jedenfalls einer einfachen Einordnung und fordert zu umfassenderen Analysen heraus.

Kurt Andermann

Bäuerliches Recht und herrschaftliche Verdichtung

Zu der im Bauernkrieg erhobenen Forderung des Gemeinen Mannes nach Wiederherstellung beziehungsweise unveränderter Geltung *unser alt herkommens und gerechtigkeit* – so exemplarisch die Gemeinde Menzingen in ihren Beschwerdeartikeln vom September 1524[1] –, haben schon viele sich geäußert,[2] mit zum Teil sehr grundsätzlichen Beiträgen. Erinnert sei nur, der Anciennität folgend, an Fritz

---

1   Günther FRANZ, Der deutsche Bauernkrieg. Aktenband, München und Berlin 1935, S. 134–143, hier S. 135.
2   Ohne Anspruch auf Vollständigkeit: Irmgard SCHMIDT, Das göttliche Recht und seine Bedeutung im Deutschen Bauernkrieg, Jena 1939; Winfried BECKER, „Göttliches Wort", „Göttliches Recht", „Göttliche Gerechtigkeit". Die Politisierung theologischer Begriffe?, in: Revolte und Revolution in Europa (Historische Zeitschrift, Beih. NF 4), hg. von Peter BLICKLE, München 1975, S. 232–263; Karl Heinz BURMEISTER, Genossenschaftliche Rechtsfindung und herrschaftliche Rechtssetzung. Auf dem Weg zum Territorialstaat (1975), in: Der deutsche Bauernkrieg von 1525 (Wege der Forschung 460), hg. von Peter BLICKLE, Darmstadt 1985, S. 237–252; Peter BIERBRAUER, Das Göttliche Recht und die naturrechtliche Tradition, in: Bauer, Reich und Reformation. Festschrift für Günther Franz, hg. von Peter BLICKLE, Stuttgart 1982, S. 210–234; Gerhard DILCHER, Mittelalterliche Rechtsgewohnheit als methodisch-theoretisches Problem, in: Gewohnheitsrecht und Rechtsgewohnheiten im Mittelalter (Schriften zur Europäischen Rechts- und Verfassungsgeschichte 6), hg. von Gerhard DILCHER, Heiner LÜCK und Reiner SCHULZE, Berlin 1992, S. 21–65; Jürgen BRAND, Bibel und Altes Recht im Bauernkrieg, in: Bibel und Recht (Rechtshistorische Reihe 121), hg. von Hans HATTENHAUER und Jörn ECKERT, Frankfurt am Main u.a. 1994, S. 287–330; Johannes LIEBRECHT, Gutes altes Recht, in: Handwörterbuch zur deutschen Rechtsgeschichte, Bd. 2, Berlin ²2012, Sp. 624–626; Hans-Joachim HECKER, Der Bauernkrieg, die „Zwölf Artikel" und das „Göttliche Recht", in: Bauernkrieg in Franken (Publikationen aus dem Kolleg „Mittelalter und Frühe Neuzeit" 2), hg. von Franz FUCHS und Ulrich WAGNER, Würzburg 2016, S. 201–221; David VON MAYENBURG, Gemeiner Mann und Gemeines Recht. Die Zwölf Artikel und das Recht des ländlichen Raums im Zeitalter des Bauernkriegs (Studien zur europäischen Rechtsgeschichte, Veröffentlichungen des Max Planck-Instituts für europäische Rechtsgeschichte Frankfurt am Main 311), Frankfurt am Main 2018.

Kern,³ Günther Franz,⁴ Dietmar Willoweit,⁵ Hanna Vollrath,⁶ Heide Wunder⁷ oder Simon Teuscher.⁸ Indes sollen im Folgenden nicht deren Erkenntnisse diskutiert, kommentiert oder kritisiert werden, vielmehr geht es mir darum, das aus solcher Lektüre Gelernte mit Beobachtungen zu verknüpfen, die ich als Landes- und Kreisbeschreiber ebenso wie als Archivar bei jahrzehntelanger Arbeit an den Quellen machen konnte. So geht es mir auch gar nicht um theoretische Überlegungen, worin und worauf die Rechtsvorstellungen der Bauern im einzelnen begründet gewesen sein mögen; das alles wurde längst ausgiebig erörtert (I). Stattdessen geht es mir ganz konkret um die Lebens- und Erfahrungswelt, aus der das Verlangen der Bauern – und keineswegs allein der Bauern – nach Wiederherstellung des alten Rechts und Herkommens erwachsen ist. Es geht mir um die Frage, wie die bäuerliche Bevölkerung den Verfassungswandel im Reich und seinen Territorien um die Wende vom Mittelalter zur Neuzeit in ihrem Alltag erlebte, nicht zuletzt um die Elemente dieses Verfassungswandels und wie sie sich im Umkreis des Kraichgaus gestalteten (II). Oder anders formuliert: Welche Entwicklungen und Neuerungen in ihrer Lebenswelt im einzelnen mögen das Aufbegehren der Bauern im Untergrombacher Bundschuh des Jahres 1502⁹ und im Bauernkrieg von 1524/25¹⁰ be-

---

3   Fritz KERN, Gottesgnadentum und Widerstandsrecht im früheren Mittelalter. Zur Entwicklungsgeschichte der Monarchie, Darmstadt (¹1914) ²1954; Fritz KERN, Recht und Verfassung im Mittelalter, in: Historische Zeitschrift 120 (1919) S. 1–79, Buchausgabe (Libelli 3) Darmstadt ¹1952 und ²1972.
4   Günther FRANZ, Der Kampf um das „alte Recht" in der Schweiz im ausgehenden Mittelalter, in: Vierteljahrschrift für Sozial- und Wirtschaftsgeschichte 26 (1933) S. 105–145.
5   Dietmar WILLOWEIT, Vom alten guten Recht. Normensuche zwischen Erfahrungswissen und Ursprungslegenden, in: Jahrbuch des Historischen Kollegs 1997, München 1998, S. 23–52.
6   Hanna VOLLRATH, Herrschaft und Genossenschaft im Kontext frühmittelalterlicher Rechtsbeziehungen, in: Historisches Jahrbuch 102 (1982) S. 33–71.
7   Heide WUNDER, „Altes Recht" und „göttliches Recht" im Deutschen Bauernkrieg, in: Zeitschrift für Agrargeschichte und Agrarsoziologie 24 (1976) S. 55–66.
8   Simon TEUSCHER, Erzähltes Recht. Lokale Herrschaft, Verschriftlichung und Traditionsbildung im Spätmittelalter (Campus historische Studien 44), Frankfurt am Main und New York 2007.
9   Bundschuh. Untergrombach 1502, das unruhige Reich und die Revolutionierbarkeit Europas, hg. von Peter BLICKLE und Thomas ADAM, Stuttgart 2004.
10 Günther FRANZ, Der deutsche Bauernkrieg, Darmstadt ⁹1972; Der deutsche Bauernkrieg von 1525 Der deutsche Bauernkrieg von 1524 bis 1526 (Geschichte und Gesellschaft, Sonderheft 1), hg. von Hans-Ulrich WEHLER, Göttingen 1975; Der Bauernkrieg 1524 bis 1526. Bauernkrieg und Reformation, hg. von Rainer WOHLFEIL, München 1975; Der deutsche Bauernkrieg (UTB für Wissenschaft 1275), hg. von Horst BUSZELLO, Peter BLICKLE und Rudolf ENDRES, Paderborn u. a. 1984; Der deutsche Bauernkrieg von 1525 (wie Anm. 2); Die Berichte von Peter Harer und Johann Keßler vom Bauernkrieg 1525 (Veröffentlichungen der Pfälzischen Gesellschaft zur Förderung der Wissenschaften 88), hg. von Willi ALTER, Speyer 1995; Willi ALTER, Der Aufstand der Bauern und Bürger im Jahre 1525 in der Pfalz (Veröffentlichungen der Pfälzischen Gesellschaft zur Förderung der Wissenschaften 93),

wirkt haben? Welche konkreten Entwicklungen in ihrer Erfahrungswelt könnten bei der Empörung der Bauern hierzuland eine Rolle gespielt haben? Und abschließend will ich die herrschaftliche Verdichtung, gegen die die Leute sich wehrten, anhand eines längst bekannten Kraichgauer Beispiels aus eigener Perspektive noch einmal veranschaulichen (III).

I

Vorweg bleibt zu klären, was es mit dem alten Recht und Herkommen eigentlich auf sich hatte. In einem weitausholenden, 1997 beim Historischen Kolleg in München gehaltenen Vortrag nannte Dietmar Willoweit die schon seit mehr als hundert Jahren geführte Diskussion um das alte, gute und göttliche Recht „ermüdend".[11] Trotz aller seinerseits und auch von anderen erhobenen Bedenken gegenüber den weltanschaulichen Prämissen der Lehre Fritz Kerns vom alten, guten Recht, konzediert Willoweit jedoch, dass das Kern'sche Postulat, Recht sei immer alt und gut gewesen, „nicht völlig falsch sein [... könne], weil in schriftlosen Gesellschaften Rechtsregeln nur als Gewohnheiten weitergegeben werden können". Freilich sei dabei Recht im Mittelalter keineswegs bloß „gefunden", sondern sehr wohl auch „erfunden" worden, weil es für viele Bedürfnisse des Alltags die passenden fertigen Rechtssätze noch gar nicht gab.[12] Folglich sei das Recht, wie wir es in zahllosen Weistümern zu fassen bekommen,[13] vielfach erst aufgrund ad hoc getroffener Vereinbarungen zwischen Gerichts- und Grundherren sowie im Zusammenwirken

---

Speyer 1998; Bauernkrieg in Franken. (Publikationen aus dem Kolleg „Mittelalter und Frühe Neuzeit" 2), hg. von Franz FUCHS und Ulrich WAGNER, Würzburg 2016; Peter BLICKLE, Der Bauernkrieg. Die Revolution des Gemeinen Mannes (Beck Wissen 2103), München ⁵2018; Michael KLEBON, Im Taumel des Evangeliums. Anton Eisenhut und der Kraichgauer Haufen im „Bauernkrieg" (Sonderveröffentlichungen des Heimatvereins Kraichgau 40), Ubstadt-Weiher 2020.
11   Das Folgende nach WILLOWEIT, Vom alten guten Recht (wie Anm. 5).
12   Dazu vgl. auch Hermann KRAUSE, Dauer und Vergänglichkeit im mittelalterlichen Recht, in: Zeitschrift der Savigny-Stiftung für Rechtsgeschichte, Germanistische Abteilung 75 (1958) S. 206–251.
13   Nur soweit regional einschlägig: Jacob GRIMM, Weisthümer, 6 Bde., Göttingen 1840–1878; Carl BRINKMANN, Reichartshauser und Meckesheimer Zent (Badische Weistümer und Dorfordnungen 1,1), Heidelberg 1917; Wilhelm WEIZSÄCKER und Fritz KIEFER, Pfälzische Weistümer (Veröffentlichungen der Pfälzischen Gesellschaft zur Förderung der Wissenschaften 36), Speyer 1962 (vom folgenden Band erschienen 1968 bis 1973 nur drei Lieferungen, damit bricht das Werk mit dem Buchstaben G ab); Karl KOLLNIG, Die Weistümer der Zent Schriesheim (Veröffentlichungen der Kommission für geschichtliche Landeskunde in Baden-Württemberg A 16), Stuttgart 1968; Karl KOLLNIG, Die Weistümer der Zent Kirchheim (Veröffentlichungen der Kommission für geschichtliche Landeskunde in Baden-Württemberg A 29), Stuttgart 1979; Karl KOLLNIG, Die Weistümer der Zenten Eberbach und Mosbach (Veröffentlichungen der Kommission für geschichtliche Landeskunde in Baden-Württemberg A 38), Stuttgart 1985.

von Herrschaft und Gemeinde entstanden.[14] Das heißt – und das dürfte in unserem Zusammenhang der springende Punkt sein –, dass es sich um konsensual generiertes Alltagsrecht handelte.[15]

Der Bauernkrieg von 1525 markiert in dieser Hinsicht insofern eine Zäsur, als mit ihm der Gemeine Mann sich gegen die von Peter Moraw so genannte „gestaltete Verdichtung" empörte, wie Herrschaftsträger aller Ränge sie seit dem späteren 15. Jahrhundert vorangetrieben hatten,[16] und in deren Folge neues Recht fortan nicht mehr konsensual gefunden, sondern mittels orts- und landesherrlicher Gesetze und Verordnungen einseitig kreiert und kurzerhand obrigkeitlich dekretiert wurde. An die Stelle eines im Volk verankerten Rechtsbewusstseins, aus dem man das konkrete Recht bisher gemeinschaftlich geschöpft hatte,[17] trat so mit der herrschaftlichen Verdichtung zunehmend ein in seinem Wesen gelehrtes Satzungsrecht des frühmodernen Obrigkeitsstaats, der seine Untertanen damit auf Schritt und Tritt zu bevormunden suchte und ihrer gestaltenden Mitwirkung keinen Raum mehr geben wollte.[18] So charakterisierte schon Günther Franz den Bauernkrieg nicht von ungefähr als „eine Auseinandersetzung zwischen dem genossenschaftlichen Volksrecht und dem obrigkeitlichen Herrschaftsrecht".[19]

Rückblickend wird man diese Entwicklung für nur folgerichtig halten. An die Herausbildung und Konsolidierung der Territorien im 14. und früheren 15. Jahrhundert[20] schloss sich seit dem späteren 15. Jahrhundert deren innerer Ausbau an,

---

14 TEUSCHER, Erzähltes Recht (wie Anm. 8).
15 Dazu grundsätzlich Bernd SCHNEIDMÜLLER, Konsensuale Herrschaft. Ein Essay über Formen und Konzepte politischer Ordnung im Mittelalter, in: Reich, Regionen und Europa in Mittelalter und Neuzeit. Festschrift für Peter Moraw (Historische Forschungen 67), hg. von Paul-Joachim HEINIG, Sigrid JAHNS, Hans-Joachim SCHMIDT, Rainer Christoph SCHWINGES und Sabine WEFERS, Berlin 2000, S. 53–87.
16 Peter MORAW, Von offener Verfassung zu gestalteter Verdichtung. Das Reich im späten Mittelalter 1250 bis 1490 (Propyläen Geschichte Deutschlands 3), Berlin 1985, S. 19–21.
17 Peter MORAW, Die Entfaltung der deutschen Territorien im 14. und 15. Jahrhundert, in: Landesherrliche Kanzleien im Spätmittelalter (Münchener Beiträge zur Mediävistik und Renaissance-Forschung 35), hg. von Gabriel SILAGI, 2 Bde., München 1984, Bd. 1, S. 61–108, hier S. 76.
18 Dietmar WILLOWEIT, Deutsche Verfassungsgeschichte. Vom Frankenreich bis zur Wiedervereinigung Deutschlands (Juristische Kurzlehrbücher), München 72013, S. 119–136; zum größeren Kontext vgl. Wolfgang REINHARD, Geschichte der Staatsgewalt. Eine vergleichende Verfassungsgeschichte Europas von den Anfängen bis zur Gegenwart, München 22000.
19 FRANZ, Bauernkrieg (wie Anm. 10) S. 291.
20 Der deutsche Territorialstaat im 14. Jahrhundert (Vorträge und Forschungen 13 und 14), hg. von Hans PATZE, 2 Bde., Sigmaringen 1970–1971; Meinrad SCHAAB, Grundzüge und Besonderheiten der südwestdeutschen Territorialentwicklung, in: Bausteine zur geschichtlichen Landeskunde von Baden-Württemberg, hg. von der Kommission für geschichtliche Landeskunde in Baden-Württemberg, Stuttgart 1979, S. 129–155.

eine immer stärkere administrative Durchdringung,[21] eben das, was Peter Moraw mit „gestalteter Verdichtung" meint. Elemente dieser Durchdringung und Verdichtung waren zum einen die nicht zuletzt infolge Verbilligung des Papiers begünstigte Verschriftlichung aller herrschaftlichen Belange[22] und zum anderen die immer weiter um sich greifende Rezeption des römischen beziehungsweise gelehrten Rechts.[23] Was bis dahin in der weithin schriftlosen Rechtskultur des Mittelalters im Alltag vor glaubwürdigen Zeugen „nur" mündlich verhandelt und mittels symbolischer Gesten und Rituale[24] rechtswirksam beschlossen worden war, fand nun immer öfter urkundlichen oder sonstigen schriftlichen Niederschlag, sei es zum Zweck einer nachhaltigen Beweissicherung, sei es im Interesse einer ganz praktischen vermögensrechtlichen Bestandsaufnahme und Bestandssicherung. Zwar kannte man Güterbücher und dergleichen Aufzeichnungen hie und da schon im hohen Mittelalter, vor allem bei kirchlichen Institutionen, denen der Umgang mit Büchern aus dem liturgischen Gebrauch von jeher wohlvertraut war.[25] Im Lauf des späten Mittelalters aber griff die schriftliche Dokumentation von Rechtsverhältnissen aller Art immer weiter um sich und zugleich differenzierte sie sich immer stärker aus. Neben den althergebrachten Urbaren[26] entstanden nun vermehrt Zinsbücher, vielerlei Register, Kopialbücher, Protokolle und ähnliche Aufzeichnungen. Anfangs ist diese Entwicklung nur in den größeren Territorien zu beobachten, seit dem späteren 14. und vor allem im 15. Jahrhundert erfasste sie aber auch den Grafen- und den Ritteradel.[27]

---

21   Dietmar WILLOWEIT, Die Entwicklung und Verwaltung der spätmittelalterlichen Landesherrschaft, in: Deutsche Verwaltungsgeschichte, Bd. 1: Vom Spätmittelalter bis zum Ende des Reiches, hg. von Kurt G. A. JESERICH, Hans POHL und Georg-Christoph VON UNRUH, Stuttgart 1983, S. 66–143.
22   Hans PATZE, Neue Typen des Geschäftsschriftgutes im 14. Jahrhundert, in: Der deutsche Territorialstaat (wie Anm. 20) Bd. 1, S. 9–64; Kurt ANDERMANN, Pragmatische Schriftlichkeit, in: Höfe und Residenzen im spätmittelalterlichen Reich, Bd. 3: Hof und Schrift (Residenzenforschung 15,3), hg. von Werner PARAVICINI, bearb. von Jan HIRSCHBIEGEL und Jörg WETTLAUFER, Ostfildern 2007, S. 37–60; Papier im mittelalterlichen Europa. Herstellung und Gebrauch (Materielle Textkulturen 7), hg. von Carla MEYER, Berlin u. a. 2015.
23   Karl KROESCHELL, Die Rezeption der gelehrten Rechte und ihre Bedeutung für die Bildung des Territorialstaates, in: Deutsche Verwaltungsgeschichte (wie Anm. 21) S. 279–288.
24   Hans-Jürgen BECKER, Rechtsritual, in: Handwörterbuch zur deutschen Rechtsgeschichte, Bd. 4, Berlin 1990, Sp. 337–339.
25   Recht und Schrift im Mittelalter (Vorträge und Forschungen 23), hg. von Peter CLASSEN, Sigmaringen 1977.
26   Enno BÜNZ, Probleme der hochmittelalterlichen Urbarüberlieferung, in: Grundherrschaft und bäuerliche Gesellschaft im Hochmittelalter (Veröffentlichungen des Max Planck-Instituts für Geschichte 115), hg. von Werner RÖSENER, Göttingen 1995, S. 31–75.
27   Kurt ANDERMANN, Grundherrschaften des spätmittelalterlichen Niederadels in Südwestdeutschland. Zur Frage der Gewichtung von Geld- und Naturaleinkünften, in: Blätter für deutsche Landesgeschichte 127 (1991) S. 145–190, hier S. 149–152; Kurt ANDERMANN,

Sie bedeutete – das kann man sich im 21. Jahrhundert, in dem die Schriftkultur, ob analog oder digital, ganz selbstverständlich ist, gar nicht eindringlich genug vor Augen führen – eine höchst wirkungsvolle Optimierung des herrschaftlichen Instrumentariums und hatte insofern eine ganz wesentliche Intensivierung respektive Verdichtung der obrigkeitlichen Exekutive zur Folge. Und diese Intensivierung kam nicht allein den fiskalischen Interessen der Herrschaft zugute, der Verwaltung und dem Eintreiben vielfältiger Abgaben,[28] sondern auch der sonstigen, alltäglichen Herrschaftsausübung und Rechtspflege im Dorf, sei es im Verhältnis zwischen der Herrschaft und ihren Hintersassen, sei es im Verhältnis der Hintersassen untereinander.[29] Die Herrschaft war dabei schon insofern klar im Vorteil, als es sich beim Lesen- und Schreibenkönnen noch um ganz und gar elitäre Fähigkeiten handelte, die geistliche und bald auch weltliche Herrschaften der bäuerlichen Bevölkerung voraus hatten, gleichviel ob in eigener Person oder bloß in Gestalt ihrer Kanzleien und ihrer Amtleute.

Wenn man davon ausgeht, dass im deutschen Reich am Ende des Mittelalters insgesamt höchstens fünf Prozent der Menschen lesen und schreiben konnten, so ist weiterhin zu bedenken, dass die solcherart gebildeten Personenkreise so gut wie ausschließlich in den Städten, an fürstlichen Höfen und im Klerus zu suchen sind, aber nur ausnahmsweise einmal unter der bäuerlichen Bevölkerung auf dem Land.[30] Nicht zu vergessen sind schließlich die Kosten, die den einfachen Leuten dadurch entstanden, dass ehedem mündlich verhandelte Geschäfte immer öfter schriftlich dokumentiert werden sollten, hatten doch sowohl der dafür erforderliche Schreiber als auch das benötigte Pergament oder Papier ihren Preis. Der illiterate Gemeine Mann war also – ohne jedes eigene Verschulden – im alltäglichen Rechtsleben gegenüber dem neuen herrschaftlichen Instrumentarium ganz klar im

---

Das Kopialbuch des Jakob von Lachen. Zur Rezeption pragmatischer Schriftlichkeit im Ritteradel Südwestdeutschlands während des späten Mittelalters, in: Zeitschrift für die Geschichte des Oberrheins 155 (2007) S. 227–264.

28 Wilhelm ABEL, Die Lasten der Bauern im Zeitalter des Feudalismus, in: Bauer, Reich und Reformation (wie Anm. 2), vermag mit seiner makrohistorischen Perspektive nicht wirklich zu überzeugen; darüber hinaus vgl. Franz IRSIGLER, Zu den wirtschaftlichen Ursachen des Bauernkriegs von 1525/26 (1988), in: Miscellanea Franz Irsigler, hg. von Volker HENN, Rudolf HOLBACH, Michel PAULY und Wolfgang SCHMID, Trier 2006, S. 227–246; Werner RÖSENER, Abgaben, in: Lexikon des Mittelalters, Bd. 1, München und Zürich 1977–1980, Sp. 32–34; Kurt ANDERMANN, Naturalleistungen, in: Handwörterbuch zur deutschen Rechtsgeschichte, Bd. 3, Berlin ²2016, Sp. 1852–1856.

29 Karl Siegfried BADER, Studien zur Rechtsgeschichte des mittelalterlichen Dorfes, 3 Bde., Köln u. a. 1957–1973.

30 Alfred WENDEHORST, Wer konnte im Mittelalter lesen und schreiben?, in: Schulen und Studium im sozialen Wandel des hohen und späten Mittelalters (Vorträge und Forschungen 30), hg. von Johannes FRIED, Sigmaringen 1986, S. 9–33; Rudolf ENDRES, Die Verbreitung der Schreib- und Lesefähigkeit zur Zeit der Reformation, in: Festgabe Heinz Hürten, hg. von Harald DICKERHOF, Frankfurt am Main u. a. 1988, S. 213–223.

Nachteil, war, wenn man so will, ein Verlierer der voranschreitenden Modernisierung.

Und ein Modernisierungsverlierer war der Gemeine Mann nicht zuletzt auch aufgrund der Rezeption des der bäuerlichen Welt zutiefst fremden Römischen Rechts, für die die Verschriftlichung aller obrigkeitlichen Belange ein unentbehrliches Vehikel darstellte. Schon dort, wo nur das „alte", herkömmliche Recht schriftlich fixiert wurde, konnte es den Leuten insofern „fremd" werden, als es allein durch die schriftliche Fixierung seine dem Gewohnheitsrecht eigene Flexibilität und die der althergebrachten Rechtsfindung innewohnende Dynamik einbüßte. Nicht von ungefähr wurde Weistums- beziehungsweise Offnungsrecht, wie schon die Begriffe zu erkennen geben, im Zusammenwirken von Herrschaft und Gemeinde periodisch erfragt und aus der vitalen Kenntnis der Betroffenen gewiesen respektive „eröffnet", war also seiner Natur nach ganz und gar mündliches Recht, das so im beiderseitigen Einvernehmen gegebenenfalls auch aktuellen Bedürfnissen angepasst werden konnte.[31] Ein schriftlich dokumentiertes Weistum hingegen brauchte seitens der schriftkundigen Herrschaft den Leuten nur noch vorgelesen zu werden, was der Herrschaft umso leichter fallen mochte, je mehr sie sich in dem schriftlich fixierten Recht mit ihren eigenen, herrschaftsspezifischen Interessen wiederfand. Von da war es dann nur noch ein kleiner Schritt zur frühneuzeitlichen Dorfordnung, an deren Entstehung die Gemeinde zwar vielleicht auch noch beteiligt sein konnte, die aber doch von vornherein als von der Herrschaft erlassenes Satzungsrecht daherkam.[32]

Was die Rezeption des Römischen Rechts betrifft,[33] so wird zur Zeit des Bauernkriegs der Gemeine Mann mit ihr wohl nur selten unmittelbar konfrontiert gewesen sein, aber das Wirken der gelehrten Juristen, die im ausgehenden Mittelalter zunehmend in den landesherrlichen Kanzleien, Räten und Hof- oder Kam-

---

31 Dieter WERKMÜLLER, Weistümer als Quellen zur Verfassungsgeschichte, in: Staat, Wirtschaft Gemeinde. Festschrift für Werner Frotscher (Schriften zum öffentlichen Recht 1069), hg. von Gilbert-Hanno GORNIG, Urs KRAMER und Uwe VOLKMANN, Berlin 2007, S. 35–44; TEUSCHER, Erzähltes Recht (wie Anm. 8) S. 206–255; Sigrid HIRBODIAN, Recht und Ordnung im Dorf. Zur Bedeutung von Weistümern und Dorfordnungen in Spätmittelalter und Frühneuzeit, in: Dorf und Gemeinde. Grundstrukturen der ländlichen Gesellschaft in Spätmittelalter und Frühneuzeit (Kraichtaler Kolloquien 8), hg. von Kurt ANDERMANN und Oliver AUGE, Epfendorf 2012, S. 45–63; Dieter WERKMÜLLER, Ländliche Rechtsquellen, in: Handwörterbuch zur deutschen Rechtsgeschichte, Bd. 3, Berlin ²2016, Sp. 541–543.
32 Bernd SCHILDT, Dorfordnungen, in: Handwörterbuch zur deutschen Rechtsgeschichte, Bd. 1, Berlin ²2008, Sp. 1133–1135; Günther FRANZ, Die hohenlohischen Dorfordnungen, in: Hohenlohische Dorfordnungen (Veröffentlichungen der Kommission für geschichtliche Landeskunde in Baden-Württemberg A 37), bearb. von Karl und Marianne SCHUMM, Stuttgart 1985, S. XV–XXXVI.
33 KROESCHELL, Rezeption der gelehrten Rechte (wie Anm. 23).

mergerichten tätig waren,³⁴ wurde doch auch in der bäuerlichen Welt immer wieder spürbar. Denn in der herrschaftlichen Verwaltung nahm die Jurisprudenz allenthalben massiven Einfluss auf das Denken und bewirkte mit der ihr eigenen Rationalität und Abstraktion einen Wandel,³⁵ der der sehr konkreten herkömmlichen Erfahrungswelt der Bauern fremd war. Und wo die beiden Sphären einander doch einmal unmittelbar begegneten, hatten die einfachen Leute immer wieder Anlass, sich „über die Doktoren und ihre unverständlichen Subtilitäten" zu beklagen.³⁶

Spürbar wurde die Tätigkeit der gelehrten Juristen vor allem in der bereits dargelegten, immer weiter um sich greifenden Verschriftlichung der obrigkeitlichen Verwaltung und in der Wirkung, die diese auf die Effizienz des Steuer- und Abgabenwesens hatte. Daneben sind vielerlei herrschaftliche Rechtssetzungen nicht zu vergessen, die, wie bereits ausgeführt, vermehrt von „außen" kamen, statt wie herkömmlich konsensual gefunden worden zu sein. Im Alltag der Dorf- und Rüggerichte dürften Fragen des Römischen Rechts freilich kaum eine Rolle gespielt haben, und wenn doch einmal, dann brauchte es ohnehin bald den Rat der landesherrlichen Hofgerichte oder juristischer Fakultäten aus der näheren oder weiteren Umgebung. Und wenn die höheren Gerichte ins Spiel kamen, insbesondere das 1495 im Zuge der sogenannten Reichsreform ins Leben gerufene Reichskammergericht,³⁷ dann ging ohne die gelehrten Juristen ohnehin überhaupt nichts mehr, und das war dann für den Gemeinen Mann nicht nur in der Art der Rechtsfindung fremd und unverständlich, sondern es konnte für ihn auch schnell richtig teuer werden.

II

Nach dieser Skizze der allgemeinen Entwicklungen und Phänomene kommen wir nun zu deren eingangs angekündigter Konkretisierung für den Kraichgau und seine nähere und weitere Umgebung.

Die spätmittelalterliche Zunahme und Diversifizierung administrativer Schriftlichkeit in herrschaftlichen Kontexten lässt sich am Beispiel von Hochstift

---

34 Rainer Christoph Schwinges, Im Dienst. Gelehrte im Reich der deutschen Könige und Fürsten des späten Mittelalters, in: König, Reich und Fürsten im Mittelalter. Festschrift für Karl-Heinz Spieß (Beiträge zur Geschichte der Universität Greifswald 12), hg. von Oliver Auge, red. von Nina Kühnle, Stuttgart 2017, S. 421–439.
35 Dietmar Willoweit, Reich und Staat. Eine kleine deutsche Verfassungsgeschichte (C. H. Beck Wissen 2776), München 2013, S. 25–29.
36 Kroeschell, Rezeption der gelehrten Rechte (wie Anm. 23) S. 281.
37 Helmut Gabel, „Daß ihr künftig von aller Widersetzlichkeit, Aufruhr und Zusammenrottierung gänzlich abstehet." Deutsche Untertanen und das Reichskammergericht, in: Frieden durch Recht. Das Reichskammergericht von 1495 bis 1806, hg. von Ingrid Scheurmann, Mainz 1994, S. 273–280.

und Domstift Speyer, die mit grund- und landesherrlichen Gerechtsamen im Kraichgau und am Bruhrain reich begütert waren,[38] besonders gut belegen. Ganz abgesehen von der bloßen Urkundenproduktion, die in beiden geistlichen Verwaltungen erwartungsgemäß früh vorhanden war und auch rasch anwuchs, datiert das älteste Kopialbuch des Domstifts, der sogenannte ‚Codex minor Spirensis', dem wir die Kenntnis der frühesten Privilegien und sonstigen Überlieferungen der Speyrer Kirche verdanken, aus der Zeit um 1281/82, ein noch vergleichsweise schmaler Band.[39] Erst rund 150 Jahre später – um 1430 – entstand dann der aus drei dicken Folianten bestehende ‚Codex maior Spirensis', der neben Privilegien und sonstigen Urkunden von allgemeiner Bedeutung auch den Besitz des Speyrer Domkapitels mit Abgaben und Diensten für jeden einzelnen Ort bis ins kleinste dokumentiert.[40] Die älteste Urbar-Überlieferung des Domstifts für seinen rechtsrheinischen Besitz ist dagegen dürftig und stammt, soweit erhalten, ebenfalls erst aus dem 15. Jahrhundert; sie betrifft Neibsheim (1443),[41] Oberöwisheim (1465)[42] sowie Jöhlingen (1494)[43]. Vermutlich ist – bei den Kopialbüchern eher nicht, umso mehr aber bei den urbariellen Aufzeichnungen des Domkapitels – von größeren Überlieferungsverlusten auszugehen. Dennoch ist in der domkapitelischen Güterverwaltung des 15. Jahrhunderts eine Zunahme des Schriftguts unverkennbar, und sie dürfte weder in quantitativer noch in qualitativer Hinsicht bloß zufällig sein.

In der Kanzlei der Speyrer Bischöfe zeigt sich das Phänomen der administrativen Verschriftlichung noch sehr viel signifikanter als in der Verwaltung des Domkapitels. Das älteste Kopiar bischöflicher Provenienz datiert von 1339/40. Es entstand im Auftrag des tatkräftigen Bischofs Gerhard von Ehrenberg,[44] ist ein klassisches Mischbuch ohne jede Materientrennung und wurde ein halbes Jahrhundert später noch einmal abgeschrieben,[45] was auf das Leistungsvermögen der bischöflichen Kanzlei um die Mitte der 1390er Jahre nicht eben das beste Licht wirft. Überhaupt war das ganze 14. Jahrhundert für das Hochstift Speyer eine Kri-

---

38 Meinrad SCHAAB, Territoriale Entwicklung der Hochstifte Speyer und Worms, in: Pfalzatlas, im Auftrag der Pfälzischen Gesellschaft zur Förderung der Wissenschaften hg. von Willi ALTER, Speyer 1964–1989, hier Karte 61 und Textbd. 2, S. 760–780 (1972).
39 GLA Karlsruhe, 67 Nr. 448; das Historische Archiv der Stadt Köln verwahrte bis zu seiner Zerstörung am 3. März 2009 unter der Signatur 330 Nr. 320 eine nur geringfügig jüngere, weithin inhaltsgleiche Abschrift.
40 GLA Karlsruhe, 67 Nr. 449–451.
41 GLA Karlsruhe, 66 Nr. 5775.
42 GLA Karlsruhe, 66 Nr. 6233.
43 GLA Karlsruh,e 66 Nr. 4083.
44 LA Speyer, F1 Nr. 63; Kurt ANDERMANN, Das älteste Lehnbuch des Hochstifts Speyer von 1343/47 bzw. 1394/96, in: Zeitschrift für die Geschichte des Oberrheins 130 (1982) S. 1–70; zur Datierung vgl. Johannes MÖTSCH, Das Hochstift Speyer und der Verlust des Lehens Kreuznach an die Grafen von Sponheim, in: Mitteilungen des Historischen Vereins der Pfalz 86 (1988) S. 59–77, hier S. 67.
45 GLA Karlsruhe 67 Nr. 285.

senzeit, die nur wenige Zeugnisse administrativer Schriftlichkeit hinterlassen hat;[46] urbarielle Aufzeichnungen fehlen darunter ganz. Von einer herrschaftlichen Intensivierung oder Verdichtung in Hoch- und Domstift Speyer kann also während des 14. Jahrhunderts noch gar keine Rede sein.

Das änderte sich erst im 15. Jahrhundert mit dem Jahrzehnte währenden Pontifikat Raban von Helmstatts und dann vor allem seit 1464 mit dem Regierungsantritt Bischof Matthias Ramungs. Unter Matthias Ramung, den man für einen natürlichen Sohn Kurfürst Ludwigs III. von der Pfalz halten darf,[47] entfaltete die bischöfliche Kanzlei in Udenheim (Philippsburg) bei der Entwicklung neuer Typen von Geschäftsschriftgut sehr viel Phantasie, Ordnungssinn und Innovationskraft, die ganz allein auf die Initiive des akademisch gebildeten Fürsten selbst zurückzuführen sind und weit und breit ihresgleichen suchen.[48] Dass zu den nun geschaffenen Verwaltungsbehelfen ein Dienerbuch gehörte, in dem die Bestallungsurkunden der hochstiftischen Beamtenschaft verzeichnet sind,[49] weiterhin zwei Bände mit allerlei Verträgen, Rechtssprüchen und sonstigen Aufzeichnungen,[50] zwei Lehnbücher[51] sowie ein Findbuch für das bischöfliche Archiv,[52] ist in unserem Zusammenhang gewiss weniger interessant. Von größter Bedeutung aber ist eine detaillierte fiskalische Bestandsaufnahme über das gesamte Hochstift und seine vielfältigen Gerechtsame, die mehrere Bände füllt und alle bischöflichen Ansprüche auf Steuern, Abgaben und Dienste bis ins Kleinste akribisch registriert. Dazu gehört auch noch eine Zusammenstellung über alle finanziellen und materiellen Verpflichtungen, die auf dem kleinen geistlichen Fürstentum lasteten, bestehend aus Schuldzinsen, Dienerbesoldungen und ähnlichem mehr.[53]

---

46 GLA Karlsruhe, 67 Nr. 280, 284, 287 und 288.
47 Kurt ANDERMANN, Matthias Ramung. Bischof von Speyer und Kanzler der Pfalz, in: Archiv für mittelrheinische Kirchengeschichte 74 (2022) S. 163–200.
48 Maximilian BUCHNER, Die innere weltliche Regierung des Bischofs Mathias Ramung von Speier (1464–1478), in: Mitteilungen des Historischen Vereins der Pfalz 29/30 (1907) S. 108–155.
49 GLA Karlsruhe, 67 Nr. 298; Manfred KREBS, Die Dienerbücher des Bistums Speyer 1464 bis 1768, in Registerform bearbeitet, in: Zeitschrift für die Geschichte des Oberrheins 96 (1948) S. 55–196.
50 GLA Karlsruhe, 67 Nr. 299 und 339.
51 GLA Karlsruhe, 67 Nr. 300 und 369; Thomas KONIETZNY, Das Lehenbuch des Speyerer Bischofs Mathias Rammung (1464–1478) GLA 67/300, in: Mitteilungen des Historischen Vereins der Pfalz 106 (2008) S. 215–262.
52 GLA Karlsruhe, 68 Nr. 537; Kurt ANDERMANN, Kestenburg – Speyer – Bruchsal. Zur Geschichte der Archive von Hochstift und Domstift Speyer, in: Aufbruch und Umbruch. Das Archivwesen nach 1800 in Süddeutschland und im Rheinland (Werkhefte der staatlichen Archivverwaltung Baden-Württemberg A 20), hg. von Volker RÖDEL, Stuttgart 2005, S. 45–57.
53 GLA Karlsruhe, 67 Nr. 301 (Liber redditum, für die rechtsrheinischen Teile des Hochstifts; der entsprechende Band für die linksrheinischen Gebiete zählt zu den Kriegsverlusten des LA Speyer) und 67 Nr. 302 (Liber debitorum).

Die Krönung all dessen stellt der 1470 vollendete Liber secretorum dar, der eröffnet wird von einem namentlichen Verzeichnis aller bischöflichen Untertanen und Eigenleute sowohl innerhalb als auch außerhalb des Hochstifts, das heißt von tausenden Männern und Frauen, darunter auch Priester und sogar Angehörige des Ritteradels, soweit diese in bischöflich speyrischen Städten und Dörfern ansässig waren.[54] Dergleichen hatte es davor noch nicht gegeben, weder im Hochstift Speyer noch irgendwo sonst.[55] Diese ganz unerhörte Bevölkerungsaufnahme verschaffte dem Bischof nicht nur die genaueste Kenntnis der „Humanressourcen" in seinem Territorium, sondern war, indem sie auch noch die Zahl und Zugehörigkeit fremder, im Hochstift lebender Eigenleute vermerkte, ein höchst sensibler Indikator für die Dichte und mögliche Störanfälligkeit der bischöflichen Landesherrschaft.

In allen diesen von Matthias Ramung in Auftrag gegebenen Amtsbüchern sind überdies zahlreiche Amtleute- und Verwaltungsordnungen, landesherrliche Erlasse und Luxusgesetze, Wald- und Försterordnungen, Zollordnungen und Zolltarife, Küchen- und Speiseordnungen sowie vieles andere mehr überliefert[56] – alles vom Bischof und seinen Ratgebern ersonnenes und verfügtes, keinesfalls konsensual ausgehandeltes Recht für alle Bereiche des täglichen Lebens in Stadt und Land. Und wenn man dazu noch weiß, wie rechenhaft, ja kleinlich Matthias Ramung in allem war, wie unerbittlich in der Verfolgung seiner landesherrlichen Belange im allgemeinen und seiner finanziellen Interessen im besonderen,[57] dann kann man sich leicht vorstellen, wie er diese ausgefeilten Verwaltungsbehelfe auch ganz gezielt zur Steigerung der Erträge seiner Landes- und Grundherrschaft einsetzte. Und weil das Hochstift Speyer wie nahezu alle spätmittelalterlichen Territorien – ob geistlich oder weltlich – stets mehr oder minder hoch verschuldet war,[58] ist weiterhin davon auszugehen, dass dieses vielfältige, von Matthias Ramung geschaffene Instrumentarium von Amtsbüchern auch seinen Nachfolgern noch gute Dienste leistete, wenn es darum ging, Steuern und Abgaben von Eigenleuten und Unter-

---

54 GLA Karlsruhe, 67 Nr. 296, fol. 13–163'; ANDERMANN, Matthias Ramung (wie Anm. 47) S. 190 f.
55 Bevölkerungsstatistik an der Wende vom Mittelalter zur Neuzeit. Quellen und methodische Probleme im überregionalen Vergleich (Oberrheinische Studien 8), hg. von Kurt ANDERMANN und Hermann EHMER, Sigmaringen 1990.
56 ANDERMANN, Matthias Ramung (wie Anm. 47) S. 189 f.
57 Gerhard FOUQUET, Jenseits der Kathedralstädte? Bischöfliche Ökonomien im 14. und 15. Jahrhundert. Der Speyerer Bischof Matthias Ramung (1464–1478) und die Ratio seiner Haushaltsführung, in: Bischofsstadt ohne Bischof. Präsenz, Interaktion und Hoforganisation in bischöflichen Städten des Mittelalters (1300–1600) (Residenzenforschung NF 4), hg. von Andreas BIHRER und Gerhard FOUQUET, Ostfildern 2017, S. 331–361; ANDERMANN, Matthias Ramung (wie Anm. 47).
58 Kurt ANDERMANN, „durch unser margraffschafft mercklichen nutz und notturfft willen". Beobachtungen zum Schuldenwesen südwestdeutscher Fürsten im späten Mittelalter, in: Fürsten und Finanzen (Vorträge und Forschungen 95), hg. von Oliver AUGE, Ostfildern 2024, S. 251–299.

tanen mit allem Nachdruck einzufordern und einzutreiben. Insofern ist es wohl auch kein Zufall, dass die Bundschuh-Bewegung 1502 ausgerechnet im hochstiftspeyrischen Untergrombach am Bruhrain auf fruchtbaren Boden fiel.[59]

In der kurpfälzischen Territorialverwaltung ist, wie nicht anders zu erwarten, seit der Mitte des 15. Jahrhunderts ebenfalls eine Zunahme und Ausdifferenzierung des administrativen Schriftwerks festzustellen,[60] was wiederum zu einem nicht geringen Teil auf die Initiative Matthias Ramungs zurückzuführen sein dürfte, der mehr als zwanzig Jahre lang, von 1457 bis zu seinem Tod im Sommer 1478, die kurfürstliche Kanzlei leitete.[61] Unter seiner Ägide entstanden die ersten kurpfälzischen Zentralbehörden sowie 1462 ein Hofgericht, das seine Wirkung über die Grenzen des Pfälzer Territoriums hinaus entfaltete.

In Württemberg ertüchtigte in der zweiten Hälfte des 15. Jahrhunderts Graf Eberhard im Bart, der spätere erste Herzog, die landesherrliche Verwaltung, insbesondere was die für die Finanzen zuständigen Behörden betrifft, und nach pfälzischem Vorbild schuf auch er ein Hofgericht.[62] Eine ganz eigene, den Interessen des Gemeinen Mannes allerdings nicht immer zuträgliche Note erhielt die „gestaltete Verdichtung" in Württemberg durch ein besonders starkes landständisches respektive landschaftliches Element,[63] wie es weder die Kurpfalz noch das Hochstift Speyer kannten. Und schließlich schuf die österreichische Administration, die das Land während der Vertreibung Herzog Ulrichs von 1520 bis 1534 regierte, mit einer detaillierten Landesaufnahme in nicht weniger als sieben dicken Lagerbüchern für das ganze große Herzogtum Württemberg ähnliche Verwaltungsbehelfe[64] wie

---

59 Claudia ULBRICH, Der Untergrombacher Bundschuh 1502, in: Bundschuh (wie Anm. 9) S. 31–52.
60 Neben den üblichen Kanzleiregistern (Libri ad vitam und Perpetua) v. a. GLA Karlsruhe, 67 Nr. 951–953 (Hofgericht) und 957 (Secreta Palatina, Finanzen).
61 Henry J. COHN, The Government of the Rhine Palatinate in the Fifteenth Century, Oxford 1965, S. 215–225; zur kurpfälzischen Verwaltungsgeschichte vgl. darüber hinaus Theodor KARST, Das kurpfälzische Oberamt Neustadt an der Haardt (Veröffentlichungen zur Geschichte von Stadt und Kreis Neustadt an der Weinstraße 1), Speyer 1960.
62 Fritz ERNST, Eberhard im Bart. Die Politik eines deutschen Landesherrn am Ende des Mittelalters, Stuttgart 1933, S. 65–106; Klaus GRAF, Eberhard im Bart und die Herzogserhebung 1495, in: 1495. Württemberg wird Herzogtum. Dokumente aus dem Hauptstaatsarchiv Stuttgart zu einem epochalen Ereignis, hg. von Stephan MOLITOR, Stuttgart 1995, S. 9–38; Dieter MERTENS, Württemberg, in: Handbuch der baden-württembergischen Geschichte, Bd. 2: Die Territorien im Alten Reich, hg. von Meinrad SCHAAB, Hansmartin SCHWARZMAIER u. a., Stuttgart 1995, S. 1–163, hier S. 82–94.
63 Walter GRUBE, Stände in Württemberg, in: Von der Ständeversammlung zum demokratischen Parlament. Die Geschichte der Volksvertretungen in Baden-Württemberg, hg. von der Landeszentrale für politische Bildung Baden-Württemberg, Stuttgart 1982, S. 31–50.
64 Altwürttembergische Lagerbücher aus der österreichischen Zeit 1520 bis 1534 (Veröffentlichungen der Kommission für geschichtliche Landeskunde in Baden-Württemberg A 1, 2, 8, 9, 27, 28 und 44), bearb. von Paul SCHWARZ, Kurt LEIPNER, Thomas SCHULZ u. a., 7 Bde., Stuttgart 1958–1995; zum Urbar- und Lagerbuchwesen in Württemberg vgl. auch

zwei Generationen davor Bischof Matthias Ramung für das kleine Hochstift Speyer.

Auch an der Markgrafschaft Baden ging die Modernisierung der Landesherrschaft und ihres administrativen Instrumentariums im ausgehenden Mittelalter nicht spurlos vorüber. Vor allem war man dort schon frühzeitig auf eine rechtliche und fiskalische Homogenisierung der Bevölkerung bedacht, indem man die althergebrachte, der flächenbezogenen Herrschaft hinderliche Leibeigenschaft zu „territorialisieren" suchte, was im wesentlichen den Markgrafen tatsächlich gelang.[65] Indem aber die badischen Landesherren und ihre Beamtenschaft die derart generierten Untertanen[66] neuen Stils unbedacht – und in der Sache gänzlich unzutreffend – weiterhin als Leibeigene bezeichneten, verspielten sie den gewonnenen Modernisierungseffekt und versuchten, den damit angerichteten kommunikativen Schaden erst 1783 durch eine spektakulär inszenierte Aufhebung der Leibeigenschaft aus der Welt zu schaffen. Was die schriftliche Aufrüstung der markgräflichen Verwaltung betrifft, so sind dort im späten Mittelalter allerdings keine größeren Innovationen zu verzeichnen die denen im Hochstift Speyer, in der Kurpfalz oder in Württemberg vergleichbar wären.[67]

Träger und Exekutoren der administrativen Neuerungen in den hier angesprochenen Territorien waren überall gelehrte und zumeist auch graduierte Juristen, zunächst gewöhnlich Licentiaten oder Magister, dann aber immer öfter Doktoren beider Rechte, anfangs in gut mittelalterlicher Tradition durchweg geistlichen, später weltlichen Standes. Erster akademisch gebildeter und als solcher bezeichneter Kanzler der Kurpfalz war um die Mitte des 15. Jahrhunderts der Speyrer Domherr Johann Guldenkopf, seines Zeichens *doctor decretorum*.[68] Auf ihn folgten der schon mehrfach erwähnte Matthias Ramung (1457–1478), Dr. iur. can. Thomas Dornberg (1478–1481), der Wormser Bischof Johann von Dalberg (Licentiat, 1481–1497), Dr. iur. utr. Jakob Kühorn (1497–1502) aus Neuhausen auf den Fil-

---

Gregor RICHTER, Lagerbücher- oder Urbarlehre. Hilfswissenschaftliche Grundzüge nach württembergischen Quellen (Veröffentlichungen der staatlichen Archivverwaltung Baden-Württemberg 36), Stuttgart 1979.
65 Kurt ANDERMANN, Leibeigenschaft in der Markgrafschaft Baden an der Wende vom Mittelalter zur Neuzeit, in: Forms of Servitude in Northern and Central Europe. Decline, Resistance, and Expansion (Medieval Texts and Cultures of Northern Europe 9), hg. von Paul FREEDMAN und Monique BOURIN, Turnhout 2005, S. 197–211.
66 Emil REILING, Untertan, in: Handwörterbuch zur deutschen Rechtsgeschichte, Bd. 5, Berlin 1998, Sp. 536–542; WILLOWEIT, Deutsche Verfassungsgeschichte (wie Anm. 18) S. 129 f. und 197–199.
67 Hansmartin SCHWARZMAIER, Baden, in: Handbuch der baden-württembergischen Geschichte (wie Anm. 62) Bd. 2. S. 164–246, hier v. a. S. 187–211; Otto HERKERT, Das landesherrliche Beamtentum der Markgrafschaft Baden im Mittelalter, Freiburg im Breisgau 1910.
68 Johannes Guldinkopf (RAG-ID: ngIY9Z971Hg7txeEcH1x9GuZ9Ib), https://resource.database.rag-online.org/ngIY9Z971Hg7txeEcH1x9GuZ9Ib (Zugriff am 23.03.2022).

dern und – als allererster Kanzler weltlichen Standes – Dr. iur. utr. Florenz von Venningen (1503–1538) aus Kirrweiler bei Neustadt an der Haardt.[69] In Württemberg begann die Reihe 1481 mit dem Kleriker Dr. iur. utr. Ludwig Vergenhans, gefolgt von dem Laien Dr. iur. utr. Gregor Lamparter (1496–1516) und Dr. iur. utr. Ambrosius Volland (1517–1519); in der österreichischen Zeit folgte Dr. iur. utr. Heinrich Winkelhofer.[70] In der Markgrafschaft Baden findet man akademisch gebildete Kanzler seit 1496; den Anfang machte hier Dr. Jakob Kirser aus dem oberelsässischen Niederburnhaupt.[71] Im Hochstift Speyer gab es graduierte Kanzler aus dem Laienstand, erst im 16. Jahrhundert,[72] was sich zweifellos daher erklärt, dass die Bischöfe – man denke nur an Matthias Ramung – selbst juristisch gebildet waren und ihnen stets genügend einschlägig qualifiziertes geistliches Personal zur Seite stand. Der gräflich hohenlohische Kanzler Wendel Hipler aus Neuenstein war zwar nicht promoviert, hatte aber in Leipzig die Rechte studiert. Seiner Herrschaft diente er rund drei Jahrzehnte lang und wurde dabei reich, bis er sich wegen streitiger Fischrechte mit den Grafen überwarf und 1525 als Feldschreiber ins Lager des Neckartal-Odenwälder Bauernhaufens wechselte.[73]

Solches Umsichgreifen von Schriftlichkeit, gelehrtem Recht und studierten Juristen zeigte um die Wende vom 15. zum 16. Jahrhundert Wirkung und hatte in der bäuerlichen Welt handfeste Folgen. Als rund hundert Jahre nach dem Bauernkrieg die Hüffenhardter Untertanen den Konflikt mit ihrer Herrschaft Guttenberg vor das Reichskammergericht trugen und schließlich einlenken mussten, lag das zum einen daran, dass ein Großteil dessen, wogegen sie aufbegehrten, in einem unter Mitwirkung der Gemeinde entstandenen Lagerbuch von 1595, also ganz rechtmäßig schriftlich dokumentiert war, zum anderen aber gewiss auch daran, dass die beiden gelehrten Juristen, deren die Kläger für ihren Prozess vor dem höchsten Reichsgericht bedurften, die kleine Gemeinde letztlich finanziell überforderten.[74] In welchem Maße das gelehrte Recht auch ohne großen Prozess das alte Herkommen verdrängt hatte, erwies sich in Eschenau im Weinsberger Tal, als die dortige Gemeinde, um mit ihrer Herrschaft einen Fronvertrag zu schließen,

---

69 Cohn, Government (wie Anm. 61) S. 221 f.
70 Walther Pfeilsticker, Neues württembergisches Dienerbuch, Bd. 1: Hof, Regierung, Verwaltung, Stuttgart 1957, Nr. 1104–1109.
71 Herkert, Beamtentum (wie Anm. 67) S. 37–40.
72 GLA Karlsruhe, 67 Nr. 314, fol. 56ʳ; Krebs, Dienerbücher (wie Anm. 49) S. 70, 102, 115 f., 128, 134, 140 und 153.
73 Gerhard Taddey, Wendel Hipler (um 1465–1526). Hohenlohischer Beamter und Bauernführer, in: Fränkische Lebensbilder 22 (Veröffentlichungen der Gesellschafft für fränkische Geschichte 7 A 22), Würzburg 2009, S. 65–78.
74 Kurt Andermann, Guttenberg über dem Neckar. Die Geschichte einer Burg und ihrer Herrschaft, Ostfildern 2021, S. 175–181.

1616 sogar zwei promovierte Juristen aus Heilbronn und Schwäbisch Hall konsultieren – und bezahlen! – musste.[75]

Die Ritterschaft im Kraichgau und in den angrenzenden Gebieten verfügte am Ende des Mittelalters natürlich (noch) nicht über studiertes Personal, aber des Lesens und Schreibens kundige Amtleute hatten damals doch schon die allermeisten Ritter; ebenso waren Kopial- und Lagerbücher um 1500 auf den Burgen und Schlössern des Ritteradels keine Seltenheit mehr.[76] Gewöhnlich findet man derartiges Schriftgut zuerst bei denen, die den Nutzen des gelehrten Rechts und einer schriftgestützten Verwaltung im Dienst von Fürsten selbst kennengelernt hatten; erinnert sei hier nur an die Briefbücher des Hans von Hirschhorn († 1426),[77] des Friedrich Rüdt von Bödigheim († 1481)[78] oder des Engelhard von Neipperg († 1495).[79] Zins- und Lagerbücher ritteradliger Provenienz kennt man beispielsweise von Konrad von Berlichingen († 1497),[80] Blicker von Gemmingen († 1515),[81] Orendel von Gemmingen († 1520),[82] Wigand von Dienheim († 1521)[83] und Hans Christoph von Berlichingen († 1570).[84] Zur Zeit des Bauernkriegs waren dergleichen Verwaltungsbehelfe in der Ritterschaft aber sicher schon sehr viel weiter verbreitet. Im gräflich neippergischen Archiv datieren die ältesten Heischregister aus dem früheren 15. Jahrhundert.[85] Und in einem Inventar des 1523 von Kurpfalz erbeuteten Archivs Franz von Sickingens ist nicht allein von vielerlei Urkunden und Korrespondenzen die Rede, sondern häufig auch von Amtsbüchern, Verzeich-

---

75 Kurt ANDERMANN und Franz MAIER unter Mitwirkung von Karl BORCHARDT, Die Urkunden des Freiherrlich von Gemmingen'schen Archivs von Burg Guttenberg über dem Neckar. Regesten 1283 bis 1845 (Heimatverein Kraichgau, Sonderveröffentlichung 38), Ubstadt-Weiher 2018, Nr. 654.
76 ANDERMANN, Kopialbuch Lachen (wie Anm. 27).
77 Albrecht ECKHARDT, Das Kopialbuch des Ritters Hans V. von Hirschhorn, in: Hirschhorn 773 bis 1973, hg. vom Magistrat der Stadt Hirschhorn, Hirschhorn 1973, S. 61–85.
78 Kurt ANDERMANN, Das Briefbuch des Ritters Friedrich Rüdt von Bödigheim († 1481). Urkundenregesten 1323 bis 1478 (Veröffentlichungen der Gesellschaft für fränkische Geschichte 3,8), Neustadt an der Aisch 2002.
79 Kurt ANDERMANN, Das Kopialbuch des Engelhard von Neipperg († 1495). Urkundenregesten (um 1235) 1331 bis 1493 (Heimatverein Kraichgau, Sonderveröffentlichung 11), Sinsheim 1994.
80 Freiherrlich von Berlichingen'sches Archiv Jagsthausen, Akten Nr. 3378.
81 Freiherrlich von Gemmingen'sches Archiv Guttenberg, Akten Nr. 3087.
82 Kurt ANDERMANN, Die Urkunden des Freiherrlich von Gemmingen'schen Archivs aus Michelfeld. Regesten 1324 bis 1811. Mit einem Anhang: Das Michelfelder Zinsbuch Orendel von Gemmingens aus dem Jahr 1495 (Heimatverein Kraichgau, Sonderveröffentlichung 42), Ubstadt-Weiher 2023, S. 181–200.
83 Franz NEUMER, Wigand von Dienheim 1438 bis 1521, in: Der Wormsgau 13 (1979/81) S. 79–93.
84 Freiherrlich von Berlichingen'sches Archiv Jagsthausen, Akten Nr. 3387.
85 Gräflich Neipperg'sches Archiv Schwaigern, Amtsbücher Nr. B135.

nissen, Registern, Zinsregistern und ähnlichem mehr.[86] Eine Bestandsaufnahme über Urbare des ausgehenden Mittelalters in Franken kennt eine ganze Reihe von Zins- und Güterbüchern ritteradliger Provenienz.[87]

Gewiss, die Kopial-, Heisch- und Lagerbücher ihrer Herren, schon gar den Liber secretorum des Speyrer Bischofs Matthias Ramung werden die betroffenen Hintersassen, Grundholden, Eigenleute oder Untertanen kaum je einmal gesehen haben, aber deren auf Effizienz angelegte Wirkung bekamen sie ganz zweifellos bei vielen Gelegenheiten zu spüren. Und den gelehrten Juristen begegneten die Leute spätestens dann, wenn ein Rechtsstreit vom örtlichen Gericht vor ein Hofgericht getragen oder vielleicht sogar gleich beim Reichskammergericht anhängig gemacht wurde. So kamen im Lauf des 16. Jahrhunderts schließlich auch die Dorfgemeinden nicht umhin, sich die Schriftkultur anzubequemen, Gerichts- und Ratsschreiber anzustellen und Dorf- und Gerichtsbücher zu führen, bei denen es sich wie einst bei den Anfängen der landesherrlichen Amtsbücher um klassische Mischbücher handelte. Schwaigern am Heuchelberg mit einem Fleckenbuch von 1484, Nordheim und Pfaffenhofen im Zabergäu mit Büchern aus den 1490er Jahren sowie Kirchardt im Kraichgau mit einem Dorfbuch von 1531 können diesbezüglich wohl noch als frühe Beispiele gelten.[88] Aber die Herrschaften aller Ränge waren in solchen Dingen dem Gemeinen Mann immer schon mindestens einen Schritt voraus.

Als 1566 die Brüder Sebastian und Leonhard von Gemmingen in 33 Artikeln eine neue Dorfordnung für Michelfeld im Kraichgau erlassen wollten, baten sie keinen geringeren als den Kaiser um deren Bestätigung.[89] Solche von höchster Stelle verliehene Legitimität sollte offenbar eine bei der Formulierung des Gesetzeswerks vermiedene Mitwirkung und Zustimmung der betroffenen Gemeinde ersetzen. Allerdings zeigten sich die Untertanen von der kaiserlichen Intervention wenig beeindruckt. Deshalb sah die Herrschaft sich genötigt, für die Verkündung des neuen Rechts die Dienste eines Notars in Anspruch zu nehmen. Zwar konnte auch dieser nicht verhindern, dass der Bürgermeister und der *gemeine fürsprech* die Annahme der eigens für sie gefertigten kollationierten Abschrift des Dokuments

---

86 Kurt ANDERMANN, Verzeichnisse Sickinger Archivalien aus den Jahren 1523 und 1543, in: Jahrbuch für westdeutsche Landesgeschichte 15 (1989) S. 85–103.
87 Enno BÜNZ, Dieter RÖDEL, Peter RÜCKERT und Ekhard SCHÖFFLER, Fränkische Urbare. Verzeichnis der mittelalterlichen urbariellen Quellen im Bereich des Hochstifts Würzburg (Veröffentlichungen der Gesellschaft für fränkische Geschichte 10,13), Neustadt an der Aisch 1998.
88 Der Landkreis Heilbronn (Baden-Württemberg – Das Land in seinen Kreisen), bearb. von der Abteilung Fachprogramme und Bildungsarbeit des Landesarchivs Baden-Württemberg, hg. vom Landesarchiv Baden-Württemberg in Verbindung mit dem Landkreis Heilbronn, 2 Bde., Ostfildern 2010, hier Bd. 1, S. 49.
89 ANDERMANN, Urkunden Gemmingen Michelfeld (wie Anm. 82) Nr. 47.

beharrlich verweigerten und diese einfach auf dem Rathaus liegen ließen.[90] Aber mit dem darüber produzierten Notariatsinstument war die Herrschaft immerhin darauf vorbereitet, bei einem möglichen Rechtsstreit vor den Schranken des Reichskammergerichts den Nachweis zu erbringen, dass ihre Hintersassen weder die Autorität ihres Vogtsherrn respektierten noch die des Kaisers. Untertanenkonflikte waren in Michelfeld wie im benachbarten Gebiet des Stifts Odenheim keine Seltenheit.[91] Ein halbes Jahrhundert später glaubte der gelehrte Reinhard von Gemmingen zu Hornberg und Michelfeld sich für den Fall, dass die widerspenstige Gemeinde ihm sein Recht auf den Erlass einer Dorfordnung neuerlich streitig machen würde, der Unterstützung seiner Lehnsherren versichern zu sollen.[92] Anscheinend war – dem Zug der Zeit folgend – auch er gesonnen, seine Dorfordnung der Gemeinde zu oktroyieren, statt sie mit ihr gemeinsam auszuhandeln.

Einen veritablen Kontrast zu solcher frühmodern-autokratischen Rechtssetzung über die Köpfe der Leute hinweg bietet die herkömmlich-konsensuale Rechtsfindung, die sich im Weistum des ebenfalls ritteradliger Herrschaft unterworfenen Dorfs Hainstadt bei Buchen im Odenwald spiegelt.[93] In guter alter Manier erschienen dort im Februar 1448 die adligen Ganerben und begehrten, man möge ihnen *vor eynem vollen, behegten gericht ire recht, herligkeyt, vogtey und alt herkomen durch recht [...] öffen*, wozu die acht Schöffen *eynmütigklich uff unser eyde* bereit waren. Zunächst wurden daraufhin die Adligen in ihrer Eigenschaft als Vogts- und Gerichtsherren zu Hainstadt anerkannt und bestätigt, freilich mit einem entscheidenden Vorbehalt: *Doch sollen die dorffsherren die gemeinde lassen bleyben bey irn herkommenden rechten*. Nahezu alle Artikel der darauf folgenden Weistumsaufzeichnung beginnen sodann mit dem Satz: *Item so sprechen und weysen wir zu recht ...* Wiewohl die Gerichtsschöffen in dieser Funktion natürlich allesamt von der Herrschaft eingesetzt waren, blieben sie doch immer Bürger und Vertreter der Gemeinde, durch ihren Schöffeneid dem Recht und beiden Seiten verpflichtet. Mithin bestand an der Teilhabe der Gemeinde an der Findung und Verkündung des Rechts kein Zweifel. Bei der Auswahl der Heimbürgen und Heiligenmeister, der Verwalter des Gemeinde- beziehungsweise des Kirchenvermögens, hatten die Ortsherren oder ihre Vertreter zwar jeweils *die ersten kure* und die Gemeinde durfte ihren Willen erst danach kund tun, aber es galt doch auch, dass *uff welcher seytten der meinsteyl der kure were [...], bey dem selben merteyl sol es bleyben mit der kure*; es war demnach nicht ausgeschlossen, dass die Gemeinde die Herrschaft

---

90 ANDERMANN, Urkunden Gemmingen Michelfeld (wie Anm. 82) Nr. 50.
91 Ralf FETZER, Untertanenkonflikte im Ritterstift Odenheim vom ausgehenden Mittelalter bis zum Ende des Alten Reiches (Veröffentlichungen der Kommission für geschichtliche Landeskunde in Baden-Württemberg B 150), Stuttgart 2002.
92 ANDERMANN, Urkunden Gemmingen Michelfeld (wie Anm. 82) Nr. 73.
93 Freiherrlich Rüdt von Collenberg'sches Archiv Hainstadt, Urkunde von 1448 Februar 16.

überstimmte. Hinsichtlich des kommunalen Schützen ist in dem Weistum ausdrücklich festgehalten, dass die Gemeinde ihn nicht ohne Wissen und Willen der Herrschaft engagieren durfte, umgekehrt war aber auch die Herrschaft nicht befugt, das ohne Konsens der Gemeinde zu tun. Ganz zum Schluss bestätigten sämtliche Schöffen zu Hainstadt noch einmal, dass sie alles, was sie auf Befragen durch die Herrschaft als Recht ihres Dorfs gewiesen und geöffnet hatten, auf ihren Eid nehmen wollten. Genau so, wie in Hainstadt, wurde das gute, alte Recht und Herkommen der bäuerlichen Gesellschaft gefunden und bei Bedarf weiterentwickelt – im beiderseitigen Einvernehmen zwischen Herrschaft und Gemeinde, gewiss auch nicht immer konfliktfrei, aber doch grundsätzlich konsensual.

III

Statt einer Zusammenfassung soll nun zum Schluss die Problematik von altem Herkommen einerseits und herrschaftlicher Verdichtung andererseits noch einmal konkretisiert werden am Beispiel der bereits eingangs zitierten Beschwerden der Gemeinde Menzingen gegen ihre Herrschaft aus dem Jahr 1524.[94]

In Menzingen lagen Herrschaft und Gemeinde schon seit dem ausgehenden 15. Jahrhundert miteinander in Streit. Dabei waren die Anlässe alles andere als ungewöhnlich.[95] Wie vielerorts sonst ging es um Fragen der Waldnutzung, um den Umfang und die Konditionen des Frondiensts, um Schäferei- und Viehtriebrechte, um Weinverkauf und Weinschank, um Leibeigenschaft, Abzug und Todfallabgaben, um Steuern und Gerichtsbarkeit, um Bannrechte sowie um anderes mehr. Und wie man das auch aus den verschiedenen Fassungen der Zwölf Artikel kennt, stellte die *arme gemeyn zu Mentzingen* in ihrer an den Landgrafen von Hessen als Lehnsherrn ihres *jungher Phillips von Mentzingen* gerichteten Beschwerdeschrift nicht etwa ihre Abgaben- und Fronpflicht als solche infrage. Vielmehr zieht sich wie ein roter Faden durch den ganzen Text der Vorwurf, der Junker habe zahlrei-

---

94 FRANZ, Aktenband (wie Anm. 1) S. 134–143; Bernd RÖCKER, Das Dorf Menzingen im Bauernkrieg. Ein Beitrag zur Vorgeschichte und zum Verlauf des Bauernkrieges im Kraichgau, in: Kraichgau 6 (1979) S. 136–145; Franz IRSIGLER, Der Junker und die Bauern. Zur Krise adeliger Herrschaft und bäuerlicher Wirtschaft um 1500 am Beispiel des Kraichgaudorfes Menzingen, in: Region und Reich. Zur Einbeziehung des Neckar-Raumes in das Karolingerreich und zu ihren Parallelen und Folgen (Quellen und Forschungen zur Geschichte der Stadt Heilbronn 1), hg. von Christhard SCHRENK, Heilbronn 1992, S. 255–270; Karl-Heinz GLASER, Reichsritterschaft, Bauernkrieg und Reformation in der Gemeinde Menzingen, in: Badische Heimat 99 (2019) H. 2, S. 235–241.
95 Nur exemplarisch: Ernst WALDER, Der politische Gehalt der Zwölf Artikel der deutschen Bauernschaft von 1525 (1954), in: Der deutsche Bauernkrieg (wie Anm. 2) S. 40–61; Peter BLICKLE, Wem gehörte der Wald? Konflikte zwischen Bauern und Obrigkeiten um Nutzungs- und Eigentumsansprüche, in: Zeitschrift für württembergische Landesgeschichte 45 (1986) S. 167–178; FETZER, Untertanenkonflikte (wie Anm. 91); ANDERMANN, Guttenberg über dem Neckar (wie Anm. 74) S. 175–181.

che Neuerungen *widder und über unser gerechtigkeit, alt herkommen und gebrauche* eingeführt. Folgerichtig gipfeln die erhobenen Klagen in der Feststellung, der Herr verfahre *nach seinem willen* wie *der oberkeit wol gefelt*, habe das althergebrachte Ausrufen des örtlichen (Weistums-) Rechts bei den jährlichen Gerichtstagen verhindert, den herkömmlichen Rekurs zum Oberhof im kurpfälzischen Bretten unterbunden und das bisher gelebte Gewohnheitsrecht mit *verschriben ordnung widder unsern willen entwerdt und verbotten*.

Die Eigenmächtigkeit und Rücksichtslosigkeit, mit der der Herr glaubte, althergebrachtes Recht und altbewährte Verfahren mittels schriftlicher Verfügungen nicht allein missachten, sondern einseitig aufkündigen und beseitigen zu können, das alte und einvernehmliche Recht, nach dem seine Voreltern und die Eltern der Bauern von jeher gut zusammengelebt und, wo die Not es erforderte, einander um nachbarschaftliche Hilfe gebeten hatten und einander bereitwillig entgegengekommen waren. Diese Darstellung der Gemeinde klingt romantisch, ja idyllisch, aber gemeint ist damit nicht mehr und nicht weniger als das herkömmliche Leben, in dem man sich aufgrund des konsensual ausgehandelten und gehandhabten Gewohnheitsrechts arrangierte, aufgrund eines Rechts, in dessen Natur es lag, die Belange aller Seiten gelten zu lassen, eines Rechts, das verständlich und nachvollziehbar war und in dem auch der Gemeine Mann seine Interessen gut aufgehoben wusste.

Über die wirtschaftlichen Verhältnisse des Junkers Philipp von Mentzingen weiß man so gut wie nichts;[96] sonderlich reich wird er wohl kaum gewesen sein, aber es fehlen auch Hinweise darauf, dass er etwa arm gewesen wäre. Insofern ist es allemal zu kurz gegriffen, die von seinen Untertanen beklagten Maßnahmen, einem von Friedrich Engels vor mehr als 170 Jahren ersonnenen und seither von Generationen biederer Historiker allzu bereitwillig kolportierten Klischee folgend, auf eine akute wirtschaftliche Notlage des adligen Herrn zurückzuführen.[97] Der Protest der Gemeinde richtete sich vor allem gegen die Beseitigung bewährter konsensualer Strukturen des dörflichen Zusammenlebens im Interesse einer Intensivierung des herrschaftlichen Zugriffs insgesamt. Und solches Vorgehen lag im Zug der Zeit, im Zug der allgemeinen herrschaftlichen Verdichtung.

Im Zug der Zeit bedrängte aber nicht nur Philipp von Mentzingen seine Untertanen, sondern im Zug derselben Zeit sahen auch Philipp von Mentzingen selbst

---

96 Walther MÖLLER, Stamm-Tafeln westdeutscher Adels-Geschlechter im Mittelalter, Bd. 3, Darmstadt 1936, S. 279 f. und Tfl. 129; Martin ARMGART, Archiv der Freiherren von Mentzingen. Schlossarchiv Menzingen. Urkundenregesten 1351 bis 1805 (Inventare der nichtstaatlichen Archive in Baden-Württemberg 34), Stuttgart 2007, Nr. 25 f., 29, 31 und 33–35.
97 Friedrich ENGELS, Der deutsche Bauernkrieg (1850), in: Karl Marx. Friedrich Engels. Werke, hg. vom Institut für Marxismus-Leninismus beim ZK der SED, Bd. 7, Berlin 1973, S. 327–413, hier S. 333 f.

und seine ritterlichen Standesgenossen sich hart bedrängt von der immer weiter voranschreitenden „gestalteten Verdichtung" im Reich und seinen Territorien, bedrängt von einem tiefgreifenden Verfassungswandel, in dem die Fürsten mit Fehdeverbot, allgemeiner Reichssteuer und Reichskammergericht sowie mit Hofgerichten und vielerlei anderen Strategien danach trachteten, dem bislang autonomen Ritteradel in Schwaben, Franken und am Rhein seine althergebrachte Autonomie streitig zu machen und die Ritter ihrer fürstlichen Landesherrschaft zu unterwerfen. Insofern war es eigentlich nur konsequent, wenn Philipp von Mentzingen und seine Standesgenossen ihrerseits bestrebt waren – bestrebt sein mussten –, ihre von außen bedrohte Herrschaft im Inneren zu konsolidieren und zu intensivieren.[98] Das ist aber nicht etwa eine andere Geschichte, sondern es ist nur eine andere Facette einer und derselben verfassungsgeschichtlichen Entwicklung um die Wende vom Mittelalter zur Neuzeit. Es ist die Geschichte des Wegs von der spätmittelalterlichen Orts- und Landesherrschaft zum frühmodernen Staat, die den Gemeinen Mann und den Ritter gleichermaßen beeinträchtigte.

---

98 A. Gustav KOLB, Die Kraichgauer Ritterschaft unter der Regierung des Kurfürsten Philipp von der Pfalz, in: Württembergische Vierteljahrshefte für Landesgeschichte NF 19 (1910) S. 1–154; Kurt ANDERMANN, Das alte Herkommen bewahren. Zur Situation des Ritteradels in Südwestdeutschland am Ende des Mittelalters, in: Blätter für pfälzische Kirchengeschichte und religiöse Volkskunde 82 (2015) S. 215–233; Kurt ANDERMANN, Unterwerfungsstrategien der Kurpfalz gegenüber dem Ritteradel um die Wende vom Mittelalter zur Neuzeit, in: (Un)Gleiche Kurfürsten? Die Pfalzgrafen bei Rhein und die Herzöge von Sachsen im späten Mittelalter (1356–1547) (Heidelberger Veröffentlichungen zur Landesgeschichte und Landeskunde 19), hg. von Jens KLINGNER und Benjamin MÜSEGADES, Heidelberg 2017, S. 195–205.

Enno Bünz

Bauern und Reformation

Eine Umschau im Reich

Walter Ziegler (München)
herzlich zugeeignet

Bauernkrieg und Reformation? Schon Zeitgenossen sahen Zusammenhänge, identifizierten den Reformator Martin Luther als den „geistigen Brandstifter", der die Empörung der Bauern ausgelöst habe. Am 28. Dezember 1525 schrieb Herzog Georg von Sachsen an Martin Luther: [...] *wen seynt mehr emporung wider die obrigkeyt gescheen, den aus deinem evangelio?* [...] *Hirumb eben die frucht, die machen uns eyn großen grau und abschau deyner lehr und evangelium.*[1] Noch deutlicher brachte der altgläubige Fürst den Zusammenhang im November 1527 in einer antilutherischen Flugschrift zum Ausdruck, in der er den Reformator direkt ansprach: *Schaue nur zu, was jammer du myt deyner lehre angerichtet, das umb dye osterliche zeyt im 25. jar in deuczschenn landen nahe 100.000 streytbarer menschen haben muss umgebracht werden. Was ist anders ursach, dan dye unwyrdige handelung des h[eiligen] sacraments?*[2] Luthers Lehre also, namentlich die aus altgläubiger Sicht „unwürdige" Reichung des Altarsakraments in beiderlei Gestalt sei Ursache des Aufstands von 1525 gewesen, dessen Ausbruch der Wettiner übrigens schon lang vorher befürchtet hatte.[3] Die Meinung, der Bauernkrieg sei eine Frucht der Reformation gewesen, war unter den Altgläubigen weit verbreitet. Hieronymus Emser, damals schon Kaplan am Dresdner Hof Herzog Georgs, legte 1525 in einer ausführlichen Flug-

---

1 Erweiterte Fassung meines Vortrags beim Kraichtaler Kolloquium ‚Bauernkrieg. Regionale und überregionale Aspekte einer sozialen Erhebung', Kraichtal-Gochsheim, 6. bis 8. Mai 2022. Meiner Mitarbeiterin Angie-Sophia Richter B. A. habe ich für die redaktionelle Bearbeitung zu danken. – Felician GESS, Akten und Briefe zur Kirchenpolitik Herzog Georgs von Sachsen, Bd. 2: 1525 bis 1527 (Schriften der Sächsischen Kommission für Geschichte 22), Leipzig 1917 (ND Leipzig 1985), S. 472–478, Zitat S. 476.
2 GESS, Akten und Briefe (wie Anm. 1) S. 818–836, Zitat S. 830.
3 Christoph VOLKMAR, Reform statt Reformation. Die Kirchenpolitik Herzog Georgs von Sachsen, 1488 bis 1525 (Spätmittelalter, Humanismus, Reformation 41), Tübingen 2008, S. 498 f.

schrift dar, „Wie Luther in seinen Büchern zum Aufruhr getrieben hat",[4] und Johannes Cochlaeus erläuterte in einer eingehenden „Antwort auf Luthers Schrift ‚Wider die räuberischen und mörderischen Rotten der Bauern' [...]" 1525 ebenfalls, dass *Luter aller ufrurenn eyn ursach* sei.[5]

Der Albertiner Georg von Sachsen gehörte zu den nicht wenigen Landesherren im Reich, die sich in den 1520er und 1530er Jahren der Reformation verweigerten und zu entschiedenen Luthergegnern wurden. Dass der Aufruhr von 1525 die Befürchtungen der Fürsten bestätigte, Luthers Lehre zerstöre die Gottesfurcht und damit die öffentliche Ordnung, nimmt nicht wunder. Allerdings wäre das Bild unvollständig und einseitig ohne den Hinweis, dass es bereits in den 1520er Jahren auch Landesherren gab, die diese Sichtweise nicht teilten und die Reformation beförderten. Georgs Vetter Kurfürst Johann der Beständige von Sachsen (1525–1532) gehörte dazu,[6] aber auch Landgraf Philipp der Großmütige von Hessen (1504–1567),[7] der territoriale Nachbar der nordthüringischen Gebiete des Herzogtums Sachsen. Im Frühjahr 1525 hatten zwar Herzog Georg, Kurfürst Johann und Landgraf Philipp die bäuerliche Empörung in Thüringen gemeinsam niedergeschlagen, wobei die radikalen Reformatoren Heinrich Pfeiffer und Thomas Müntzer in ihre Hände geraten waren, aber nach der Bestrafung der Aufrührer trennten sich die Wege von Alt- und Neugläubigen wieder.[8] Nicht überall nahm der Bauernkrieg 1525 so heftige Formen an wie im nördlichen Thüringen, wo Thomas Müntzer als radikaler Außenseiter der Reformation den Aufstand anheizte.[9] Nicht nur in Mitteldeutschland spielten entlaufene Mönche oder Weltgeistliche, die der Reformation anhingen, als Prediger im Bauernkrieg eine Rolle. Allein für Südwest-

---

4 Flugschriften der Bauernkriegszeit. Unter Leitung von Adolf LAUBE und Hans SEIFFERT bearb. von Christel LAUFER u. a., Berlin ²1978, S. 356–375 und 603–608.
5 Flugschriften der Bauernkriegszeit (wie Anm. 4) S. 376–412 und 606–618, Zitat S. 378.
6 Doreen VON OERTZEN BECKER, Kurfürst Johann der Beständige und die Reformation (1513–1532). Kirchenpolitik zwischen Friedrich dem Weisen und Johann Friedrich dem Großmutigen (Quellen und Forschungen zu Thüringen im Zeitalter der Reformation 7), Köln u. a. 2017.
7 Walter HEINEMEYER, Philipp der Großmütige und die Reformation in Hessen. Gesammelte Aufsätze zur hessischen Reformationsgeschichte. Festgabe zum 85. Geburtstag (Veröffentlichungen der Historischen Kommission für Hessen 24,7), hg. von Hans-Peter LACHMANN u. a., Marburg 1997; Landgraf Philipp der Großmütige 1504–1567. Hessen im Zentrum der Reformation. Begleitband zu einer Ausstellung des Landes Hessen, hg. von Ursula BRAASCH-SCHWERSMANN, Hans SCHNEIDER und Wilhelm Ernst WINTERHAGER, Neustadt an der Aisch 2004.
8 Siegfried HOYER, Herzog Georg und der Bauernkrieg in Thüringen, in: Bauernkrieg zwischen Harz und Thüringer Wald (Historische Mitteilungen, Beih. 69), hg. von Günter VOGLER, Stuttgart 2008, S. 275–282.
9 Thomas T. MÜLLER, Mörder ohne Opfer. Die Reichsstadt Mühlhausen und der Bauernkrieg in Thüringen. Studien zu Hintergründen, Verlauf und Rezeption der gescheiterten Revolution von 1525 (Schriftenreihe der Friedrich-Christian-Lesser-Stiftung 40), Petersberg 2021, mit dem Bestreben, das Mühlhäuser Aufstandsgeschehen zu entdramatisieren.

deutschland und Franken hat Justus Maurer mehr als zweihundert Namen von Predigern im Bauernkrieg zusammengestellt.[10] Ein stringentes Bild zu zeichnen, ist angesichts der Vielzahl von Protagonisten schwierig. Auf der einen Seite ist seit dem 16. Jahrhundert die Vorstellung präsent, die Reformation habe generell den Bauernkrieg befördert, auf der anderen Seite haben Bauernkriegsforscher wie Peter Blickle (siehe unten Abschnitt I), großen Wert darauf gelegt, von Luthers obrigkeitsorientierter Theologe die eher auf den gemeinen Mann und die Gemeinde ausgerichtete Theologie Zwinglis abzugrenzen. Mit Blick auf Zwinglis Theologie müsse, so Peter Blickle, „auch die Revolution von 1525 als eine Entfaltung der Reformation verstanden werden".[11] Ob die Fokussierung auf theologische Konzepte allerdings sehr viel weiterhilft, soll hier zumindest gefragt werden. „Die religiöse Frage" gehöre, wie Rudolf Endres meinte, weniger zu den eigentlichen Ursachen des Bauernkrieges, sondern habe „mehr die Funktion eines Katalysators" gehabt.[12] Zur Begründung verwies Endres etwas stereotyp auf das sattsam bekannte Repertoire von geistlichen Pfründenjägern, sittlichem Verfall der Geistlichkeit und allgemeinem „Pfaffenhaß", bestritt freilich nicht, dass die Menschen um 1500 ungeachtet der kirchlichen Krise des Spätmittelalters besonders kirchenfromm gewesen seien.[13]

Wer sich auch nur ein wenig mit dem Bauernkrieg beschäftigt hat, der weiß, dass an der Spitze der *Hauptartikel aller baurschaft und hindersessen*, der sogenannten Zwölf Artikel, Forderungen nach kirchlichen Veränderungen stehen,[14] an erster Stelle die Pfarrerwahl durch die Gemeinde, an zweiter Stelle die Entrichtung des Getreidezehnten nur noch an den Pfarrer, zum Schluss dann im zwölften Artikel der Anspruch, dass alle Forderungen der Aufständischen dem Wort Gottes entsprächen und nur aus der Schrift widerlegt werden könnten. Ohne Frage zielte das Programm der Aufständischen also nicht nur auf herrschaftliche und rechtliche, sondern auch auf kirchliche Veränderungen im Sinne der Bauern. Einerseits bildeten die Zwölf Artikel das Basisprogramm der Aufständischen 1525, das in den Aufstandsgebieten ganz oder teilweise rezipiert wurde, auf der anderen Seite muss man aber feststellen, dass der Bauernkrieg oder „die Revolution von 1525" in Ober-

---

10 Justus MAURER, Prediger im Bauernkrieg (Calwer Theologische Monographien B 5), Stuttgart 1979, S. XI–XVI (Liste der Namen).
11 Peter BLICKLE, Die Revolution von 1525, München u. a. ³1993, S. 244.
12 Rudolf ENDRES, Ursachen, in: Der deutsche Bauernkrieg (Uni-Taschenbücher 1275), hg. von Horst BUSZELLO, Peter BLICKLE und Rudolf ENDRES, Paderborn u. a. 3. Aufl. 1995, S. 217–253, hier S. 249.
13 ENDRES, Ursachen (wie Anm. 12) S. 250 f.
14 Quellen zur Geschichte des Bauernkrieges (Ausgewählte Quellen zur Deutschen Geschichte der Neuzeit, Freiherr vom Stein-Gedächtnisausgabe 11), gesammelt und hg. von Günther FRANZ, Darmstadt 1963, S. 174–179, Nr. 43; Flugschriften der Bauernkriegszeit (wie Anm. 4) S. 26–31 und 567.

schwaben, am Oberrhein, in Franken, Hessen und Thüringen seine Zentren hatte, dass also weite Teile des Heiligen Römischen Reiches gar nicht erfasst wurden.[15]

Die Frage nach dem Zusammenhang von Bauernkrieg und Reformation greift also zu kurz. Vielmehr muss es um Bauern und Reformation gehen, womit zwangsläufig der Blick über die Aufstandsgebiete von 1525 hinaus auf andere Landschaften des Reiches zu richten ist. Wie naheliegend diese Perspektive ist, muss hier nicht betont werden, sind im Rahmen der Kraichtaler Kolloquien doch wiederholt Fragen der ländlichen Gesellschaft angesprochen worden.[16] Dass die ländliche Gesellschaft nicht nur aus Bauern bestand, sei zumindest erwähnt.[17] Mit gewissen regionalen Unterschieden zwischen städtereicheren und städteärmeren Landschaften dürften um 1500 etwa 70 bis 90 Prozent auf dem Land gelebt haben.[18] Aus der Perspektive der kirchlichen Organisation könnte man zudem hervorheben, dass die Masse der Pfarreien im ausgehenden Mittelalter auf dem Land lagen. Zahlreiche Klöster und Stifte auf dem Land kamen hinzu, die nicht nur religiöse Institutionen, sondern auch Herrschaftsträger waren.

Meine Fragestellung ergibt sich aus dem Titel: Was hatten die Bauern mit der Reformation zu schaffen? (II) Oder anders gewendet: Welche Bedeutung hatte die Reformation für die Bauern im Reich? Oder weiter und präziser gefragt: Machten die Bauern die Reformation zu ihrem Anliegen? Wie kam die Reformation aufs Land? (III) Wer sich zumindest etwas mit der Reformations- und Bauernkriegsforschung beschäftigt, kann leicht den Eindruck gewinnen, der Zusammenhang sei geklärt, die Frage beantwortet.

I

Wenn man als Wissenschaftler ein Forschungskonzept etablieren will, muss man es mit einem eingängigen Begriff, einem Schlagwort versehen. Unser Schlagwort lautet „Gemeindereformation", und geprägt wurde es von dem Frühneuzeithistori-

---

15 Vgl. die Karte von Günther FRANZ, Ritteraufstand und Bauernkrieg 1522/23 bis 1525, in: Putzger Historischer Weltatlas, hg. von Walter LEISERING, Berlin [102]1997, S. 72.
16 Rittersitze. Facetten adligen Lebens im Alten Reich (Kraichtaler Kolloquien 3), hg. von Kurt ANDERMANN, Epfendorf 2002; Freiheit und Unfreiheit. Mittelalterliche und frühneuzeitliche Facetten eines zeitlosen Problems (Kraichtaler Kolloquien 7), hg. von Kurt ANDERMANN und Gabriel ZEILINGER, Epfendorf 2010; Dorf und Gemeinde. Grundstrukturen der ländlichen Gesellschaft in Spätmittelalter und Frühneuzeit (Kraichtaler Kolloquien 8), hg. von Kurt ANDERMANN und Oliver AUGE, Epfendorf 2012; Zins und Gült. Strukturen des ländlichen Kreditwesens in Spätmittelalter und Frühneuzeit (Kraichtaler Kolloquien 10), hg. von Kurt ANDERMANN und Gerhard FOUQUET Epfendorf 2016.
17 Darauf verweist u. a. Rolf KIESSLING, Die Reformation auf dem Land im Spannungsfeld von Obrigkeit und Gemeinde. Beobachtungen zu Ostschwaben und Altbayern, in: Zeitschrift des Historischen Vereins für Schwaben 89 (1996) S. 49–74, hier S. 51.
18 Landwirtschaft und Dorfgesellschaft im ausgehenden Mittelalter (Vorträge und Forschungen 89), hg. von Enno BÜNZ, Ostfildern 2020.

ker Peter Blickle, der 1985 im Münchner Oldenbourg Verlag eine schlanke Monographie mit dem Titel ‚Gemeindereformation. Die Menschen des 16. Jahrhunderts auf dem Weg zum Heil' veröffentlichte.[19]

Peter Blickle (1938–2017)[20] stand damals auf dem Höhepunkt seines Ruhms, der vor allem auf seinem 1975 erstmals veröffentlichten Buch ‚Die Revolution von 1525' beruhte, ein Standardwerk, das zuletzt 2004 in vierter Auflage erschienen ist. Man versteht den Mann und sein Werk nicht ohne seinen frühen Werdegang. In Berlin 1938 geboren, wuchs Blickle in Oberschwaben auf und absolvierte die Schulzeit in Biberach, Leutkirch und Wangen. Diese Landschaft sollte zu seinem bevorzugten Forschungsgebiet werden. In München wurde er 1964 von dem damals sehr angesehenen Landeshistoriker Karl Bosl (1908–1993) mit einer Arbeit über die Verfassungs- und Verwaltungsgeschichte von Stadt und Landkreis Memmingen promoviert, die dann im Rahmen des Historischen Atlas' von Bayern, Teil Bayerisch Schwaben, erschien.[21] Als weiteren Atlasband bearbeitete er für diese Reihe auch Stadt und Landkreis Kempten.[22] Im Zuge dieser Forschungen, die vor allem herrschaftsgeschichtlich ausgerichtet waren und auf den Bauernkrieg gar nicht ausführlicher eingingen, wurde Blickle mit den Forderungskatalogen der aufständischen Bauern von 1525 vertraut. 1965 wurde er Assistent von Günther Franz an der Universität Stuttgart-Hohenheim, der als bedeutender Erforscher des Bauernkriegs seit den 1930er Jahren ausgewiesen war.[23] 1969 wechselte Blickle als Assistent zu Ernst Klein an die Universität Saarbrücken, wo er sich 1971 mit einer Untersuchung über ‚Die staatliche Funktion des gemeinen Mannes in Oberdeutschland' habilitierte.[24] Bis 1980 blieb Blickle als Professor für Neuere Geschichte und Landesgeschichte in Saarbrücken und folgte dann einem Ruf auf eine Professur für Neuere Geschichte an der Universität Bern, die er bis zu seiner Emeritierung 2004 innehatte. Blickle zog dann wieder nach Saarbrücken, wo er 2017 verstarb.

---

19 Peter BLICKLE, Gemeindereformation. Die Menschen des 16. Jahrhunderts auf dem Weg zum Heil, München 1985, Studienausgabe 1987, englische Übersetzung: Communal reformation. The quest for salvation in sixteenth-century Germany. Translated by Thomas DUNLAP, London 1992.
20 Wolfgang BEHRINGER, Peter Blickle (1938–2017), in: Historische Zeitschrift 305 (2017) S. 717–728; Beat KÜMIN, Bauern und Bürger im Alten Europa. Zum Gedenken an Peter Blickle (1938–2017), in: Blätter für deutsche Landesgeschichte 153 (2017) S. 483–490.
21 Peter BLICKLE, Memmingen (Historischer Atlas von Bayern, Teil Schwaben 1,4), München 1967.
22 Peter BLICKLE, Kempten (Historischer Atlas von Bayern, Teil Schwaben 1,6), München 1968.
23 Günther FRANZ, Der deutsche Bauernkrieg, München und Berlin 1933, Darmstadt [12]1984; Günther FRANZ, Der deutsche Bauernkrieg. Aktenband, München und Berlin 1935, Darmstadt [6]1987.
24 Peter BLICKLE, Landschaften im Alten Reich. Die staatliche Funktion des gemeinen Mannes in Oberdeutschland, München 1973.

Bis zur Habilitation war die Forschungsperspektive Blickles stark verfassungs- und herrschaftsgeschichtlich bestimmt, doch weitete sich der Blick durch die Habilitationsschrift über die Landschaften beziehungsweise über die Rolle des gemeinen Mannes auf die Bauern. Pünktlich zum Bauernkriegsjubiläum 1975 positionierte sich Blickle mit seiner Neuinterpretation des Bauernkriegs als „Revolution von 1525", deren Akteure eben nicht allein die Bauern, sondern insgesamt der „gemeine Mann" war.[25] Blickle ersetzte nicht die klassische Schilderung des Bauernkriegs von Günther Franz durch eine neue verlaufsgeschichtliche Darstellung, sondern bot stattdessen eine systematisierende, auf die Akteure und ihr Programm ausgerichtete Analyse. Obwohl der Bauernkrieg im Umfeld des Jubiläums 1975 unter deutschen, wie ausländischen Forschern großes Interesse fand, gelang es Blickle mit seinem Buch, sich als Meinungsführer zu etablieren und sich in dieser Position auch in den folgenden Jahrzehnten zu behaupten, während das Thema Bauernkrieg ansonsten eher weniger Interesse fand. Bereits in seinem Buch ‚Revolution von 1525' setzte sich Blickle mit den religiösen Komponenten des Aufstands auseinander: „Reformatorische Theologie und revolutionäre Praxis" ist das zentrale Kapitel überschrieben.[26] Die Bezüge zum Konzept der „Volksreformation" des sowjetischen Historikers Moisej Mendelvič Smirin (1895–1975) von 1953,[27] noch stärker aber zu dem der Frühbürgerlichen Revolution, das von marxistischen Historikern der DDR namentlich durch Max Steinmetz (1912–1990) in Leipzig begründet worden war,[28] sind mit Händen zu greifen.[29] Selbstverständlich sind die „Volksreformation" Smirins und die „Frühbürgerliche Revolution" Steinmetz', die beide an Friedrich Engels Schriften über den Bauernkrieg anknüpfen, nicht mit der „Gemeindereformation" Peter Blickles identisch, wie schon die recht unter-

---

25 PETER BLICKLE., Die Revolution (wie Anm. 11).
26 BLICKLE, Revolution (wie Anm. 11) S. 237–244.
27 Moisej M. SMIRIN, Die Volksreformation des Thomas Müntzer und der große Bauernkrieg, Berlin 1953, ²1956.
28 Vgl. etwa die Aufsatzsammlung Die frühbürgerliche Revolution in Deutschland (Studienbibliothek DDR-Geschichtswissenschaft 5), hg. von Max STEINMETZ, Berlin 1985. Während dieser Band stärker ideologisch und theoretisch ausgerichtet ist, zeigen andere Veröffentlichungen dieser Forschungsrichtung ein eher pragmatisches Bild, vgl. beispielsweise Adolf LAUBE, Max STEINMETZ und Günter VOGLER, Illustrierte Geschichte der deutschen frühbürgerlichen Revolution, Berlin 1974, Neuausgabe Berlin und Köln 1982.
29 Eine ideologiekritische Diskussion dieses Forschungskonzepts steht aus, doch hat dieser Ansatz zweifellos auch zu belastbaren empirischen Ergebnissen geführt, vgl. nur ganz knapp Ulrich VON HEHL und Markus HUTTNER †, Geschichte, in: Geschichte der Universität Leipzig 1409 bis 2009, Bd. 4: Fakultäten, Institute, Zentrale Einrichtungen, hg. von Ulrich VON HEHL, Uwe JOHN und Manfred RUDERSDORF, 2 Halbbde., Leipzig 2009, S. 156–196, hier S. 194, mit weiterführenden Hinweisen, etwas ausführlicher Olaf MÖRKE, Die Reformation. Voraussetzung und Durchsetzung (Enzyklopädie deutscher Geschichte 74), München 2005, S. 89 f., der S. 90 f. dann deutlich macht, dass neben der Frühbürgerlichen Revolution auch das ältere marxistische Konzept der „Volksreformation" eine Brücke zu Blickles Gemeindereformation darstellt.

schiedliche Bewertung von Thomas Müntzer zeigt, aber ein mit diesen gemeinsames Element ist doch, die gesellschaftlichen Kräfte zu den religiösen Strömungen der Reformationszeit in Beziehung zu setzen. „Gemeindereformation" und „Kommunalismus" waren Blickles Antwort auf das Konzept der „Volksreformation", zu dem er auch vor DDR-Historikern Stellung nahm.[30] Wesentlich stärker als andere westdeutsche Historiker wie Rainer Wohlfeil, Rudolf Endres oder Hans-Jürgen Goertz hat Blickle nicht nur das Gespräch mit den Kollegen in der DDR gesucht, sondern auch ihre Konzepte aufgegriffen.

Mittlerweile nach Bern berufen, weitete Blickle seine Beschäftigung mit der Reformation aus. Bereits in seiner Überblicksdarstellung ‚Die Reformation im Reich', seit 1982 mehrfach aufgelegt, widmete er sich den treibenden Kräften des Glaubenswandels und würdigte neben Adel und Städten vor allem die ländliche Gesellschaft.[31] Damals dürfte das Buch über die Gemeindereformation schon im Entstehen gewesen sein, das dann 1985 erschien. Wie 1975 gelang es Blickle auch 1985, sich mit einem Perspektivenwechsel und einem einprägsamen Begriff im Forschungsdiskurs zu verankern.[32] Ebenso nachhaltig wie mit der „Revolution von 1525" gelang es mit der „Gemeindereformation" allerdings nicht, was auch damit zu erklären ist, dass die Reformationsforschung national wie international vielfältiger war (und ist) und neben Historikern immer auch Theologen und Kirchenhistoriker der großen Konfessionen eine Rolle spielten.

Als Stipendiat des Historischen Kollegs in München hatte Blicke 1993/94 die Möglichkeit, ein großes Werk über den Kommunalismus als gesellschaftlicher Organisationsform in der Vormoderne zu schreiben. Auch wenn der Verfasser mit dem zweiten Band in Anspruch nahm, Europa in den Blick zu nehmen, war und blieb seine Perspektive tatsächlich Oberdeutschland, dem der erste Band gewidmet war.[33] Diese Perspektive verbindet übrigens die drei Hauptwerke über die Revolution von 1525, die Gemeindereformation und über den Kommunalismus. Ungeachtet der Tatsache, dass Blickle von Oberdeutschland ausging und vor allem mit den dortigen Quellen vertraut war,[34] ist es ihm doch gelungen, mit Blick auf Bau-

---

30 Peter BLICKLE, Gab es eine Volksreformation? Überlegungen zur begrifflichen Präzisierung der reformatorischen Bewegung, in: Martin Luther. Leistung und Erbe, hg. von Horst BARTEL †, Gerhard BRENDLER, Hans HÜBNER und Adolf LAUBE, Berlin 1986, S. 158–169.
31 Peter BLICKLE, Die Reformation im Reich (Uni-Taschenbücher 1181), Stuttgart 1982, zuletzt ⁴2015, hier S. 113–154.
32 BLICKLE, Gemeindereformation (wie Anm. 19).
33 Peter BLICKLE, Kommunalismus. Skizzen einer gesellschaftlichen Organisationsform, Bd. 1: Oberdeutschland, Bd. 2: Europa, München 2000.
34 Vgl. in diesem Zusammenhang die vom Ehepaar Blickle im Auftrag der Kommission für bayerische Landesgeschichte bearbeitete und reich kommentierte Quellensammlung: Peter und Renate BLICKLE, Schwaben von 1268 bis 1803 (Dokumente zur Geschichte von Staat und Gesellschaft in Bayern 2,4), München 1979.

ernkrieg, Gemeindereformation und Kommunalismus eine überregionale Wirkung zu entfalten.

Die Untersuchung der „Gemeindereformation" führt Blickle in drei Schritten durch. Zunächst geht es um „die Reformation in der Gesellschaft", indem die bäuerliche, dann die bürgerliche Reformation behandelt werden, wobei Blickle für die bäuerliche Reformation Beispiele aus der Züricher Landschaft, aus Oberschwaben, Salzburg und Tirol heranzieht. Auch nach den Kohärenzen bäuerlicher und bürgerlicher Reformation wird gefragt. In der zweiten Hälfte des Buchs widmet sich Blickle dann „Kirche und Evangelium in der Theologie der Reformatoren", wobei es um Leitbegriffe wie Gemeinde, göttliche Gerechtigkeit und Evangelium bei Luther und Zwingli geht. Im dritten und letzten Kapitel versucht er schließlich, „die Gemeindereformation in der Tradition der spätmittelalterlichen politischen Kultur" (Stichwort „Kommunalismus") zu deuten.

Mit dem Begriff der „Gemeindereformation" erweiterte Blickle das etablierte Forschungskonzept der „Stadtreformation", das seit dem wegweisenden Buch von Bernd Moeller über ‚Reichsstadt und Reformation' von 1962 die Erforschung der Reformation nachhaltig bestimmt hatte und noch heute bestimmt.[35] Mit dem Begriff der „Gemeindereformation" knüpft Blickle einerseits am Konzept einer sogenannten „Volksreformation" an, das der sowjetrussische Historiker Moisej M. Smirin 1953 zur Interpretation Thomas Müntzers bemühte. Durchgesetzt hat sich der Begriff allerdings nicht, auch nicht in der Müntzer-Forschung. Andererseits verweist Blickle auf den zentralen Begriff des „gemeinen Mannes",[36] der als Oberbegriff von Städtern und Dörflern auf die Gemeinsamkeiten beider kommunalen Lebensformen zielt.[37] Gemeindereformation ist für Blickle ein Erklärungsmodell für Vorgänge in der Stadt wie auf dem Land. Die Begriffsprägung lag nahe, doch sei auch darauf verwiesen, dass 1981 die Edition der Schriften Martin Bucers zur Gemeindereformation erschienen war und damit der Begriff gewissermaßen im Raum stand.[38] Wollen wir das reformatorische Geschehen auf dem Land betrachten, soll-

---

35 Bernd MOELLER, Reichsstadt und Reformation, neue Ausgabe, mit einer Einleitung hg. von Thomas KAUFMANN, Tübingen 2011; vgl. dazu auch Enno BÜNZ, Städte als Orte der Reformation. Entwicklungslinien und Grundprobleme des Städtewesens um 1500, in: Orte und Räume reformatorischer Kunstdiskurse in Europa (Abhandlungen der Sächsischen Akademie der Wissenschaften zu Leipzig, philologisch-historische Klasse 84,4), hg. von Bruno KLEIN, Stuttgart und Leipzig 2020, S. 14–33.
36 Robert Hermann LUTZ, Wer war der gemeine Mann? Der dritte Stand in der Krise des Spätmittelalters, mit einem Vorwort von Ferdinand SEIBT, München und Wien 1979.
37 BLICKLE, Gemeindereformation (wie Anm. 19) S. 15–21, mit allen Nachweisen zu den genannten Ansätzen. Soweit ich sehe, hat der Begriff „Volksreformation" selbst im Kontext der Müntzer-Forschung nur eine Randrolle gespielt und ist ansonsten nicht beachtet worden, vgl. zuletzt Athina LEXUTT, Fürstenreformation und Volksreformation, in: 500 Jahre Reformation. Bedeutung und Herausforderungen, Zürich und Leipzig 2014, S. 156–176.
38 Robert STUPPERICH, Martin Bucer, Die letzten Straßburger Jahre 1546–1549. Schrif-

te man mit Blickle nicht pauschal von Gemeindereformation, sondern präziser von bäuerlicher Reformation sprechen. Ungeachtet der Nähe zu älteren Forschungskonzepten marxistischer Historiker, die als „Volksreformation" und als „Frühbürgerliche Revolution" bereits thematisiert wurden,[39] hat der Begriff „Gemeindereformation" den Vorteil, dass hier der Hauptakteur und das Movens des Handelns klar aufeinander bezogen sind.

Bevor ich zur Frage der bäuerlichen Reformation komme, muss noch kurz die Frage angesprochen werden, wie Blickles Buch über die „Gemeindereformation" im Fach aufgenommen wurde. An kritischen Stimmen fehlte es nicht, beispielsweise durch den Frühneuzeithistoriker Wolfgang Reinhard[40] oder den jüngst verstorbenen Kirchenhistoriker Kurt-Victor Selge.[41] Besonders eingehend setzte sich mit Blickles Buch der bayerische Landeshistoriker Walter Ziegler auseinander, der in einer umfangreichen Besprechungsmiszelle im Archiv für Kulturgeschichte 1990 die These von der Gemeindereformation weitgehend dekonstruierte.[42] Diese Kritik von namhaften Fachleuten hat Blickle freilich nicht angefochten, vielmehr hat er sein Bild der „Gemeindereformation" in immer neuen Publikationen weiter entfaltet.

Die Kritik Walter Zieglers richtet sich zunächst einmal gegen das verkürzte Bild Peter Blickles von der Reformationsgeschichte, der nur wenige, wenn auch durch den Bauernkrieg besonders spektakuläre Jahre betrachte, während die Reformation tatsächlich – so Ziegler – ein langgestreckter Prozess sei, deren Glanzzeit erst nach 1525 eingesetzt und sich bis 1555 hingezogen habe.[43] Weiter reduziere Blickle die Reformation auf einen begrenzten Aspekt, nämlich die gesellschaftliche Wirkung der Reformation bei Bürgern und Bauern, konzentriere sich dabei geographisch auch nur auf einen Teil der Schweiz und Oberdeutschlands.[44] Völlig unterschätzt werde von Blickle die Bedeutung des frühmodernen Staats, was einhergehe mit „einer idealisierenden Parteinahme" für die revolutionären Bauern und Bürger gegen die lutherischen Fürsten und laut Ziegler „keine Stärke des Buches darstelle"; wenn überhaupt erscheine der frühmoderne Staat nur als Negativfolie, repräsentiere die „böse Fürstenreformation" gegen die „gute

---

ten zur Gemeindereformation und zum Augsburger Interim (Martini Buceri opera omnia, Series 1: Martin Bucers deutsche Schriften 17), Gütersloh u. a. 1981.
39 Vgl. oben Anm. 28.
40 Rezension in: Historisches Jahrbuch 107 (1987) S. 463 f.
41 Rezension in: Historische Zeitschrift 246 (1988) S. 155 f.
42 Walter ZIEGLER, Reformation als Gemeindereformation?, in: Archiv für Kulturgeschichte 72 (1990) S. 441–452, wieder abgedruckt in: Walter ZIEGLER, Die Entscheidung deutscher Länder für oder gegen Luther. Studien zu Reformation und Konfessionalisierung im 16. und 17. Jahrhundert. Gesammelte Aufsätze (Reformationsgeschichtliche Studien und Texte 151), Münster 2008, S. 189–200.
43 ZIEGLER, Reformation (wie Anm. 42) S. 194 f.
44 ZIEGLER, Reformation (wie Anm. 42) S. 196.

Gemeindereformation".[45] Ebenso wie die Fürsten fehle der Adel, an den sich doch die reformatorische Botschaft besonders früh wandte, weshalb zu fragen sei, ob es da „keine Gemeinsamkeiten mit den gleichfalls reformatorischen Bauern" gegeben habe. Zudem werde von Blickle die Wirkungsmacht der Religion auf die Bauern nicht wahrgenommen, sondern einseitig nur anhand der Beschwerden und Flugschriften thematisiert, was wohl eine zu kleine Basis sei, „um das Land und seine Reformation gültig, vom Faktischen her, zu beurteilen".[46] Eine Hauptschwäche der Arbeiten Blickles sei, so Ziegler weiter, „daß sie außer Oberdeutschland alle anderen Territorien außer Acht lassen"; mit Recht sei (von Wolfgang Reinhard) gefragt worden, „wie denn die Bauern Mittel- und Norddeutschlands evangelisch geworden seien, wenn es dort keine Gemeindereformation gab".[47] Womöglich, so möchte man einwenden, sei das von Blickle betrachtete Oberdeutschland nur eine Ausnahme, eine langfristig „marginale Erscheinung".[48] Zu diesen sehr grundsätzlichen Einwänden kommen kritische Beobachtungen Walter Zieglers, so beispielsweise die Frage, wie denn eigentlich die reformatorische Lehre aufs Land gekommen sei,[49] ob Bürger und Bauern, Adel und Fürsten tatsächlich „völlig verschiedene Welten" waren,[50] und dass beispielsweise ein Blick auf das gut untersuchte Bistum Passau keineswegs Blickles Behauptung stütze, die Amtskirche habe kein Interesse am Ausbau des Pfarrnetzes gehabt.[51]

Über die bäuerliche Reformation und ihre spätmittelalterlichen Grundlagen hat Peter Blickle eine gesonderte Studie vorgelegt, die er 1988 in der Festschrift zum 80. Geburtstag seines Doktorvaters Karl Bosl vorlegte.[52] Der Verfasser rekurriert hier nochmals auf seine bisherigen Arbeiten zur Gemeindereformation und hält fest: „Zusammenfassend ergibt sich folgender Tatbestand: Es gibt eine bäuerliche Reformation, sie geht von der Züricher Landschaft aus (und erreicht binnen zweier Jahre den gesamten oberdeutschen Raum), und sie ist theologisch Zwingli mehr verpflichtet als Luther".[53] Auch hier ist Kritik nicht ausgeblieben. Wie einseitig Blickles Modell der bäuerlichen Reformation ist, hat zuletzt der Landeshistoriker Rolf Kießling 1996 in einer dichten Fallstudie für Ostschwaben und Altbayern gezeigt, deren Titel in Abgrenzung zur „Gemeindereformation" das Hauptergebnis formuliert: „Die Reformation auf dem Land im Spannungsfeld von Obrigkeit *und*

---

45 ZIEGLER, Reformation (wie Anm. 42) S. 196f.
46 ZIEGLER, Reformation (wie Anm. 42) S. 198.
47 ZIEGLER, Reformation (wie Anm. 42) S. 198.
48 ZIEGLER, Reformation (wie Anm. 42) S. 199.
49 ZIEGLER, Reformation (wie Anm. 42) S. 197.
50 ZIEGLER, Reformation (wie Anm. 42) S. 197.
51 ZIEGLER, Reformation (wie Anm. 42) S. 198f.
52 Peter BLICKLE, Die bäuerliche Reformation und ihre spätmittelalterlichen Grundlagen, in: Gesellschaftsgeschichte. Festschrift für Karl Bosl zum 80. Geburtstag, hg. von Ferdinand SEIBT, München 1988, Bd. 1, S. 295–304.
53 BLICKLE, Bäuerliche Reformation (wie Anm. 52) S. 298.

Gemeinde",⁵⁴ wobei Kießling kein Hehl daraus macht, dass nicht nur die räumliche Fokussierung auf Oberschwaben, sondern noch mehr die zeitliche Beschränkung Blickles auf die 1520er Jahre zu kurz greife.

Blickle hebt vor allem zwei spätmittelalterliche Voraussetzungen der bäuerlichen Reformation hervor, die Kommunalisierung der ländlichen Gesellschaft und die Christianisierung der Bauern.⁵⁵ Die Bedeutung der Kommunalisierung, also der Herausbildung der bäuerlichen Landgemeinden, ist als europaweiter Prozess unstrittig und bestens erforscht.⁵⁶ Zweifellos hatte die Kommunalisierung auch Rückwirkungen auf die kirchlichen Verhältnisse. Blickle betont, dass auf dem Dorf „alle Ämter [...] durch Wahl seitens der Gemeinde vergeben wurden", und folgert daraus: „In der Reformationszeit wird von den Bauern die Kirche dieser kommunalen Struktur angepaßt. Der Pfarrer wird wie der Ammann, die Vierer oder die Geschworenen durch die Gemeinde gewählt, die weitreichende Entscheidung über das Bekenntnis fällt die Gemeindeversammlung. Politische Strukturen und kirchliche Strukturen werden gleichermaßen in eine kommunale Form gebracht".⁵⁷ Damit schreibt Blickle seine Überlegungen des Buchs über „Gemeindereformation" fort, indem er betont, dass es erst durch das Zusammentreffen von bürgerlichem beziehungsweise bäuerlichem Kommunalismus mit Gemeindevorstellungen der Reformatoren, vor allem Zwinglis, zu einer Kommunalisierung der Kirche gekommen sei, deren zentrale Forderung die Pfarrerwahl durch die Gemeinde war. Diese These ist nun allerdings nicht haltbar und zeigt, dass Blickle mit den Verhältnissen der vorreformatorischen Kirche, vor allem des Niederkirchenwesens, aber auch des engen Verhältnisses der Dorfgemeinde zur Pfarrei bereits im späten Mittelalter zu wenig vertraut war. Denn es ist unstrittig, dass die Kommunalisierung der spätmittelalterlichen Kirche längst begonnen hatte, ehe Blickles „Gemeindereformation" 1525 zur vermeintlich historischen Kraft wurde.

Dass Blickle diese Meinung vertritt, ist umso irritierender, als er mit der sogenannten Christianisierung der Bauern im Spätmittelalter selbst einen wichtigen Entwicklungsstrang vor der Reformation hervorhebt, allerdings wieder mit einer gewissen perspektivischen Verzerrung: Die Bauern vor der Reformation seien laut communis opinio der Forschung, so Blickle, zwar fromm gewesen, aber es sei eine „Volksreligion" (popular religion) mit geringen Schnittmengen zur kirchlichen Lehre gewesen, die sich vor allem in Wallfahrten und Heiligenverehrung manifes-

---

54 KIESSLING, Reformation (wie Anm. 17).
55 BLICKLE, Bäuerliche Reformation (wie Anm. 52) S. 299–302.
56 Die Anfänge der Landgemeinde und ihr Wesen, 2 Bde. (Vorträge und Forschungen 7 und 8), Sigmaringen 1964, ²1986; Karl Siegfried BADER und Gerhard DILCHER, Deutsche Rechtsgeschichte. Land und Stadt. Bürger und Bauer im alten Europa (Enzyklopädie der Rechts- und Staatswissenschaft, Abt. Rechtswissenschaft), Berlin u. a. 1999, hier S. 146–173; Dorf und Gemeinde (wie Anm. 16).
57 BLICKLE, Bäuerliche Reformation (wie Anm. 52) S. 299 f. (Zitate).

tierte.[58] Bereits die Behauptung, es habe eine „Christianisierung" der Bauern erst im Spätmittelalter gegeben, geht zumindest für Mitteleuropa an der Realität vorbei, hatte dieser Prozess doch bereits im Früh- und Hochmittelalter stattgefunden. Was im späten Mittelalter beziehungsweise „im Jahrhundert vor der Reformation" (Blickle) passierte, war der organisatorische Ausbau des Niederkirchenwesens, der freilich die längst vollzogene „Christianisierung" zur Voraussetzung hatte. Beleg dafür sind die zahlreichen spätmittelalterlichen Kirchen-, Kapellen- und Benefizienstiftungen auf dem Land. Gestützt vor allem auf die Dissertation seiner Schülerin Rosi Fuhrmann[59] betont Blickle, wie sehr es das Anliegen der Bauern war, einen die Sakramente stiftenden Priester im Dorf zu haben, sei es durch Stiftung von Benefizien, einer Kapelle oder sogar der Separation einer neuen Pfarrkirche. Das allerdings sind Vorgänge, die wahrlich nicht erst von Rosi Fuhrmann entdeckt wurden, sondern die jedem Kenner des spätmittelalterlichen Niederkirchenwesens vertraut sind. Neu hingegen war bei Fuhrmann und Blickle das Bemühen, diesen Ausbau des Niederkirchenwesens als Element der Kommunalisierung der Kirche gewissermaßen zu überhöhen; es sei den Bauern mit ihren Stiftungen um „eine ‚alternative' Kirche" gegangen, denn in dieser „kommunalen Kirche" seien „die Gläubigen nicht mehr ‚subditi' des Pfarrers, sondern Partner des Priesters" gewesen.[60]

Die Behauptung vom Priester als „Partner" der ländlichen Gemeinde klingt nach zeitgemäßer Pastoraltheologie der 1970er Jahre, ist aber als Modell spätmittelalterlicher cura pastoralis nicht tragfähig[61] und zeigt anschaulich, dass Peter Blickle bereit war, weitreichende Behauptungen plakativ, aber ohne empirische Belege in den Raum zu stellen. Das von ihm gezeichnete Bild von der vorreformatorischen Kirchenverfassung und dem Frömmigkeitsleben war wenig konturiert, was auch daran lag, dass die empirische Grundlage noch ausgesprochen dünn war, als

---

58 BLICKLE, Bäuerliche Reformation (wie Anm. 52) S. 300.
59 Rosi FUHRMANN, Kirche und Dorf. Religiöse Bedürfnisse und kirchliche Stiftungen auf dem Lande vor der Reformation (Quellen und Forschungen zur Agrargeschichte 40), Stuttgart u. a. 1995; vgl. die kritischen Besprechungen von Heinrich DORMEIER in: Deutsches Archiv für Erforschung des Mittelalters 52 (1996) S. 315 f. und von Werner FREITAG in: Historische Zeitschrift 263 (1996), S. 477–479.
60 BLICKLE, Bäuerliche Reformation (wie Anm. 52) S. 302. Zum Bild von den Gläubigen als Untertanen des Pfarrers beispielhaft Karl Siegfried BADER, Universitas subditorum parochiae – des pfarrers untertanen. Zu Auffassung und Bezeichnung der spätmittelalterlichen Pfarrgemeinde, in: Festschrift für Hans Liermann zum 70. Geburtstag (Erlanger Forschungen A 16), hg. von Klaus OBERMAYER, Erlangen 1964, S. 11–25, wiederabgedruckt in: Karl Siegfried BADER, Ausgewählte Schriften zur Rechts- und Landesgeschichte, hg. von Clausdieter SCHOTT, 2 Bde., Sigmaringen 1984, Bd. 2, S. 240–254.
61 Zur Seelsorge vgl. Enno BÜNZ, Pastorale Visionen und die Kirchen vor Ort. Nikolaus von Kues, die Pfarreien und die Seelsorger im Bistum Brixen, in: Landesherrschaft und Kirchenreform im 15. Jahrhundert. Studien zum zweiten Band der Acta Cusana (Beihefte zu den Acta Cusana 1), hg. von Thomas WOELKI und Johannes HELMRATH, Hamburg 2023, S. 15–71.

das Buch über die „Gemeindereformation" 1985 erschien. Nur wenige einschlägige Dissertationen wurden von Blickle auf diesem Feld angeregt beziehungsweise betreut. Die Dissertation von Franziska Conrad über die Rezeptionswege reformatorischer Theologie im Elsass lag schon 1984 gedruckt vor. Es verging dann ein Jahrzehnt, bis weitere Dissertationen zu Einzelaspekten vorlagen: 1995 erschien die erwähnte Arbeit von Rosi Fuhrmann über Kirche und Dorf, die sich vor allem mit den kirchlichen Stiftungen auf dem Land in Südwestdeutschland vor der Reformation beschäftigt, die aber nur bedingt gelungen ist.[62] Überzeugender ist die Studie über die Rolle der Landgemeinden für die spätmittelalterliche Pfarreientwicklung in Graubünden von Immacolata Saulle Hippenmeyer, die seit 1997 vorliegt, übrigens zusammen mit einem Quellenband, was schon allein die Validität dieser Arbeit unterstreicht.[63] Schließlich ist noch die 1998 veröffentlichte Dissertation von Thomas Albert über den „gemeinen Mann" vor den geistlichen Gerichten in den Diözesen Basel, Chur und Konstanz zu nennen.[64]

Ein vom Schweizer Nationalfonds finanziertes dreijähriges Forschungsprojekt ermöglichte es Blickle, die Buchreihe ‚Bauer und Reformation' zu begründen, in der allerdings nur ein Sammelband[65] und eine kleine Monographie über die frühe Reformation in Tirol erschienen.[66] Gesondert erschienen ist ein schmaler Sammelband mit Beiträgen der Projektmitarbeiter vom Schweizerischen Historikertag in

---

62 FUHRMANN, Kirche und Dorf (wie Anm. 59). Die Verfasserin hat ihre Überlegungen mehrfach publiziert: Rosi FUHRMANN, Christenrecht, Kirchengut und Dorfgemeinde. Überlegungen zur historischen Entwicklung kommunaler Rechte in der Kirche und deren Bedeutung für eine Rezeption der Reformation auf dem Lande, in: Bäuerliche Frömmigkeit und kommunale Reformation (Itinera 8), hg. von Hans VON RÜTTE, Basel 1988, S. 14–32; Rosi FUHRMANN, Dorfgemeinde und Pfründstiftung vor der Reformation. Kommunale Selbstbestimmungschancen zwischen Religion und Recht, in: Kommunalisierung und Christianisierung. Voraussetzungen und Folgen der Reformation 1400 bis 1600 (Zeitschrift für historische Forschung, Beih. 9), hg. von Peter BLICKLE und Johannes KUNISCH, Berlin 1989 S. 77–112; Rosi FUHRMANN, Glaube, Kirche und Recht. Ländliche Pfarreien im deutschen Spätmittelalter, in: Tel Aviver Jahrbuch für deutsche Geschichte 22 (1993) S. 153–206.
63 Immacolata SAULLE HIPPENMEYER, Nachbarschaft, Pfarrei und Gemeinde in Graubünden 1400 bis 1600 (Quellen und Forschungen zur Bündner Geschichte 7), Chur 1997; Immacolata SAULLE HIPPENMEYER und Ursus BRUNOLD, Nachbarschaft, Pfarrei und Gemeinde in Graubünden 1400 bis 1600. Quellen (Quellen und Forschungen zur Bündner Geschichte 8), Chur 1997; Immacolata SAULLE HIPPENMEYER, Der Pfarrer im Dienst seiner Gemeinde. Ein kommunales Kirchenmodell. Graubünden 1400 bis 1600, in: Ländliche Frömmigkeit. Konfessionskulturen und Lebenswelten 1500 bis 1850, hg. von Norbert HAAG, Sabine HOLTZ und Wolfgang ZIMMERMANN, Stuttgart 2002, S. 143–157.
64 Thomas D. ALBERT, Der gemeine Mann vor dem geistlichen Gericht. Kirchliche Rechtsprechung in den Diözesen Basel, Chur und Konstanz vor der Reformation (Quellen und Forschungen zur Agrargeschichte 45), Stuttgart 1998.
65 Zugänge zur bäuerlichen Reformation (Bauer und Reformation 1), hg. von Peter BLICKLE, Zürich 1987.
66 Peter BIERBRAUER, Die unterdrückte Reformation. Der Kampf der Tiroler um eine neue Kirche (1521–1527) (Bauer und Reformation 2), Zürich 1993.

Bern 1987.⁶⁷ Man darf diese Publikationen wohl als Eingeständnis deuten, dass das Buch über die „Gemeindereformation" auf einer zu schmalen empirischen Grundlage beruhte, die nun nachgearbeitet wurde.

Die Perspektive Blickles verschob sich derweil immer mehr von Reformationskonzepten und Frömmigkeitsformen zum Kommunalismus, worüber er als Stipendiat des Historischen Kollegs in München 1993/94 eine große Monographie vorbereitete. Dazu referierte er in München unter dem programmatischen Titel ‚Reformation und kommunaler Geist'.⁶⁸ Das Kommunalismus-Buch erschien dann 2000 in zwei Bänden.⁶⁹ Konzeptionell war es durchaus schlüssig, dass Blickle den großen Bogen von der Gemeindereformation zum Kommunalismus schlug. Es kann hier nicht der Ort sein, auch das Kommunalismus-Werk historiographisch zu verorten, das konzeptionell wie die „Gemeindereformation" sehr stark auf Oberdeutschland zugeschnitten ist. Die historiographische Einordnung des umfangreichen Œuvres von Peter Blickle, das von den Grundakkorden Gemeinde, Reformation und Widerstand geprägt ist,⁷⁰ ist eines Tages von berufener Seite vorzunehmen. Die zentrale Frage dabei wird sein, wie Deutungsanspruch und Empirie sich zueinander verhalten.

II

Was hatten nun die Bauern mit der Reformation zu tun? Und was bedeutete die Reformation für die Bauern? Entsprechend dem Konzept Blickles gehen wir in zwei Schritten vor, fragen zunächst also nach der Bedeutung der vorreformatorischen Kirche für die Bauern, um dann in einem weiteren Schritt auch die Wirkungen der Reformation auf die Bauern zu betrachten.

Die mittelalterliche Kirche war auch eine Kirche der Landgemeinden und damit der Bauern. Sieht man einmal von den Bischofsstädten der Spätantike und des Frühmittelalters ab, war die Kirche zunächst nur eine ländliche Angelegenheit. Im Zeitalter des Eigenkirchenwesens entstanden seit dem Frühmittelalter zahlreiche Kirchen vor Ort, aus denen sich dann die Pfarrorganisation entwickelte. Dieser Vorgang ist mittlerweile für zahlreiche Landschaften Mitteleuropas gut untersucht.⁷¹ Der Aufbau des Niederkirchenwesens war kein zentral geplanter, von den

---

67 Bäuerliche Frömmigkeit (wie Anm. 62).
68 Peter BLICKLE, Reformation und kommunaler Geist. Die Antwort der Theologen auf den Verfassungswandel im Mittelalter (Schriften des Historischen Kollegs, Vorträge 44), München 1996.
69 BLICKLE, Kommunalismus (wie Anm. 33).
70 Gemeinde, Reformation und Widerstand. Festschrift für Peter Blickle zum 60. Geburtstag, hg. von Heinrich R. SCHMIDT, Tübingen 1998.
71 Enno BÜNZ, Die mittelalterliche Pfarrei. Ausgewählte Studien zum 13. bis 16. Jahrhundert (Spätmittelalter, Humanismus, Reformation 96), Tübingen 2017; Die Pfarrei im späten Mittelalter (Vorträge und Forschungen 77), hg. von Enno BÜNZ und Gerhard FOUQUET,

Bischöfen gesteuerter Vorgang, sondern die Kirchen vor Ort entstanden durch die Initiative von weltlichen und geistlichen Herren. Den Begriff „Pfarrnetz" sollte man allerdings, wie Wolfgang Petke empfohlen hat, vermeiden, denn man assoziiert damit allzu gern die Vorstellung flächendeckender, systematischer Planung.[72]

Im Bereich der Germania Sacra, also der mittelalterliche Reichskirche, die den Kernraum Mitteleuropas abdeckte, dürften um 1500 meiner Schätzung nach etwa 50.000 Pfarreien bestanden haben. Das ist eine enorme Zahl, die sich allerdings entwicklungsgeschichtlich auf fast acht Jahrhunderte verteilt, noch dazu mit regionalen Unterschieden. Als Beispiel sei hier der thüringische Teil des Erzbistums Mainz angeführt, wo es um 1500 mehr als tausend Pfarreien sowie 1.500 Kapellen und andere Benefizien gab.[73] Die Grundlagen wurden unter den Bedingungen des Eigenkirchenwesens im 7. bis 11. Jahrhundert gelegt. Hierauf folgte eine zweite Gründungsphase im 12. und 13. Jahrhundert. Der hochmittelalterliche Landesausbau und die deutsche Ostsiedlung führten zu einer großen Welle von Pfarreigründungen in Mitteleuropa, nun auch vielfach bei gleichzeitiger Gründung von Siedlungen und Pfarrkirchen. Als Erzbischof Friedrich von Bremen 1113 mit einer Gruppe von Holländern einen Vertrag über die Anlage neuer Siedlungen in der Wesermarsch schloss, gestattete er ihnen auch, Pfarrkirchen zu gründen und regelte deren Ausstattung mit dem Pfarrzehnten und einer Pfarrhufe.[74] Nicht nur die Flussmarschenkolonisation des Hochmittelalters führte zu zahlreichen Pfarreigründungen der bäuerlichen Siedlergemeinschaften, sondern auch im Zuge der deutschen Ostsiedlung östlich von Elbe und Saale wurden durch die Neusiedler unzählige Dörfer mit Pfarrkirche gegründet.[75] Exemplarisch kann auf den Ansiedlungsvertrag verwiesen werden, den 1154 der Bischof von Meißen mit Siedlern aus

---

Ostfildern 2013; Wolfgang PETKE, Aufsätze zur Pfarreigeschichte in Mittelalter und Früher Neuzeit (Studien zur Kirchengeschichte Niedersachsens 52), Göttingen 2021.
72   Wolfgang PETKE, Urpfarrei und Pfarreinetz. Über zwei Begriffe der Pfarreiforschung, in: Pro cura animarum. Mittelalterliche Pfarreien und Pfarrkirchen an Rhein und Ruhr (Studien zur Kölner Kirchengeschichte 43), hg. von Stefan PÄTZOLD und Reimund HAAS, Siegburg 2016, S. 27–43; wieder abgedruckt in: PETKE, Aufsätze (wie Anm. 71) S. 85–101.
73   Enno BÜNZ, Die Pfarreiorganisation um 1500. Der thüringische Teil des Erzbistums Mainz und die drei Städte Leipzig, Magdeburg und Mühlhausen, in: Alltag und Frömmigkeit am Vorabend der Reformation in Mitteldeutschland. Katalog zur Ausstellung „Umsonst ist der Tod", hg. von Hartmut KÜHNE, Enno BÜNZ und Thomas T. MÜLLER, Petersberg 2013, S. 33–40.
74   Herbert HELBIG und Lorenz WEINRICH, Urkunden und erzählende Quellen zur deutschen Ostsiedlung im Mittelalter 1: Mittel- und Norddeutschland, Ostseeküste (Ausgewählte Quellen zur deutschen Geschichte des Mittelalters, Freiherr vom Stein-Gedächtnisausgabe 26a), Darmstadt 1968, S. 42–45.
75   Walter SCHLESINGER, Kirchengeschichte Sachsens im Mittelalter (Mitteldeutsche Forschungen 27,1–2), 2 Bde., Köln und Wien 1962, ²1983, hier Bd. 2, S. 351–425 (allein im Bistum Meißen die Zahl der Pfarreien von 40 um 1100 auf fast 900 um 1500 erhöht).

Flandern schloss, um das Dorf Kühren bei Wurzen anzulegen, das dann auch mit einer Pfarrkirche ausgestattet wurde.[76]

An diesem Vorgang war das Königtum ebenso beteiligt wie lokale Adlige, Diözesanbischöfe ebenso wie Domkapitel oder Klöster. In den zahlreichen Eigenkirchenrechten beziehungsweise den späteren Patronatsrechten spiegelt sich die Vielfalt der Gründungskräfte. Das relativ kleine Bistum Bamberg, das erst 1007 gegründet wurde, ist hinsichtlich seiner Pfarreiorganisation bestens untersucht. Erich Freiherr von Guttenberg und Alfred Wendehorst haben die Gründungskräfte für das 12. bis frühe 16. Jahrhundert zusammengestellt. Im ersten Jahrhundert der Bistumsgründung bestanden wohl etwa dreißig Pfarreien, doch wurde deren Zahl nach 1100 erheblich vermehrt: dreißig weitere Pfarreien im 12. Jahrhundert, 34 im 13., 44 im 14. und 53 im 15. Jahrhundert. In den Einzelheiten bleibt zwar vieles unsicher oder fraglich, aber die Übersicht zeigt doch eine klare Tendenz: 28 Pfarreigründungen der Bischöfe, fünfzehn durch Stifte und Klöster und zwei (unsichere) Pfarreigründungen des Königtums. Überragend ist die Rolle des Adels. Grafen und Herren gründeten 35 Pfarrkirchen, Niederadlige vierzig. Bürgern hingegen dürften nur vier Pfarreien zu verdanken sein. Relativ häufig ging die Initiative von den Mutterpfarreien aus, von denen 23 neue Pfarreien ausgegliedert wurden. Gemeinden dürften in fünfzehn Fällen Kirchen gegründet haben.[77] Die Kollaturverhältnisse der Pfarreien, die für das Bistum Bamberg zum Zeitpunkt 1520 vollständig dokumentiert sind,[78] zeigt natürlich etwas andere Relationen, weil Patronatsrechte verkauft oder vertauscht werden konnten und viele Pfarreien durch bischöfliche Inkorporation in den Besitz geistlicher Institutionen gelangt waren; im Bistum Bamberg waren das fünfzehn Pfarrkirchen.

Im ausgehenden Mittelalter ist nur für vier Gemeinden nachweisbar, dass sie ihre Pfarrei selbst besetzen konnten, darunter lediglich eine Dorfgemeinde, nämlich Geisfeld. Die dortige Pfarrei wurde erst 1484 von Amlingstadt separiert. Das Besetzungsrecht in Geisfeld erhielt der Pfarrer von Amlingstadt auf Lebenszeit, seine Nachfolger dann alternierend mit der Gemeinde.[79]

---

76 Ostsiedlung und Landesausbau in Sachsen. Die Kührener Urkunde von 1154 und ihr historisches Umfeld (Schriften zur sächsischen Geschichte und Volkskunde 23), hg. von Enno Bünz, Leipzig 2008, S. 485–487 (Text der Urkunde).
77 Erich Frhr. von Guttenberg und Alfred Wendehorst, Das Bistum Bamberg, Teil 2: Die Pfarreiorganisation (Germania Sacra 2: Die Bistümer der Kirchenprovinz Mainz, Bd. 1: Das Bistum Bamberg), Berlin 1966, S. 29–42 mit der Tabelle S. 32.
78 Frhr. von Guttenberg/Wendehorst, Bistum Bamberg (wie Anm. 77) S. 339–344.
79 Frhr. von Guttenberg/Wendehorst, Bistum Bamberg (wie Anm. 77) S. 94 u. 343. Das Beispiel Geisfeld nicht bei Dietrich Kurze, Pfarrerwahlen im Mittelalter. Ein Beitrag zur Geschichte der Gemeinde und des Niederkirchenwesens (Forschungen zur kirchlichen Rechtsgeschichte und zum Kirchenrecht 6), Köln u. a. 1966.

Zum Vergleich können wir einen Blick auf das Diözesangebiet des Erzbistums Bremen nördlich der Elbe werfen, dessen Pfarrorganisation bestens untersucht ist.[80] Vor der Reformation gab es 84 Pfarreien in Holstein, Stormarn und Dithmarschen. Die Entwicklung des Niederkirchenwesens war in diesen Landschaften im wesentlichen schon um 1300 abgeschlossen. Der Erzbischof von Bremen verfügte nur über das Besetzungsrecht einer einzigen Pfarrei, aber die erzbischöflichen Rechte nördlich der Elbe wurden weitgehend vom Hamburger Dompropst wahrgenommen, der 46 oder 47 Patronate in der Hand hatte, also mehr als die Hälfte der Kirchen. Das Hamburger Domkapitel, der Domkustos und einige Klöster und Stifte besaßen achtzehn Pfarrpatronate. Von diesen Pfarreien wurden neun auf dem Lande und vier in der Stadt im Lauf des Mittelalters geistlichen Institutionen inkorporiert. Schwach war die Stellung des Grafen von Holstein, der nur über vier Patronate verfügte, während ortsansässige Adlige sechs Patronate innehatten.[81] Der Blick auf das östlich benachbarte Bistum Lübeck würde ganz andere Verhältnisse zeigen, denn im dortigen Kolonisationsgebiet befanden sich die meisten Pfarrkirchen in der Hand des Landesherrn und des Landadels.

Auffällig ist, dass nördlich der Elbe Gemeindepatronate gar keine Rolle spielen. Bereits Dietrich Kurze hatte sich in seinem Buch über Pfarrerwahlen überrascht gezeigt, dass in den bäuerlich-kommunalistisch geprägten Gebieten an der Nordsee nirgends das Recht der Pfarrerwahl greifbar ist. Interessant ist als Fallbeispiel die Gründung des Kirchspiels Barlt in Dithmarschen, die erst 1426 bis 1428 erfolgte und deshalb vorzüglich dokumentiert ist.[82] Die Gründung der neuen Pfarrei wurde von zwei Landgemeinden realisiert, die erhebliche Kosten auf sich nahmen, um die neue Pfarrkirche aus dem Sprengel der Mutterkirche Meldorf herauszulösen. Die Bauern finanzierten aber auch alle anderen Schritte, sie stellten den Baugrund für Kirche und Pfarrhaus zur Verfügung, errichteten diese Gebäude, statteten die Kirche mit den erforderlichen Büchern, Vasa sacra und Glocken aus, finanzierten die Pfarrpfründe und bezahlten auch die Kosten für den Weihbischof, der zur Kirchweihe nach Barlt kommen musste. Nach den Regeln des Kirchenrechts stand

---

80 Karl-Heinz GAASCH, Die mittelalterliche Pfarrorganisation in Dithmarschen, Holstein und Stormarn, in: Zeitschrift der Gesellschaft für Schleswig-Holsteinische Geschichte 76 (1952) S. 39–81, 77 (1953) S. 1–96 und 78 (1954) S. 22–49; Enno BÜNZ, „...in dem Lande des Schreckens und der wüsten Einöde ...". Zur Genese und Gestalt der mittelalterlichen Sakrallandschaft nördlich der Elbe, in: Klöster, Stifte und Konvente nördlich der Elbe. Zum gegenwärtigen Stand der Klosterforschung in Schleswig-Holstein, Nordschleswig sowie den Hansestädten Lübeck und Hamburg (Quellen und Forschungen zur Geschichte Schleswig-Holsteins 120), hg. von Oliver AUGE und Katja HILLEBRAND, Neumünster 2013, S. 49–84.
81 GAASCH, Pfarrorganisation (wie Anm. 80) 1954, S. 38–46.
82 Enno BÜNZ, „dat wi willen buwen ene kerken ...". Die Gründung des Kirchspiels Barlt vor 575 Jahren, in: Dithmarschen. Landeskunde, Kultur, Natur 2004, H. 1, S. 6–19, erweitert wieder abgedruckt in: BÜNZ, Mittelalterliche Pfarrei (wie Anm. 71) S. 567–592.

demjenigen, der eine Kirche errichtete, ausstattete und die Pfarrpfründe finanzierte, das Patronatsrecht zu. Im vorliegenden Fall sicherte sich aber das Hamburger Kapitel, dem ja schon die Mutterkirche in Meldorf inkorporiert war, das Besetzungsrecht in Barlt. Nur im Fall des ersten Pfarrers war das Domkapitel bereit, den von den Bauern gewünschten Johann Fabri zu akzeptieren, der bei der Gründung des neuen Kirchspiels eine wichtige Rolle gespielt hatte.[83]

Als drittes Beispiel soll das Bistum Brixen im Süden des Reichsgebiets betrachtet werden. Eine Diözesanmatrikel liegt in Gestalt des Subsidienregisters von 1511/12 vor,[84] doch lassen sich die Pfarreien auch mit Hilfe anderer Quellen vollständig feststellen. Kurz nach der Mitte des 12. Jahrhunderts bestanden 53 Pfarreien, deren Zahl bis 1431 nur noch auf 58 anwuchs.[85] Bischof Georg Golser (1464/71–1488), der Nachfolger Cusanus', bemerkte 1478, es seien „nur 62 Pfarreien zu betreuen".[86] Dieser Status galt auch noch zu Beginn des 16. Jahrhunderts, wie dem Subsidienregister von 1511/12 zu entnehmen ist.[87] Bischöflicher Kollatur unterstanden zwanzig Pfarreien, doch gab es einige weitere, bei denen das Besetzungsrecht mit dem Grafen von Tirol umstritten war. Fast die Hälfte dieser Pfarreien war am Ende des Mittelalters geistlichen Gemeinschaften inkorporiert. Adelspatronate spielten keine große Rolle. Ungeachtet des auch in Tirol ausgeprägten Kommunalismus gab es aber auch im Bistum Brixen keine Gemeindepatronate.

Die Betrachtung der Pfarrentwicklung zeigt, dass sich im Lauf des 15. Jahrhunderts zumindest auf der Ebene der Pfarreien fast nichts mehr verändert hat. Einzige nachweisbare Pfarrseparation des 15. Jahrhunderts war St. Oswald in Seefeld; die Kirche, an der seit 1334 eine Kaplanei bestand und in der sich 1384 ein spektakuläres Hostienwunder ereignet hatte, wurde 1431 von Telfs separiert.[88] Die meisten

---

83 BÜNZ, Gründung (wie Anm. 82) S. 589 f.
84 Das Subsidienregister von 1511/12 befindet sich im Diözesanarchiv Brixen, Hofarchiv, Akten Nr. 15376, danach die statistischen Angaben bei Franz Anton SINNACHER, Beyträge zur Geschichte der bischöflichen Kirche Säben und Brixen in Tyrol, Bd. 7: Die Kirche Brixen im Laufe des 15. und 16. Jahrhunderts, Brixen 1830, S. 234–240.
85 Alois TRENKWALDER, Zur seelsorglichen Organisation der Diözese Brixen von der Mitte des 12. bis zur Mitte des 16. Jahrhunderts, in: Konferenzblatt für Theologie und Seelsorge, Brixen 1986, S. 130–153; Alois TRENKWALDER, Der Seelsorgeklerus der Diözese Brixen im Spätmittelalter, Bozen 2000, S. 9 f.; Emanuele CURZEL, *Veniam, et curabo eum*. Nicolò Cusano vescovo di Bressanone, in: Niccolò Cusano. L'uomo, i libri, l'opera (Atti dei convegni del Centro Italiano di Studi sul Basso Medioevo. Accademia Tudertina e del Centro di Studi sulla Spiritualità NS 29), Spoleto 2016, S. 39–70, hier S. 61 („una sessantina").
86 TRENKWALDER, Seelsorgeklerus Spätmittelalter (wie Anm. 85) S. 10.
87 Alois TRENKWALDER, Der Seelsorgeklerus der Diözese Brixen im 16. Jahrhundert, Brixen 2003, S. 57.
88 Anselm SPARBER, Die Brixner Fürstbischöfe im Mittelalter. Ihr Leben und Wirken kurz dargestellt, Bozen 1968, S. 197. Zum Hostienwunder vgl. Eva RAMMINGER, Die Hauptwerke Jörg Kölderers. Die Fresken am sog. „Wappenturm" der Innsbrucker Residenz. Die Fresken am Goldenen Dachl. Die sog. „Mirakeltafel" in der Pfarrkirche von Seefeld. Miniatu-

Pfarreien wiesen ziemlich große Pfarrsprengel auf,[89] weshalb im Lauf des späten Mittelalters zahlreiche Filialkirchen und -kapellen durch Einrichtung von Pfarrvikariaten, Kuratien und Kaplaneien mit eingeschränkten Seelsorgerechten ausgestattet wurden, um in dem überwiegend gebirgigen Bistum Brixen mit zum Teil stundenlangen Kirchwegen[90] die Seelsorge vor Ort sicherzustellen. Das war die Ebene, auf der sich das Niederkirchenwesen im späten Mittelalter ausdifferenzierte,[91] und hierbei eröffneten sich dann auch für die Gemeinden Gestaltungsspielräume. Als Beispiele kann auf die Gründung von Filialkirchen in Villnöss (Pfarrei Albeins) 1428, St. Christina (Pfarrei Lajen) 1440 sowie Durnholz und Reinswald (Pfarrei Pens) 1446 verwiesen werden.[92] In der Pfarrei Stilfes (Südtirol) stifteten die Gemeinden für die Kirchen St. Oswald in Mauls, St. Martin in Mittewald und die Kapelle St. Valentin in Valgenäun eine jährliche Rente von 16 Mark Berner, mit denen der Pfarrer von Stilfes einen Kooperator anstellen und entlohnen sollte.[93] Das Fernziel mochte die Gründung einer eigenständigen Pfarrkirche sein, doch bot auch die Finanzierung eines Kooperators vor Ort oder die Gründung von Kuratkapellen eine Lösung, um die religiösen Bedürfnisse der Menschen vor Ort leichter zu befriedigen.

Auch wenn hier nur exemplarische Einblicke in das Niederkirchenwesen gegeben werden konnten, zeigen die Beispiele aus dem Norden, der Mitte und dem Süden der Germania Sacra, dass die Pfarrentwicklung im späten Mittelalter weitgehend zum Erliegen kam, dass aber selbst dort, wo noch im 14. und 15. Jahrhundert Pfarrkirchen gegründet wurden, die bäuerlichen Gemeinden kein Besetzungsrecht erlangten. Die bambergische Pfarrei Geisfeld wurde von der Dorfgemeinde gegründet, die das Patronatsrecht erhielt, allerdings nur alternierend mit dem Pfarrer der Mutterkirche. Die Dorfgemeinde von Cumbach bei Saalfeld im thüringischen

---

ren zum Jagd- und Fischereibuch Kaiser Maximilians, in: Jörg Kölderer [Ausstellungskatalog], Innsbruck 1992, S. 35–50.
89   Joseph WÖRLE, Die mittelalterlichen Großpfarren im Raume des heutigen Außerfern, in: Ausserferner Buch. Beiträge zur Heimatkunde von Ausserfern (Schlern-Schriften 111), hg. von Raimund VON KLEBELSBERG, Innsbruck 1955, S. 77–114, hier S. 111–114, zu den Pfarreien Stanz und Imst.
90   Vgl. beispielsweise die Bitte der Leute in Prägraten im Virgental (Osttirol) um Errichtung einer Seelsorgestelle, da der Hin- und Rückweg zur Pfarrkirche in Virgen acht Stunden daure und einen Teil des Jahres nicht gangbar sei, Hermann WOPFNER, Tiroler Bergbauernbuch. Von Arbeit und Leben des Tiroler Bergbauern, Bd. 3: Wirtschaftliches Leben (Schlern-Schriften 298 – Tiroler Wirtschaftsstudien 49), hg. von Nikolaus GRASS unter Mitarbeit von Dietrich THALER, Innsbruck 1997, S. 98.
91   ENNO BÜNZ, Pfarreien – Vikarien – Prädikaturen. Zur Entwicklung der Seelsorgestrukturen im Spätmittelalter, in: BÜNZ, Mittelalterliche Pfarrei (wie Anm. 71) S. 77–118.
92   Diese Beispiele nennt CURZEL, Veniam (wie Anm. 85) S. 62.
93   Thomas WOELKI und Johannes HELMRATH, Acta Cusana. Quellen zur Lebensgeschichte des Nikolaus von Kues, Bd. 2, Lfg. 3: 1454 Juni 1 bis 1455 Mai 31, Hamburg 2017, Nr. 4057.

Teil des Erzbistums Mainz konnte zwar ihre Pfarreigründung nach einem langwierigen Ringen 1468 realisieren, aber das Besetzungsrecht erhielt der Graf von Schwarzburg, der Patron der Mutterpfarrei Graba.[94] Selbst im Fall der Pfarrei Barlt, die ausschließlich von zwei Dorfgemeinden finanziert wurde, musste diese akzeptieren, dass das Besetzungsrecht dem Hamburger Domkapitel zufiel, dem die Mutterkirche in Meldorf inkorporiert war.

Das Gemeindepatronat, die Pfarrerwahl durch Stadt- oder Dorfgemeinde blieb im Bereich der Germania Sacra die Ausnahme. Mir ist auch kein einziger Fall bekannt, dass sich eine Dorfgemeinde darum bemüht hätte, das Patronat ihrer Dorfkirche zu erwerben. Selbst im städtischen Bereich blieb dies die absolute Ausnahme.[95] In Zwickau war das Benediktinerinnenkloster Eisenberg Inhaber des Patronatsrechts über die Pfarrkirche St. Marien, doch erlangte der Stadtrat nach längeren Verhandlungen 1504 zumindest das Nominationsrecht, was freilich bedeutete, dass das Kloster weiter in den Besetzungsvorgang einbezogen war.[96] Erst 1446 gelang es dem Ulmer Rat, der Abtei Reichenau um 25.000 rheinische Gulden das Patronatsrecht der Pfarrkirche und alle anderen Rechte in Ulm und Umgebung abzukaufen.[97] Es hatte also mehrere Jahrzehnte gedauert, bis die Reichsstadt endlich vollständig über die Pfarrkirche in der Stadt verfügen konnte.[98] Man muss dies wohl als eine besondere Form der Prestigepolitik bezeichnen, denn die Reichsstadt Ulm verwandte viel Zeit und Mühe auf ein Ziel, das den meisten anderen Reichsstädten nicht wichtig oder auch nicht erreichbar war, die volle Verfügungsgewalt über die Pfarrkirche in der Stadt. Wie in Ulm befand sich in den allermeisten Reichsstädten das Patronatsrecht über die Pfarrkirche (oder Pfarrkirchen) in der Hand geistlicher Institutionen, und vielfach waren die Pfarreien sogar inkorporiert. In der Reichsstadt Lübeck besaß das Domkapitel alle vier Pfarrkirchen,[99]

---

94 Willy FLACH, Die Entstehung der Pfarrei Cumbach. Ein Beispiel spätmittelalterlicher Pfarreibildung, in: Rudolstädter Heimathefte (1957) S. 319–328.
95 Ein Problem blieb allerdings die Herauslösung von Stadtpfarreien aus den ländlichen Mutterkirchen, vgl. dazu Hans RÖSSLER, Die Emanzipation der städtischen Pfarrgemeinden von der ländlichen Mutterkirche im Bistum Freising seit dem Spätmittelalter, in: Zeitschrift für bayerische Landesgeschichte 70 (2007) S. 389–426.
96 Julia KAHLEYSS, Zwickau, Rom und das Kloster Eisenberg. Der Erwerb des Nominationsrechtes über die Marienkirche durch den Zwickauer Rat, in: Die Stadtpfarrkirchen Sachsens im Mittelalter und in der Frühen Neuzeit (Bausteine aus dem Institut für sächsische Geschichte und Volkskunde 27), hg. von Ulrike SIEWERT, Dresden 2013, S. 85–102
97 Gottfried GEIGER, Die Reichsstadt Ulm vor der Reformation. Städtisches und kirchliches Leben am Ausgang des Mittelalters (Forschungen zur Geschichte der Stadt Ulm 11), Ulm 1971, S. 77.
98 KURZE, Pfarrerwahlen (wie Anm. 79) S. 384–388.
99 Wolfgang WEIMAR, Der Aufbau der Pfarrorganisation im Bistum Lübeck während des Mittelalters. Ein Beitrag zur Kirchengeschichte des Koloniallandes, in: Zeitschrift der Gesellschaft für Schleswig-Holsteinische Geschichte 74/75 (1951) S. 95–243, hier S. 203; Wilhelm JANNASCH, Reformationsgeschichte Lübecks vom Petersablaß bis zum Augsburger Reichstag

in der Reichsstadt Frankfurt am Main war das Reichsstift St. Bartholomäus Herr der einzigen Pfarrkirche,[100] in Nürnberg gelang es dem Rat erst im späten 15. Jahrhundert, das Besetzungsrecht des Bamberger Bischofs an den beiden Stadtpfarrkirchen St. Lorenz und St. Sebald einzuschränken,[101] und in Biberach, um ein nähergelegenes Beispiel anzuführen, war die Stadtpfarrkirche dem weit entfernten Zisterzienserkloster Eberbach im Rheingau inkorporiert.[102] Man begreift vor diesem Hintergrund, welche Flurbereinigung die Reformation für die städtische Kirchenverfassung brachte, denn erst dadurch konnten die Pfarrbesetzungs- und Inkorporationsrechte der Klöster und Stifte in den Reichsstädten beseitigt werden. An ihre Stelle trat nun zumeist der Rat als Inhaber der Kirchenhoheit, bei den Klöstern inkorporierten Dorfkirchen hingegen in der Regel der Landesherr.

Von der Kommunalisierung des ländlichen Kirchenwesens zeichnet Blickle ein eindimensionales Bild, ist doch sein Fokus – bedingt durch die Programmschrift der Zwölf Artikel – völlig auf die Pfarrerwahl und die Verwendung der Zehnten für die Finanzierung der Pfarrgeistlichen gerichtet. Mit der Realität der ländlichen Pfarrgemeinden hatte das aber nur wenig zu tun. Die Finanzierung der Pfarrer war durch die Pfarrpfründe gesichert, unabhängig davon, ob dazu auch der Groß- oder Kornzehnt gehörte. Meines Erachtens ging es bei der Forderung der Aufständischen gar nicht primär darum, den Zehnt der Kirche zuzuwenden, sondern die Forderung zielte auf die herrschaftliche Ordnung, befanden sich doch viele Zehntrechte insgesamt oder anteilig in der Hand von Adligen, Klöstern und Stiften.[103]

Welche Rolle spielten dabei die Dörfer selbst, also die Landgemeinden, die Bauern? Die Pfarrerwahl ist keine Erfindung der Reformatoren oder der programmatischen Vordenker des Bauernkriegs. Das Recht der Pfarrerwahl war 1525 schon

---

1515 bis 1530 (Veröffentlichungen zur Geschichte der Hansestadt Lübeck B 16), Lübeck 1958, S. 32 f.
100   Vgl. dazu Felicitas SCHMIEDER, Wider die geistlichen Freiheiten – für die Herrschaft des Rates. Das Ringen um die Kontrolle der Pfarrseelsorge in Frankfurt am Main im 15. Jahrhundert, in: Die Pfarre in der Stadt. Siedlungskern – Bürgerkirche – urbanes Zentrum (Städteforschung A 82), hg. von Werner FREITAG, Köln u. a. 2011, S. 63–75.
101   FRHR. VON GUTTENBERG/WENDEHORST, Bistum Bamberg (wie Anm. 77) S. 277 f.; Enno BÜNZ, Die Anfänge der Nürnberger Stadtpfarreien. St. Sebald und St. Lorenz vom 12. bis 14. Jahrhundert, in: 1219. Nürnberg wird frei. 800 Jahre Großer Freiheitsbrief (Nürnberger Forschungen. Einzelarbeiten zur Nürnberger Geschichte 38), hg. von Dieter J. WEISS, Klaus HERBERS und Arnold OTTO, Nürnberg 2023, S. 31–73, hier S. 55 f.
102   Bernhard RÜTH, Biberach und Eberbach. Zur Problematik der Pfarreiinkorporation in Spätmittelalter und Reformationszeit, in: Zeitschrift der Savigny-Stiftung für Rechtsgeschichte, Kanonistische Abt. 101 (1984) S. 134–169.
103   Rudolf HARRER, Der kirchliche Zehnt im Gebiet des Hochstifts Würzburg im späten Mittelalter. Systematische Analyse einer kirchlichen Einrichtung im Rahmen der Herrschaftsstrukturen einer Zeit (Forschungen zur fränkischen Kirchen- und Theologiegeschichte 15), Würzburg 1992.

Jahrhunderte alt. Der Berliner Mittelalterhistoriker Dietrich Kurze hat dem Thema ein ganzes Buch gewidmet, das allerdings zu keinem schlüssigen Ergebnis führte, weshalb es wo zur Durchsetzung der Pfarrerwahl kam und anderswo nicht. Sie war jedenfalls nicht der Zielpunkt der Entwicklung und wurde deshalb auch von den Gemeinden nicht generell angestrebt. Der Rekurs auf die Pfarrerwahl verdeckt ebenso, dass es tatsächlich andere kommunale Mitsprachewege im Niederkirchenwesen gab. Hier ist vor allem auf die Kirchenfabriken der Dorfkirchen zu verweisen, die sich allenthalben als von der Pfarrpfründe gesonderte Vermögensmasse seit dem Hochmittelalter bei den Pfarrkirchen gebildet hatte.

Darüber hinaus gab es weitere kommunale Mitsprachemöglichkeiten, beispielsweise bei der Besetzung des Küster- oder Glöckneramts und bei der Wahl der Kirchenpfleger.

Hinsichtlich des Glöckner- beziehungsweise Küsteramts[104] können wir uns kurz fassen, weil dieser Funktionsträger – in Süddeutschland auch Mesner genannt, in Westdeutschland Opfermann – von nachgeordneter Bedeutung war. Der Küster hatte eigentlich ein Kirchenamt inne, war aber in der Regel Laie, und die Auswahl und Einsetzung erfolgte ungeachtet der möglichen Mitsprache geistlicher Instanzen durch die Gemeinde meist für ein Jahr.[105] Der Küster war nicht nur Glöckner, sondern in kleineren Pfarreien bis in die frühe Neuzeit vielerorts auch Schulmeister, weshalb diese Dorfschulen mitunter als Küsterschulen bezeichnet werden.[106] Die von mir immer wieder gern herangezogene satirische Schrift ‚Brief vom Elend der Pfarrer', erstmals um 1489 in Leipzig gedruckt und seitdem überregional in dutzenden weiteren Ausgaben verbreitet, zeichnet ein anschauliches Bild von der Bedeutung des Küsters in der Dorfpfarrei. Er pflege mit dem Pfarrer engen Umgang und plaudere Geheimnisse, die er so erfahren habe, bei den Feinden des Pfarrers aus.[107] Es ist also eben diese Mittlerstellung zwischen Gemeinde und

---

104 Hans BLESKEN, Amtsbezeichnungen im niederen Kirchendienst, in: Zeitschrift der Savigny-Stiftung für Rechtsgeschichte, Kanonistische Abt. 84 (1967) S. 356–367; Sabine EIBL, Küster im Fürstbistum Münster. Stabsdisziplinierung, Gemeindeansprüche und Eigeninteressen im konfessionellen Zeitalter (Westfalen in der Vormoderne 27), Münster 2016; Karl PALLAS, Der Küster der evangelischen Kirche, in: Zeitschrift des Vereins für Kirchengeschichte der Provinz Sachsen 19 (1922) S. 3–20; Heinrich SCHÄFER, Zur Entwicklung von Namen und Beruf des Küsters, in: Annalen des Historischen Vereins für den Niederrhein 74 (1902) S. 163–178.
105 Franz GRASS, Pfarrei und Gemeinde im Spiegel der Weistümer Tirols, Innsbruck 1950, S. 93–114.
106 GRASS, Pfarrei und Gemeinde (wie Anm. 105) S. 106.
107 Gustav BRAUN, Epistola de miseria curatorum seu plebanorum, in: Beiträge zur bayerischen Kirchengeschichte 22 (1915/16) S. 27–41 und 66–78, hier S. 33 f.; Albert WERMINGHOFF, Die Epistola de miseria curatorum seu plebanorum, in: Archiv für Reformationsgeschichte 13 (1916) S. 200–227, hier S. 203 f.; vgl. Enno BÜNZ, Die „Epistola de miseria curatorum seu plebanorum" – eine anonyme Erfolgsschrift am Vorabend der Reformation,

Pfarrgeistlichen, die dem Küster beziehungsweise Glöckner hier aus kirchlicher Perspektive negativ angekreidet wird.

Viel wichtiger war in den Dorf-, aber natürlich auch in den Stadtpfarrkirchen das Amt der Kirchenpfleger. Wie das Küster- oder Glöckneramt war auch dies ein Wahlamt, für das allerdings eher ranghohe Mitglieder der Gemeinde berücksichtigt wurden. Die Kirchenpfleger, regional auch als Altermänner, Heiligenmeister, Zechpröpste oder Kirchengeschworene bezeichnet,[108] amtierten in der Regel zu zweit und verwalteten das Fabrikvermögen, das für den baulichen Unterhalt der Kirche, deren laufenden Betrieb (Anschaffung von Kerzen, Öl, Wein, Hostien etc.) und die Finanzierung der Stiftungen bestimmt war. Die Kirchenpfleger hantierten mit erheblichen Vermögenswerten und waren für die Dorfgemeinden schon deshalb wichtig, weil die Kirchenfabrik als Kreditkasse auf dem Land fungierte. Darüber habe ich beim Kraichtaler Kolloquium über Zins und Gült ausführlich referiert.[109] Als Laien und Gemeindevertreter hatten sie aber auch eine starke Stellung gegenüber dem Pfarrer und dessen Hilfsgeistlichen, denn die liturgischen Bücher und Gewänder, die für die Gottesdienstfeier unentbehrlich waren, aber auch Hostien, Wein und Weihrauch wurden von den Kirchenpflegern verwahrt und ausgehändigt.[110] Auch für die Jahrtagsfeiern und anderen liturgischen Zustiftungen waren die Kirchenpfleger zuständig, denn sie zahlten die stiftungsgemäß festgelegten Beträge an den Pfarrer und seine Bediensteten aus. Da die Kirchenpfleger gegenüber der Gemeinde über ihre Einnahmen und Ausgaben Rechnung legen mussten, wurden Kirchenrechnungen geführt, wie sie aus manchen Dorfpfarreien überliefert sind.[111] Dies war eine der vielen Konfliktzonen mit der Amtskirche, erwarteten die Pfarrer doch, dass die Kirchenpfleger ihnen gegenüber Rechnung legten. Die Kirchenpflegschaft war also die breiteste Einfallschneise des Kommunalismus in das Niederkirchenwesen. Der Verfasser des ‚Briefs vom Elend der Pfarrer' schließt seine lange Litanei über die Anmaßungen der Kirchenpfleger mit dem

---

in: Briefe der Reformationszeit (Schriften der Stiftung Luthergedenkstätten in Sachsen-Anhalt 27), hg. von Johannes SCHILLING, Leipzig 2023, S. 245–272.
108 Sebastian SCHRÖCKER, Die Kirchenpflegschaft. Die Verwaltung des Niederkirchenvermögens durch Laien seit dem ausgehenden Mittelalter (Görres-Gesellschaft zur Pflege der Wissenschaft im katholischen Deutschland, Veröffentlichungen der Sektion für Rechts- und Staatswissenschaft 67), Paderborn 1934, S. 172–202.
109 Enno BÜNZ, Kredit bei den Heiligen. Die Dorfkirche als Geldinstitut in Spätmittelalter und Frühneuzeit, in: Gült und Zins (wie Anm. 16) S. 41–67.
110 Hans RÖSSLER, Pfarrer und Kirchpröpste. Die wirtschaftlichen Grundlagen der Pfarrseelsorge im 16. Jahrhundert, in: Zeitschrift für bayerische Landesgeschichte 64 (2001) S. 135–148.
111 Vgl. beispielsweise Georg BUCHWALD, Das Rechnungsbuch der Kirche zu Niedersteinbach vom Jahre 1460 bis zur Reformation, in: Beiträge zur sächsischen Kirchengeschichte 32 (1919) S. 43–63, oder Kurt HECTOR, Die Kirche und das Kirchspiel Gettorf im ausgehenden Mittelalter, in: Jahrbuch der Heimatgemeinschaft des Kreises Eckernförde 19 (1961) S. 7–74, vor allem anhand der Kirchenrechnungen.

Stoßseufzer: „Bloß Eines fehlt noch: daß er nicht Messe zu halten versteht. Sonst regiert er deine ganze Kirche".[112]

Es ist vielleicht bezeichnend, dass der Verfasser des ‚Briefs' mit keinem Wort auf die Besetzung des Pfarramts selbst eingeht. Ansonsten werden alle erdenklichen Wege beschrieben, wie die Bauern beziehungsweise die Dorfgemeinde auf die Pfarrei Einfluss nahmen oder Einfluss zu nehmen suchten. Die Besetzung der Pfarrstelle gehörte dazu nicht. Wie Dietrich Kurze zeigte, gab es die Pfarrerwahl im mittelalterlichen Mitteleuropa, und zwar in Städten wie auf dem Land, aber es sind doch verschwindend wenige Fälle angesichts der vorherrschenden Besetzungspraxis im Rahmen des Patronatsrechts beziehungsweise der Inkorporation von Pfarreien in geistliche Institutionen.[113]

Allerdings sollte man dabei nicht übersehen, welche Dimensionen die Stellvertretung in der Pfarrseelsorge des ausgehenden Mittelalters hatte.[114] Dies führte dann in der Reformationszeit zur Forderung der Residenzpflicht der Pfarrer.[115] Dass es hierbei zu Mißständen kam, ist keine Frage. Guy Marchal hat eine Klageschrift der Gemeinde Kirchen bei Lörrach ediert.[116] Die Pfarrei war dem Kollegiatstift St. Peter in Basel inkorporiert, so dass das Stift einen Pfarrvikar anstellte, diesen allerdings so schlecht besoldete, dass die Geistlichen nie lang blieben. Auf der anderen Seite eröffnete die Stellvertretung in der Seelsorge den Gemeinden auch Mitspracherechte bei der Auswahl des Pfarrvikars. In Villanders im Bistum Brixen wurde im 15. Jahrhundert im Weistum festgeschrieben, dass der Pfarrer einen Pfarrvikar nur mit Zustimmung der Dorfgemeinde einsetzen dürfe und auch wieder entlassen müsse, wenn er der Gemeinde *nit* gefiel.[117] Solche Regelungen sind auch in anderen Landschaften mehrfach nachweisbar. Selbst wenn ein solches

---

112 Braun, Epistola (wie Anm. 107) S. 39; Werminghoff, Epistola (wie Anm. 107) S. 206.
113 Kurze, Pfarrerwahlen (wie Anm. 79); auch Dietrich Kurze, Die kirchliche Gemeinde. Kontinuität und Wandel. Am Beispiel der Pfarrerwahlen, in: Mittelalterliche Komponenten des europäischen Bewußtseins (Medieval Classics. Texts and Studies 17), hg. von Joseph Szövérffy, Berlin 1983, S. 20–33; wiederabgedruckt in: Dietrich Kurze, Klerus, Ketzer, Kriege und Prophetien. Gesammelte Aufsätze, hg. von Jürgen Sarnowsky, Marie-Luise Heckmann und Stuart Jenks, Warendorf 1996, S. 37–46; Dietrich Kurze, Hoch- und spätmittelalterliche Wahlen im Niederkirchenbereich als Ausdruck von Rechten, Rechtsansprüchen und als Wege zur Konfliktlösung, in: Wahlen und Wählen im Mittelalter (Vorträge und Forschungen 37), hg. von Reinhard Schneider, Sigmaringen 1990, S. 197–225, wiederabgedruckt in: Kurze, Klerus, Ketzer, Kriege (wie oben) S. 84–123.
114 Enno Bünz, *viceplebanus, vicerector, vicecuratus*. Stellvertretung als Problem der spätmittelalterlichen Pfarrseelsorge?, in: Blätter für deutsche Landesgeschichte 155 (2019) S. 277–296.
115 Blickle, Gemeindereformation (wie Anm. 19) S. 39.
116 Guy P. Marchal, Eine Quelle zum spätmittelalterlichen Klerikerproletariat. Zur Interpretation der Klageartikel der Bauern von Kirchen (LK Lörrach) gegen das Kapitel von St. Peter zu Basel, in: Freiburger Diözesan-Archiv 91 (1971) S. 65–80.
117 Das Beispiel bei Blickle, Gemeindereformation (wie Anm. 19) S. 180 f.

Zustimmungsrecht mit dem Patronatsherrn nicht ausdrücklich vereinbart war, gab es grundsätzlich die Möglichkeit, dass die Gemeinde sich über den Pfarrer beziehungsweise seinen Stellvertreter beschwerte.[118] Mit Hilfe der Kirchenpfleger und wohl auch des Küsters hatte die Gemeinde einen Hebel, um dem Geistlichen vor Ort gegebenenfalls das Leben schwer zu machen. Werner Freitag betonte mit Blick auf die Kirchenfabrik beziehungsweise die Kirchenpfleger, „dass die Gemeinden nicht immer des Pfarrbesetzungsrechtes bedurften, um die Reformation entscheidend voranzubringen", denn auch die Kirchenfabrik „konnte reformationswillige Pfarrer stützen bzw. ihnen den Weg weisen".[119] Die Handlungsspielräume der Gemeinden waren weiter, als man denkt.

Damit waren die Möglichkeiten der Bauern und Landgemeinden zur Mitgestaltung des Niederkirchenwesens vor der Reformation aber noch nicht erschöpft. Wie bereits erwähnt, kam in vielen Landschaften der Ausbau der Pfarrorganisation im Lauf des 14. Jahrhunderts zum Erliegen. Dafür gab es verschiedene Gründe, vor allem wohl den Umstand, dass weder der Inhaber der betroffenen Mutterpfarrei noch die Pfarrgemeinde ein großes Interesse daran hatte, ihren Pfarrsprengel und damit den Einzugsbereich der Kirche und die daher rührenden Einnahmen zu vermindern. Hier wurzelt wohl die Redewendung, man solle doch „die Kirche im Dorf lassen".[120] Waren die beharrenden Kräfte im Niederkirchenwesen zu stark, die die Gründung einer neuen Pfarrei verhinderten, gab es Wege, unterhalb der Ebene des Pfarrechts Kapellen oder zumindest Vikarien für Messpriester zu stiften. Dieser Weg wurde vielfach beschritten und zwar im gesamten Bereich der Germania Sacra. In den Stadtpfarrkirchen der großen Städte setzte die Stiftung von Nebenaltären mit eigenem Benefizium bereits im 13. Jahrhundert ein und erlangte dann offenbar durch die ersten Pestwellen Mitte des 14. Jahrhunderts zusätzliche Dynamik. Die Dorfgemeinden und Bauern hatten mehrere Möglichkeiten, sich gewissermaßen schrittweise einer eigenen Kirche zu nähern, zunächst durch den Bau einer einfachen Kapelle, die als Gebetsort, mit geweihtem Altar auch als Ort

---

118 Vgl. etwa Martin SLADECZEK, Kirchenregiment von unten. Geistliche Beschwerden ernestinischer Landgemeinden vor und während der frühen Visitationen, in: Reformation vor Ort. Zum Quellenwert von Visitationsprotokollen (Veröffentlichungen der staatlichen Archivverwaltung des Landes Sachsen-Anhalt A 21 – Schriften des Hessischen Staatsarchivs Marburg 29 – Schriften des Thüringischen Hauptstaatsarchivs Weimar 7), hg. von Dagmar BLAHA und Christopher SPEHR, Leipzig 2016, S. 90–106.
119 Werner FREITAG, Die Reformation in Westfalen. Regionale Vielfalt, Bekenntniskonflikt und Koexistenz, Münster 2016, S. 240.
120 Alfred WENDEHORST, Was bedeutet das Sprichwort „Man soll die Kirche im Dorf lassen"?, in: Ein Eifler für Rheinland-Pfalz. Festschrift für Franz-Josef Heyen zum 75. Geburtstag (Quellen und Abhandlungen zur mittelrheinischen Kirchengeschichte 105,1–2), hg. von Johannes MÖTSCH, 2 Bde., Mainz 2003, Bd. 2, S. 907–914; wiederabgedruckt in: Alfred WENDEHORST, Siedlungsgeschichte und Pfarreiorganisation im mittelalterlichen Franken. Ausgewählte Untersuchungen (Veröffentlichungen der Gesellschaft für fränkische Geschichte 9,54), Würzburg 2007, S. 11–20.

der gelegentlichen Messfeier dienen konnte; im nächsten Schritt die Stiftung eines Benefiziums für einen Messpriester, der regelmäßig Messe zu lesen hatte, allerdings nicht die sakramentale Seelsorge der Pfarrei ersetzen konnte; hier setzte dann ein weiterer Schritt an, indem die Kapelle zur Kuratie aufgewertet wurde, so dass der dortige Priester zumindest eingeschränkte Seelsorgerechte erhielt (Messfeier beispielsweise sonntags, nicht aber an den hohen Feiertagen; bei großen Entfernungen zur Mutterkirche waren das Taufrecht und das Begräbnisrecht besonders begehrt).

Das Phänomen ist seit langem bekannt und beispielsweise von Karl Eder für Oberösterreich auch seit 1932 untersucht, doch hat eine von Peter Blickle angeregte Dissertation den Fokus ganz ausschließlich auf diese Stiftungen gerichtet, die in diesem Zusammenhang etwas unglücklich als „Minderpfründen" bezeichnet werden. Die Arbeit von Rosi Fuhrmann behandelt 53 sogenannte Minderpfründen, die von Landgemeinden beziehungsweise Bauern zwischen 1400 und 1526 in den Diözesen Konstanz, Straßburg und Speyer gestiftet wurden.[121] Kritisiert wurde – von Dormeier –, dass die Verfasserin „die emanzipatorisch verstandene Eigeninitiative des Kirchenvolks zur Sicherung des Seelenheils [...] immer wieder herausstellt", was ja allein durch den Forschungskontext „Gemeindereformation" zu erklären ist. Aber dieser Untersuchungsansatz ist einseitig und irreführend, denn die Dorfgemeinden sind keineswegs immer allein als Stifter tätig geworden, sondern haben die Benefizien vielfach auch zusammen mit dem Orts- und Patronatsherrn oder lokalen Geistlichen gestiftet.[122] Andererseits stifteten die Orts- und Patronatsherren aber auch Benefizien ohne Beteiligung der Gemeinden. In welchem Maße Inkuratbenefizien gestiftet wurden, also Messpriesterstellen an Nebenaltären, habe ich aufgrund der ‚Palatia Sacra' für die Landdekanate Weißenburg, Herxheim, Weyher und Böhl im linksrheinischen Teil des Bistums Speyer ausgewertet. In 185 Pfarreien gab es 269 Inkuratbenefizien, von denen mindesten ein Drittel als Frühmessbenefizium gestiftet wurde.[123] Prädikaturstiftungen auf dem Land begegnen hingegen nur ganz vereinzelt. Im linksrheinischen Teil des Bistums Speyer ist keine nachweisbar.

Nicht nur die räumliche Verteilung in Stadt und Land ist von Interesse, sondern auch die zeitliche Erstreckung dieser Stiftungen. Generell kann man feststellen, dass die Stiftungen von Vikarien und Messen in der zweiten Hälfte des 15. Jahrhunderts stark zunahmen, bald nach Ausbruch der Reformation 1517 aber stark rückläufig waren. Karl Eder stellt für Oberösterreich fest: „Innerhalb des Zeitabschnitts von 1490 [bis] 1517 halten sich die Meßstiftungen auf der gleichen Höhenlage. Mit 1518 beginnt sich die Kurve deutlich zu senken. Fällt von 1518 [bis] 1522 immer rascher und steiler [...]. Für die meisten Orte ist bereits vor 1520

---
121 FUHRMANN, Kirche und Dorf (wie Anm. 59).
122 Enno BÜNZ, „Des Pfarrers Untertanen"? Die Bauern und ihre Kirche im späten Mittelalter, in: Dorf und Gemeinde (wie Anm. 16) S. 153–191, hier S. 182.
123 BÜNZ, Pfarrers Untertanen (wie Anm. 122) S. 169.

Schluß".[124] „Dieser Umschwung innerhalb von vier Jahren offenbart die heute kaum mehr vorstellbare Kraft, mit der die Bewegung der Kirchenreform, als die sie sich ursprünglich gab, aufbrach und durch die deutschen Lande brandete".[125] Zwei Beobachtungen in anderen Landschaften zeigen, dass der Befund für Oberösterreich nicht singulär ist. Im Bistum Meißen, das weite Teile des Herzogtums Sachsen und der Lausitzen abdeckte, sich also über Territorien erstreckte, die erst 1539 oder gar nicht die Reformation einführten, brach das Stiftungswesen nach 1520 ebenfalls ein. Im ‚Liber Salhusii', dem Verwaltungshandbuch der Bischöfe von Meißen von 1495, wurden die neuen Pfründenstiftungen laufend nachgetragen: 1519 waren es zehn, 1520 vier, 1521 drei, 1523 eine, 1525 eine und dann nur noch 1533 eine.[126] Blicken wir vergleichend auf die spätmittelalterliche Großstadt Lübeck, wo 1530 durch Ratsbeschluss die Feier der Messen eingestellt und damit die Reformation eingeführt wurde. Zu diesem Zeitpunkt gab es in den Lübecker Pfarrkirchen und Kapellen 207 Vikariestiftungen, doch wurden davon im Zeitraum von 1500 bis 1527 nur noch elf gestiftet.[127] In Hamburg, wo 1528 auf Ratsbeschluss die Reformation eingeführt wurde, ergibt sich das gleiche Bild.[128] Es gibt nur wenige quantitativ aussagekräftige Kriterien zur Entwicklung der Frömmigkeit, aber die Zu- und Abnahme von Mess- und Benefizienstiftungen sind doch ein eindeutiger Indikator, weil diese Stiftungen zeigen, dass die bisherigen Jenseitsvorstellungen, Sorge um das Seelenheil und die Gnadenlehre durch die lutherische Lehre erfolgreich erschüttert wurden. Ein weiterer Indikator sind die Spenden und Opfergelder, die von den Gläubigen während der Gottesdienste dargebracht wurden und deren Erträge dann in den Kirchenrechnungen verzeichnet wurden. Auch hier ließe sich zeigen, dass Anfang der 1520er Jahre allenthalben ein Einbruch zu verzeichnen ist.[129] Auch Bruderschaftsrechnungen sind aufschlussreich. Beispiels-

---

124 Karl EDER, Das Land ob der Enns vor der Glaubensspaltung. Die kirchlichen, religiösen und politischen Verhältnisse in Österreich ob der Enns 1490 bis 1525 (Studien zur Reformationsgeschichte Oberösterreichs 1), Linz 1932, S. 106.
125 EDER, Land ob der Enns (wie Anm. 124) S. 106.
126 Walther HAUPT, Die Meißener Bistumsmatrikel von 1495 (Quellen und Forschungen zur sächsischen Geschichte 4), Dresden 1968, S. 81.
127 Wolfgang PRANGE, Vikarien und Vikare in Lübeck bis zur Reformation (Veröffentlichungen zur Geschichte der Hansestadt Lübeck B 40), Lübeck 2003, S. 18 und 20.
128 Peter VOLLMERS, Die Hamburger Pfarreien im Mittelalter. Die Parochialorganisation der Hansestadt bis zur Reformation (Arbeiten zur Kirchengeschichte Hamburgs 24), Hamburg 2005, S. 206–211.
129 Wolfgang PETKE, Oblationen, Stolgebühren und Pfarreinkünfte vom Mittelalter bis ins Zeitalter der Reformation, in: Kirche und Gesellschaft im Heiligen Römischen Reich des 15. und 16. Jahrhunderts (Abhandlungen der Akademie der Wissenschaften in Göttingen, philologisch-historische Klasse, 3 Folge, Nr. 206), hg. von Hartmut BOOCKMANN, Göttingen 1994, S. 26–58; wieder abgedruckt in: PETKE, Aufsätze (wie Anm. 71) S. 249–283. Auf den Rückgang der Kollekten verweist auch Uwe SCHIRMER, Die evangelische Bewegung in Sachsen (1517 bis 1525), in: Leben in Glauben, Geschichte und kommunaler Verantwortung.

weise zeigen die Rechnungen der Nikolaibruderschaft im Kirchspiel Groden bei Cuxhaven (Erzbistum Bremen), dass 1521 letztmalig die Jahrtage der verstorbenen Mitglieder begangen wurden.[130] Die Kirchenrechnungen der Pfarr- und Wallfahrtskirche St. Jürgen in Gettorf (Schleswig-Holstein) verzeichnen die Einnahmen aus dem Verkauf der Pilgerzeichen.[131] Die Grafik zeigt besonders anschaulich die schnell anschwellende und auch wieder schnell einbrechende Dynamik spätmittelalterlicher Frömmigkeit, steilen Anstieg nach der Mitte der 1490er Jahre, starken Einbruch Mitte der 1520er Jahre. Gettorf war eine intensiv frequentierte Regionalwallfahrt, die aus ganz Schleswig-Holstein und darüber hinaus aufgesucht wurde. Insofern spiegelt sich in den nüchternen Zahlen des Verkaufs von Pilgerzeichen der Frömmigkeitswandel einer ganzen Region, in der der Bekenntniswandel in den Territorien und Städten seit Beginn der 1530er Jahre erst langsam durchgesetzt wurde.[132] Man wird bei der Betrachtung des Reformationsgeschehens in Deutschland stets beide Ebenen im Blick behalten müssen, auf der einen Seite die obrigkeitliche Durchsetzung der Reformation, auf der anderen Seite aber die längerfristige Implementierung des reformatorischen Bekenntnisses in Stadt und Land, also in den Gemeinden, die dann als Stadt- beziehungsweise als Fürstenreformation abgeschlossen wurde. Wie diese Implementierung verlief, dieser Frage wollen wir uns abschließend zuwenden.

III

Wie also kam die Reformation aufs Land? Dass sie dorthin kam, ist keine Frage, aber wie? Tatsächlich gab es verschiedene Wege, wobei man die Verbreitung lutherischer Flugschriften nicht zu hoch bewerten sollte,[133] auch wenn man nicht davon

---

Schriften für Ralf Thomas zum 75. Geburtstag, hg. von Wolfgang BURKHARDT, Dresden 2007, S. 41–52, hier S. 47.
130 Heinrich REINCKE, Die Reformation im hamburgischen Landgebiete, in: Die Kirchen des hamburgischen Landgebietes, hg. vom Verein Hamburger Landprediger, Hamburg 1929, S. 9–26, hier S. 15.
131 HECTOR, Kirche (wie Anm. 111) Abb. 3; die Graphik auch bei Enno BÜNZ, Von Ahrensbök bis Windbergen. Spätmittelalterliche Wallfahrten nördlich der Elbe, in: Pilgerspuren. Wege in den Himmel. Von Lüneburg an das Ende der Welt. Begleitband zur Doppelausstellung Pilgerspuren. Von Lüneburg an das Ende der Welt, bearb. von Hartmut KÜHNE, Petersberg 2020, S. 378–90, hier S. 390.
132 Erich HOFFMANN, Spätmittelalter und Reformationszeit (Geschichte Schleswig-Holsteins 4,2), Neumünster 1990, S. 394–469; Gottfried Ernst HOFFMANN, Klauspeter REUMANN und Hermann KELLENBENZ, Die Herzogtümer von der Landesteilung 1544 bis zur Wiedervereinigung Schleswigs 1721 (Geschichte Schleswig-Holsteins 5), Neumünster 1986, S. 92–99; Martin SCHMIDT LAUSTEN, Die Reformation in Dänemark (Schriften des Vereins für Reformationsgeschichte 208), hg. von Johannes SCHILLING, Gütersloh 2008.
133 KIESSLING, Reformation (wie Anm. 17) S. 69f. verweist auf Hans-Joachim KÖHLER, „Der Bauer wird witzig". Der Bauer in den Flugschriften der Reformationszeit, in: Zugänge

ausgehen kann, dass die ländliche Gesellschaft weitgehend aus Analphabeten bestand, denn es gab auf etlichen Dörfern Schulen (Küsterschulen), die elementare Kulturtechniken wie Lesen, Schreiben und Rechnen vermittelten und es gab Stadtschulen, die auch Kindern vom Land offenstanden.[134] Irgendwo mussten die Kirchenpfleger ja auch gelernt haben, Rechnungen zu legen und zu schreiben. Sie waren Teil der dörflichen Führungsschicht, die nicht nur aus des Lesens und Schreibens Unkundigen bestand.[135] Darüber hinaus stellten Kinder vom Land einen erheblichen Teil der Universitätsbesucher im Reich, wenn auch vor allem in den stark frequentierten Artistenfakultäten, weniger in den hohen Fakultäten der Theologen, Juristen und Mediziner.[136]

Förderlich für die Ausbreitung der reformatorischen Lehre waren auch die Stadt-Umland-Beziehungen im weitesten Sinn, wobei grundsätzlich davon auszugehen ist, dass Luthers Gedanken aufgrund der günstigeren Kommunikationsbedingungen zunächst in den Städten virulent wurden und dann aufs Umland wirkten. Schon Heinz Schilling hat seinerzeit an Blickles Konzept der Gemeindereformation kritisiert, dass es völlig außer Acht lässt, dass die reformatorischen Rezeptionswege von den Städten in die Dörfer verliefen.[137] In der Regel wandten sich die Städte früher als die Dörfer der Reformation zu.[138] Gerade in den 1520er Jahren kommt es ja immer wieder vor, dass in den Stadtkirchen protestantische Prediger auftraten, sei es nun, dass sie offiziell präsentiert und eingesetzt wurden oder dass sie von lutherfreundlichen Kräften herbeigeholt wurden. Hierbei ist zu bedenken, dass viele Stadtpfarreien mit ihrem Sprengel ins Umland ausgriffen,

---

zur bäuerlichen Reformation (wie Anm. 65) S. 187–218, der zeigt, dass „der Bauer" in Flugschriften der Reformationszeit nur eine Randfigur war.

134 Rudolf ENDRES, Die Verbreitung der Schreib- und Lesefähigkeit zur Zeit der Reformation, in: Festgabe Heinz Hürten zum 60. Geburtstag, hg. von Harald DICKERHOF, Frankfurt am Main u. a. 1988, S. 213–223; Reinhard JAKOB, Schulen in Franken und in der Kuroberpfalz 1250 bis 1520. Verbreitung – Organisation – Gesellschaftliche Bedeutung (Wissensliteratur im Mittelalter 16), Wiesbaden 1994.

135 Allerdings sind die Hinweise von Friederike ZAISBERGER, Der Salzburger Bauer und die Reformation, in: Mitteilungen der Gesellschaft für Salzburger Landeskunde 124 (1984) S. 375–402, hier S. 380f., auf bäuerlichen Buchbesitz nicht signifikant. Der Nachweis des Besitzes von Luther-Schriften führt in einen bürgerlichen Haushalt in St. Veit (S. 380).

136 Vgl. Rainer Christoph SCHWINGES, Deutsche Universitätsbesucher im 14. und 15. Jahrhundert. Studien zur Sozialgeschichte des Alten Reiches (Veröffentlichungen des Instituts für Europäische Geschichte Mainz, Abt. Universalgeschichte 123 – Beiträge zur Sozial- und Verfassungsgeschichte des Alten Reiches 6), Stuttgart 1986.

137 Für das Mutterland der Reformation nun Volkmar JOESTEL, Geschwinde Zeitläufte. Wittenberg und die Reformation in Kursachsen 1521/22 (Schriften der Stiftung Luthergedenkstätten in Sachsen-Anhalt 25), Leipzig 2023.

138 Dies betont beispielsweise Martin Gernot MEIER, Systembruch und Neuordnung. Reformation und Konfessionsbildung in den Markgraftümern Brandenburg-Ansbach-Kulmbach 1520 bis 1594 (Europäische Hochschulschriften 23, 657), Frankfurt am Main 1999, S. 114f.

dass die Pfarrgemeinden also keineswegs nur Bürger, sondern auch Bauern umfassten.[139] Da wir für Sachsen eine sehr präzise Rekonstruktion der Pfarrsprengel vorliegen haben, lässt sich hier gut zeigen, dass bei den Stadtpfarrkirchen die Grenze zwischen Stadt und Land fließend war.[140] Ein bekanntes Beispiel ist die kursächsische Landstadt Leisnig an der Mulde. *Wir erbar manne, rat, viertelmeister, edelsten und gemeine einwoner der stadt und dorfer eingepfarter versamlungen und kirchspiels zu Leisnek*, mit diesen Worten beginnt die Ordnung des Gemeinen Kastens zu Leisnig von 1523,[141] die also betont, dass das Kirchspiel die Stadt und zahlreiche Dörfer im Umland umfasste. Diese kirchlichen Strukturen erleichterten das „Einsickern" reformatorischer Ideen von der Stadt ins Land.

Neben den reformatorischen Flugschriften, die gewiss nicht nur gelesen, sondern auch vorgelesen wurden, spielte als Medium der reformatorischen Botschaft die Predigt eine besonders wichtige Rolle.[142] Das war eine Verkündigung, die ungeachtet der altgläubigen Pfarrgeistlichen erfolgreich praktiziert werden konnte. Die reformatorische Botschaft fand natürlich auch unter den Pfarrgeistlichen Anhänger, die ja nicht isoliert in ihrem Pfarrdorf lebten, sondern über die Versammlungen der Landkapitel und der Kalande (Priesterbruderschaften) in regionale Kommunikationsnetzwerke eingebunden waren.[143]

Wurde ein Mönchskonvent von der Reformation erfasst, konnte er eine ziemliche Ausstrahlung entfalten. Vom Prämonstratenserstift St. Georg in Stade an der Unterelbe (Erzbistum Bremen) zogen Konventualen als lutherische Prediger bis

---

139   Vgl. etwa Gaby KUPER, Eine städtische Pfarrkirche vor den Toren der Stadt und eine Dorfkirche als städtische Pfarrei. Zur mittelalterlichen Sakraltopografie Lüneburgs, in: Jahrbuch der Gesellschaft für Niedersächsische Kirchengeschichte 111 (2013) S. 7–28.
140   Dies verdeutlichen die Karten von Karlheinz BLASCHKE, Walther HAUPT und Heinz WIESSNER, Die Kirchenorganisation in den Bistümern Meissen, Merseburg und Naumburg um 1500, Weimar 1969.
141   Emil SEHLING, Die evangelischen Kirchenordnungen des XVI. Jahrhunderts, Bd. 1: Sachsen und Thüringen nebst angrenzenden Gebieten, 1. Halbbd.: Die Ordnungen Luthers. Die Ernestinischen und Albertinischen Gebiete, Leipzig 1902 (ND Aalen 1979), S. 598–604, Nr. 109, hier S. 598; neuerlicher Abdruck in: Hans LIETZMANN, Die Wittenberger und Leisniger Kastenordnung, 1522, 1523 (Kleine Texte für Vorlesungen und Übungen 21), Berlin ²1935, und in: Adolf LAUBE, Flugschriften der frühen Reformationsbewegung, Bd. 2, Berlin 1983, S. 1051–1072; zur Kastenordnung gibt es nur wenig spezielle Literatur, beispielsweise Heinrich BÖHMER, Zur Geschichte der Leisniger Kastenordnung, in: Neues Archiv für Sächsische Geschichte und Altertumskunde 35 (1914) S. 379–382.
142   Bernd MOELLER und Karl STACKMANN, Städtische Predigt in der Frühzeit der Reformation. Eine Untersuchung deutscher Flugschriften der Jahre 1522 bis 1529 (Abhandlungen der Akademie der Wissenschaften zu Göttingen, philologisch-historische Klasse, Folge 3, 220), Göttingen 1996, S. 9–17 und S. 357–360.
143   Auf die Bedeutung der Kalande verweist Arnd REITEMEIER, Reformation in Norddeutschland. Gottvertrauen zwischen Fürstenherrschaft und Teufelsfurcht, Göttingen 2017, S. 92.

nach Hamburg, Lauenburg, Oldesloe und Lübeck.[144] Dies gilt in besonderem Maße für die Bettelorden, deren Brüder theologisch geschult und durch die organisierten Bettelzüge auf dem Land als Wanderprediger erfahren waren. Jedem Bettelordenskonvent war ein fest abgegrenzter Terminierbezirk zugewiesen. Die Konvente verfügten in den Städten über Sammelzentren (Termineien), von denen aus die Bettelmönche die umliegenden Dörfer ansteuerten. Im Augustinereremitenkloster Erfurt hat man im späten 15. Jahrhundert die Namen der Dörfer aufgezeichnet, so dass man durch das Kartenbild eine Vorstellung bekommt, wie intensiv die Bettelpredigt der Mendikanten das platte Land erfasste.[145]

Die weitausgreifende Wirkung eines Bettelordenskonvents in der Reformationszeit lässt sich für das Augustinereremitenkloster in Wittenberg gut zeigen. Es war ein Studienkonvent mit überregionalem Einzug. Gut die Hälfte des Wittenberger Konvents bestand aus Mönchen, die nach wenigen Jahren wieder in ihr Heimatkloster wechselten, so dass die Leitung dieser Gemeinschaft nicht einfach gewesen sein wird; die fehlende innere Geschlossenheit mag dazu beigetragen haben, „daß innerhalb des Konventes ein Widerstand gegen die von Luther ausgehende geistige Umwälzung gar nicht versucht worden ist".[146] Tatsächlich war das Kloster gespalten, denn keineswegs alle Mitbrüder, die zwischen 1512 und 1517 Luthers Wandlung zum Reformator miterlebten, haben sich selbst auch der Reformation angeschlossen, und dies gilt nicht minder für die Konventsmitglieder der folgenden Jahre. Laut Gustav Wentz haben sich „in der reformatorischen Bewegung mehr oder minder führend" betätigt:[147] Sebastian Albinus (Weiß) in Zerbst, Hieronymus Anger im Kloster Lüne bei Lüneburg, Leonhard Reiff genannt Beyer in Guben, Zwickau und Cottbus, Eberhard Brisger (Breisiger) in Altenburg und

---

144 REINCKE, Reformation (wie Anm. 130) S. 16; neuerdings Ida-Christine RIGGERT-MINDERMANN, Letzte Blüte einer früheren Klosterkirche. Die Stader St. Georgskirche im späten 16. Jahrhundert, in: Reformation im Elbe-Weser-Raum. Voraussetzungen, Verlauf, Veränderungen, hg. von Hans-Eckhard DANNENBERG und Hans OTTE, Stade 2017, S. 307–320.
145 Thomas NITZ, Dominikaner auf dem Land. Das Termineiverzeichnis des Erfurter Predigerklosters, in: Zeitschrift des Vereins für Thüringische Geschichte 57 (2003) S. 251–276; Jens KLINGNER, „alze sye terminierten". Zum Terminierwesen der sächsischen Bettelorden, in: Neue Forschungen zu sächsischen Klöstern. Ergebnisse und Perspektiven der Arbeit am Sächsischen Klosterbuch (Schriften zur sächsischen Geschichte und Volkskunde 62), hg. von Enno BÜNZ, Dirk Martin MÜTZE und Sabine ZINSMEYER, Leipzig 2020, S. 295–334; Arend MINDERMANN, Das franziskanische Termineisystem, in: Geschichte der Sächsischen Franziskaner-Provinz von der Gründung bis zum Anfang des 21. Jahrhunderts, Bd. 1: Von den Anfängen bis zur Reformation, hg. von Volker HONEMANN, Paderborn u. a. 2015, S. 195–264.
146 Gottfried WENTZ, Das Augustinereremitenkloster in Wittenberg, in: Fritz BÜNGER und Gottfried WENTZ, Das Bistum Brandenburg, Teil 2 (Germania Sacra 1: Die Bistümer der Kirchenprovinz Magdeburg 3,2), Berlin 1941 (ND 1963), S. 440–499, hier S. 447.
147 Das Folgende nach WENTZ, Augustinereremitenkloster (wie Anm. 146) S. 452.

Zeitz, Martin Glaser in Hilpoltstein bei Nürnberg, Gottschalk Grop (Kropp) in Zerbst, Herford und Einbeck, Heinrich Himmel in Köln, Colditz und Altenburg, Johann Hofmann in Schwabach, Nürnberg und Altdorf, zuletzt in Fürth, Hermann Koiten in Lippstadt und Detmold, Johann Köster (Custos) in Geseke und Lippstadt, Johann Petzensteiner in Röcknitz, Rosswein und Schlesien, Matthäus Roth in Stockheim in Ostpreußen, Lorenz Schaller in Kahla und Lobeda, Tilemann Schnabel in Alsfeld, Georg Spenlein (Spelen) in Creuzburg an der Werra, Arnstadt und Wüllersleben, Johann Westermann in Zerbst, Lippstadt, Münster und Hofgeismar, Heinrich von Zütphen in Antwerpen, Bremen und Dithmarschen, Gabriel Zwilling in Eilenburg und Torgau. Weitere regionale und lokale Forschungen zur Ausbreitung der Reformation werden diese Auflistung gewiss noch erweitern können. So brachte beispielsweise der sächsische Adlige Heinrich von Lindenau einen Augustiner aus Wittenberg mit, der 1522 im Dorf Machern bei Leipzig predigte, dessen Name aber bislang nicht bekannt ist.[148] In der Regel setzten diese Männer mit ihrer reformatorischen Predigttätigkeit am Sitz ihres Heimatkonvents oder am Heimatort selbst an. Auffällig ist, dass zumindest Wittenberger Augustiner nicht als reformatorische Prediger im Bauernkrieg auftraten, der ja 1525 auch Teile Mitteldeutschlands erfasste.[149]

Es gab also verschiedene Einfallschneisen, durch die die Reformation aufs Land kam. Auch wenn das Modell der „Gemeindereformation" nicht trägt, ist es meines Erachtens doch keine Frage, dass die lutherische – und analog die zwinglische – Lehre auf die Bauern und die Landgemeinden wirkte. Gleichwohl dürfte Blickles Vorstellung, dass die Bauern eigenständig und selbstbestimmt zur Neuen Lehre fanden, ein einseitiges, ja verzerrtes Bild sein. Blickle kann sich den bäuerlichen Kommunalismus offenbar nur als Gegenmodell zur Herrschaft der Fürsten, Grafen und Herren, ja selbst der vielen Landadligen vorstellen. Aber dieses Bild ist einseitig, ja verfehlt, denn der Fürstenstaat wirkte über das Instrument des landesherrlichen Kirchenregiments allenthalben auf die lokalen Verhältnisse ein, was

---

148   Vgl. dazu Hartmut KÜHNE, Lehrer – Priester – Prediger. Michael Coelius Weg in die Reformation (1492–1530), in: Von Grafen und Predigern. Neue Beiträge zur Reformationsgeschichte der Grafschaft Mansfeld (Schriften der Stiftung Luthergedenkstätten in Sachsen-Anhalt 17), hg. von Armin KOHNLE und Siegfried BRÄUER, Leipzig 2014, S. 155–195, hier S. 165 f.
149   Dazu finden sich jedenfalls in: Otto MERX, Günther FRANZ und Walther Peter FUCHS, Akten zur Geschichte des Bauernkriegs in Mitteldeutschland (Aus den Schriften der Sächsischen Kommission für Geschichte 27, 38 und 41), 2 Bde. in 3 Teilen, Leipzig 1934 und Jena 1942, und bei Justus MAURER, Prediger im Bauernkrieg (Calwer theologische Monographien 5), Stuttgart 1979, keine Hinweise. Der ehemalige Wittenberger Augustiner Johann Mantel war 1523 aufgrund seiner Predigten an St. Leonhard in Stuttgart inhaftiert worden und wurde Ende April 1525 „auf Verlangen der Bauernführer, die ihn als Lagerprediger haben wollen, entlassen", doch hat er dieses Amt nicht angetreten: WENTZ, Augustineremitenkloster (wie Anm. 146) S. 463.

analog für die Reichsstädte mit ihren großen Landgebieten gilt, und dieses Instrument war schon lang vor der Reformation ausgebildet. Über die Territorialverwaltung durch Amtmänner, Schösser oder Kellerer wirkten die Landesherren allenthalben auf die kirchlichen Verhältnisse vor Ort ein. Gewiss haben Historiker wie Eike Wolgast recht, wenn sie betonen, dass das landesherrliche Kirchenregiment vor der Reformation anders geartet war als das seit der Reformation, weil nun der Landesherr selbst anstelle der seit der Reformation ausgeschalteten geistlichen Instanzen auf die Gemeinden vor Ort einwirkte, aber das Instrumentarium war doch dasselbe.[150] Nicht nur in den großen Landesherrschaften mit ihrem entfalteten Verwaltungsapparat, sondern auch in den kleinen Adelsherrschaften der Reichsritter und Landadligen, die als Dorf- und Patronatsherren vor Ort noch viel präsenter waren, reichte der herrschaftliche Zugriff bis in die Landgemeinden.

Bis heute gibt es keine Reformationsgeschichte, die diesen Prozess aus der Perspektive des platten Landes darstellen würde. Das ist gewiss auch ein Quellenproblem, dem man allerdings wenig Beachtung schenkte, da der Fokus ohnehin auf den gängigen Konzepten der Fürsten- und der Stadtreformation lag. Gleichwohl lädt Blickles Konzept der Gemeindereformation beziehungsweise bäuerlichen Reformation dazu ein, hier weiter zu fragen, zumal Blickle vor allem Oberdeutschland im Blick hatte. Aber nur selten wurde das Konzept anderswo expressis verbis aufgegriffen, geschweige denn produktiv weitergedacht.[151] In seiner Reformationsgeschichte Westfalens schreibt Werner Freitag, dass die Gemeindereformation dort keine Bedeutung hatte, weil Landesherr, Bischof und Stadt für die Durchsetzung der Reformation maßgeblich waren, daneben aber auch der Landadel eine Rolle spielte, zudem mit der Ausnahme von Steinfeld (im Niederstift Münster) keine Gemeindepatronate vorhanden waren.[152] Trotzdem kam es vor, dass Gemeinden selbstbewusst agierten. In der Pfarre Valdorf, die dem Zisterzienserkloster Seligenthal zu Vlotho inkorporiert war, wurde 1531 der – offenbar altgläubige – Pfarrer *van danne gewist und verjagt*. Wie sich bei der Visitation 1533 herausstellte, hatte sich der konkubinarisch lebende Mönch geweigert, *nach jetzigen nuwerungen*

---

150 Eike WOLGAST, Einführung der Reformation als politische Entscheidung (1993), in: Eike WOLGAST, Aufsätze zur Reformations- und Reichsgeschichte (Jus ecclesiasticum 113), Tübingen 2016, S. 1–20; Eike WOLGAST, Die deutschen Territorialfürsten und die frühe Reformation (1998), in: WOLGAST, Aufsätze (wie oben) S. 21–48; Eike WOLGAST, Die evangelischen Kirchenordnungen des 16. Jahrhunderts als kodifizierte Reformation. Ergebnisse eines Heidelberger Editionsvorhabens (Heidelberger akademische Bibliothek 6), Stuttgart 2021.
151 REITEMEIER, Reformation (wie Anm. 143) nennt Blickles „Gemeindereformation" nicht. Auch in den Beiträgen zur territorialen Ausbreitung der Reformation in: Handbuch der Geschichte der evangelischen Kirche in Bayern, Bd. 1: Von den Anfängen des Christentums bis zum Ende des 18. Jahrhunderts, Gerhard MÜLLER, Horst WEIGELT und Wolfgang ZORN, St. Ottilien 2002, spielt Blickles Konzept keine Rolle.
152 FREITAG, Reformation in Westfalen (wie Anm. 119) S. 239.

zu predigen. Daraufhin habe das Vlothoer Kloster einen anderen Mönch als Pfarrer nach Valdorf geschickt, den aber die Gemeinde nicht habe *zulaßen* wollen. Diese hingegen berief mit Konsens des Vlothoer Drosten Christian Bernhardi, einen entlaufenen Franziskaner aus Herford, der in Valdorf gegen die Vlothoer Mönche polemisierte und die Sakramente in *nuwer wise* spendete.[153]

Werner Freitag verweist nicht nur auf das Konzept der Gemeindereformation, sondern auch das der „Pfarrerreformation",[154] was ja auch ganz plausibel ist, denn nicht nur die Gläubigen, sondern auch ihre Pfarrseelsorger wandten sich aus freien Stücken der Reformation zu. Arnd Reitemeier nennt in seiner Reformationsgeschichte Norddeutschlands einige Beispiele, dass Pfarrer auf dem Land lutherisch predigten, wodurch Laien aus noch altgläubigen Städten angezogen wurden. Als der Pfarrer von Adenbüttel (Landkreis Gifhorn) 1524 reformatorisch predigte, kamen sogar Gläubige aus der relativ weit entfernten Stadt Braunschweig. So wurde vor 1529 den Bürgern von Göttingen verboten, die Gottesdienste des lutherischen Pfarrers Johann Bruns in Grone aufzusuchen.[155] Solche Vorgänge sind auch in Leipzig zu beobachten, das zum altgläubigen Herzogtum Sachsen gehörte. Einzelne Bürger besuchten nach 1525 Gottesdienste in benachbarten Orten, die zum lutherischen Kurfürstentum Sachsen gehörten, beispielsweise in Gautzsch (Markkleeberg) und Eicha, 1532 auch in Holzhausen und Zuckelhausen.[156]

Für die ländliche Reformationsgeschichte dürfte von besonderem Interesse sein, wie sich die von einem starken Kommunalismus geprägten Landschaften an der Nordseeküste verhielten. Durch einen besonders hohen Grad der Autonomie zeichnete sich meine Heimat Dithmarschen aus, die nur einer formalen Oberhoheit des Bremer Erzbischofs unterstand.[157] Als wesentlich drückender wurde es wahrgenommen, wie das Hamburger Domkapitel und sein Propst die Patronatsrechte über die Pfarreien und die geistliche Gerichtsbarkeit praktizierten. Zum Bruch mit dem Domkapitel kam es „nicht zuletzt wegen der hohen Geldforderungen, welche besonders auf das Patronatsrecht des Propstes und auf seine Gerechtsame zurückgingen".[158] Seit 1522 machte das Regentenkollegium der Bauernrepublik dem Domkapitel die Besetzung sämtlicher Pfarrstellen streitig. Ziel war es, den

---

153 FREITAG, Reformation in Westfalen (wie Anm. 119) S. 240 f.
154 FREITAG, Reformation in Westfalen (wie Anm. 119) S. 235–239.
155 REITEMEIER, Reformation (wie Anm. 143) S. 92 f.
156 Armin KOHNLE, Der lange Weg zur Reformation 1517 bis 1539, in: Geschichte der Stadt Leipzig, Bd. 1: Von den Anfängen bis zur Reformation, hg. von Enno BÜNZ unter Mitwirkung von Uwe JOHN, Leipzig 2015, S. 648–667, hier S. 661 und 663.
157 Geschichte Dithmarschens. Von den Anfängen bis zum Ende der Bauernrepublik, hg. von Martin GIETZELT, Heide 2015, S. 108; Andreas Ludwig Jacob MICHELSEN, Das alte Dithmarschen in seinem Verhältnisse zum Bremischen Erzstift, Schleswig 1829.
158 KURZE, Pfarrerwahlen (wie Anm. 79) S. 294; zum Folgenden Heinz STOOB, Geschichte Dithmarschens im Regentenzeitalter, Heide 1959, S. 184–190; Jörg MISSFELDT, Die Republik Dithmarschen, in: Geschichte Dithmarschens (wie Anm. 158) S. 131–175, hier S. 154 f.

Einfluss der Kirchengemeinden und namentlich der Kirchengeschworenen auf die Pfarreien zu stärken. Im August 1523 erklärten die zwanzig Kirchspiele Dithmarschens in einem feierlichen Verbündnis den Propst und das Kapitel in Hamburg aller ihrer Ansprüche verlustig. Die kirchlichen Abgaben sollten künftig *by de swaren der kerken by waringe des landes* verbleiben, und *eyn itlick carspel schollen ere kerken, vicarien vnd commenden suluest mechtich syn vnd de vorlehnen*.[159] Dabei beriefen sich die Dithmarscher Bauern auf eine Rechtsposition, die aufgrund des Patronatsrechts eigentlich selbstverständlich war, *patronum faciunt dos, edificatio, fundus*.[160] Die Dithmarscher setzten damit die Pfarrerwahl der Gemeinden durch, die zwei Jahre später den ersten Programmpunkt der Zwölf Artikel im Bauernkrieg bilden sollte, doch bloßes Programm blieb.[161] Dithmarschen blieb damit altgläubig. Der erste Versuch, die lutherische Lehre im Land einzuführen, unternahm 1523 der Meldorfer Kirchherr Nikolaus Boie, der den ehemaligen Augustinereremiten Heinrich von Zütphen aus Bremen nach Dithmarschen berief. Auf Betreiben der Meldorfer Dominikaner wurde der reformatorische Prediger gefangengesetzt und in den Landesvorort Heide verbracht, wo er am 10. Dezember 1524 getötet und verbrannt wurde.[162] Es gibt keine sicheren Belege dafür, dass sich das Land in den folgenden Jahren der lutherischen Lehre öffnete. Zum Wendepunkt dürfte dann erst die Entscheidung des Lübecker Rats vor 1530 geworden sein, die Feier der Messen einzustellen. Die mächtige Hansestadt Lübeck war der wichtigste Bündnispartner Dithmarschens im Norden. Gleichwohl dauerte es noch bis Pfingsten 1533, bis die Landesversammlung in Dithmarschen die Reformation einführte.[163] Schon ein Jahrzehnt zuvor hatte die Bauernrepublik sich in kirchlicher Hinsicht vom Hamburger Domkapitel gelöst und die Regelung aller kirchlichen Belange – von der geistlichen Gerichtsbarkeit über die Verwaltung der Kircheneinkünfte bis hin zur Besetzung der Pfarrstellen – in die Hände der Landesverwaltung und der Kirchspielsinstanzen gelegt.[164] Die Bauernrepublik vollzog damit einen Schritt, den viele Territorien, Reichs- und Hansestädte im ausgehen-

---

159 Claus ROLFS, Urkundenbuch zur Kirchengeschichte Dithmarschens besonders im 16. Jahrhundert, Kiel 1922, S. 57 f., Nr. 29.
160 KURZE, Pfarrerwahlen (wie Anm. 79) S. 293 und 295.
161 BLICKLE, Die Revolution von 1525 (wie Anm. 11), S. 25, 29, 38 und 322.
162 Henneke GÜLZOW, Heinrich von Zütphen, in: Neue Deutsche Biographie, Bd. 8, Berlin 1969, S. 431; MISSFELDT, Republik (wie Anm. 159) S. 156–158.
163 Dietrich STEIN, Reformation in Dithmarschen – einige Informationen und Deutungsversuche, in: Dithmarschen. Landeskunde – Kultur – Natur 2017, H. 1, S. 4–16, hier S. 8–11; für die Durchsetzung der Reformation nun grundlegend: Gerald DÖRNER und Sabine AREND, Die evangelischen Kirchenordnungen des XVI. Jahrhunderts, Bd. 23: Schleswig-Holstein, Leipzig 2017, S. 435–511, die einschlägigen Ordnungen für Dithmarschen.
164 Dazu zusammenfassend MISSFELDT, Republik (wie Anm. 158) S. 131–175, hier S. 160 f.

den Mittelalter eingeleitet haben, die Begründung eines landesherrlichen beziehungsweise städtischen Kirchenregiments vor der Reformation.[165]

Ähnlich wie in Dithmarschen verlief die Hinwendung zur Reformation auch im Land Wursten, südlich der Elbmündung gelegen, einer Landschaft, die strukturell und verfassungsgeschichtlich mit Dithmarschen viele Gemeinsamkeiten aufzuweisen hatte.[166] Bereits 1517, endgültig dann 1525, also wesentlich früher als Dithmarschen, verlor das Land Wursten seine Unabhängigkeit und wurde vom Bremer Erzbischof unterworfen. Die benachbarte Landschaft Hadeln, ebenfalls von starken Landgemeinden geprägt, unterstand bereits seit dem Mittelalter der Herrschaft des Herzogs von Sachsen-Lauenburg.[167] Die Reformation fand im Land Hadeln schon in den frühen 1520er Jahren Eingang, aber dass Herzog Magnus von Sachsen-Lauenburg bereits 1526 eine evangelische Kirchenordnung für das Land Hadeln erlassen haben soll, ist eine Legende. Die Ordnung gehört erst in die 1540er Jahre.[168] Im dortigen Kirchspiel Altenbruch lässt sich 1526 tatsächlich eine Gemeindereformation beobachten[169]: Schultheiß, Schöffen und Juraten (Kirchenpfleger) forderten ihren Pfarrherrn, den Bremer Domherrn und Archidiakon von Hadeln, Ludolf Klencke, auf, persönlich in Altenbruch zu residieren, die Pfarrseelsorge auszuüben und das Wort Gottes „lauter und klar zu lesen", dann solle er auch *melk und wulle der schape* gebrauchen, also seine Pfarreinkünfte aus der Gemeinde beziehen. Wie Axel Behne jüngst nachgewiesen hat, spielten die Bauern damit auf eine Schrift Luthers von 1523 an.[170] Da der Pfarrer nicht bereit war, seine Bremer Domherrnstelle aufzugeben, betraute die Gemeinde den Stellvertreter des Pfarrers, einen lutherisch gesinnten Vikar namens Johannes Brandes, mit der Pfarrseelsorge. Erst neun Jahre später (1538) – man beachte den Zeitraum! – schlossen die Kirchenpfleger von Altenbruch einen Vertrag mit dem Bremer Domherrn; sie erklärten sich bereit, ihm die jahrelang vorenthaltenen Pfarreinkünfte auszuzahlen, sicherten sich dafür aber das Recht, künftig ihren Pfarrer frei wählen zu dürfen.[171] Der Vorgang zeigt recht deutlich, dass hier die Pfarrgemeinde – repräsentiert von den bäuerlichen Kirchenpflegern – die Reformation durchsetzte und in diesem

---

165 Enno Bünz, Kirchenregiment und frühmoderne Staatsbildung. Entwicklungslinien deutscher Landesherrschaft (1450–1550), in: Die Reformation. Fürsten – Höfe – Räume (Quellen und Forschungen zur sächsischen Geschichte 42), hg. von Armin Kohnle und Manfred Rudersdorf unter Mitarbeit von Marie Ulrike Jaros, Leipzig 2017, S. 94–114.
166 Erich von Lehe, Geschichte des Landes Wursten, mit einem Beitrag von Werner Haarnagel, Bremerhaven 1973, S. 266 f.
167 Eduard Rüther, Geschichte des Landes Hadeln. Aus dem Schrifttum des Heimatbundes der „Männer vom Morgenstern", Otterndorf 1949, S. 84 f. und 120–122.
168 Axel Behne, Bauern zitieren Luther. Voraussetzungen, Verlauf und Folgen der Reformation in Hadeln, in: Dannenberg/Otte, Reformation (wie Anm. 144) S. 65–100, S. 79.
169 Behne, Bauern (wie Anm. 168) S. 82–90.
170 Behne, Bauern (wie Anm. 168) S. 83 (Luthers Auslegung des Petrus-Briefs).
171 von Lehe, Geschichte (wie Anm. 166) S. 267; Behne, Bauern (wie Anm. 168) S. 87 f.

Zusammenhang auch die Pfarrerwahl beanspruchte. Hilfreich wird dabei der Rückhalt bei dem sogenannten Gräfen, dem Vertreter des Landesherrn in Hadeln, gewesen sein, der lutherisch gesonnen war.[172] Im benachbarten Amt Ritzebüttel, das der Stadt Hamburg unterstand, gab es ebenfalls schon in den 1520er Jahren reformatorische Regungen. In Steinmarne, dem heutigen Döse, setzten die Bauern in ihrer Kapelle einen lutherischen Prediger ein und lösten sich damit von dem altgläubigen Mutterkirchspiel Altenwalde, wo übrigens noch bis 1557 ein katholischer Pfarrer wirkte.[173] Nicht nur diese Beispiele warnen davor, aus Einzelbelegen eine schnelle Durchsetzung der evangelischen Lehre in den Landgemeinden abzuleiten. Die Durchsetzung der Reformation vollzog sich im Land Hadeln in mehreren Phasen von 1520 bis 1570.[174]

Diese Vorgänge in Hadeln mochten freilich den Bremer Erzbischof als neuen Landesherrn von Wursten alarmieren. Im Stader Vertrag verpflichtete er 1525 die Landgemeinden in Wursten, die geistlichen und weltlichen Rechte des Erzbischofs, der Bremer Kirche und ihrer Prälaten nicht anzutasten und die (altgläubigen) Geistlichen im Land „bei alter Wirkung und Gerechtigkeit" bleiben zu lassen.[175] Die Befürchtung war nicht unberechtigt, denn bei einem Aufenthalt im Land 1531 klagte der Erzbischof gegenüber den Wurster Vögten, dass die Leute den Seelmessen und Vigilien fernblieben. 1544 erreichten die Wurster, dass vom Erzbischof lutherisch gesonnene Vögte im Land eingesetzt wurden.[176] Das wird die Ausbreitung der Reformation befördert haben. Wie unsicher unsere Kenntnisse sind, betont allerdings Erich von Lehe mit dem Hinweis, dass es vor 1552 „fast völlig an Quellen aus dem Lande selbst" mangle.[177] Das Grundproblem ist, dass es mangels Quellen vielfach nicht möglich ist, die Durchsetzung der Reformation – oder ihre Ablehnung – auf der Ebene der Gemeinden nachzuzeichnen.

Dass das alles andere als ungewöhnlich ist, zeigt ein Seitenblick in andere Landschaften, in denen die Entfaltungsmöglichkeiten des bäuerlichen Kommunalismus unter den Rahmenbedingungen starker Landesherrschaften ohnehin begrenzt waren. Dass Blickles Kommunalismustheorie für den mitteldeutschen Raum – 1525 teilweise stark vom Bauernkrieg betroffen – zutrifft, hat schon Heide Wunder in Frage gestellt.[178] Es fehlt allerdings weitgehend an Regional- und Lokal-

---

172   BEHNE, Bauern (wie Anm. 168) S. 86.
173   VON LEHE, GESCHICHTE (wie Anm. 166) S. 267f. und 269.
174   BEHNE, Bauern (wie Anm. 168) S. 99.
175   VON LEHE, Geschichte (wie Anm. 166) S. 268.
176   VON LEHE, Geschichte (wie Anm. 166) S. 271.
177   VON LEHE, Geschichte (wie Anm. 166) S. 267; ebenso zur Quellenlage Matthias NISTAL, Die Zeit der Reformation und Gegenreformation und die Anfänge des Dreißigjährigen Krieges (1511–1632), in: Geschichte des Landes zwischen Elbe und Weser, Bd. 3: Neuzeit (Schriftenreihe des Landesverbandes der ehemaligen Herzogtümer Bremen und Verden 9), Stade 2008, S. 1–172, hier S. 1.
178   Heide WUNDER, Die bäuerliche Gemeinde in Deutschland, Göttingen 1987, S. 92f.

studien. Eine bedeutende Untersuchung hat Martin Sladeczek über Vorreformation und Reformation auf dem Land in Thüringen vorgelegt. Er betrachtet bereits die Jahre 1522 bis 1524 „als zentrale Zeit des reformatorischen Wandels auf dem Land".[179] Tatsächlich sind viele Einzelbefunde zu konstatieren, Rückgang der Opfer, Verweigerung der Zinsen für geistliche Institutionen, Rückgang der Stiftungen, Ausschreitungen gegen Pfarrer („Pfaffenstürmen"), Ablehnung der geistlichen Gerichtsbarkeit. „In der Entstehung des Neuen", so Sladeczek, „fehlte jedoch eine Linie", die erst durch das Einsetzen der landesherrlichen Visitationen seit 1528 vorgegeben werden sollte.[180] Selbst dann vollzog sich der religiöse Wandel langsam in mehreren Jahrzehnten, so dass sich erst in der zweiten Hälfte des 16. Jahrhunderts Anschaffungen für die Kirche und Bemühungen um Veränderungen im lutherischen Sinn zeigen.[181] In Oberdorla, das zur Ganerbschaft Treffurt gehörte, wurde 1528 vom hessischen Landgrafen als neuer Pfarrer Jakob Schultheiß eingesetzt, wie dieser selbst notierte *durch bit der ganzen gemein zu Dorla*.[182]

Nur vereinzelt begegnet in den bäuerlichen Beschwerdeschriften von 1525 auch die Forderung nach der freien Pfarrerwahl.[183] Eine neuere Untersuchung für Ostthüringen hat das Fallbeispiel des Dorfs Möschlitz zutage gefördert, wo die Dorfgemeinde sich gegen den Willen der Herren Reuß als Landesherren und des Deutschen Hauses zu Schleiz als Patronatsherren nach 1539 einen Pfarrer wählte und diesen bis 1543 auch finanzierte, da der Landesherr den Pfarrzehnt sperrte.[184] Die Suche nach diesen klassischen Optionen der „Gemeindereformation" im Sinne Blickles führt nicht weiter, weil die Bauern sich nicht immer so verhielten, wie es der Historiker gern hätte. Der evangelische Kirchenhistoriker Johannes Herrmann hat die kursächsischen Visitationsprotokolle von 1528/29 gewissermaßen gegen den Strich gelesen und ist zu dem Ergebnis gekommen, dass „die Entscheidung für die neue Lehre auf dem Dorf eine Entscheidung für oder gegen den Pfarrer war".[185] Anders gewendet: Von der Haltung des Pfarrers hing es vielfach ab, ob

---

179 Martin SLADECZEK, Vorreformation und Reformation auf dem Land in Thüringen. Strukturen – Stiftungswesen – Kirchenbau – Kirchenausstattung (Quellen und Forschungen zu Thüringen im Zeitalter der Reformation 9), Köln u. a. 2018, S. 306 (Zitat).
180 SLADECZEK, Vorreformation (wie Anm. 179) S. 310.
181 SLADECZEK, Vorreformation (wie Anm. 179) S. 541.
182 Walter SOHM, Günther FRANZ und Eckhart G. FRANZ, Urkundliche Quellen zur hessischen Reformationsgeschichte, nach Walter KÖHLER, Bd. 2: 1525 bis 1547 (Veröffentlichungen der Historischen Kommission für Hessen und Waldeck 11,2), Marburg an der Lahn 1954, S. 69, Nr. 103B.
183 SLADECZEK, Vorreformation (wie Anm. 179) S. 294f.
184 Udo HAGNER, Einflüsse der Reformation auf die Dorfgemeinden im östlichen Thüringen, insbesondere in den reußischen Herrschaften sowie in den Ämtern Eisenberg und Tautenburg, in: Jahrbuch des Museums Reichenfels-Hohenleuben 63 (2018) S. 9–40, hier S. 12 und 27.
185 Johannes HERRMANN, Reformation auf dem platten Lande, in: Das Hochstift Meißen. Aufsätze zur sächsischen Kirchengeschichte (Herbergen der Christenheit, Sonderbd. 1),

die Gemeinde beim alten Glauben blieb oder zur lutherischen Lehre neigte. In Kursachsen wurde dann entscheidend, dass nach dem Tod Kurfürst Friedrichs des Weisen 1525 keine altgläubigen Geistlichen mehr eingesetzt wurden. Noch bei der ersten Visitation 1528/29 war aber nur die Hälfte der Pfarrer der Reformation zugetan.[186] Von Gemeindereformation keine Spur![187]

Werfen wir noch einen kurzen Blick auf Süddeutschland. Hans Rößler hat für die 1520er Jahre die evangelische Bewegung in wenigen Städten wie München, Wasserburg und Landshut sozialgeschichtlich nachzeichnen können, nicht aber für die Dörfer, die erst in den 1550er und 1560er Jahren in den Blick geraten, aber auch in dieser Zeit vor allem durch lutherisch eingestellte Geistliche,[188] nicht durch Gemeinden, die als Akteure der Neuen Lehre auftraten. Erst Rolf Kießling hat den Befund für die Dörfer etwas präzisieren können und auf das 1525 auch in Altbayern greifbare ländliche Unruhepotential verwiesen, das freilich nirgends aktiv handelnde Dorfgemeinden geschweige denn eine Gemeindereformation erkennen lässt.[189] Auch hier im übrigen wieder der Befund einer langgestreckten Reformation, die selbst in Altbayern sogar auf dem Land in den 1550er Jahren erstaunliche Dimensionen annahm, so dass manche Pfarrer sich angesichts der Forderung der Bauern nach dem Evangelium regelrecht bedroht fühlten und nur noch bewaffnet über Land gingen.[190] Eine Studie über die Salzburger Bauern und die Reformation zeigt zwar die Ausbreitung lutherischen Gedankenguts auch auf dem Land, doch wird keine Gemeindereformation erkennbar, im übrigen auch deutlich, dass die Reformation hier ebenfalls ein langgestreckter Vorgang war.[191]

Generell muss man festhalten, dass es ausgesprochen schwierig ist, die Reformation auf dem Land zu verfolgen. Der Grund liegt in den Quellen, aber auch im Forschungsstand. Versucht man, den Forschungsstand zu sichten, gewinnt man

---

hg. von Franz LAU, Berlin 1973 S. 207–221, hier S. 208.
186 HERRMANN, Reformation (wie Anm. 185) S. 211.
187 Die Studie von LEO BÖNHOFF, Wie hielt in Sachsen die Reformation auf dem Lande ihren Einzug? Auf Grund urkundlicher Beilagen an einem bezeichnenden Beispiele dargestellt, in: Beiträge zur sächsischen Kirchengeschichte 16 (1903) S. 210–230, führt in die 1530er Jahre.
188 Hans RÖSSLER, Geschichte und Struktur der evangelischen Bewegung im Bistum Freising 1520 bis 1571 (Einzelarbeiten aus der Kirchengeschichte Bayerns 42), Nürnberg 1966; Hans RÖSSLER, Warum Bayern katholisch blieb. Eine Strukturanalyse der evangelischen Bewegung im Bistum Freising 1520 bis 1570, in: Beiträge zur altbayerischen Kirchengeschichte 33 (1981) S. 91–108.
189 KIESSLING, Reformation (wie Anm. 17) S. 61–64, zur starken evangelischen Bewegung auf dem Land in den 1550er und 1560er Jahren.
190 RÖSSLER, Geschichte (wie Anm. 187) S. 134f.; KIESSLING, Reformation (wie Anm. 17) S. 65.
191 Vgl. bei ZAISBERGER, Salzburger Bauer (wie Anm. 135) S. 386, die vagen Angaben über die Forderung des Abendmahls in beiderlei Gestalt, deutsche Sprache im Gottesdienst etc.

anhand der größeren Überblicksdarstellungen zumeist das Bild einer obrigkeitlich gesteuerten Reformation, in der Landgemeinden als Akteure gar nicht auftauchen.[192] Schaut man dann genauer hin, besteht die Gefahr, sich in zahllosen Regional- und Lokalstudien zu verlieren, die kein klares Bild bieten und wohl auch gar nicht bieten können, denn die Akteure wechseln, mal ist es der Orts- und Patronatsherr, der die Reformation befördert, mal der Dorfpfarrer selbst, der die lutherische Lehre aufgreift, sofern nicht ein „entlaufener" Mönch als Vermittler der Reformationsbotschaft auftritt, und mal ist es die Gemeinde, die einen solchen Prediger herbeiruft, weil man das „lautere Evangelium" verkündet haben will. Die Quellenüberlieferung begünstigt einen gewissen Impressionismus, denn in der Regel sind es nur Momentaufnahmen, insbesondere konfliktträchtige, weil vor allem diese die Schreibfedern in Gang setzten und dem Historiker dadurch bekannt werden lassen. Ein gewisses Korrektiv sind die Kirchenrechnungen, die selbst für manche Dorfpfarreien schon aus dem 15. oder frühen 16. Jahrhundert überliefert sind. Für Kursachsen sind Kirchenrechnungen sogar abschriftlich in den Ämterrechnungen überliefert, weil die Amtmänner die Rechnungslegung kontrollierten.[193] Sichere Indikatoren für die Durchsetzung der Reformation sind der Rückgang der Kollekten und die Abschaffung der Seelmessen, für die dann in den Rechnungen keine Ausgaben mehr verbucht werden. Darauf wurde bereits hingewiesen. Andere Kriterien, wie sie beispielsweise in einer neueren Untersuchung für die Kirchspiele im Amt Wittenberg zugrunde gelegt wurden, sind hingegen uneindeutig, etwa die Anschaffung von Luther-Schriften oder von Kirchengestühl. Dass kein Weihrauch mehr beschafft wurde, mag auf einen Frömmigkeitswandel hinweisen, doch wurde in Kursachsen der Gebrauch von Weihrauch nur langsam zurückgedrängt. Der Einkauf von Wein für den Gottesdienst belegt hingegen nicht die lutherische Praxis des Abendmahls in beiderlei Gestalt, denn Wein wurde den Gläubigen auch vor der Reformation als ungewandelter Ablutionswein gereicht. Ausgaben für Wein in den Kirchenrechnungen besagen also gar nichts für eine altgläubige oder eine lutherische Abendmahlspraxis.[194] Das alles kann hier nur noch angedeutet werden,

---

192 Vgl. beispielsweise die Beiträge zu Territorien und Regionen in: Handbuch der Geschichte der evangelischen Kirche in Bayern (wie Anm. 151).
193 Vgl. dazu Uwe SCHIRMER, Unerschlossene Quellen zur Reformationsgeschichte. Kirchenrechnungen aus dem ernestinischen Kursachsen (1514–1547), in: Perspektiven der Reformationsforschung in Sachsen. Beiträge des Ehrenkolloquiums zum 80. Geburtstag von Karlheinz Blaschke (Bausteine aus dem Institut für Sächsische Geschichte und Volkskunde 12), hg. von Winfried MÜLLER, Dresden 2008, S. 107–123. Einen Auswertungsversuch unternimmt Sebastian VON BIRGELEN, Die Reformation auf dem Lande. Kirchenrechnungen aus dem kursächsischen Amt Wittenberg (1519–1546) (Wissenschaftliche Beiträge aus dem Tectum Verlag: Geschichtswissenschaft 19), Marburg an der Lahn 2011, vgl. dazu meine Besprechung in: Sachsen und Anhalt 27 (2015) S. 320–323.
194 So aber irrig Peter GBIORCZYK, Die „zwei Reformationen" in der Grafschaft Hanau-Münzenberg am Beispiel der Landgemeinden Bruchköbel, Nieder- und Oberissigheim und

mag aber zeigen, wie schwer es ist, den Frömmigkeitswandel durch die Reformation in Quellen vor Ort klar nachzuweisen. Notwendig sind eine breite Quellengrundlage und eine weitgestreckte Forschungsperspektive, wie sie beispielsweise C. Scott Dixon seiner Arbeit über die Reformation in den Landpfarreien des Fürstentums Brandenburg-Ansbach-Kulmbach 1528 bis 1603 zugrunde gelegt hat.[195] Diese langgestreckte Reformation vollzog sich freilich „im Spannungsfeld von Obrigkeit und Gemeinde" (Rolf Kießling).[196] Die ländliche Reformation endete nicht 1525, sondern gewann in vielen Territorien erst in den folgenden Jahrzehnten eine hohe Dynamik. Günther Franz hat seine Geschichte des deutschen Bauernkriegs mit dem Fazit geschlossen, die Bauern seien nach 1525 in politische Bedeutungslosigkeit abgesunken und das habe zu einer dreihundertjährigen „Dumpfheit" der Bauern geführt.[197] Auch hier sollte man in Erinnerung rufen, dass 1525 nicht reichsweit eine Zäsur für die Bauern war und dass auch die Niederlage von 1525 nicht grundsätzlich die Mitsprachemöglichkeiten der Bauern in Dorf und Kirche eliminierte, selbst wenn die Dorfgemeinden mancherorts hart abgestraft wurden.[198]

IV

Kommen wir zum Schluss: Es gibt gute Gründe, das Konzept der Gemeindereformation kritisch zu hinterfragen. Der Begriff ist nicht völlig verfehlt, solang man im Blick behält, dass Peter Blickle ihn aufgrund einer überschaubare Quellengrund-

---

Roßdorf (1514–1670). Ein Beitrag zum Reformationsjubiläum 2017, in: Neues Magazin für Hanauische Geschichte 2017, S. 8–67, hier S. 16 f., obwohl er auch vorreformatorische Belege für Weineinkauf hat, woraus er auf eine „vorreformatorische Praxis des Laienkelchs" schließt (S. 18).
195 C. Scott Dixon, The Reformation and rural society. The parishes of Brandenburg-Ansbach-Kulmbach 1528–1603 (Cambridge Studies in Early Modern History), Cambridge 1996; C. Scott Dixon, Die Einführung der Reformation in den ländlichen Pfarreien der Markgrafschaft Brandenburg-Ansbach-Kulmbach. Pfarrkultur und die Grenzen der Konfessionalisierung, in: Jahrbuch für fränkische Landesforschung 62 (2002) S. 93–112; C. Scott Dixon, Die religiöse Transformation der Pfarreien im Fürstentum Brandenburg-Ansbach-Kulmbach. Die Reformation aus anthropolgischer Sicht, in: Ländliche Frömmigkeit (wie Anm. 63) S. 27–41.
196 Das zeigt auch das Fallbeispiel von Jürgen Weyer, Die Reformation in den Dörfern Kirchhasel, Unterhasel und Oberhasel – unter Berücksichtigung der Ereignisse im mittleren Saaletal, in: Zeitschrift für thüringische Geschichte 73 (2019) S. 63–92.
197 Franz, Bauernkrieg (wie Anm. 23) S. 299.
198 Vgl. Uwe Schirmer, Die Entmündigung der bäuerlichen Gemeinden als „negative Implikation" der Reformation? Beobachtungen aus dem thüringisch-obersächsischen Raum (ca. 1400–1600), in: Negative Implikationen der Reformation? Gesellschaftliche Transformationsprozesse 1470 bis 1620 (Quellen und Forschungen zu Thüringen im Zeitalter der Reformation 4), hg. von. Werner Greiling, Armin Kohnle und Uwe Schirmer, Köln u. a. 2015, S. 163–200.

lage für einen Teil Oberdeutschlands und der Schweiz und für den kurzen Zeitraum der frühen 1520er Jahre entwickelt hat. Blickle hat richtig erkannt, dass die Kommunalisierung auf dem Land auch das Niederkirchenwesen erfasst hatte, dass diese Entwicklung bereits vor der Reformation einsetzte und durch Bauernkrieg und Reformation eine zusätzliche Dynamik erhielt. Allerdings beschränkte sich diese Kommunalisierung keineswegs nur darauf, das Recht der Pfarrerwahl zu erlangen, die erste Forderung der programmatischen Zwölf Artikel, ein Ziel übrigens, das auch im Zuge der Reformation nicht leichter durchsetzbar war.

Die Reformation war allerdings ein langgestreckter Vorgang, der überhaupt erst nach 1525 seine volle Dynamik entfaltete und bis zur Mitte des 16. Jahrhunderts zahlreiche Territorien und Reichsstädte im Heiligen Römischen Reich erfasste. Diese Hochphase der Reformation ging nicht von den Gemeinden aus, sondern wurde von den weltlichen Territorialherren, den Reichsstädten und zunehmend auch von den zahlreichen Landadligen vorangetrieben.[199] Fürstenreformation, Stadtreformation, Adelsreformation sind also die maßgeblichen Konzepte oder Erklärungsansätze, die helfen, die erfolgreiche Durchsetzung der Reformation in großen Teilen des Reiches zu erklären und zu verstehen.

Wir müssen uns mit dieser Einsicht allerdings nicht vom Begriff der Gemeindereformation oder – wie Blickle für den ländlichen Raum präzisiert hat – vom Begriff der bäuerlichen Reformation völlig verabschieden. Angesichts der Dominanz der ländlichen Lebenswelt in der Reformationszeit und noch lang darüber hinaus mussten auch Fürsten, Städte und Adlige die neue Lehre in den Dörfern implementieren. Die entscheidende Schnittstelle oder Drehscheibe war hierbei die Pfarrei, also eben jene geistliche Institution, die die Landgemeinden schon vor der Reformation ansatzweise kommunalisiert hatten, ungeachtet fortbestehender herrschaftlicher Einflussmöglichkeiten über das Patronatsrecht, also die Besetzung des Pfarramts selbst.

Diesen Prozess der Durchsetzung der Reformation auf dem Land nachzuzeichnen, bleibt eine grundlegende Forschungsaufgabe, die erst ansatzweise durch manche Regional- und Lokalstudien gelöst ist. Dabei geht es allerdings nicht um eine Reformation, die selbstbestimmt und allein von bäuerlichen Landgemeinden durchgeführt wurde, sondern dieser Vorgang vollzog sich im Spannungsfeld von Herrschaft und Genossenschaft. Anders ging es nicht.

---

199 Vgl. dazu RÖSSLER, Geschichte und Struktur (wie Anm. 189); KIESSLING, Reformation (wie Anm. 17); Christoph VOLKMAR, Die Reformation der Junker. Landadel und lutherische Konfessionsbildung im Mittelelberaum (Quellen und Forschungen zur Reformationsgeschichte 92), Gütersloh 2019; Ritterschaft und Reformation (Geschichtliche Landeskunde 75), hg. von Wolfgang BREUL und Kurt ANDERMANN, Stuttgart 2019.

Nina Gallion

„Damit das evangelium und die gerechtigkeit ein furgang uberkom"

Der Bauernkrieg im Kraichgau und am Bruhrain

Am 7. Mai 1525 begannen die unzufriedenen Bauern aus dem Kraichgau sich in Gochsheim zu sammeln. In der Nachbarschaft – im Odenwald, im Neckartal, im Badischen, in Württemberg und am Bruhrain – rumorte es schon längst, hatten sich längst Aufständische zusammengefunden, war längst geplündert worden und war Blut geflossen, als man am Ostersonntag in Weinsberg den Grafen von Helfenstein und seine Männer durch die Spieße getrieben hatte.[1] Längst zog das Heer des Schwäbischen Bundes unter Georg Truchsess von Waldburg durchs Land und stand bereits in Württemberg, um die Bauern zurückzuschlagen und um Rache für die Weinsberger Bluttat zu nehmen.[2] Von all diesen Ereignissen wusste man in Gochsheim, das seit dem Landshuter Krieg von 1504/05 formal zum Herzogtum Württemberg gehörte, sich aber weiterhin im Lehnsbesitz der Grafen von Eberstein befand. Graf Wilhelm IV. von Eberstein förderte die lutherische Lehre und schien auch aufgeschlossen – ob freiwillig oder nicht – für die Reformforderungen der sich allerorts erhebenden Bauern.[3] So blickte man mit gespannter Erwartung und ernster Befürchtung auf die Ereignisse in Württemberg, als sich ein Schreiben des Eppinger Pfarrers Anton Eisenhut in der Umgebung verbreitete. Sein Wortlaut ist im Bericht des kurpfälzischen Kanzleisekretärs Peter Harer überliefert:

Gedult und demutige bestendigkeit unsers Seligmachers wunschen wir euch in allen ewern anliegenden nötten zuvoran, liebe bruder in Christo. Ir wissent, das wir schwerlich hinder unser herschaft und den amtleuten gesessen seind, desgleichen bey monchen und pfaffen. Doch ists zum letzsten in tag komen ir hendel, die sie geprauchet haben, das sey Got gelobt. Herumb so mane ich euch uffs allerhöchst, das ir uff stund an mit allen ewern mitbrudern alhie zu Gochsheym erscheinen wollent mitsampt

---

1   Zur Weinsberger Bluttat vgl. den Beitrag von Hermann EHMER in diesem Band S. 169–185.
2   Peter BLICKLE, Der Bauernjörg. Feldherr im Bauernkrieg. Georg Truchsess von Waldburg 1488 bis 1531, München 2015, S. 188–227.
3   Zu weiterführenden Informationen vgl. Anm. 55.

einem wagen, damit das evangelium und die gerechtigkeit ein furgang uberkom. So ir nit komen werdent, so will ich mit meinen mitbrudern bey euch erscheinen, das sollent ir euch gegen mir tröstlich versehen.[4]

Anfang Mai hatte Anton Eisenhut sich noch in Degerloch im Lager der vereinigten württembergischen Bauernhaufen befunden, um dann nach Eppingen zurückzukehren und von hier aus Anhänger für die gemeinsame Sache zusammenzutrommeln. Und sie kamen. Am 7. Mai 1525, dem Tag der Gochsheimer Zusammenkunft, dürfte der umtriebige Eisenhut bereits über ein paar hundert Mann verfügt haben. Dieser „helle Haufen", den ein anderer Chronist als den „Haufen von Gochsheim" bezeichnet, vermehrte sich schon bald rasant und war am Ende wohl zwölfhundert Mann stark.[5] In nur acht Tagen sollte es ihm gelingen, fast den gesamten Kraichgau zu erobern.

---

4   Willi ALTER, Die Berichte von Peter Harer und Johannes Keßler vom Bauernkrieg 1525 (Veröffentlichungen der Pfälzischen Gesellschaft zur Förderung der Wissenschaften 88), Speyer 1995, S. 54. Genauere Hinweise zum Bericht des Peter Harer folgen weiter unten in Abschnitt III.

5   Sowohl Roland Halbritter als auch Bernd Röcker schreiben, dass sich in Gochsheim zwölfhundert Mann versammelt hätten, Roland HALBRITTER, Mit Bibel und Hellebarde. Der Bauernkrieg im Kraichgau, in: Zwischen Fürsten und Bauern. Reichsritterschaft im Kraichgau (Heimatverein Kraichgau, Sonderveröff. 8), hg. von Clemens REHM und Konrad KRIMM, Sinsheim 1992, S. 68–83, hier S. 75; Bernd RÖCKER, Der Bauernkrieg in Kraichgau und Hardt, Ubstadt-Weiher 2000, S. 58. Sie folgen darin der Schilderung Peter Harers: *Nachdem aber die inwoner im flecken Gochsheim, uff dem Kreichgaw, den graven von Eberstein zugehorig, zu seim furhaben bewegt, also das er den leger bey ine furgenomen, bracht er in kurzer frist ein mann oder 1200 zuwegen, macht ein haufen, nennet in den hellen haufen*; ALTER, Berichte (wie Anm. 4) S. 54. Differenzierter äußert sich Michael Klebon, der vermutet, dass sich um Anton Eisenhut anfänglich etwa zweihundert Mann scharten und dass sein Haufen erst im Lauf der Zeit auf etwa zwölfhundert Mann anwuchs. Vgl. Michael KLEBON, Im Taumel des Evangeliums. Anton Eisenhut und der Kraichgauer Haufen im „Bauernkrieg". Absichten, Planungen und Taten als Ausdruck einer dynamischen Phase der Revolution von 1525, Ubstadt-Weiher 2020, S. 80 mit Anm. 242. Ein vergleichender Blick, wie viele Menschen an den einzelnen Haufen beteiligt gewesen sein könnten, findet sich bei Hans-Martin MAURER, Der Bauernkrieg als Massenerhebung. Dynamik einer revolutionären Bewegung, in: Bausteine zur geschichtlichen Landeskunde von Baden-Württemberg, hg. von der Kommission für geschichtliche Landeskunde in Baden-Württemberg, Stuttgart 1979, S. 255–295, hier S. 255–257. Aus dem erwähnten Harer-Zitat geht auch die Bezeichnung des *hellen haufens* hervor. Klebon führt als weitere Variationen den *eysenhutischen haufen* und den *kreichgawischen haufen* nach Peter Harer, den *Iochßheymer hauffen* nach einer Speyrer Bauernkriegschronik und den *hauf von Gohtzem* nach den Schilderungen von Georg Schwarzerd an, KLEBON (wie oben) S. 79 mit Anm. 233. Die Speyrer Bauernkriegchronik findet sich unter dem Titel ‚Bauernkrieg am Oberrhein' bei Franz Joseph MONE, Quellensammlung der badischen Landesgeschichte, Bd. 2, Karlsruhe 1854, S. 17–41, hier S. 31, Kap. 44: *dan seine underthanen so bym Jochßheymer hauffen gewesen, seint uff soliche vertrostung auch ruwig gemacht und gestilt worden*. Der Bericht Georg Schwarzerds ist gedruckt bei Josef WÜRDINGER, Nachricht von dem Bauernaufruhr oder bäurischen Krieg des Georg Schwartzerdt 1514 bis 1526 (Separatabdruck aus dem Neuburger Collectaneenblatt), Neuburg an der Donau 1879, hier S. 35: *Am mitwoch*

Dieser Beitrag möchte die Vorgänge im Kraichgau und am benachbarten Bruhrain in der Zeit des Bauernkriegs beleuchten, wofür zunächst die betreffenden Räume mit ihren territorialen Charakteristika zu betrachten sind (I). Denn daraus ergeben sich äußere Rahmenbedingungen, die den spezifischen Verlauf des Bauernkriegs beeinflussten. Die anschließende chronologische Annäherung an die Ereignisse fragt nach den Ursachen und den Anlässen der Erhebungen; insbesondere für den Kraichgau ist damit auch die Frage verbunden, weshalb es hier im Vergleich zu den umliegenden Gebieten zu der schon erwähnten zeitlichen Verzögerung kam (II). Im Mittelpunkt des Aufsatzes stehen sodann die maßgeblichen Akteure, Orte und Strategien des eigentlichen Kriegsverlaufs (III), wobei der Fokus sich zuerst auf die Entwicklung am Bruhrain richtet, dann auf den hellen Haufen Anton Eisenhuts und seine Taten und schließlich auf die Stadt Bretten, die als einzige Stadt im Kraichgau von den Bauern nicht erobert werden konnte. Mit der letzteren Schwerpunktsetzung folgen die weiteren Ausführungen nicht nur den umherziehenden Bauern und ihrer Position, sondern erlauben es auch, die Situation an einem umkämpften Ort nachzuvollziehen. Der Beitrag schließt mit den Reaktionen der Herrschaftsträger am Ende des Bauernkriegs in der Region (IV) und mit einem kurzen Fazit (V).

I

Beschäftigt man sich mit dem Bauernkrieg im Kraichgau und am Bruhrain, dann fällt auf, dass dieses Thema bislang kaum je im Mittelpunkt der wissenschaftlichen Bauernkriegsforschung stand. Es gibt lediglich zwei Monographien, die sich an ein breiteres Publikum wenden, wohingegen die gängigen Überblickswerke die hiesigen Ereignisse nur mit wenigen Sätzen streifen, wenn überhaupt.[6] Die mangelnde

---

nach Jubilate zu nacht zog jetzgemelter hauf von Gohtzem für Eppingen, den wardt bald ufgethon. Auszugsweise ist der Bericht abgedruckt bei Alfons SCHÄFER, Urkunden, Rechtsquellen und Chroniken zur Geschichte der Stadt Bretten, Bretten 1967, S. 245–258, hier S. 257. Röcker spricht außerdem noch vom Eppinger Haufen, RÖCKER Bauernkrieg (wie Anm. 5) S. 55.
6 KLEBON, Taumel (wie Anm. 5); RÖCKER, Bauernkrieg (wie Anm. 5). Das Buch von Michael Klebon beruht auf seiner von Volkhard Huth und Bernd Schneidmüller betreuten Heidelberger Magisterarbeit aus dem Wintersemester 2010/11, die er bis zur Veröffentlichung der Monographie 2019 weiter ausbaute. Die von ihm gewählte Darstellungsform begründet Klebon folgendermaßen (S. 11): „Mein Weg besteht darin, einen für den interessierten Leser flüssig lesbaren, möglichst spannenden Fließtext zu verfassen – ohne abzweigende Gedankengänge und verästelte Diskussionen. [...] Die eigentliche ‚Schlacht' wird dann im wissenschaftlichen Apparat geschlagen." Und in der Tat enthält der äußerst umfangreiche und in Endnoten (im Anhang der einzelnen Kapitel) gestaltete Anmerkungsapparat viele interessante Erkenntnisse, Differenzierungen und Details; von 208 Seiten entfallen allein rund 89 Seiten auf den Apparat. Der sprachliche Ausdruck des Verfassers ist hingegen von einem stark dramatisierenden Ton geprägt. Der Rezensent Heiko Ullrich spricht gar von „stilistischen Ent-

Berücksichtigung ist allerdings weder darin begründet, dass im Kraichgau und am Bruhrain nichts passiert wäre, noch darin, dass es keine einschlägigen Quellen gäbe, ganz im Gegenteil, wie schon eingangs deutlich geworden sein dürfte. Der Grund liegt stattdessen wohl im Untersuchungsraum selbst und in seinen geographischen wie territorialen Gegebenheiten.

Der Kraichgau entwickelte sich auf dem Gebiet des römischen, durch den Limes geschützten Dekumatlandes und findet im Jahr 769 im Lorscher Codex zum ersten Mal Erwähnung. Gemeint war mit diesem Kraichgau allerdings ein viel kleineres, nur die unmittelbare Umgebung des Kraichbachs umfassendes Gebiet.[7] Die Landschaftsbezeichnung Kraichgau erfuhr dann im Lauf der Zeit eine Erweiterung und wuchs über den ursprünglich so benannten Raum hinaus, so dass um 1500 der habsburgische Hofhistoriograph Ladislaus Sunthaym ihn als *ain guts klains ländl* bezeichnen konnte und seit den 1540er Jahren die kaiserunmittelbare Ritterschaft ihren ganzen, damals konstituierten Kanton zwischen Neckar, Rhein, Pfinz und Zaber als Kraichgau titulierte.[8] Diese Ausweitung hatte aber zur Folge,

---

gleisungen", Heiko ULLRICH, Rezension zu Michael Klebon, Im Taumel des Evangeliums ..., in: Zeitschrift für die Geschichte des Oberrheins 169 (2021) S. 719–724, hier S. 723. Das Buch des Heimatforschers Bernd Röcker ist ein populärwissenschaftliches Werk, das auf einen Fuß- oder Endnotenapparat gänzlich verzichtet. An ausführlichen monographischen Darstellungen zum Bauernkrieg sind bei genauem Hinsehen nur zwei zu nennen, die den Ereignissen im Kraichgau und am Bruhrain allerdings wenig Platz geben, Wilhelm ZIMMERMANN, Allgemeine Geschichte des großen Bauernkrieges, Bd. 3, Stuttgart 1843, S. 593–595, 604f. und 821; Günther FRANZ, Der deutsche Bauernkrieg, München und Berlin ²1943, S. 230–232 und 234f. Die Monographie von Peter Blickle weist in ihrem Register keine einschlägigen Stichwörter auf und notiert nur in Anhang IV ,Tabellarische Übersicht zur Revolution von 1525' in der Spalte Oberrhein „Aufstand im Kraichgau", Peter BLICKLE, Die Revolution von 1525, München ⁴2004, S. 337. Neben den Monographien gibt es wenige einschlägige Aufsätze, so Thomas ADAM, Der Bauernkrieg 1525 in den bruhrainischen Ämtern Grombach, Bruchsal und umliegenden Gegenden, in: Hierzuland, H. 8 (1989) S. 8–21; HALBRITTER, Bibel (wie Anm. 5); Karl HARTFELDER, Der Bauernkrieg in der Markgrafschaft Baden und im Bruhrain, in: Westdeutsche Zeitschrift für Geschichte und Kunst 1 (1882) S. 66–87; Bernd RÖCKER, Der „Pfaffe" Anton Eisenhut und der Bauernkrieg im Kraichgau, in: Eppingen. Rund um den Ottilienberg 1 (1979) S. 63–72.

7 Kurt ANDERMANN, Der Kraichgau – eine Landschaft dazwischen, in: Der Kraichgau. Facetten der Geschichte einer Landschaft (Kraichtaler Kolloquien 6), hg. von Kurt ANDERMANN und Christian WIELAND, Epfendorf 2008, S. 11–25, hier S. 13f.; Thomas ADAM, 1250 Jahre Kraichgau. Schwierige Grenzziehung in einer kleinteiligen Landschaft, in: Badische Heimat 99 (2019) S. 200–205, hier S. 200 (mit einer Abbildung des Kraichgau-Eintrags im Lorscher Codex auf S. 201). Zum Begriff und zur Bedeutung des Kraichgaus im Lauf der Geschichte vgl. Klaus GRAF, Der Kraichgau. Bemerkungen zur historischen Identität einer Region, in: Die Kraichgauer Ritterschaft in der Frühen Neuzeit (Melanchthon-Schriften der Stadt Bretten 3), hg. von Stefan RHEIN, Sigmaringen 1993, S. 9–46.

8 Zitat nach GRAF, Kraichgau (wie Anm. 7) S. 36. Zur Entstehung des Ritterkantons Kraichgau vgl. ANDERMANN, Kraichgau (wie Anm. 7) S. 20f.; Christian WIELAND, Adliges Selbstverständnis und ständische Selbstbehauptung. Die Kraichgauer Ritterschaft in der Frühen Neuzeit, in: Kraichgau Facetten (wie Anm. 7) S. 103–126, hier S. 116.

dass sich der Kraichgau nach heutigem Verständnis geographisch allenfalls näherungsweise beschreiben lässt. Zwischen dem Odenwald im Norden und dem Schwarzwald im Süden gelegen, eingerahmt von Rhein, Neckar und dem heutigen Naturpark Stromberg-Heuchelberg, ist die bisweilen als „badische Toskana"[9] gepriesene Landschaft von jeher im wesentlichen ländlich geprägt. In westlicher Richtung schließt sich der Bruhrain an, der grob als das Gebiet zwischen Bruchsal und Wiesloch umrissen werden kann und den der Gelehrte David Chytraeus 1561 in seiner ‚Oratio de Creichgoia' den westlichen Teil des Kraichgaus nannte.[10] Der hügelige Kraichgau geht hier in das dem Rhein vorgelagerte Feuchtgebiet des Bruhrains über, so dass eine naturräumliche Grenze besteht.[11] Diese Unterscheidung entspricht übrigens auch der Logik der überlieferten Quellen, die zwischen den bruhrainischen Bauern und der Gruppe um Anton Eisenhut, mithin den Kraichgauer Bauern, klar trennen.[12] Die geographische und territoriale Situation der gesamten Region lässt sich mit einem Diktum Kurt Andermanns als „Landschaft dazwischen" beschreiben,[13] nämlich als zwischen verschiedenen Naturräumen und den Territorien großer Herrschaftsträger gelegen – was sie aber keineswegs zu einem Niemandsland machte. Sie war vielmehr ein „Jedermannsland", auf das die benachbarten Fürsten ein begehrliches Auge warfen und das mithin im Spannungsfeld unterschiedlicher Kräfte lag. Die daraus resultierende Kleinteiligkeit wird aus der Vielzahl der herrschaftlichen Akteure deutlich. Den größten Einfluss auf den Kraichgau konnte die im Norden und Osten benachbarte Kurpfalz ausüben, die ihre Städte Sinsheim, Bretten, Eppingen, Heidelsheim und Hilsbach mit dem jeweiligen Umland in ihre Verwaltungsstruktur einbezog und zudem das

---

9   ADAM, Kraichgau (wie Anm. 7) S. 200. Adam spricht auch von „Klein-Italien", wegen des milden Klimas und der schönen Landschaft.
10   Gerhard FOUQUET, David Chytraeus und seine ‚Oratio de Creichgoia', in: Kraichgau Facetten (wie Anm. 7) S. 27–47, hier S. 38; vgl. auch Leopold FEIGENBUTZ, Der Kraichgau und seine Orte. Eine geschichtliche Abhandlung, verbunden mit der 2. Auflage Samuel Friedrich Sauters alten Nachrichten von Flehingen, Bretten 1878, S. 274: „Der untere Theil des Kraichgaues führt seit uralter Zeit den Namen Bruhrein, ohne je für sich einen selbstständigen Gau gebildet zu haben; er bildete vielmehr mit dem obern Kraichgau und dem Anglachgau einen zu einem Ganzen verbundenen Landstrich – den Kraichgau – welchem der Gaugraf, der in Bretten residirte, vorstand." Vgl. auch die Karte bei KLEBON, Taumel (wie Anm. 5) S. 8 f.; Franz GEHRIG, Der Bruhrain, seine Landfaute und andere Amtmänner, in: Kraichgau 8 (1983) S. 73–87.
11   ANDERMANN, Kraichgau (wie Anm. 7) S. 13; KLEBON, Taumel (wie Anm. 5) S. 18; Friedrich HUTTENLOCHER, Naturräumliche Gliederung von Baden-Württemberg (Historischer Atlas von Baden-Württemberg, Erläuterungen 2,4), Stuttgart 1972, S. 7 f., vgl. auch die dazugehörige Karte ‚Karte der naturräumlichen Gliederung von Baden-Württemberg', die den Bruhrain allerdings nicht anzeigt: Historischer Atlas von Baden-Württemberg, hg. von der Kommission für geschichtliche Landeskunde in Baden-Württemberg, Stuttgart 1972, Karte II,4.
12   KLEBON, Taumel (wie Anm. 5) S. 18 und 107.
13   ANDERMANN, Kraichgau (wie Anm. 7) S. 11.

Geleitsrecht auf einer wichtigen Fernstraße im südlichen Kraichgau besaß.[14] Südöstlich des Kraichgaus lag das Herzogtum Württemberg, das seine seit dem 14. Jahrhundert entwickelte Position zu Beginn des 16. Jahrhunderts mit dem Ausgang des Landshuter Kriegs noch einmal beträchtlich verstärken konnte, indem es nun etwa die Lehnshoheit über Gochsheim erlangte und die Schirmherrschaft über das Kloster Maulbronn mit seinen Besitzungen.[15] Dem Hochstift Speyer im Westen gehörten die Städte Bruchsal, Obergrombach, Rotenberg und Waibstadt, womit es vor allem am Bruhrain der maßgebliche Herrschaftsträger war.[16] Hinzu kommt der Kraichgauer Ritteradel, der sich später im bereits erwähnten Ritterkanton Kraichgau organisierte. Denn auch Adelsfamilien wie die Neipperg, Gemmingen, Sickingen, Flehingen, Venningen, Göler, Mentzingen und Helmstatt waren in der Region begütert und mussten aufpassen, dass sie und ihre Interessen im Kräftespiel der Großen nicht zu Schaden kamen. Nicht zuletzt deshalb unterhielten sie vielfältige Beziehungen zu allen umliegenden Fürsten, sei es als Vasallen oder als herrschaftliche Amtsträger, stets gerade so weit abhängig, dass es den eigenen Interessen dienlich war, und noch unabhängig genug, um nicht gänzlich vereinnahmt zu werden.[17] Der Kraichgau war also geprägt von einer Gemengelage einander

---

14 ANDERMANN, Kraichgau (wie Anm. 7) S. 16–19; KLEBON, Taumel (wie Anm. 5) S. 19–22; Sven RABELER, Stadt – Umland – Region. Zur Wirtschaftsgeschichte des Kraichgaus (13.–16. Jahrhundert), in: Kraichgau Facetten (wie Anm. 7) S. 49–74, hier S. 56. Klaus Graf bezeichnet den Kraichgau daher als „Experimentierfeld der pfälzischen Politik", GRAF, Kraichgau (wie Anm. 7) S. 30.
15 Nina KÜHNLE, Wir, Vogt, Richter und Gemeinde. Städtewesen, städtische Führungsgruppen und Landesherrschaft im spätmittelalterlichen Württemberg (1250–1534) (Schriften zur südwestdeutschen Landeskunde 78), Ostfildern 2017, S. 68. Zum Landshuter Krieg vgl. beispielsweise Peter SCHMID, Der Landshuter Erbfolgekrieg, in: Von Kaisers Gnaden. 500 Jahre Pfalz-Neuburg (Veröffentlichungen zur Bayerischen Geschichte und Kultur 50), hg. von Susanne BÄUMLER, Evamaria BROCKHOFF und Michael HENKER, Augsburg 2005, S. 75–108; Reinhard STAUBER, Die Auseinandersetzungen um das Landshuter Erbe als wittelsbachischer Hauskrieg, in: Von Wittelsbach zu Habsburg. Maximilian I. und der Übergang der Gerichte Kufstein, Rattenberg und Kitzbühel von Bayern an Tirol 1504 bis 2004 (Veröffentlichungen des Tiroler Landesarchivs 12), hg. von Christoph HAIDACHER, Innsbruck 2015, S. 145–160; Reinhard STAUBER, Der Landshuter Erbfolgekrieg. Selbstzerstörung des Hauses Wittelsbach?, in: Die Wittelsbacher und die Kurpfalz im Mittelalter. Eine Erfolgsgeschichte?, hg. von Jörg PELTZER, Bernd SCHNEIDMÜLLER, Stefan WEINFURTER und Alfred WIECZOREK, Regensburg 2013, S. 207–230.
16 Elke GOEZ, Der Kraichgau – eine geistliche Landschaft?, in: Kraichgau Facetten (wie Anm. 7) S. 127–153, hier S. 134 f.; RABELER, Stadt (wie Anm. 14) S. 56; KLEBON, Taumel (wie Anm. 5) S. 23; vgl. auch die Karte des Hochstifts Speyer bei Erwin GATZ, Die Bistümer des Heiligen Römischen Reiches von ihren Anfängen bis zur Säkularisation, Freiburg im Breisgau 2003, S. 926.
17 Kurt ANDERMANN, Der Kraichgau als Adelslandschaft, in: Zeitschrift für die Geschichte des Oberrheins 169 (2021) S. 255–275; Heinz KRIEG, Ritter zwischen Höfen. Kraichgauer Niederadel im späten Mittelalter, in: Kraichgau Facetten (wie Anm. 7) S. 75–101; KLEBON, Taumel (wie Anm. 5) S. 20–23; Wolfgang MARTIN, Umfang und Wesen des

überlagernder Zuständigkeiten, was bislang zwar die Heimatgeschichte und die regionale Landesgeschichte beschäftigte, jedoch weniger die überregional orientierte Forschung. Die geschilderten Rahmenbedingungen wirkten sich aber auch auf den konkreten Verlauf des Bauernkriegs in dieser Region aus, was im Folgenden zu zeigen sein wird.

II

Im März 1525 versammelten sich in Memmingen bäuerliche Vertreter aus ganz Oberschwaben, um zu beraten und schließlich die Zwölf Artikel zu verabschieden, die der Kürschnergeselle Sebastian Lotzer niedergeschrieben hatte. Diese Zwölf Artikel stellen eine programmatische Zuspitzung der grundsätzlichen bäuerlichen Forderungen und ihrer Hintergründe dar und vermitteln einen Eindruck von den maßgeblichen Reibungspunkten, die letztlich zum Ausbruch der Konflikte führten. Dabei ging es unter anderem um die Abschaffung der Leibeigenschaft, die Verringerung der Frondienste und die zulässige Nutzung der Allmenden, aber in Anlehnung an reformatorisches Gedankengut auch um die freie Pfarrerwahl und die Orientierung am Wort Gottes, was deutlich auf das im Lauf des Bauernkriegs vielbeschworene göttliche Recht verweist und auf den Wunsch, zu althergebrachten Rechtsverhältnissen zurückzukehren.[18] All diese sowohl politisch als auch wirtschaftlich, sozial und religiös geprägten Leitsätze und Hoffnungen basierten auf leidvollen Erfahrungen, die die Bauern im Übergang vom 15. zum 16. Jahrhundert vielerorts gemacht hatten, so auch im Kraichgau und am Bruhrain.

Schon die von Untergrombach ausgehende, aber letztlich gescheiterte Bundschuhbewegung entzündete sich an der eingeschränkten Nutzung der Lußhart, des Waldes zwischen Bruchsal und Speyer, an der Erhebung eines Ungelds und generell an der Lebensführung des Speyrer Klerus.[19] In Oberöwisheim verweigerte man

---

Kraichgaus im späten Mittelalter, in: Brettener Jahrbuch 4 (1967) S. 125–134, hier S. 127–130.
18   Vgl. die Beiträge von Gerrit Jasper SCHENK (S. 11–43) und Kurt ANDERMANN (S. 45–64) in diesem Band.
19   RÖCKER, Bauernkrieg (wie Anm. 5) S. 23–34; ADAM, Bauernkrieg (wie Anm. 6) S. 8 f.; KLEBON, Taumel (wie Anm. 5) S. 34–36; Peter BLICKLE, Unruhen in der ständischen Gesellschaft 1300 bis 1800 (Enzyklopädie deutscher Geschichte 1), München ³2012, S. 23 f.; vgl. auch Bundschuh. Untergrombach 1502, das unruhige Reich und die Revolutionierbarkeit Europas, hg. von Peter BLICKLE und Thomas ADAM, Stuttgart 2004; Thomas ADAM, Joß Fritz. Das verborgene Feuer der Revolution. Bundschuhbewegung und Bauernkrieg am Oberrhein im frühen 16. Jahrhundert, Ubstadt-Weiher 2002; Thomas ADAM, Vor 500 Jahren. Bauernunruhen im Kraichgau. „Das verborgene Feuer" brannte in dem Bundschuhführer Joß Fritz, in: Weingartener Heimatblätter 19 (2002) S. 6–10; Ludwig BÖER, Joß Fritz aus Untergrombach, ein Held oder ein Revolutionär? Eine kritische Betrachtung zu den Anfängen der Bundschuh-Verschwörung, in: Kraichgau 8 (1983) S. 117–122; Ludwig VÖGELY, Joß Fritz

1504 gegenüber dem Speyrer Bischof den Frondienst,[20] und auch in Gochsheim beschwerten sich die Bauern 1521 über die von ihrem Herrn, dem Grafen Wilhelm von Eberstein, verlangten, zu hohen Frondienste.[21] In Heidelsheim weigerten sich einige Bürger zwei Jahre später, den Zehnt zu entrichten.[22] Und 1524 eskalierte der schon lang schwelende Konflikt der Menzinger Bauern mit ihrem Herrn Philipp von Mentzingen, dem die Einschränkung von Wald- und Weidenutzung, zu hohe Fronlasten und eine unzulässige Instrumentalisierung der Dorfordnung vorgeworfen wurden. Philipp von Mentzingen lehnte die gegenüber seinem landgräflich hessischen Lehnsherrn vorgetragenen Anklagepunkte rundheraus ab, so dass die Angelegenheit für die Bauern höchst unbefriedigend endete.[23] Die Beispiele belegen deutlich das Spannungsfeld zwischen dem Anspruch auf kommunale Autonomie einerseits und dem immer stärker regulierenden Zugriff der Orts- und Landesherren andererseits, was nicht zuletzt auch die Art der Kommunikation betraf. So zog der gemmingische Amtmann um 1509 den Unmut der Michelfelder Bauern auf sich, weil er nur noch schriftliche Eingaben akzeptieren wollte.[24]

In Anbetracht dieser und weiterer Beispiele stellt sich die Frage, weshalb sich insbesondere der eigentliche Kraichgauer Haufen des Anton Eisenhut erst seit dem 7. Mai 1525 rührte, nachdem es in Oberschwaben, im Odenwald, im Neckartal und am Bruhrain längst zu Aufständen gekommen war und sich die ersten Haufen sogar schon wieder auflösten. Dies hatte mehrere Gründe: Die bäuerlichen Forderungen richteten sich gegen viele einzelne Herren, was im kleinräumigen, zahlreiche Herrschaftsgebiete umfassenden Kraichgau die Formierung einer übergreifenden Bewegung behinderte.[25] In manchen Orten des Ritteradels war zudem die Reformation bereits eingeführt, was mancher Kritik den Boden entzog.[26] Und

---

und Anton Eisenhut, die Anführer des Bauernkrieges im Kraichgau, in: Badische Heimat 55 (1975) S. 365–374, hier S. 367–370.
20   RÖCKER, Bauernkrieg (wie Anm. 5) S. 16 f.
21   KLEBON, Taumel (wie Anm. 5) S. 37 f.
22   KLEBON, Taumel (wie Anm. 5) S. 38.
23   Franz IRSIGLER, Der Junker und die Bauern. Zur Krise adeliger Herrschaft und bäuerlicher Wirtschaft um 1500 am Beispiel des Kraichgaudorfes Menzingen, in: Region und Reich. Zur Einbeziehung des Neckar-Raumes in das Karolinger-Reich und zu ihren Parallelen und Folgen (Quellen und Forschungen zur Geschichte der Stadt Heilbronn 1), hg. von Christhard SCHRENK und Hubert WECKBACH, Heilbronn 1992, S. 255–270; Bernd RÖCKER, Das Dorf Menzingen im Bauernkrieg, in: Kraichgau 6 (1979) S. 136–145, hier S. 136–140; KLEBON, Taumel (wie Anm. 5) S. 38–42; HALBRITTER, Bibel (wie Anm. 5) S. 69 f. (hier auch der Hinweis, dass sich die Situation unter den Söhnen des Philipp von Menzingen zunehmend verschlechterte); RÖCKER, Bauernkrieg (wie Anm. 5) S. 17–20; vgl. auch Kurt ANDERMANN in diesem Band S. 62 f.
24   RÖCKER, Bauernkrieg (wie Anm. 35) S. 17 und 70.
25   KLEBON, Taumel (wie Anm. 5) S. 74.
26   Kurt ANDERMANN, Verbum Domini manet in aeternum. Ritterschaft und Reformation im Umkreis des Kraichgaus, in: Ritterschaft und Reformation (Geschichtliche Landeskunde 75), hg. von Wolfgang BREUL und Kurt ANDERMANN, Stuttgart 2019, S. 149–162;

nicht zuletzt engagierten sich einige Kraichgauer bei den Erhebungen in der Nachbarschaft, etwa im Zabergäu, in der Markgrafschaft Baden und am Bruhrain.[27] Dennoch knüpft die Ausschreibung des Anton Eisenhut an die schon ausgemachten allgemeinen Ziele der Aufständischen an. Eisenhut spricht von den seitens der Obrigkeit und ihrer Amtleute sowie durch Mönche, Nonnen und andere Geistliche zugemuteten Belastungen. Die Schlagworte „Evangelium" und „Gerechtigkeit" verweisen auf das schon erwähnte, über dem weltlichen Recht stehende göttliche Recht, das sich Eisenhut als Basis einer neuen Gesellschaftsordnung vorstellte.[28] Der praktische Hinweis, doch bitte einen Wagen mitzubringen, zeigt Eisenhuts logistischen Weitblick, den er sich in seiner Zeit bei den württembergischen Bauernhaufen hatte aneignen können.[29] Und die unverhohlene Drohung, alle abholen zu wollen, die sich dem Aufstand nicht freiwillig anschlossen, entspricht der Vorgehensweise, wie sie im Bauernkrieg immer wieder zu beobachten ist.[30]

III

Will man den Ereignisverlauf des Bauernkriegs im Kraichgau und am Bruhrain rekonstruieren, findet man dazu Auskunft in einigen zentralen Dokumenten. Die wichtigste Quelle, die über die Vorgänge im Kraichgau informiert, ist die ‚Eigentliche warhafftige beschreibung deß bawrenkriegs' von Peter Harer.[31] Harer war kurpfälzischer Kanzleischreiber und hatte in dieser Funktion nicht nur Zugang

---

RÖCKER, Bauernkrieg (wie Anm. 5) S. 56 und 74; KLEBON, Taumel (wie Anm. 5) S. 54–56; Hermann EHMER, Die Kraichgauer Ritterschaft und die Reformation, in: Kraichgauer Ritterschaft (wie Anm. 7) S. 173–195, hier S. 176–185; Klaus GASSNER, So ist das creutz das recht panier. Die Anfänge der Reformation im Kraichgau, Ubstadt-Weiher 1994; vgl. auch Gerhard KIESOW, Von Rittern und Predigern. Die Herren von Gemmingen und die Reformation im Kraichgau, Ubstadt-Weiher 1997; Bernd RÖCKER, Kraichgauer Reichsritterschaft und Reformation. Die Bedeutung der Herren von Gemmingen für die Ausbreitung der Reformation im Kraichgau, in: Kraichgau 8 (1983) S. 89–106; Martin SCHNEIDER, Die Ritter im Kraichgau und die Reformation, in: Jahrbuch für badische Kirchen- und Religionsgeschichte 1 (2007) S. 143–146.
27 RÖCKER, Bauernkrieg (wie Anm. 5) S. 55; KLEBON, Taumel (wie Anm. 5) S. 74.
28 Zu den religiösen und sozialen Vorstellungen Anton Eisenhuts vgl. KLEBON, Taumel (wie Anm. 5) S. 74–78, der die vermeintlich radikale Haltung Eisenhuts relativiert (S. 101 mit Anm. 414); RÖCKER, Bauernkrieg (wie Anm. 5) S. 56–58 und 62; VÖGELY, Joß Fritz (wie Anm. 19) S. 370–372; vgl. auch Justus MAURER, Prediger im Bauernkrieg (Calwer Theologische Monographien 5), Stuttgart 1979, S. 376–378.
29 HALBRITTER, Bibel (wie Anm. 5) S. 75; RÖCKER, Bauernkrieg (wie Anm. 5) S. 56; KLEBON, Taumel (wie Anm. 5) S. 76.
30 KLEBON, Taumel (wie Anm. 5) S. 77 mit Anm. 182. Zu den Drohungen der württembergischen Bauernhaufen vgl. auch KÜHNLE, Vogt (wie Anm. 15) S. 419–421.
31 ALTER, Berichte (wie Anm. 4). Das Buch enthält auf den S. 5–126 einen Nachdruck der Textausgabe von Günther Franz (inklusive Nachwort und Register), Günther FRANZ, Peter

zur Korrespondenz seines Herrn, des Kurfürsten Ludwig V., sondern begleitete diesen auch selbst auf dessen Feldzug gegen die Bauern Ende Mai 1525.[32] Über das dabei persönlich Erlebte geht seine Chronik aber weit hinaus, denn sie ist als Gesamtdarstellung des südwestdeutschen Bauernkriegs mit Fokus auf den kurpfälzischen Gebieten konzipiert.[33] Seine diesbezüglichen Informationsquellen bleiben freilich unbekannt. Wenig überraschend macht Peter Harer aus seiner obrigkeitlichen Perspektive, aus der Perspektive des Siegers keinen Hehl, wenn er schon eingangs die *uffrurischen bauernschaften* erwähnt, die *ganz verblendt gewesen* seien, und ihre Taten als *onchristlich, unerbar, frevenlich, mutwillig und aydbruchig* beschreibt.[34] Seine Parteilichkeit ist bei der Heranziehung dieser Quelle also immer zu bedenken.

Dies gilt gleichermaßen für die zweite zentrale Überlieferung, die ‚Nachricht von dem bauernaufruhr oder bäurischen krieg' des Georg Schwarzerd.[35] Schwarzerd entstammte der urbanen Elite der Stadt Bretten und war der jüngere Bruder des Reformators Philipp Melanchthon. Nach seinem Studium in Tübingen übernahm er in Bretten das Textilgeschäft seines Großvaters, heiratete Anna Hechel, die Tochter des Kronenwirts Melchior Hechel, des reichsten Bürgers der Stadt, und dürfte schon 1525 einen Sitz im Brettener Stadtrat bekleidet haben.[36] Interessanterweise wurde der bereits erwähnte Peter Harer 1530 sein Schwager, indem er in zweiter Ehe Georgs Schwester Margarethe heiratete.[37] Schwarzerds Bericht streift anfangs in aller Kürze den württembergischen Aufstand des Armen Konrad von 1514, um dann vor allem detaillierte Einblicke in die Situation der Stadt Bretten während des Bauernkriegs zu geben und abschließend auch noch die weiteren Vorgänge in der Pfalz zusammenzufassen. Wie Peter Harer findet auch er zu Beginn

---

Harers Wahrhafte und gründliche Beschreibung des Bauernkrieges (Schriften der Pfälzischen Gesellschaft zur Förderung der Wissenschaften 25), Kaiserslautern 1936.
32 Zur Biographie Peter Harers vgl. Günther FRANZ, Harer (Crinitus, Haverer), Peter, in: Neue Deutsche Biographie, Bd. 7, Berlin 1966, S. 672; Siegfried SUDHOF, Harer, Peter, in: Die deutsche Literatur des Mittelalters. Verfasserlexikon, Bd. 5, Berlin 1955, Sp. 321 f.; KLEBON, Taumel (wie Anm. 5) S. 71 f.; RÖCKER, Bauernkrieg (wie Anm. 5) S. 57.
33 Zur ‚Beschreibung' Peter Harers vgl. Ulrich WAGNER, Ludwig V. von der Pfalz im Bauernkrieg 1525. Aspekte und Quellen, in: Heidelberg. Jahrbuch zur Geschichte der Stadt 17 (2013) S. 25–60, hier S. 28 f.; ALTER, Berichte (wie Anm. 4) S. 1–4 und 111–119 (nach Günther Franz).
34 ALTER, Berichte (wie Anm. 4) S. 17 f. Für seine Verdienste erhielt er vom Pfälzer Kurfürsten einen Wappenbrief, RÖCKER, Bauernkrieg (wie Anm. 5) S. 57.
35 WÜRDINGER, Nachricht (wie Anm. 5).
36 Zur Biographie Georg Schwarzerds vgl. Nikolaus MÜLLER, Georg Schwarzerdt, der Bruder Melanchthons und Schultheiß zu Bretten, Leipzig 1908; Alfons SCHÄFER, Geschichte der Stadt Bretten. Von den Anfängen bis zur Zerstörung 1689 (Oberrheinische Studien 4), Karlsruhe 1977, v. a. S. 240–254; RÖCKER, Bauernkrieg (wie Anm. 5) S. 69; KLEBON, Taumel (wie Anm. 5) S. 72 mit Anm. 129.
37 KLEBON, Taumel (wie Anm. 5) S. 72; RÖCKER, Bauernkrieg (wie Anm. 5) S. 57.

seiner Darstellung sehr deutliche und verurteilende Worte, wenn er in Bezug auf die Bauern von *blindheit und thorheit,* von *ungehorsamen uffrürischen secten, conspiration und bintnuß* sowie von *verrath, aufrur, rottirung und zusammenschließung* spricht.[38]

Neben den Ausführungen von Peter Harer und Georg Schwarzerd existieren einige wenige weitere Berichte, etwa aus der Kanzlei des Speyrer Bischofs und vom Feldzug des Pfälzer Kurfürsten Ludwig V. gegen die Bauern.[39] Zeugnisse auf Seiten der Aufständischen sucht man vergebens, sieht man einmal ab vom knappen Geständnis des an der Kraichgauer Erhebung beteiligten Menzingers Ulrich Bertsch und von wenigen anderen Schriftstücken der bruhrainischen Bauern.[40] Selbst das

---

38 WÜRDINGER, Nachricht (wie Anm. 5) S. 11 f.: [...] *dieweil sich aber eben in zeit meines* [...] *lebens dermassen blindheit und thorheit dergleichen man in historiis wenig befinden wirdt, zugetragen, han ich nit unterlassen wöllen, diß zur gedechtnus doch mit wenig worten anzuzeigen, was sich in kurtzen jahren etlicher sachen und insonder des bawren krieges halb fürnehmlichsten neben andern wie es deßmahls zu Bretheim meines vatterlandtes ergangen, und sich zugetragen hab, damit es bei den nachkommenden in guter gedächtnus bleib und sich meniglich der ungehorsamen uffrürischen secten, conspiration und bintnuß, alda niemals etwas gutes daraus erstanden, sich wiß zu verhieten und erhalten, und den unverständigen abzuwehren. Und obglich in ermelten aufruren, etwan ein stückh gebessert wirdt, so besint man zuletst klärlich, das zehenfältiger verrath daraus ervolgt, darumb meniglich sich vor aufrur, rottirung oder zusammenschließung mit besonder fleiß verwarren solle, dann dieß gar selten zu einichem guten werckh forderung thut, sondern ist zum vordersten gottlichen wort zuwieder dem gemeinen nutzen, zerstörlich politischer ordnung und gutten sitten verderblich, darumb solle sich ein jeder verstendiger davon abweisen, die minder verstendigen bessere lehren und alle sachen nach dem zirkhel und richtscheidt göttliches wort.*
39 MONE, Quellensammlung (wie Anm. 5) S. 17–41. Vom Feldzug Kurfürst Ludwigs V. gibt es zum einen den Bericht des Würzburger Kanzleischreibers Lorenz Fries, der seinen bischöflichen Herrn auf den Feldzug begleitete: Theodor HENNER und August SCHÄFFLER, Die Geschichte des Bauern-Krieges in Ostfranken von Magister Lorenz Fries, 2 Bde., Würzburg 1883. Vgl. dazu auch Ulrich WAGNER, Der Bauernkrieg bei Lorenz Fries, Martin Cronthal und Johann Reinhart, in: Lorenz Fries und sein Werk. Bilanz und Einordnung (Veröffentlichungen des Stadtarchivs Würzburg 19), hg. von Franz FUCHS, Stefan PETERSEN, Ulrich WAGNER und Walter ZIEGLER, Würzburg 2014, S. 150–178; Benjamin HEIDENREICH, Die Konzeption der Bauernkriegsdarstellung bei Lorenz Fries, in: ebenda S. 179–196; WAGNER, Ludwig V. (wie Anm. 33) S. 28 f. (im Quellenanhang ist unter Nr. 13, S. 45 f., auch ein Auszug aus dem Bericht des Lorenz Fries enthalten). Zum anderen berichtet Ottheinrich, der Neffe Ludwigs V. und ebenfalls Teilnehmer an dessen Feldzug, über die Ereignisse am Bruhrain, Max VON FREYBERG, Sammlung historischer Schriften und Urkunden, Bd. 4,7, Stuttgart und Tübingen 1834, S. 363–376.
40 Das Protokoll vom Verhör Ulrich Bertschs ist komplett abgedruckt bei KLEBON, Taumel (wie Anm. 5) S. 110 (mit Erläuterungen auf S. 108). Beispiele für die spärlich überlieferte Korrespondenz der bruhrainischen Bauern sind abgedruckt bei Günther FRANZ, Aus der Kanzlei der württembergischen Bauern im Bauernkrieg, in: Württembergische Vierteljahrshefte für Landesgeschichte NF 41 (1935) S. 83–108 und 281–305, hier S. 97, Nr. 31 (Brief der in Bruchsal versammelten Bauern an Hans Wunderer und seinen Haufen vom 25. April 1525); Alfred STERN, Regesten zur Geschichte des Bauernkrieges, vornämlich in der Pfalz, nach den Pfälzer, im General-Landes-Archiv zu Karlsruhe befindlichen Kopialbüchern, in:

Werbungsschreiben Anton Eisenhuts ist nur durch Peter Harer überliefert.[41] Diese einseitige Quellenlage dürfte ein Übriges dazu beigetragen haben, dass sich die meisten Bauernkriegsforscher lieber mit anderen Regionen beschäftigt haben.

Was aber geschah nun tatsächlich am Bruhrain und im Kraichgau? Am 20. April 1525 versammelten sich am Letzenberg bei Malsch etwa fünfzig bruhrainische Bauern aus dem Hochstift Speyer, auch das im Vergleich mit den gesamten Bauernkriegswirren bemerkenswert spät, doch immer noch zweieinhalb Wochen früher als die Kraichgauer Bauern in Gochsheim.[42] Wie Peter Harer überliefert, warben auch sie in der Umgebung zunächst weitere Anhänger mit den Worten: *Es ist der gemein bauerschaft ernstlich maynung und bevelch, das ir ewer gemeinde besamblet und zu uns gehen malsch schicken wollent N. geruster mann mit gewehren, götlicher gerechtigkeit ein beystand zu tun, noch bey dieser nacht, und wo das nicht beschicht, solt ir wissen, unsicher zu sein leibs und lebens und aller ewer habe.*[43]

Göttliche Gerechtigkeit, Waffen und eine gehörige Portion Zwang waren also die Zutaten, die der Sache der Aufständischen die nötige Würze geben sollten. Das Werbungsschreiben verfehlte seine Wirkung jedenfalls nicht, denn schon bald waren fünfhundert bis sechshundert Mann beisammen. Worum es ihnen konkret ging, offenbart ein Antwortschreiben vom 23. April an Bischof Georg von Speyer, der sich bei seinem Bruder, dem Kurfürsten, in Heidelberg in Sicherheit gebracht hatte: Sie wüssten nämlich seiner *person halb kheyn beschwerde*; jedoch würden sie *dem beschornen faulen hauffen* – gemeint ist das Speyrer Domkapitel – *weder zehendt, zienß, wucher oder gülten geben und wo ewer fürstlich gnade mit uns daruff handeln, wollen wir uns auch gutwillig finden lassen.*[44] Der Unmut der Bauern richtete sich also gar nicht gegen ihren bischöflichen Herrn, sondern gegen das Domkapitel, dessen Existenz und Privilegien sich mit dem Evangelium nicht in Einklang bringen ließen. Das war ein sehr klares und im Vergleich zu manch anderer

---

Zeitschrift für die Geschichte des Oberrheins 23 (1871) S. 179–201, hier S. 184 (Brief der badischen und speyrischen Bauernschaft an Pfalzgraf Ludwig V. wegen der Straßen am Bruhrain vom 8. Mai 1525).
41   Vgl. den Anfang dieses Beitrags.
42   HALBRITTER, Bibel (wie Anm. 5) S. 72; RÖCKER, Bauernkrieg (wie Anm. 5) S. 47; ADAM, Bauernkrieg (wie Anm. 6) S. 10.
43   ALTER, Berichte (wie Anm. 4) S. 37.
44   Das Schreiben der Bauern ist enthalten im Bericht aus der Kanzlei des Speyrer Bischofs, MONE, Quellensammlung (wie Anm. 5) S. 20: *Hochwirdiger, hochgeborner furst etc. wir haben ewer furstlichen gnaden schryben unser thorechten mynung nach verstanden und wir wissen ewer person halb kheyn beschwerde, aber des haben wir beschwerde, das ewer furstlichen gnaden verwenet, als sollten wir zu den ungehorsamen gefallen sein nit one, wir haben genotigt zu inen geschworn, und auch das wir etwan viel clage gefurt und uns nie keyn geschickte antwort worden ist. Darum ist nun furter unser mynung, das wir der bawerschafft artikel gehalten haben und dem beschornen faulen hauffen weder zehendt, zienß, wucher oder gülten geben und wo ewer fürstlich gnade mit uns daruff handeln, wollen wir uns auch gutwillig finden lassen.* Zuvor hatte der Bischof den Gehorsam der Bauern eingefordert.

umstürzlerischen Ideen geradezu geerdetes Votum, das dem Bischof den Verhandlungsweg eröffnete, nachdem es ihm davor nicht gelungen war, den Bauernhaufen, der in Malsch den Weinkeller des Domkapitels geplündert hatte, gewaltsam auseinanderzutreiben.[45] Doch bis zum Ende der Verhandlungen sollten noch knapp zwei Wochen vergehen, während derer die Aufständischen ungehindert durchs Land zogen.

Der bruhrainische Haufen war beständig unterwegs und bewegte sich mäandrierend durchs Land, in sich einmal aufspaltenden, dann wieder vereinigenden Gruppen.[46] Im Handstreich eroberte er unter anderem Rotenberg, die bischöfliche Residenz in Udenheim und schließlich auch Bruchsal, die mit knapp zweitausend Einwohnern größte Stadt der Region, was auch daran lag, dass alle diese Orte keinen Widerstand leisteten. Denn erst eine Woche zuvor hatte sich die Bluttat von Weinsberg ereignet, und alle hatten Angst, es könnte auch bei ihnen zu ähnlich gewaltsamen Ausschreitungen kommen.[47] Peter Harer quittierte den Erfolg der bruhrainischen Bauern mit den Worten: *dweil sie alle eins gleichen gemuts und keiner umb ein quintlin besser dann der ander* gewesen seien.[48] In Bruchsal vereinigte sich ein Teil der Gruppe mit dem badischen Haufen, so dass man gemeinsam in Richtung Süden zog, unter anderem Durlach eroberte, das Kloster Gottesaue plünderte und wenige Tage später vor allem die Klöster Frauenalb und Herrenalb heim-

---

45 RÖCKER, Bauernkrieg (wie Anm. 5) S. 47 und 52. Dafür hatte der Speyrer Bischof auch auf die Hilfe seines Bruders, des Kurfürsten Ludwig V., zurückgegriffen, jedoch ohne Erfolg.
46 Vgl. dazu die Schaubilder mit den Zügen der Bauern bei RÖCKER, Bauernkrieg (wie Anm. 5) S. 53; HALBRITTER, Bibel (wie Anm. 5) S. 74. Vgl. auch die ganz Südwestdeutschland umfassende Karte ‚Bauernkrieg 1524/25. Heereszüge der Aufständischen und des Schwäbischen Bundes' sowie den dazugehörigen Kommentar in: Historischer Atlas von Baden-Württemberg, hg. von der Kommission für geschichtliche Landeskunde in Baden-Württemberg, Stuttgart 1979, Karte VI,11; Hans-Martin MAURER, Bauernkrieg 1524/25. Heereszüge der Aufständischen und des Schwäbischen Bundes, in: ebenda, Erläuterungen zur Karte VI,11 (1980), S. 1–8 (mit einer listenförmigen Zusammenstellung der Bauernzüge auf S. 6–8). Vgl. außerdem den vergleichenden Beitrag von Hans-Martin Maurer, der die „Märsche der Aufstandsgruppen" als eines der Charakteristika des Bauernkriegs auffasst: MAURER, Massenerhebung (wie Anm. 5) S. 268–270 (Zitat auf S. 268).
47 RÖCKER, Bauernkrieg (wie Anm. 5) S. 47–49; ADAM, Bauernkrieg (wie Anm. 6) S. 9–13; HALBRITTER, Bibel (wie Anm. 5) S. 72 f.; HARTFELDER, Bauernkrieg (wie Anm. 6) S. 72; KLEBON, Taumel (wie Anm. 5) S. 68.
48 ALTER, Berichte (wie Anm. 4) S. 38: *So must mein gnediger her von Speyer seiner gnaden schloß zu Udenheym raumen und gehen Haidelbergk zu seiner gnaden bruder, dem churfursten, weichen, dann der ganz Brurein von stund an abgefallen, hetten Rottenburg, daselbst schloß und flecken, Kiselaw, das schloß, Prußel, die stat, das ampt Udenheym und die stat mit allen beyliegenden und zugehörigen dorfern uff ire seiten gepracht und zum teil uff schlechte erforderung eingenomen, das leichtlich zu geschehen was, dweil sie alle eins gleichen gemuts und keiner umb eins quintlin besser dann der ander.*

suchte.⁴⁹ Hier nahm der Speyrer Bischof erneut das Gespräch mit den Aufständischen auf und konnte diese mit Hilfe seines Verhandlungsführers Bernhard Göler von Ravensburg in Udenheim zum Abschluss bringen. Die Bauern wollten den Bischof künftig als ihren alleinigen Herrn anerkennen und auch die ihm zustehenden Abgaben leisten, wohingegen das Domkapitel entmachtet werden sollte. Bischof Georg versprach zudem, dass künftig das Evangelium im gesamten Bistum gepredigt werden solle, sofern dafür geeignete Prediger gefunden würden.⁵⁰ Nachdem man sich am 8. Mai auch noch mit Pfalzgraf Ludwig auf die Öffnung der bruhrainischen Straßen und auf den wechselseitigen Verzicht auf Vergeltungsmaßnahmen geeinigt hatte, löste sich ein Teil des Haufens auf.⁵¹ Ein anderer Teil hin-

---

49   RÖCKER, Bauernkrieg (wie Anm. 5) S. 49; HARTFELDER, Bauernkrieg (wie Anm. 6) S. 73–75; HALBRITTER, Bibel (wie Anm. 5) S. 73. Der badische Haufen hatte sich nach Verhandlungen mit dem Markgrafen Philipp von Baden zwar eigentlich schon zerstreut, fand nach einer Racheaktion Philipps, der Berghausen zerstören ließ, jedoch zu neuer Motivation, vgl. RÖCKER, Bauernkrieg (wie Anm. 5) S. 45 f.; HARTFELDER, Bauernkrieg (wie Anm. 6) S. 69 f.; HALBRITTER, Bibel (wie Anm. 5) S. 71.
50   HARTFELDER, Bauernkrieg (wie Anm. 6) S. 75–79; Hans-Martin MUMM, Ludwig V. und seine Brüder. Die rheinischen Wittelsbacher im Bauernkrieg von 1525, in: Heidelberg. Jahrbuch zur Geschichte der Stadt 20 (2016) S. 11–46, hier S. 19 f.; RÖCKER, Bauernkrieg (wie Anm. 5) S. 50; HALBRITTER, Bibel (wie Anm. 5) S. 73; ADAM, Bauernkrieg (wie Anm. 6) S. 14. Vgl. zum Verhandlungsverlauf auch den Bericht aus der Kanzlei des Speyrer Bischofs bei MONE, Quellensammlung (wie Anm. 5). Auf Seiten der Bauern fungierte der Stadtschreiber von Bruchsal als Verhandlungsführer, der, nachdem der Speyrer Bischof und Bernhard Göler ihren guten, mit dem Evangelium in Einklang stehenden Willen dargelegt hatten, antwortete (ebenda S. 24 f.): *Es were diß ein solicher schwerer handel, der aller weltlichen weißheit zu hoch, der auch guts rats und bedacht bedurffte, deßhalb itzo sein furstlichen gnaden entliche antwort abscheidt zu geben nit muglich; aber in summa ir aller entlich gemute stund daruf, das ir lebenlang sie sein gnaden fur ihren herren haben und halten und alles das thun wollten, das dem gotlichen rechten, heiligen wort gotz und evangelium gemeß und mit der heiligen geschrift erhalten mocht werden. und kurtzumb, welicher ir herr sein wolt, mußt solichs schweren, deßglychen wolten sie auch thun.* Im Bericht heißt es weiterhin, als eine Übereinkunft schließlich getroffen werden kann (ebenda S. 25): *Myn gnediger herr ließ inen auch zu und bewilligt, wo sie prediger wusten, die das wort gots und heilig ewangelium predigen wollten, die mochten sie annemen und uffstellen, darane inen myn gnediger herr keyn verhinderung thun wolt, sonder mocht es wohl lyden.* Gerüchten zufolge sollen die Bauern im Lauf der Verhandlungen sogar gefordert haben, dass der Bischof sein Zölibat aufgeben solle, um einen Erben zu zeugen; anderenfalls wollten sie nach dem Tod des Bischofs an die Kurpfalz fallen, RÖCKER, Bauernkrieg (wie Anm. 5) S. 52; ADAM, Bauernkrieg (wie Anm. 6) S. 14 f. Zu Bernhard Göler von Ravensburg vgl. ebenda S. 51; GASSNER, Kreuz (wie Anm. 26) S. 29 f. und 54–57; vgl. zum Kontext auch EHMER, Kraichgauer Ritterschaft (wie Anm. 26); Raven GÖLER VON RAVENSBURG und Dieter GÖLER VON RAVENSBURG, Die Göler von Ravensburg. Entstehung und Entwicklung eines Geschlechts der Kraichgauer Ritterschaft (Heimatverein Kraichgau, Sonderdruck 1), Sinsheim 1979.
51   RÖCKER, Bauernkrieg (wie Anm. 5) S. 54; HARTFELDER, Bauernkrieg (wie Anm. 6) S. 79.

gegen blieb beisammen und zog zum Kloster Maulbronn, um sich dort dem Zabergäuer Haufen anzuschließen.

Der Kraichgauer Haufen unter Anton Eisenhut konstituierte sich am 7. Mai 1525, einen Tag vor dem vorläufigen Ende des Bruhrainer Haufens. Mit Anton Eisenhut hatten die Aufständischen eine Führungspersönlichkeit an ihrer Spitze, wie sie für den Bauernkrieg vielerorts charakteristisch war. Eisenhut war zunächst Pfarrer im württembergischen Weiler an der Zaber, musste aber wegen seines evangelischen Standpunkts das damals österreichisch verwaltete Herzogtum Württemberg verlassen und landete schließlich 1525 als Kaplan im kurpfälzischen Eppingen. Als der Bauernkrieg immer näher rückte, schloss er sich am 20. April dem Zabergäuer Haufen unter Hans Wunderer an, um kurz darauf nach dessen Zusammenschluss mit dem Wunnensteiner Haufen unter Matern Feuerbacher zu dienen.[52] Aus seiner Biographie lässt sich ableiten, dass Wunderer und Feuerbacher für Eisenhut Vorbilder gewesen sein dürften, woraus sich die Frage ergibt, ob der Eppinger Prediger von den beiden vielleicht sogar gezielt in den Kraichgau zurückgeschickt wurde, um dort weitere Anhänger zu sammeln.[53] Dafür könnten nicht zuletzt die Kontakte zwischen den Gochsheimern und dem vereinigten württembergischen Haufen sprechen, die sich wiederum bis an den Bruhrain erstreckten; es sind nämlich Briefe der bruhrainischen Bauern überliefert, die sich hilfesuchend

---

52 Zur Biographie Eisenhuts vgl. die Hinweise in Anm. 28 sowie RÖCKER, Anton Eisenhut (wie Anm. 6). Auch Peter Blickle bezeichnet Eisenhut als einen der beiden Hauptleute (neben Jäcklein Rohrbach), die Feuerbacher und Wunderer unterstanden, BLICKLE, Bauernjörg (wie Anm. 2) S. 196. Ob Eisenhut aus dem Stuttgarter Raum stammte, ist unklar. Sowohl für Schwäbisch Hall als auch für Öhringen sind Familien dieses Namens belegt, vgl. KLEBON, Taumel (wie Anm. 5) S. 75 mit Anm. 153.

53 Klebon hält dies für „hochwahrscheinlich" und kommt sogar zu dem Schluss, dass der Kraichgau „Teil der größeren Aufstandsgemeinschaft" gewesen sei, „die im Mai 1525 gerade dabei war, sich zu sammeln, um gemeinsam die Änderung der bestehenden Verhältnisse anzugehen." Eisenhuts Kampagne habe „die gesamte Aufstandsgemeinschaft stützen" sollen, mit dem Ziel, den Kraichgau als „Puffer" zwischen den Truppen des Schwäbischen Bundes und dem Heer Kurfürst Ludwigs V. zu etablieren und so deren Vereinigung zu unterbinden. Deshalb hätten Eisenhut und seine Leute in „fast fiebriger Hast" gehandelt, vgl. KLEBON, Taumel (wie Anm. 5) S. 71 mit Anm. 109 und S. 102 f. Zwanzig Jahre früher war auch Bernd Röcker der Meinung, Eisenhut sei von Wunderer und Feuerbacher in den Kraichgau geschickt worden, RÖCKER, Bauernkrieg (wie Anm. 5) S. 56. Karl Hartfelder vermutete noch, Eisenhut habe sich nach Gochsheim begeben, weil er „unbefriedigt vom Gang der Ereignisse im Bruhrain" gewesen sei, HARTFELDER, Bauernkrieg (wie Anm. 6) S. 83. Einen eindeutigen Beleg für Eisenhuts Motivation gibt es leider nicht; vgl. dazu aber auch Anm. 54. Zu Matern Feuerbacher vgl. Hans-Martin MAURER, Matern Feuerbacher, oberster Feldhauptmann im Bauernkrieg, in: Schwäbische Heimat 26 (1975) S. 301–307; Gustav BOSSERT, Der Bauernoberst Matern Feuerbacher, in: Württembergische Jahrbücher für Statistik und Landeskunde 1923/24, S. 81–102, und 1925/26, S. 1–35; Günther FRANZ, Feuerbacher, Matern, in: Neue Deutsche Biographie, Bd. 5, Berlin 1961, S. 115. Hans Wunderers Identität lässt sich hingegen nicht sicher bestimmen, so dass er in der einschlägigen Literatur deutlich weniger Raum einnimmt als Matern Feuerbacher.

an die nach Stuttgart ziehenden Aufständischen wandten.[54] So ist mit einer nicht unerheblichen Vernetzung der einzelnen Bauerngruppen untereinander zu rechnen, wenngleich die Quellen diese nur sporadisch offenbaren. Jedenfalls mag es unter solchen Vorzeichen kaum überraschen, dass Anton Eisenhut gerade Gochs-

---

54 Am 23. April schickte der Fähnrich Hans Nerer aus Oberöwisheim (*Oberenßheim*) ein Hilfsgesuch an den in Besigheim befindlichen württembergischen Bauernhaufen, das er vom Gochsheimer Anselm Spis überbringen ließ: *Lieben bruder als wir versamelt seind mit der gemeyn bauerschaft am Prurein ist unser bit und beger demidiglich an uch zu eynem bystand der gerechtigkeyt, wollent gegen uns zihen eyliglich geyn Brüssel* [Bruchsal] *in der stat, wollen wir zusamen schwern als gute bruder versamelt in Cristo.* [...] *lieben bruder saumpt uch nit ist unser fleyssig bit, wollen wir ob gotwil gut bruder sein, dan unsere firsten uns wollen brennen; darin kunden wir nit weychen. Ist zu uns kummen Anßhelm Spis von Gochsheym, den wir dissen briff befollen haben und ein gaul bestelt uch die botschaft zu bringen, darum liben bruder zichent in eyle.* Vgl. Wilhelm VOGT, Die Correspondenz des schwäbischen Bundeshauptmanns Ulrich Artzt von Augsburg aus dem Jahr 1524 und 1525. Ein Beitrag zur Geschichte des Bauernkrieges in Schwaben, in: Zeitschrift des Vereins für Schwaben und Neuburg 7 (1880) S. 233–380, hier S. 291, Nr. 251. Am 25. April wandten sich die bruhrainischen Bauern aus Bruchsal erneut an den württembergischen Haufen: *Wir haben zu hanthabung götlicher gerechtigkeyt und des heyligen evangeliumbs ein versamlung angefangen und ym stift zu Spyer ein mechtigen huffen volks zu wegen bracht und haben doch warnung, das ein große somma von reysigen und zu fuß yn der Pfaltz byhanden uff uns zuziehen, wiewoll wyr nun ganz unser nit sorg tragen, haben wir doch furgenomen, uff Spyer den nechsten zu ziehen und zu handeln, das uns allen und unsern nachkomen zu großem nutz und frommen gedien werd. Deshalb unser bruderliche bytt, ir wollent mit etlichem volk oder dem ganzen huffen uffs furderlichst gegen uns zuziehen, helfen solichs volbringen.* Vgl. FRANZ, Kanzlei (wie Anm. 40) S. 97, Nr. 31. Es gab ebenfalls Kontakte zwischen Gochsheim und dem württembergischen Haufen. So setzte der Gochsheimer Amtmann Erpf Ulrich von Flehingen am 28. April 1525 den Zabergäuer Haufen in Kenntnis, dass der Graf von Eberstein der Reformation zugetan sei und überdies die Aufnahme in die Bruderschaft der Bauern erbitte (vgl. auch Anm. 55). Und am selben Tag schilderte der Gochsheimer Schultheiß Hans Samper den Zabergäuern, dass man eine schwangere Jüdin festhalte, die in einem beiliegenden Schreiben um sicheres Geleit nach Weingarten bitte. Vgl. ebenda S. 104, Nr. 46, und S. 104 f., Nr. 47 mit Anm. 71. Der württembergische Bauernhaufen hatte also eine gewisse Kenntnis von der Lage in Gochsheim. Will man daraus auf die erwähnte Entsendung Anton Eisenhuts schließen, stellt sich aber die Frage nach dem zeitlichen Ablauf. Am 3. Mai erreichte das Heer des Schwäbischen Bundes unter der Führung von Georg Truchsess von Waldburg Württemberg, weshalb die Aufständischen eilends eine Reihe von Hilfsgesuchen verschickten. Vgl. beispielsweise das Ausschreiben vom 3. Mai 1525: *Wir geben euch zu erkennen, daß uns der pund an tiren ligt und ain clainen weg mit hereskraft wider uns, daß zu besorgen, wo wir uns nit mit sterkung uff ainen huffen zusamentuen, es mechte euch und uns allen zu verderben und sterben deinen. An euch unser flyssig und ernstlich pit und beger, ir wellend usser briederlichen liebin uns nit verlassen und mit ewerm haufen so tag so nacht den nechsten uns zuziehen, auch andern haufen des zuschryben, mit hilf gotes dahin zu pringen, daß ain guter bericht geben werden mogen und zu endlichen friden komen mogen und also den nechsten Stutgarten zuziehen.* Vgl. ebenda S. 288, Nr. 68. Anton Eisenhut versammelte seine Unterstützer in Gochsheim erst am 7. Mai, was für eine effektive Hilfe reichlich spät war, dennoch die Idee nicht zwingend ausschließt, dass man ein Zusammengehen der kurpfälzischen Truppen und des Bundesheeres vermeiden wollte. Eisenhut kannte vielleicht nicht den zeitgleichen Stand der Verhandlungen zwischen dem Speyrer Bischof und den bruhrainischen Bauern, als

heim zum initialisierenden Versammlungsort seines Haufens machte, zumal die Kleinstadt den dem neuen Glauben zugewandten und den bäuerlichen Anliegen geneigten Grafen von Eberstein gehörte und im übrigen an kein größeres Territorium grenzte.⁵⁵ Neben Gochsheimern kamen hier Bauern aus dem nördlichen

---

deren Ergebnis sich ein Teil des Haufens auflöste. Dass Georg Truchsess von Waldburg tatsächlich den Zusammenschluss mit den Truppen Kurfürst Ludwigs im Sinn hatte, beweist sein Schreiben an den Kurfürsten, als Regest enthalten in Franz Ludwig BAUMANN, Akten zur Geschichte des deutschen Bauernkrieges aus Oberschwaben. Freiburg im Breisgau 1877, S. 280 f., Nr. 292: *Auf dessen und anderer städte des bundes begehren ist er dem lande Wurttenberg genaht, hat die aufrührigen in demselben mit hilfe des Allmächtigen geschlagen, die flecken und aemter, die abgefallen, wieder zu gehorsam gebracht und ist jetzt entschloßen, sofort Weinsperg und Botmar, die er ‚vmb ihr verhandlung, vnd das der recht ursprung dieser enborung vnd erschrockenlichen thaten vß denen geflossen', nicht hat begnadigen wollen, zu überziehen und hofft, dieselben alsbald zu erobern. Darnach will er vorrücken und andere ungehorsame ebenfalls gebührend strafen. Damit er dies aber desto stattlicher vollstrecken kann, soll der pfalzgraf mit seinem kriegsvolke ihm ‚vnder augen' ziehen, es wäre denn, daß derselbe seiner unterthanen halb daran verhindert wäre.* Das Schreiben ist allerdings erst auf den 15. Mai datiert, so dass sich die Frage stellt, ob der württembergische Haufen dies schon Anfang Mai hatte antizipieren können. Insgesamt mangelt es an ausreichenden Indizien, die für einen umfassenden strategischen Plan sprechen. Zum Bauernkrieg in Württemberg vgl. Georg M. WENDT, Württembergs ‚Bauernkrieg' 1525. Freiheit, Fürst und Fremdherrschaft, in: Aufstand, Aufruhr, Anarchie! Formen des Widerstands im deutschen Südwesten (Landeskundig 5), hg. von Sigrid HIRBODIAN und Tjark WEGNER, Ostfildern 2019, S. 121–139; BLICKLE, Bauernjörg (wie Anm. 2) S. 194–227; KÜHNLE, Vogt (wie Anm. 15) S. 417–422.

55 Der Gochsheimer Amtmann Erpf Ulrich von Flehingen schrieb dem Zabergäuer Haufen (namentlich genannt wird der Hauptmann Hans Wunderer) am 28. April 1525: *Nachdem der Almechtig nun ein gut zeit lang sein gottlichen willen und cristlich lere im armen flecklin zu Gochsheim durch meister Hansen Wurmsen, pfarrer daselbs, dem volk mit heller warheit predigen und verkundigen lassen, darunder dan mir als einem amptman daselbst zu mehrmals von m. g. h. grave Wilhalmen zu Eberstein ernstlich bevolhen, gedachten pfarrer vor seinen misgondern und widderwertigen bey seiner cristlichen predig, sovil meins vermogens, zu schutzen, schirmen und hanthaben. Darunder an heut dato m. g. herschaft mir geschrieben, das ich von irenwegen als ein ambtman zu Gochsheim bey euch irs armen, armen heuslins und flecklins halb zu Gochsheim umb christliche vereinigung schutz und schirm demutiglich pitten und anruffen soll etc.* Im Weiteren lässt Graf Wilhelm darum bitten, ihn, seine Frau und seine Kinder in die Bruderschaft der Bauern aufzunehmen, und verspricht, alles, *wes durch die furgenomen bruderschaft zu erhaltung cristlicher trew, lieb und einigkeit dienet und ufgericht wurt*, einhalten zu wollen. Der Brief findet sich bei FRANZ, Kanzlei (wie Anm. 40) S. 104, Nr. 46. Vgl. auch RÖCKER, Bauernkrieg (wie Anm. 5) S. 58; KLEBON, Taumel (wie Anm. 5) S. 73 f. Dass Graf Wilhelm sich um eine Verbrüderung mit dem Zabergäuer Haufen bemühte, mag der politischen Konstellation und der Furcht vor einem weiteren Massaker wie der Weinsberger Bluttat geschuldet gewesen sein (auch wenn die Bluttat vom Neckartäler Haufen um Jäcklein Rohrbach begangen worden war). Zumindest hatten sich die Gochsheimer Bauern noch 1521 über die hohen Abgaben beschwert, als Graf Wilhelm zwei neue Schlossbauten in Auftrag gegeben hatte, vgl. ebenda S. 37 f. Zu Gochsheim als Lehnsbesitz vgl. auch KÜHNLE, Vogt (wie Anm. 15) S. 68; Emil WEISER, Geschichte der ehemals württembergischen Stadt Gochsheim im Kraichgau, Bruchsal 1912, S. 7; Engelbert STROBEL, Der Kraichgau, eine „stadtreiche" Landschaft. Ein Streifzug durch die Geschichte von Gochsheim, Heidelsheim, Hilsbach,

und östlichen Umland, vom Bruhrain und aus Württemberg zusammen, aber auch interessierte Kleinstadtbürger wie der Hilsbacher Bürgermeister Christoph Haffner.[56] Bis zum 16. Mai, also in nur neun Tagen, gelang dieser stetig anwachsenden Gruppe ein beispielloser Siegeszug. Von Gochsheim aus richtete sich der Blick zunächst strategisch auf die beiden Städte Bretten und Heidelsheim, die an einer bedeutenden kurpfälzischen Geleitstraße lagen.[57] Während Bretten sich als einzige Stadt im Kraichgau dem Zugriff der Bauern erfolgreich widersetzte, gelang die Eroberung Heidelsheims mittels einer Kriegslist. Laut Georg Schwarzerd zog ein Trupp von fünfzig Mann *bey der nacht für Haidelßheim, ließen ein trommelschlager etwas vor der statt die trommen schlagen, als ob ein hauf dahinder wer*.[58] Der größte Teil des Haufens schwenkte anschließend ab in Richtung Eppingen, das sich ebenfalls kampflos ergab und erklärte, die Bauern mit Nahrungsmitteln, Geld und Geschützen versorgen zu wollen. Danach ging es weiter nach Hilsbach, wo man die kurfürstliche Kellerei plünderte, und nach Sinsheim, wo die Aufständischen laut Peter Harer *on einichen widerstand ingelassen* wurden, um anschließend über das dortige Stift herzufallen, das sie *verwusten, namen und plunderten [...], was sie fanden*, und dort *etlich tag stil ligen, dann sie zimlichen drank und proviand in der stiftherren heuser hetten*.[59] In kürzester Zeit – innerhalb von nur acht Tagen – konnte also fast der ganze Kraichgau erobert werden, doch beabsichtigte Anton Eisenhut vielleicht, sich mit den bruhrainischen und den nach der Schlacht von

---

Neckarbischofsheim, Rotenberg und Unteröwisheim, in: Badische Heimat 55 (1975) S. 339–347, hier S. 339. Zur territorialen Lage von Gochsheim vgl. RÖCKER, Bauernkrieg (wie Anm. 5) S. 58.
56 KLEBON, Taumel (wie Anm. 5) S. 79f.; RÖCKER, Bauernkrieg (wie Anm. 5) S. 58; HALBRITTER, Bibel (wie Anm. 5) S. 75.
57 KLEBON, Taumel (wie Anm. 5) S. 83 und 86; SCHÄFER, Bretten (wie Anm. 36) S. 188–191. Zu den Bewegungen des Kraichgauer Haufens vgl. die Abbildungen bei RÖCKER, Bauernkrieg (wie Anm. 5) S. 63; HALBRITTER, Bibel (wie Anm. 5) S. 74; Karte „Bauernkrieg 1524/25" (wie Anm. 46). Ehe sich der Haufen in Richtung Heidelsheim und Bretten bewegte, war es noch zur Plünderung und Zerstörung des Wasserschlosses in Menzingen gekommen, KLEBON, Taumel (wie Anm. 5) S. 87f.; RÖCKER, Bauernkrieg (wie Anm. 5) S. 59.
58 WÜRDINGER, Nachricht (wie Anm. 5) S. 35: *Uff dienstag nach Jubilate in diesem jahr, nachdem sich ein hauf der ufrurischen bawren zu Gotzheim versamblet, zogen ihr etliche uf 50 persohn bey der nacht für Haidelßheim, ließen ein trommelschlager etwas vor der Statt die trommen schlagen, als ob ein hauf dahinder wer, forderten ihn, zeigten an, wo man sie nit inließ, wolten sie die mit gewalt nöthen*.
59 ALTER, Berichte (wie Anm. 4) S. 55: *Von dannen zogen sie mit dem haufen, der sich stets mehrt, fur den flecken Suntzheim, darbey ein schöner stift gelegen. Daselbst wurden sie von den burgern gleichermaßen bald on einichen widerstand ingelassen, fielen den stiftheren in ihre heuser, schlugen die fenster aus, brachen sie zum teyl ganz ab, verwusten, namen und plunderten darin, was sie fanden, plieben daselbst etlich tag stil liegen, dann sie zimlichen drank und proviand in der stiftherren heuser hetten*. Auch die Burg Steinsberg bei Sinsheim wurde Opfer der Zerstörung, KLEBON, Taumel (wie Anm. 5) S. 96f.; RÖCKER, Bauernkrieg (wie Anm. 5) S. 60; HALBRITTER, Bibel (wie Anm. 5) S. 76.

Böblingen übriggebliebenen württembergischen Bauern zu vereinen.[60] Allein dazu kam es nicht. Ähnlich wie am Bruhrain nahm Kurfürst Ludwig V., der von den Eroberungen maßgeblich betroffen war, Verhandlungen auf. Diese verliefen zwar nicht so einvernehmlich wie im Fall der Nachbarregion, weil der in Hilsbach als Unterhändler agierende Graf Philipp von Nassau die Verhandlungen offenbar verschleppte und damit die Bauern gegen sich aufbrachte. Dennoch einigte man sich schließlich auf einen Waffenstillstand.[61] Das war das Ende des Kraichgauer Haufens, der sich nun auflöste; manche zogen an den Bruhrain, andere nach Württemberg, Eisenhut selbst kehrte nach Eppingen zurück.

Dass der für radikal gehaltene Anton Eisenhut so schnell klein beigab, hat in der Forschung immer wieder Verwunderung ausgelöst. Aber anscheinend handelte der Hauptmann nicht in völligem Einklang mit seinem Haufen, wie aus dem späteren Geständnis seines Mitstreiters Ulrich Bertsch hervorgeht, der die kurpfälzischen Unterhändler lieber für immer zum Schweigen gebracht hätte.[62] Eisenhut mag zu diesem Zeitpunkt – mit dem Gedanken an die Niederlage der württember-

---

60 KLEBON, Taumel (wie Anm. 5) S. 102; RÖCKER, Bauernkrieg (wie Anm. 5) S. 61. Vgl. das Schreiben des Eitelhans von Plieningen und anderer Adliger an Georg Truchsess von Waldburg bei BAUMANN, Akten (wie Anm. 54) S. 269, Nr. 274: *Sie haben ihm heute schon früher geschrieben, daß etliche flüchtige im Zabergaw sich wieder rottieren, jetzt aber hören sie von den von Brackenheim, daß solches nicht im Zabergaw geschehe, sondern bei Eppingen, und daß hier die bauern schon bei einander im felde liegen, das schloß Stainßberg ausgebrannt und das schloß des ritters Hannsen Hoffant eingenommen haben.* Datiert ist das Regest vom 7. Mai (Sonntag Jubilate), was inhaltlich jedoch keinen Sinn ergibt, denn am 7. Mai erging erst der Aufruf Anton Eisenhuts, sich in Gochsheim zu versammeln. Der Überfall auf das Schloss des Hans Hofwart in Münzesheim dürfte sich am 9. Mai zugetragen haben (KLEBON, Taumel, wie Anm. 5, S. 82), wohingegen die Zerstörung des Schlosses Steinsberg ziemlich sicher am 13. Mai geschah (ebenda S. 96). Gustav Bossert geht davon aus, dass die in dem Brief geschilderten Ereignisse erst nach der Schlacht bei Böblingen passiert sein können, und vermutet daher als korrekte Datierung entweder den 13. Mai oder den 14. Mai, Gustav BOSSERT, Zur Geschichte des Bauernkriegs im heutigen Baden, in: Zeitschrift für die Geschichte des Oberrheins 65 (1911) S. 250–266, hier S 256 f.; vgl. dazu auch KLEBON, Taumel (wie Anm. 5) S. 78 mit Anm. 222. Ich halte es für wahrscheinlicher, dass der Schreiber den Sonntag Cantate (14. Mai) mit dem im Schreiben angegebenen Sonntag Jubilate (7. Mai) verwechselte – anstelle von „samstags nach Jubilate" mit dem Sonntag Jubilate, so die beiden Erklärungsversuche bei BOSSERT, Baden (wie oben) S. 257. Für das Schreiben dürfte folglich der 14. Mai die korrekte Datierung sein. Zur Frage der Vereinigung der verschiedenen Haufen vgl. auch Anm. 53 und 54.
61 KLEBON, Taumel (wie Anm. 5) S. 99 f.; RÖCKER, Bauernkrieg (wie Anm. 5) S. 61 f.; BOSSERT, Baden (wie Anm. 60) S. 257 f.; HALBRITTER, Bibel (wie Anm. 5) S. 79.
62 Aus dem Verhörprotokoll des Menzingers Ulrich Bertsch, der Mitglied des Kraichgauer Haufens unter Anton Eisenhut war, geht der folgende Wortwechsel hervor: *Zum funfften sagt er* [Bertsch] *hab zu Sunßheim zu dem hauptman* [Eisenhut] *gesagt, ir solt gemacht haben, das die redt all solten erstochen sein word(en) hab der eysen hu[e/o]dt gesagt hett der deu[e]ffell zugeschlagen wan ir schon sie erstochen hett*; vgl. KLEBON, Taumel (wie Anm. 5) S. 109 f. (mit Abdruck des Verhörprotokolls auf S. 110). Dazu auch BOSSERT, Baden (wie Anm. 60) S. 253.

gischen Bauern bei Böblingen am 12. Mai 1525 und an das bereits im Heilbronner Raum lagernde Heer des Schwäbischen Bundes – bereits klar gewesen sein, dass der ursprüngliche Plan gescheitert war, und mag daher versucht haben zu retten, was noch zu retten war.[63]

Nachdem bisher die Aktionen und Entwicklungen der Bauern am Bruhrain und im Kraichgau nachgezeichnet wurden, soll nun im Weiteren die Stadt Bretten im Mittelpunkt stehen, um nicht nur Personen auf ihrem Weg durch den Bauernkrieg zu folgen, sondern auch einmal einen Ort in den Blick zu nehmen. Wie schon erwähnt, entging Bretten der Eroberung, und das, obwohl fast jeder Bauernhaufen im Umkreis des Kraichgaus den Versuch unternahm, die Stadt zu gewinnen. Das lag zum einen daran, dass Bretten ein wichtiger strategischer Platz war; es lag wie Heidelsheim an einer wichtigen Fernstraße, auf der die Kurpfalz das Geleit hatte, und war Sitz eines pfälzischen Oberamts.[64] Besonders attraktiv, ja geradezu begehrenswert wurde Bretten für die Bauern aber durch einen kriegsbedingten Zufall. Dort hatte nämlich seit Mitte April 1525 ein Kaufmannszug aus Ulm Zuflucht gesucht, der sich auf der Rückreise von der Frankfurter Frühjahrsmesse befand und auf seinen 32 Wagen Waren im Wert von 200.000 Gulden mit sich führte. Besondere Brisanz erhielt der Fall dadurch, dass Kurfürst Ludwig V. den Kaufleuten seinen Geleitschutz zugesichert hatte und damit für die transportierten Güter haftete; überdies wollte er bei der Reichsstadt Ulm, einem Bündnispartner im Schwäbischen Bund, keine Irritation hervorrufen.[65] In der Folge erhielten die Bret-

---

63 KLEBON, Taumel (wie Anm. 3) S. 100, ebenso S. 77. Bernd Röcker führt aus, dass Eisenhut vom radikalen Artikelbrief der Schwarzwälder Bauern und vom Verfassungsentwurf des Täufers Balthasar Hubmaier aus Waldshut beeinflusst gewesen sei und selbst die Errichtung einer Bauernrepublik gefordert habe, RÖCKER, Bauernkrieg (wie Anm. 5) S. 57 f.; RÖCKER, Anton Eisenhut (wie Anm. 6) S. 65 f. Vgl. auch HALBRITTER, Bibel (wie Anm. 5) S. 75; Horst BUSZELLO, „Freiburger Bundesordnung", „Artikelbrief" und „Christliche Bruderschaft". Der Bauernkrieg des Jahres 1525 im Schwarzwald und im Breisgau, in: Zeitschrift des Breisgau-Geschichtsvereins Schau-ins-Land 131 (2012) S. 51–86; Peter BLICKLE, Die Zwölf Artikel der Schwarzwälder Bauern von 1525, in: Reformation und Revolution. Beiträge zum politischen Wandel und der sozialen Kräfte am Beginn der Neuzeit. Festschrift für Rainer Wohlfeil, hg. von Rainer POSTEL und Franklin KOPITZSCH, Stuttgart 1989, S. 90–100; Christof WINDHORST, Täuferisches Taufverständnis. Balthasar Hubmaiers Lehre zwischen traditioneller und reformatorischer Theologie (Studies in medieval and reformation thought 16), Heidelberg 1976; Bernd MOELLER, Hubmaier, Balthasar, in: Neue Deutsche Biographie, Bd. 9, Berlin 1972, S. 703.
64 KLEBON, Taumel (wie Anm. 5) S. 83 und 86; SCHÄFER, Bretten (wie Anm. 36) S. 135–141 und 188–191.
65 WÜRDINGER, Nachricht (wie Anm. 5) S. 18 f.: *Nun trug sich eben deßmahls zu, das der oberlendischen kaufleuth gueter zwei und dreißig geladener lastwagen, darauf vil guter wahren, alhie zu Bretten zusammen kamen, die konten vor den ufrürischen nit weiter kommen. Weil sie dan in der churfürstlichen Pfaltz vergleitung waren und sie der glücksfal eben hieher zusammen getragen, schrieb der durchlauchtigst hochgeborne pfaltzgrave Ludwig churfürst unser gnedigster herr an bürgermeister, rath und gemeindt zu Bretten, das sie solche der kaufleuth gueter mit*

tener Drohbriefe vom Zabergäuer Haufen, aus Stuttgart und aus dem Kloster Herrenalb, wo die badischen und bruhrainischen Bauern sich aufhielten.[66] Über die Zabergäuer Gruppe des radikalen Jäcklein Rohrbach etwa berichtet Georg Schwarzerd: *Uf dienstag nach Quasimodo schrieben sie ein brief hieher gen Bretten, was sins wir weren, sie wolten zu uns komen, und wo wir sie nit zuliesen, wolten sie erwürgen, was über siben jahr wer.*[67] Schwarzerd gewährt im Weiteren auch interessante Einblicke, was sich innerhalb der Stadt daraufhin zutrug.

Zuerst erließ der Stadtrat eine Ordnung zur Verteidigung der Stadt, die ganz pragmatisch unter anderem festlegte, dass die Kaufmannswagen zu bewachen seien, immer siedendes Wasser bereitstehen müsse, Schäferhunde außerhalb der Stadtmauern als natürlicher Alarm fungieren sollten und Männer die Stadt nicht mehr verlassen dürften.[68] Dennoch war die Lage äußerst angespannt, weil viele Angst vor einer zweiten Weinsberger Bluttat hatten. Das Eingesperrtsein hatte schnell einen Lagerkoller zur Folge, und insbesondere die einfacheren Leute, die wähnten, nicht Ziel der Bauern zu sein, beschwerten sich massiv, liebäugelten gar damit, die Stadt zu öffnen.[69] Als Gegenmaßnahme holte man die Rädelsführer in

---

verhuetung der statt in guter verwahrung haben sollten, dan wo jemandt schaden bescheh, das durch sie verwarlost wurde, wolten ihr churfürstlichen gnaden das an iren leiben und gütern inkommen. Vgl. auch KLEBON, Taumel (wie Anm. 5) S. 84; SCHÄFER, Bretten (wie Anm. 36) S. 211; RÖCKER, Bauernkrieg (wie Anm. 5) S. 60; HALBRITTER, Bibel (wie Anm. 5) S. 76.

66 WÜRDINGER, Nachricht (wie Anm. 5) S. 19: *Nachdem nun nit alleinig von den maulbronnischen sondern auch den brurainischen und kraichgawischen, auch der Stuttgarter haufen herabgeschrieben wardt, wir solten die statt ufgeben und sie hieran oder die güeter nit hinaußlassen, mit grosser trewung etc.* Matern Feuerbacher und Hans Wunderer hatten offenbar einen Brief des Pfalzgrafen erhalten, der sie aufforderten, Bretten in Ruhe zu lassen. Darauf antworteten sie am 28. April 1525, dass sie *nye kaines andern gemüts gewesen und noch nit anders syen, dann allain das furstentomb Wirtemperg und die lantschaft an uns zu pringen, uns selber und gemayne lantschaft vor frembden nation vergwaltung und uberziehung [...] schutzen und schirmen, auch wider oberkaiten und erberkayten nit handlen, uns und gemayne lantschaft vor sollicher verderbung und zerytung zu sein und uns in dhain frembde nacion zu toun, allain uns zufriden bringen, das gotlich wort, ewangelich leer und gerechtigkait hantzuhaben, erbarkait zu lieben, darum wir dann die von Brethain [Bretten] nit dermaßen gefordert. Wo es aber geschehen, were es durch den schryber uberesehen, dan unser bevelch nit anders gewesen, dan was usser disem furstentumb von minchen, pfaffen, nonnen, höffen und andern personen zu innen gen Brethain hiny geflohnet worden, by handen behalten und neimants one unsern sondern bevelh und gehaiß darvon verendern lassen, daran wir dann vermaynen, neimants darmit onrechts zugemutet.* FRANZ, Kanzlei (wie Anm. 40) S. 101 Nr. 40. Vgl. auch RÖCKER, Bauernkrieg (wie Anm. 5) S. 64; HALBRITTER, Bibel (wie Anm. 5) S. 76.

67 WÜRDINGER, Nachricht (wie Anm. 5) S. 18.

68 WÜRDINGER, Nachricht (wie Anm. 5) S. 19–21; RÖCKER, Bauernkrieg (wie Anm. 5) S. 65; SCHÄFER, Bretten (wie Anm. 36) S. 213. Dass Männer die Stadt nicht mehr verlassen durften, hatte weniger mit dem möglichen Verteidigungsfall zu tun, sondern rührte von der Sorge her, sie könnten sich den Bauernhaufen anschließen.

69 WÜRDINGER, Nachricht (wie Anm. 5) S. 21: *Also begab es sich uf einen tag das wir vor ermelten ufrurischen so hart angesucht, das viel, die die sach nit besser verstunden, in sorgen*

den Rat, was Schwarzerd mit den Worten quittierte: *Darauf wurden 12 man auß der eusern gemein gewehlt und denen von gericht und rath zugethon, doch mehrertheils deren, die am maisten geschray macht, und man ihnen das maul sonst nit verstopfen kundt.*[70] Um die Stimmung zu heben, feierte man im Rathaus ein Gelage mit Wein und Brot, nachdem der Kronenwirt Melchior Hechel und andere insgesamt 350 Liter Wein gespendet hatten.[71] Doch genau in diesem Moment traf der Kraichgauer Haufen von Anton Eisenhut vor der Stadt ein und verlangte in einem weiteren Drohbrief Verhandlungen. Das richtete unter der angeheiterten Einwohnerschaft *gethös und geschrey* aus, wie Georg Schwarzerd schreibt.[72] Wieder diskutierte man lebhaft über die Option, die Bauern in die Stadt einzulassen, doch der

---

fielen, nachdem sie die gräwlich that zu Weinßberg gethan, sie möchten es auch gegen uns also fürnemmen [...]. Und ebenda S. 22: *Dest wurden die gemeindt bald ungedultig, etliche vermeint, es kem ihnen zum großen schaden, das sie ihr weingarten und güter nit bawen könten, die ander ihr vieh verdürb ihnen in den stellen, wer ihnen hoch beschwerlich, die dritten, der gemeindt arm hauf, beklagt sich, sie müsten also wie die münch in ein closter eingesperrt sein, und das mehrertheils umb der reichen willen, was sie davon hetten, das sie die reichen müsten helfen beschirmen, und kein lohn davon hetten, es wer ihres vermogens nit, müßig zu gon, ihre weib und kindt hetten daheim nit zu leben.* Es wurde der Vorschlag einer öffentlichen Küche gemacht, wie man sie schon während des Landshuter Kriegs aufgeschlagen habe (ebenda).
70 WÜRDINGER, Nachricht (wie Anm. 5) S. 21.
71 Aufgrund der knappen Versorgungslage wurden die ärmeren Bevölkerungsteile unruhig, weshalb sich Melchior Hechel, der Priester Johann Krust und andere dazu bereit erklärten, Wein zu verschenken. Nach längerer Diskussion über den Modus Operandi einigte man sich auf ein Fest: *die 3ten, der gemein hauf, sagten, was man viel damit prangen wolt, man solt ihnen den wein uf das rathhuß geben, und sie einest fröhlich mit einander sein lassen, vielleicht beriete Gott morgen wieder.* [...] *aber es half kein sagen, der schlemmer zog für, da warden tisch mit thilen uf das tantzhauß gemacht, trug man ihnen den wein und brodt dar, und ließ sie gantz fröhlich sein, doch wer besser gewesen, sie hetten wasser dafür getrunckhen,* WÜRDINGER, Nachricht (wie Anm. 5) S. 23 f. Die Versorgung mit Nahrungsmitteln spielte auch für die Bauernhaufen eine wichtige Rolle. Wann immer sich die Möglichkeit bot, wurden Weinkeller und Vorratskammern geplündert. Dies war beispielsweise in Hilsbach und in Sinsheim der Fall. Die Stadt Eppingen konnte sich vor den Bauern schützen, indem sie ihnen Verpflegung, Geld und Geschütze zusagte, vgl. RÖCKER, Bauernkrieg (wie Anm. 5) S. 60; KLEBON, Taumel (wie Anm. 5) S. 90, 94 und 98. Georg Schwarzerd kommt deshalb zu dem Schluss: *nicht des weniger wurden die aufrurischen genachperten je länger je stärckher, schrieben und empoten uns täglich zu, wir solten sie in laßen, dieweil sie dan die bawren nicht thaten da dan freßen, saufen und verwüsten, wo sie das ankommen möcht seyn,* WÜRDINGER, Nachricht (wie Anm. 5) S. 22. Ähnliche Beschreibungen finden sich auch bei Peter Harer: *Dann gleich des andern tags fing dieselb rotten an, umb sich zu greifen und andere dörfer zu erfordern, fielen in der pfaffen von Speyer keller zu Malsch, tranken den wein aus und lebte im sauß, in hoffnung, des orts ein new regiment zu erwecken,* ALTER, Berichte (wie Anm. 4) S. 37 (über die bruhrainischen Bauern).
72 WÜRDINGER, Nachricht (wie Anm. 5) S. 25; vgl. ebenda S. 24: *Dan wie man sagt kein freudt vergeth ohne laidt, also geschah dißmahls auch, dan ehe die bürger von der zech alle wieder zu hauß kamen, da kam der ambtman botschaft, wie der hauf, so zu Gochtzen lag,* [...] *in willens weren, dieselbig nacht die statt Bretheim zu überfallen und zu stürmen, und hetten sich mit etlichen wagen, mit laidern und andern notdurft darzu gerüst, und wo die von Bretheim*

Amtsverweser lehnte dies rundheraus ab und kündigte an, in diesem Fall die Stadt zu verlassen. Die Bürger verstanden nur, dass ihr Anführer die Stadt verlassen wolle, wurden deshalb noch erregter und brachen einen Streit über die Aufbewahrung des Torschlüssels vom Zaun.[73] Als der Amtsverweser sich daraufhin genervt zurückzog, war es einmal mehr der Kronenwirt Melchior Hechel, der an die Bürgerpflichten und die Treue gegenüber der Kurpfalz erinnerte und anbot, jedem, der es brauche, mit Frucht, Wein und Geld auszuhelfen.[74] Bei dieser überaus positiven Schilderung ist allerdings zu bedenken, dass ebendieser Kronenwirt Georg

---

sich wereten, und ihnen einen mann umbrachten, wolten sie erwürgen, was sie in der stadt funden. Diese Drohung ähnelt sehr stark dem, was auch Jäcklein Rohrbachs Leute verbreitet hatten (siehe oben).

73 WÜRDINGER, Nachricht (wie Anm. 5) S. 25 f.: *Das aber welt nit jedermann gefallen, so wolt es uch der amptman nit gedulden, ließ sich vor der gemeindt hören: „Wo sie mit den ufruren sprach halten wollten, solt man ihnen zuvor auß der stadt lassen, sonst wust er anderß nit zu gewarten, dan das man der bawren mit ihm, wie zu Weinsperg beschehen, laufen wurde"* [gemeint ist der Spießrutenlauf]. *Da aber die gemeindt hört, das der amptman auß der statt wolt, da waren etlich, die schraiden: weil sie in die statt bleiben, müssen er bei ihnen bleiben, huben an zu schreyen, man solt die thorschlüssel verwahren, damit er nit auß der stadt keme, mit etlichen unnützen worten.* Georg Schwarzerd, der später als Gerichts- und Ratsherr, als Bürgermeister und Schultheiß verschiedene Ämter in Bretten inne hatte, charakterisiert den zuständigen Amtmann Adam Scheuble als gänzlich unerfahren: *Deßmahls war kein vogt alhie, sonder ein raisiger knecht Adam Scheuble von Speyer genant, den nent man ein amptman, der ursach, das vogt, schultheiß und kellerei ampt miteinander, und war neulich ufzogen, und wiewohl er gern das best hett gethon, wie er auch kein fleiß spart, kant er doch die leuth in der statt noch nit, wußt nit wohl wem er zu getrawen hett, darumb er etwan dest kleinmüthiger war, doch so ließ er an ihn nichts erwinden.* Deswegen habe der militärisch erfahrene Edelmann Hans von Steinkallenfels die oben erwähnte Ordnung zur Verteidigung der Stadt veranlasst, vgl. ebenda S. 19. Zur Biographie Schwarzerds vgl. Anm. 36.

74 WÜRDINGER, Nachricht (wie Anm. 5) S. 26 f.: *Da der amptmann die unsinnige weiß sahe, thet er sich von ihnen hinweckh, kam in sein behausung, aber Melcher Hechell vorgenandt blieb uf der trippell sten, hört nit auf, der gemeindt zu zuschreyen, sie sollten gedenckhen, das sie je und alweg so ein gnedigen fürsten gehabt, ob dem sie nit zu klagen hetten, sie solten uf diesen tag ihr ehr, aid und wohlfahrt, auch ihr weib und kind bedenckhen und zu herzen fassen, wo sie unterstunden wie andere ufrurischen wieder ihr obrigkeit zu streben, wie schwerlich es ihnen ergohn, und zu verantworten sein würde; sie solten in des frommen pfaltzgrawen treu und huld bleiben und thun wie frommen biederleuten wohl anstund, wie sie und ihre aeltern hievor gethan, auch in der pfaltzgrawischen ubedt, des würden sie groß lob, ehr und ruhm erlangen, dagegen, wo sie es nit theten, hetten sie groß elendt, jammer, schandt und schaden zu gewarten; solten sich selbst nit also unbedechtlich in gefahr und die lest noth führen, dan es ihnen sonst ihr leib, ehr und gut berühren würd. Sie hetten doch noch kein besonder beschwerung erlitten, oder einichen feindt gesehen, das sie zu wiederwillen ursach hetten, solten das groß lob, so ihre eltern und sie hievor zu Brettheim erlanget, nit also schandlich lassen versinken, sondern die wiebischen vertzagten hertzen von ihnen thun, und in die alten fußstapfen tretten. [...] Ob dann jemandt unter ihnen were, der sich an nahrung mit erhalten möchte und mangell hett, der solt zu ihm kommen, er wolt ihnen mit frucht, wein und gelt zu hilf kommen, und mit ihnen theilen, so lang sein vermögen reicht [...].*

Schwarzerds Schwiegervater war.[75] Währenddessen schickte Pfalzgraf Ludwig zweihundert Söldner nach Bretten, was die Situation merklich entspannte.[76] Zwar gab es noch einmal Streit um den findigen Geleitsknecht Wendel Arnold, der mit dem Bauernhaufen von Jäcklein Rohrbach auf eigene Faust verhandelte und sich für die Öffnung der Stadt einen der Kaufmannswagen zusichern ließ, doch der städtische Rat legte solchen Machenschaften einen Riegel vor. Kurzerhand schickte man den Knecht mit einem erläuternden Schreiben nach Heidelberg, denn in gar keinem Fall wollten die Brettener den Eindruck erwecken, dass dieser Plan von ihnen ausgeheckt worden war.[77] Ihre Stadt jedenfalls war gerettet, die verschiedenen Bauernhaufen zogen alsbald weiter und hatten an Bretten kein Interesse mehr.[78]

---

75 SCHÄFER, Bretten (wie Anm. 36) S. 245; RÖCKER, Bauernkrieg (wie Anm. 5) S. 69.
76 Georg Schwarzerd schildert die Situation folgendermaßen: *Diese brieve* [gemeint sind die Drohbriefe], *alles was uns zkam, schickten wir alsbald unser gnädigsten herren gen Heidelberg und baten Ihr churfl. gnaden umb hilfs und das uns ein zusatz geschickt wurde, damit wir uns dieser ufrurerischen dest baß erwehren mochten. Deß warden wir offtermahls vertröst, aber mein gnädigst herr kant gleichwohl nit an alle ort kriegsvolk bekommen, so war das landvolkh hier zu nit zu gebrauchen, dan in der Pfaltz und den anstoßenden fürstenthumben war das volck fast alles ufregig, also das ihne nit zu getrawen war,* WÜRDINGER, Nachricht (wie Anm. 5) S. 19. Letztlich schickte der Kurfürst Wolf Ulrich von Flehingen mit zweihundert Söldnern nach Bretten, die nicht nur bei der Verteidigung der Stadt helfen, sondern auch sicherstellen sollten, dass sich niemand aus der Stadt auf die Seite der Bauern begab, vgl. auch RÖCKER, Bauernkrieg (wie Anm. 5) S. 66 f.; HALBRITTER, Bibel (wie Anm. 5) S. 77.
77 WÜRDINGER, Nachricht (wie Anm. 5) S. 31: *Als aber sein verantwortung* [des Wendel Arnold] *verdächtig befunden, und man sich vor sich vorgemelter landtzknecht red erindert, wardt berathschlagt, man solt diß alles in ein briv schreiben, und den mit ihme Wendeln selbst unserm gnedigsten herrn zuschicken, und wiewohl Wendel etwas merkt, dannoch ließ er sich bereden, das er den briev meinen gnedigsten herrn hinab gen Heydelberg führt. Und als er allererst des andern tags gen Heydelberg kam, trug er den briv gen hof, allda im schloßhof mein gnedigster herr den selbst sambt vielen von der ritterschaft stunden, ließ mein gnedigster herr den brif lesen, und sobald ihr churfürstliche gnaden den inhalt vernam, hießen ihr churfürstliche gnaden die Thor zu schließen und Wendell uf das alt schloß führen, und in gefengnuß erhalten biß zu ausgang des bawrenkriegs;* vgl. auch RÖCKER, Bauernkrieg (wie Anm. 5) S. 68–70.
78 Der Zabergäuer Haufen zog schon am 26. April nach Stuttgart weiter, wohingegen sich der bruhrainische und der badische Haufen am 8. Mai 1525 weitgehend auflösten (vgl. oben). Als die Gefahr gebannt war, zog der Kaufmannszug alsbald nach Ulm ab, vgl. RÖCKER, Bauernkrieg (wie Anm. 5) S. 71. Vgl. auch das Schreiben von Georg Truchsess von Waldburg an Kurfürst Ludwig V. vom 16. Mai: *Hat dessen schreiben vom montag nach Cantate* [15. Mai] *heute zu Plieningen erhalten und will diesem nach seinem vermögen nachkommen. Weil aber alle seine kundschaften lauten, daß die bauern im Weinsperger Thale sich stärken, und daß die wurtzburgischen zu denselben kommen sollen, der meinung, ihn und sein kriegsvolk dort zu erwarten, weil des pfalzgrafen feinde zu Hulspack* [Hilsbach] *liegen, und weil die kaufmannsgüter zu Bretheim nunmehr hinweg und zu Ulm angekommen sind, so ist er mit rath der pfalzgräflichen und anderer bündischen hauptleute entschloßen, morgen auf Großengartach zwischen beide haufen zu ziehen. Der Pfalzgraf soll gleichzeitig mit seinem kriegsvolk gen Bretheim oder Wimpfen ziehen,* BAUMANN, Akten (wie Anm. 54) S. 283, Nr. 299.

IV

Wie gesehen, verhandelten Kurfürst Ludwig von der Pfalz und sein Bruder, Bischof Georg von Speyer, aber ebenso Markgraf Philipp von Baden bereitwillig mit den Bauern. Dabei spielte stets der Einsatz von Unterhändlern eine Rolle, die einmal einen besseren Zugang zu den Bauern fanden, wie im Fall Bernhard Gölers und dem badisch-bruhrainischen Haufen, und einmal einen weniger guten wie im Fall des Grafen Philipp von Nassau, der es in Hilsbach mit Anton Eisenhut und seinen Leuten zu tun hatte. Immer fanden die Verhandlungen in den jeweiligen Bauernlagern statt und endeten mit Zugeständnissen, indem die Herrschaften so weit wie möglich auf die bäuerlichen Forderungen eingingen. Zufriedengestellt lösten sich die Haufen dann zumeist auf. Natürlich hatten die Fürsten sich damit nicht zu Freunden der Bauern gewandelt, sondern nutzten die Verhandlungen als Hinhaltetaktik, um Zeit zu gewinnen. Denn die Aufstände ereigneten sich an so vielen Orten parallel, dass die beiderseitigen Kräfte und Ressourcen vielfach gebunden waren, zumal Ludwig V. im März 1525 ja auch noch ein größeres Truppenkontingent für das Heer des Schwäbischen Bundes zur Verfügung stellen musste.[79]

Die Situation änderte sich grundlegend, als sich immer mehr Bauernhaufen auflösten oder zumindest deutlich schrumpften und das Bundesheer unter Georg Truchsess von Waldburg, dem „Bauernjörg", die ersten Erfolge erzielte. Konsequent ignorierte der Pfälzer Kurfürst nun alle zuvor gemachten Versprechungen und eröffnete mit einem Heer von 4.500 Fußsoldaten und 1.800 Berittenen, dem sich auch der Erzbischof von Trier und der Bischof von Würzburg anschlossen, seinen eigenen Feldzug.[80] Dieser führte zuerst an den Bruhrain, wo noch immer – trotz der angeblichen Auflösung – viele aufständische Bauern aktiv waren.[81] In

---

[79] HALBRITTER, Bibel (wie Anm. 5) S. 78 f.; MUMM, Ludwig V. (wie Anm. 50) S. 23. Ähnlich ging es Markgraf Philipp von Baden, der Kurfürst Ludwig V. zu Beginn der Aufstände am Bruhrain nicht unterstützen konnte, weil er sich erst um sein eigenes Territorium kümmern musste, RÖCKER, Bauernkrieg (wie Anm. 5) S. 47. Seinen Bruder Georg, Bischof von Speyer, bat Ludwig V., erst einmal nichts zu unternehmen, die Kräfte mussten erst gesammelt werden, vgl. ebenda S. 61. Vgl. generell zu den gewählten Strategien ebenda S. 78 f.; MAURER, Massenerhebung (wie Anm. 5) S. 268 und 277 f.
[80] RÖCKER, Bauernkrieg (wie Anm. 5) S. 82 f.; HALBRITTER, Bibel (wie Anm. 5) S. 79; ADAM, Bauernkrieg (wie Anm. 6) S. 15 f.; WAGNER, Ludwig V. (Anm. 33) S. 32. Eigentlich hatte Ludwig den Bauern einen Landtag in Aussicht gestellt, auf dem Philipp Melanchthon und Johannes Brenz als Schiedsrichter fungieren sollten; dies spielte aber in den weiteren Plänen des Kurfürsten keine Rolle mehr; vgl. HALBRITTER, Bibel (wie Anm. 5) S. 79; RÖCKER, Bauernkrieg (wie Anm. 5) S. 78.
[81] Nach der Einigung zwischen den bruhrainischen Bauern und Pfalzgraf Ludwig V. am 8. Mai über die Öffnung der Straße kam es dennoch zu einer Straßensperrung bei Unteröwisheim, was den Kurfürsten sehr erzürnte. Vgl. RÖCKER, Bauernkrieg (wie Anm. 5) S. 70 f.; HARTFELDER, Bauernkrieg (wie Anm. 6) S. 80 f. Vgl. auch WÜRDINGER, Nachricht (wie Anm. 5) S. 31 f.; ALTER, Berichte (wie Anm. 4) S. 41: *schickt also seiner churfurstlichen gnaden*

Malsch, dem allerersten Versammlungsort am Bruhrain, kam es zu einem Gefecht, weil die dort verschanzten Bauern nicht aufgeben wollten. Doch hatten sie nicht die geringste Chance; Malsch wurde zerstört. Das Ergebnis schildert der Augenzeuge Lorenz Fries, Sekretär des Würzburger Bischofs: *Man sahe, das es ain gut, gross dorf gewesen, vill schwein, kühe, pferde und ander vihe lagen hin und wider, das von dem feur nidergefallen und verdorben was. Es lagen auch etliche bauren uf der gassen, und, das gleich unmenschlich zu hören ist, assen die schwein aus inen, wie ich das selbst gesehen und alsbalt von gemainen nutz wegen gewunscht hab, das die bauren in Francken solchs auch sehen oder wissen sollten, were ich on zweyvel, sie wurden sich bedenken, ir gemut verkeren und sich selbst, auch ire weyb und kinder vor grosem schaden und nachtail verhutten.*[82]

In schneller Folge eroberte und plünderte das Heer den Bruhrain und nahm am 25. Mai die Kapitulation von Bruchsal entgegen, wo noch sechstausend Bauern standen.[83] Parallel dazu arbeitete sich das Heer des Schwäbischen Bundes durch den Kraichgau, ehe beide Heere sich in Fürfeld vereinigten, um von dort nach Neckarsulm weiterzuziehen.[84] Wenige Tage zuvor hatte der Truchsess von Wald-

---

burggraven zur Starckenburgk Wolff Ulrichen von Flehingen mit etlichen raysigen, das er ein fendlin knecht von Haydelbergk gehen Brettheim furen solt, demselbigen nach und dieweil der brureinisch hauf uff den vertrag, so sie mit meim gnedigen hern dem bischof von Speyer oberzelter maßen angenomen, meynem gnedigsten heren dem pfalzgraven eygentlich zugeschrieben gehept, das sie seiner gnaden verwandten, graven, heren, edlen und hindersassen, es weren geistlichs oder weltlichs stands, die straßen und weg im stift Speier und am Brurhein, welche sie allenthalben verhawen, verlegt und ingenomen hetten, sicher und unbelaydigt, auch allerdings ongeirret brauchen lassen wollten und dieselbigen wider öffnen. So zohe gedachter burggrave mit solchen knechten, die straß am Brurhein hieruff gegen Bretheym zu, versahe sich keins argen oder bößen. Da er aber zum dorf Undereußheym kame, lag ein hauf bauern daselbst, nach dem sie stets zu und von einander liefen. Dieselben teten sich, als der burggrave mit seinem volk zwuschen sie kame, zusamen, umbgaben sie allesampt, stelten sie in große gefehrlichkeit irs lebens, also das sie nicht anderst dann sterbens verwegen hetten, und drungen sie, das sie inen globen und versprechen musten, wider miteinander zurück gehn Haydelbergk zu ziehen; verhinderten also dem churfursten sein furnehmen und verordneten bevelch uber ir getan schreiben und zusage, welchs dann sein churfurstliche gnaden nit unbillichen zu ungnaden und nachvolgenden handlungen, auch straff bewegt hat.
82 HENNER/SCHÄFFLER, Geschichte (wie Anm. 39) Bd. 1, S. 286. Kurz zuvor schildert Fries die Situation der Bauern zu Malsch folgendermaßen (ebenda S. 285): *Aber die bauren darin wägerten sich, die einzulasen, hetten auch die strasen und zugenge mit wägen, karren, fassen, grosen holzern und anderm verschrenkt und vertarrest. so sind on das gerings umb das dorf umbher camerweingarten, darin sich etlich bauren mit hantoren und andern wören versteckt und ganz der mainung waren, sich des pfalzgraven ufzuhalten.* Vgl. auch RÖCKER, Bauernkrieg (wie Anm. 5) S. 82 f.; HARTFELDER, Bauernkrieg (wie Anm. 6) S. 82.
83 Am Bruhrain ging es von Rotenberg, Rauenberg und Mühlhausen über das Schloss Kislau bis hin nach Udenheim, wo die beiden Bruhrainer Hauptleute Friedrich Wurm und Hans von Hall an den Kurfürsten ausgeliefert wurden, vgl. RÖCKER, Bauernkrieg (wie Anm. 5) S. 82 f.; HARTFELDER, Bauernkrieg (wie Anm. 6) S. 82 f.
84 RÖCKER, Bauernkrieg (wie Anm. 5) S. 84 f.

burg schon Jäcklein Rohrbach, den Verantwortlichen für die Weinsberger Bluttat, hinrichten können, indem er ihn an einen Baum ketten und bei lebendigem Leib verbrennen ließ. Dem Kurfürsten von der Pfalz überließ er den in Eppingen aufgegriffenen Anton Eisenhut, der in Bruchsal enthauptet wurde.[85] Eine Wandmalerei aus der Mitte des 18. Jahrhunderts in der Dorfkirche zu Weiler an der Zaber, der früheren Wirkungsstätte Eisenhuts, bezieht sich vermutlich auf ihn. Das Bild rechts der Kanzeltreppe – und damit nur für den Prediger zu sehen – zeigt die Enthauptung Johannes des Täufers mit dem Spruchband: *Ein lehrer muß die wahrheit sagen, und sollt man ihm den kopf abschlagen.*[86] Neben den Führungspersonen wurden aber auch die mit den Bauern kooperierenden Städte bestraft. Bruchsal etwa verlor seine Stadttore und alle Waffen und musste zusammen mit den umliegenden speyrischen Ämtern 40.000 Gulden bezahlen. Eppingen, das sich den Bauern genau genommen gar nicht unterworfen, sondern durch Verhandlungen ihren Abzug bewirkt hatte, musste wegen der Zerstörung der nahe gelegenen Burg Steinsberg 5.500 Gulden für deren Wiederaufbau entrichten, alle Waffen herausgeben und eine Brandschatzung durch das Bundesheer akzeptieren. Gochsheim schließlich musste gemeinsam mit den umliegenden Dörfern, darunter Menzingen, Unteröwisheim und Waibstadt, ebenfalls ein hohes Strafgeld zahlen, bat jedoch seinen Ortsherrn Bernhard von Eberstein, sich beim Pfalzgrafen für dessen Verringerung einzusetzen.[87] In der Folge kam es zu Unterwerfungsverträgen und Sühnehuldigungen, wie beispielsweise am 14. Juli seitens der Untertanen in den Ämtern Bruchsal, Altenburg und Grombach.[88]

---

85 KLEBON, Taumel (wie Anm. 5) S. 105 f.; HALBRITTER, Bibel (wie Anm. 5) S. 80; RÖCKER, Bauernkrieg (wie Anm. 5) S. 80; VÖGELY, Joß Fritz (wie Anm. 19) S. 373; BLICKLE, Bauernjörg (wie Anm. 2) S. 204 (mit der Abbildung der Hinrichtung Jäcklein Rohrbachs aus der Harer-Handschrift) und 211.
86 KLEBON, Taumel (wie Anm. 5) S. 106.
87 RÖCKER, Bauernkrieg (wie Anm. 5) S. 87 f.; KLEBON, Taumel (wie Anm. 5) S. 107 f.; ADAM, Bauernkrieg (wie Anm. 6) S. 17 f.; HALBRITTER, Bibel (wie Anm. 5) S. 80; WAGNER, Ludwig V. (wie Anm. 33) S. 33; HARTFELDER, Bauernkrieg (wie Anm. 6) S. 83 f.; RÖCKER, Anton Eisenhut (wie Anm. 6) S. 70 f. Speziell zu Eppingen Wolfram ANGERBERGER, Zur Geschichte der Stadt Eppingen im 16. Jahrhundert, in: Eppingen – rund um den Ottilienberg. Beiträge zur Geschichte der Stadt Eppingen und Umgebung 4 (1986) S. 29–37, hier S. 34. Vom 5. Juni 1525 ist ein Revers der kurpfälzischen Städte Eppingen, Heidelsheim, Sinsheim und Hilsbach überliefert, die ihre Unterwerfung unter das Urteil des Kurfürsten gelobten, einen neuen Huldigungseid schworen und ein Strafgeld von 1.000 Gulden zu leisten versprachen (von denen letztlich aber nur 894 Gulden aufgebracht werden konnten). Vgl. Thorsten HUTHWELKER, Die Urfehdeerklärung der Städte Eppingen, Hilsbach und Sinsheim vom 5. Juni 1525, in: Kraichgau 19 (2005) S. 51–64 (mit der Edition des Texts auf S. 55 f.).
88 Die Unterwerfungsurkunde der bruhrainischen Orte ist im Bericht aus der Kanzlei des Speyrer Bischofs enthalten, MONE, Quellensammlung (wie Anm. 5) S. 34–37, Nr. 54.

V

Insgesamt zeigen die Ereignisse im Kraichgau und am Bruhrain, dass das bislang eher geringe Forschungsinteresse nicht den Eindruck erwecken darf, das Bauernkriegsgeschehen sei in dieser Region weniger bedeutend gewesen als anderwärts. Ganz im Gegenteil ist eine bemerkenswerte Geschwindigkeit der Ereignisse zu beobachten – von der Entstehung des Kraichgauer Haufens bis zu seiner Auflösung vergingen nur zehn Tage –, die in der Kürze der Zeit eine enorme Sogwirkung und Eigendynamik der Aufstandsbewegung erkennen lassen; die Flamme brannte kurz, aber heiß. Bei den gezeigten Fallbeispielen ergab sich die Kurzlebigkeit der hiesigen Aufstände – gemessen an der Chronologie des ganzen, unter dem Begriff Bauernkrieg zusammengefassten Geschehens – auch aus deren Verspätung, weil viele der anderen Haufen sich schon wieder auflösten und das Bundesheer zunehmend eine abschreckende Wirkung entfaltete. Weitere regionale Spezifika treten in den zwar einander ähnlichen, aber doch unterschiedlichen Zielsetzungen der Aufständischen zutage, die gleichwohl untereinander gut vernetzt gewesen zu sein scheinen. Ebenso fällt auf, dass die meisten Bauernhaufen über charismatische Anführer verfügten, doch mag dieser Eindruck nicht nur ihrer inneren, hierarchischen Struktur geschuldet gewesen sein, sondern auch aus der Darstellung der Quellen resultieren. Denn die soziale Zusammensetzung der aufständischen Gruppen war recht divers und keineswegs nur ländlich geprägt, vielmehr schlossen sie auch städtische Akteure ein, die urbanen Führungsgruppen entstammten.[89] So ist die Kritik am Begriff Bauernkrieg zwar altbekannt,[90] doch führt der Kraichgau als zwar ländlich geprägter, aber mit vielen Kleinstädten durchsetzter Raum einmal mehr vor Augen, dass das Zusammenspiel von Stadt und Land wichtig war und ein noch längst nicht hinreichend gewürdigtes Charakteristikum des Bauernkriegs darstellt.[91]

---

89 Dies zeigte sich etwa am Beispiel des Hilsbacher Bürgermeisters Christoph Haffner, der sich am Kraichgauer Bauernhaufen aktiv beteiligte. Vgl. am Beispiel Württembergs Kühnle, Vogt (wie Anm. 15) S. 417–422; speziell zum Stuttgarter Fähnlein vgl. Blickle, Bauernjörg (wie Anm. 2) S. 205–209.
90 Vgl. stellvertretend für viele andere Blickle, Revolution (wie Anm. 6) S. 41 f., wo zwischen „Bauer" und „Gemeinem Mann" differenziert wird. An anderer Stelle plädiert Blickle sogar für den Ausdruck „Bürgerkrieg", Blickle, Bauernjörg (wie Anm. 2) S. 209.
91 Vgl. Sven Tode, Stadt und Raum. Überlegungen zum Stadt-Land-Verhältnis in der Frühen Neuzeit am Beispiel des Bauernkrieges, in: Die Macht der Städte. Von der Antike bis zur Gegenwart (Historische Europa–Studien 4), hg. von Michael Gehler, Hildesheim u. a. 2011, S. 165–198, hier S. 193–196. Im Februar 2024 wird sich die Tagung ‚Reichsstadt in Bauernkriegen', veranstaltet durch den Mühlhäuser Arbeitskreis für Reichsstadtgeschichte, des Themas zumindest aus reichsstädtischer Perspektive annehmen: https://www.reichsstaedte.de/tagungen/ (Zugriff am 24.06.2023).

Christine Reinle

Gewalthandeln von Bauern

Bauernfehden und Bauernkrieg im Vergleich

Brixen, am 9. Mai 1525: Endlich sollte eine Hinrichtung nach zweimaliger Verschiebung vollzogen werden, wobei dem Delinquenten der ursprünglich verhängte Feuertod gnadenhalber erspart bleiben sollte. Vielmehr stand ihm, Peter Passler aus dem Südtiroler Antholzer Tal, „nur" das Köpfen und anschließende Vierteilen bevor. Denn dieser Passler hatte es nicht dabei belassen, in einem seit 1522 währenden Streit um Fischereirechte, die zunächst vom Bischof von Brixen an einen Verwandten namens Oswald Passler verliehen, diesem später aber wieder entzogen und an einen Dritten vergeben worden waren, den Rivalen des Verwandten an der Ausübung seiner Rechte zu hindern, das Stadtgericht von Bruneck anzurufen sowie nach einem ungünstigen Prozessausgang an den Bischof selbst zu supplizieren. Vielmehr hatte er, noch während man über freies Geleit für einen weiteren Gerichtstermin verhandelte, den Stadtrichter von Bruneck und den Gegner seiner Familie sowie die Stadt selbst bedroht. Zudem hatte er dem familiären Rivalen im Juni 1524 eine Fehde für den Fall androhen lassen, dass dieser den Schaden nicht ersetzte, den die Familie Passler durch den Entzug der Fischereirechte zu seinen Gunsten erlitten hatte. Der Festnahme, die der Bischof anordnete und die der Stadthauptmann vornehmen wollte, entzog sich Passler, indem er austrat, das heißt räumlich auswich und damit zugleich die Rechtsgemeinschaft verließ. Obwohl die Stadt Bruneck sich im Gegensatz zum Stadtrichter für eine gütliche Streitbeilegung einsetzte und sich im übrigen für unzuständig erklärte, weil Passler ihr nicht unterstehe, erhielt sie nach einem weiteren, von Passler als unzureichend beziehungsweise betrügerisch beurteilten Geleitsangebot des Stadthauptmanns im Juli 1524 selbst eine Fehdeansage Passlers. Damit wollte der Südtiroler Druck ausüben, denn er verlangte von Bruneck eine Auskunft binnen dreier Tage, ob man sich nicht doch zu seinen Konditionen – nämlich Zahlung von Schadensersatz und Wiedererlangen der *landshuld* für seine Person – mit ihm versöhnen wolle. Um gleichwohl seine Bereitschaft und Befähigung zur Gewaltausübung unter Beweis zu stellen, zündete Passler drei Scheunen mit frisch eingebrachtem Getreide an. Wieder wollte die Stadt Bruneck sofort einlenken, wieder war es die Obrigkeit, nun in Gestalt des Stadthauptmanns, die nur zum Schein nachgab und in Wirklichkeit Söldner mit Passlers Gefangennahme beauftragte sowie ein Kopfgeld auf ihn aussetzte.

Der Fortgang der Fehde Passlers soll hier nicht weiter beschrieben werden. Sie wurde vielfach behandelt;[1] herausgedeutet seien nur die Formen, in denen Passler seine Fehde fortführte. Auf die offenbar informelle und konditionale Fehdeandrohung gegenüber dem Rivalen seiner Familie folgte wenig später die tatsächliche Absage an den Konkurrenten sowie an weitere Personen, zum Beispiel gegen einen Mann, der mithelfen wollte, ihn gefangen zu nehmen. Brandstiftung war wie in anderen Bauernfehden das Mittel der Wahl, Viehraub – in Bauernfehden ebenfalls gelegentlich praktiziert – spielte hingegen keine Rolle. Wie viele Helfer sich Passler anschlossen, ist unklar; es kann sich aber nur um eine sehr kleine Gruppe[2] gehandelt haben, innerhalb deren von Anfang an der Wirt Hans Jarl eine prominente

---

1 Die vorangegangenen sowie die folgenden Ausführungen zur Passler-Fehde beruhen auf Theodor MAIRHOFER, Brixen und seine Umgebung in der Reformations-Periode 1520 bis 1525 nach dem ungedruckten Bericht des Augenzeugen Angerer von Angersburg, der Rechte Doktor in Brixen (Zwölftes Programm des kaiserlich-königlichen Gymnasiums zu Brixen), Brixen 1862, S. 14–17 (mit irrigem Datum 10. Mai 1525); Hartmann AMMANN, Gregor Angerer von Angerburg, Bischof von Wiener-Neustadt, Propst und Dekan an der Domkirche von Brixen, und seine historischen Aufzeichnungen, in: Forschungen und Mitteilungen zur Geschichte Tirols und Vorarlbergs 8 (1911) S. 9–20, 127–140, 215–239 und 304–319, hier S. 312 und 315 f.; zum Quellenwert Angerers, der in der Regel den Chronisten Georg Kirchmair ausschrieb und durch Übertreibungen ausschmückte, der zu Passlers Befreiung und den folgenden Ausschreitungen aber von Kirchmair unabhängige, wenngleich durch Irrtümer getrübte Informationen bietet, vgl. AMMANN, Angerer, S. 10 und 215–218; Hartmann AMMANN, Peter Passler, der Bauernrebell aus Antholz, in: Forschungen und Mitteilungen zur Geschichte Tirols und Vorarlbergs 6 (1909) S. 52–60 und 141–158, hier v. a. S. 54–60, 141–154 und 156–158; Albert HOLLAENDER, Neues über den Bauernrebell Peter Passler, in: Der Schlern 15 (1934) S. 345–352, hier v. a. S. 346–349; Otto BRUNNER, Land und Herrschaft. Grundfragen der territorialen Verfassungsgeschichte Österreichs im Mittelalter, Wien ⁵1965 (ND Darmstadt 1984), S. 69 f.; Josef MACEK, Der Tiroler Bauernkrieg und Michael Gaismair. Deutsche Ausgabe, besorgt von Roland Franz SCHMIEDT, Berlin (Ost) 1965, S. 119 f. und 132–138; Josef MACEK, Peter Pässler im Tiroler und Salzburger Bauernkrieg, in: Der Schlern 59 (1985) S. 144–169, hier v. a. S. 145–151 und 153–154; Aldo STELLA, La rivoluzione contadina del 1525 e l'utopia di Michael Gaismayr, Padua 1975, S. 45–49; Roman DEMATTIA, Der Bauernkrieg im Pustertal, in: Der Schlern 1996, S. 274–290, hier S. 277–284; Christine REINLE, Bauernfehden. Studien zur Fehdeführung Nichtadliger im spätmittelalterlichen römisch-deutschen Reich, besonders in den bayerischen Herzogtümern (Vierteljahrshefte für Sozial- und Wirtschaftsgeschichte, Beih. 170), Stuttgart 2003, S. 157–173.
2 Bei einem Versuch, Passler und Jarl Ende August 1524 festzunehmen, ist noch von einem ungenannten dritten Absager die Rede, dem ebenfalls die Flucht gelang; bei der endgültigen Festnahme Passlers und Jarls im September 1524 entkam ebenfalls eine dritte Person, vgl. AMMANN, Passler (wie Anm. 1) S. 145; DEMATTIA, Bauernkrieg (wie Anm. 1) S. 280 f. Für 1527, also für die Zeit nach Passlers oben erwähnter Befreiung und vor seiner Ermordung werden noch Lucas Wieser, sein späterer Mörder, und Jorg Schutter als Helfer Passlers erwähnt. Wieser dürfte sich Passler erst nach dem Bauernkrieg von 1525 angeschlossen haben,

Rolle spielte. Jarl war jener Unterhändler gewesen, der den Rivalen der Familie Passler mit der Drohung von Fehdehandlungen zur Zahlung einer Abstandssumme hatte bewegen wollen, und er sagte zu einem späteren Zeitpunkt auch selbst die Fehde an. Unterstützung infrastruktureller Art (Lebensmittel, Informationen) erhielt Passler von – mindestens – elf Personen, die vermutlich zumindest teilweise seinem sozialen Umfeld entstammten.³ Jedenfalls hielt er sich in den Bergen und Wäldern jener Region auf, die er gut kannte. Als Rückzugsgebiet diente ihm besonders das Gericht Taufers, das sich bereits seit Jahren der bischöflichen Regierung gegenüber als unbotmäßig erwiesen hatte, wie Huldigungs- und Steuerverweigerung, Jagdfrevel und Übergriffe gegen Amtleute belegen.⁴ Die Obrigkeit reagierte mit dem Verbot, Passler zu unterstützen, ebenfalls einer klassischen Maßnahme, da das „Hausen" beziehungsweise der „Unterschleif" für jeden Fehdeführer, der über keine eigene Burg verfügte, eine notwendige Voraussetzung für seine Aktionen war. Darüber hinaus sollten Späher Passlers Aufenthaltsort ermitteln und Steckbriefe sowie das ausgelobte Kopfgeld zu seiner Verhaftung motivieren. Außerdem wurde Passlers Familie bedrängt. Sein Vater wurde, wie Passler in einer weiteren Fehdeerklärung 1526 angab, von seinem Erbe vertrieben und beraubt, was zumindest mittelbar zu dessen 1528 bezeugtem Tod – möglicherweise einem Suizid – führte; Passlers Frau wurde sexuelle Gewalt angedroht, wenn sie nicht gar tatsächlich vergewaltigt wurde. Auch eines seiner Kinder kam zu Schaden beziehungsweise ums Leben; es wurde *verderbt*.⁵

---

als er nach dessen Ende wegen „verschiedener Vergehen" geflohen war; dazu vgl. HOLLAENDER, Passler (wie Anm. 1) S. 352.
3 AMMANN, Passler (wie Anm. 1) S. 59 und 142. Vermutet wurde seitens der Obrigkeit, dass Passler unter anderem Unterstützer im Antholzer Tal hatte, aus dem er stammte. MACEK, Pässler (wie Anm. 1) S. 149, geht von einer breiten Unterstützung durch die gegenüber dem Brixner Bischof unbotmäßige Bergbevölkerung aus; vgl. auch DEMATTIA, Bauernkrieg (wie Anm. 1) S. 279. In Rechnung stellen sollte man jedoch auch den Druck, den Passler mit Gewaltandrohungen gegen seine Gegner selbst ausübte; vgl. auch HOLLAENDER, Passler (wie Anm. 1) S. 347.
4 HOLLAENDER, Passler (wie Anm. 1) S. 347; MACEK, Pässler (wie Anm. 1) S. 149.
5 In einem weiteren Absagebrief Passlers an die Stadt Bruneck, den Hollaender auf den 23. Mai 1526 datiert, behauptet Passler, der Richter habe Passlers Frau *gefangen und sy in sein schlafgadn gefuert*. Außerdem sei sie acht Tage lang unter erschwerten Bedingungen gefangen gehalten worden, um eine Auskunft von ihr zu erpressen, wo sich ihr Mann aufhalte. Auch ein Kind hätten die Adressaten Passler *verderbt;* HOLLAENDER, Passler (wie Anm. 1) S. 349 f. Darüber hinaus beklagte Passler im gleichen Absagebrief die Vertreibung seines Vaters von dessen väterlichem Erbe und die Wegnahme von Geld und Geldeswert in Höhe von 23 Gulden, die sein Vater habe erdulden müssen, was diesen krank gemacht habe. Zum (angeblichen) Selbstmord von Passlers Vater vgl. AMMANN, Passler (wie Anm. 1) S. 156, wo die bischöflichen Verfügungen über dessen Nachlass sowie den des am 18. Oktober 1527 ermordeten Peter Passler erwähnt werden. Peter Passler selbst hatte jedoch in einem Schreiben an die Bergknappen und Schmelzer des Prettauer Bergwerks vom 11. August 1527 den Adressaten zum Vorwurf gemacht, sie hätten seinen Vater *ermort*; vgl. HOLLAENDER, Passler (wie

Im September 1524 glückte der Zugriff. Peter Passler und sein wichtigster Helfer Hans Jarl wurden gefasst, Jarl als Tiroler Untertan in Innsbruck im Januar 1525 hingerichtet. Das Urteil gegen Passler zu vollstrecken, wagte der Bischof von Brixen jedoch erst einmal nicht. Zum einen waren aus Angst vor der Rache der Verwandten Passlers nicht genügend Personen bereit, als Richter zu fungieren, zum anderen fürchtete sich der Bischof vor den Reaktionen der Bevölkerung. Als die Hinrichtung schließlich doch stattfinden sollte, wurde Passler auf dem Weg zum Hinrichtungsplatz am 9. Mai 1525 „von den Bauern der Umgebung"[6] gewaltsam befreit. Seine Befreiung war zugleich der Funke, der in Tirol das Pulverfass zu Explosion brachte. Für den 10. Mai verabredete sich die Landgemeinde, in Waffen vor Brixen zu erscheinen. Die Stadt wurde besetzt, die Häuser der geistlichen und der adligen Oberschicht wurden geplündert.[7] Auch das bei Brixen gelegene Kloster Neustift wurde ausgeraubt. In Tirol hatte der Bauernkrieg begonnen.

Ausgehend von der Passler-Fehde als einer typischen Bauernfehde sollen im Folgenden Formen und Handlungslogiken von Gewaltanwendung im Vergleich von Fehden, Bauernfehden, bäuerlichem Widerstand sowie bäuerlichen Revolten und dem Bauernkrieg untersucht werden. Unter Gewalt wird dabei physische Gewalt verstanden. Auch die Drohung mit physischer Gewalt wird, wie später zu begründen sein wird, dann dem Gewalthandeln zugeschlagen, wenn sie aufgrund von Begleithandlungen und -umständen als glaubhafte Ankündigung realen Gewalthandelns verstanden werden kann. Sogenannte „strukturelle Gewalt" oder „verbale Gewalt" im Sinne von Beschimpfungen und Beleidigungen bleiben hinge-

---

Anm. 1) S. 352; MACEK, Pässler (wie Anm. 1) S. 167. Zur Einordnung des Schreibens vgl. Karl-Heinz LUDWIG, Bergleute im Bauernkrieg 1525/26. Salzburger zwischen Habsburg und Wittelsbach – oder politisch darüber hinaus?, in: Mitteilungen der Gesellschaft für Salzburger Landeskunde 149 (2009) S. 191–248, hier S. 241.
6   Günther FRANZ, Der deutsche Bauernkrieg, Darmstadt [10]1975, hier S. 155. Zum Prozess und zu Gaismairs Rolle in diesem Prozess vgl. auch Jürgen BÜCKING, Michael Gaismair. Reformer, Sozialrebell, Revolutionär. Seine Rolle im Tiroler „Bauernkrieg" (1525/32) (Spätmittelalter und Frühe Neuzeit 5), Stuttgart 1978, S. 58 f.
7   Außer der in Anm. 1 genannten Literatur vgl. auch BÜCKING, Gaismair (wie Anm. 6) S. 59 f. (unter Berufung auf Forschungen Maceks) zur Datierung der Ereignisabfolge und zum planmäßigen Vorgehen der Bauern bei Passlers Befreiung und S. 60–68 zur Plünderung Brixens und Neustifts. Die Ausführungen Bückings beinhalten eine instruktive quellenkritische Auseinandersetzung mit den Arbeiten MACEKs und MAIRHOFERs (wie Anm. 1), von denen die letztere zuvor schon AMMANN, Angerer (wie Anm. 1) S. 10, 233 Anm. 2, 234 Anm. 2, 235, 239 Anm. 3, 307 Anm. 2, 308 Anm. 2, 310 Anm. 2 und 3, 311 Anm. 2, 312 Anm. 4, 314 Anm. 1 und 3, und 317 kritisiert hatte. Für FRANZ, Bauernkrieg (wie Anm. 6) S. 155 war die Befreiung Passlers „[e]in fast zufälliger Anlaß" für den Ausbruch des Kriegs, obwohl Franz zugleich behauptet, die Bevölkerung habe Passler wegen seiner fehdebedingten Konfrontation mit dem Bischof als „Märtyrer" betrachtet. Anders sah dies MACEK, Gaismair (wie Anm. 1) S. 132, der meinte, Passlers aus einem privaten Streit heraus entstandene Sache sei im Frühjahr 1525 „keine persönliche Angelegenheit" mehr gewesen, da Passler als Vorkämpfer gegen die „bischöfliche Willkür" gegolten habe.

gen ausgeklammert, Drohungen werden hingegen einbezogen. Während Bauernfehden (I) und Fehden (II) nur kurz idealtypisch zu charakterisieren sind, werden, dem Tagungsthema geschuldet, Widerstand und Revolten beziehungsweise Erhebungen sowie Gewalthandeln im Rahmen des Bauernkriegs ausführlicher behandelt (III). Da sie eng miteinander zusammenhängen, bilden sie außerdem zusammen ein Großkapitel und den umfangreichsten Teil dieser Ausführungen. Was den Widerstand betrifft, können nur solche Beispiele Berücksichtigung finden, die das Potential hatten, in Revolten zu münden, ist „Widerstand" ansonsten doch allzu breites und amorphes Phänomen, da auch der das Phänomen bezeichnende Begriff – eben Widerstand – nach Christopher Daase als „Relationsbegriff [...] nicht aus sich selbst heraus verständlich ist" und „erst im Verhältnis zu anderen Begriffen", etwa Herrschaft, verstanden werden kann. Weder Kollektivität noch Gewalthaftigkeit kennzeichnen den Widerstandsbegriff zwingend.[8] Revolten werden hingegen nach Wolfgang Schmale in Zusammenhang mit „ggf. längere[n] Eskalationsprozesse[n] bzw. eskalierende[n] Konfliktverläufe[n]" gebracht und über die „Häufung verschiedenster Aktionsformen von Widerstand und Protest" bis zur Gewalt definiert.[9] Der von Rösener 1997 vorgeschlagene Widerstandsbegriff, der von der Quellenbegrifflichkeit ausgeht, Widerstand als Kollektivtatbestand fasst und, von frühneuzeitlichen Kriterien abgeleitet, außerdem von einer Kollision des Widerstandleistenden mit den rechtlichen Normen ausgeht, ist für das späte Mittelalter mit seinen offeneren rechtlichen Rahmenbedingungen weniger geeignet.[10]

Fehden, bäuerlichen Revolten und Bauernkrieg ist gemeinsam, dass es sich um Formen des eigenmächtigen, das heißt ohne Legitimierung durch die Autorität einer höheren Instanz durchgeführten, gewaltsamen oder gewaltoffenen Konfliktaustrags handelt; mit der Formulierung „gewaltoffen" soll angedeutet werden, dass

---

8 Christopher DAASE, Was ist Widerstand? Zum Wandel von Opposition und Dissidenz, in: Aus Politik und Zeitgeschichte 2014, https://www.bpb.de/shop/zeitschriften/apuz/186866/was-ist-widerstand-zum-wandel-von-opposition-und-dissidenz/ (zuletzt eingesehen am 02.01.2023).
9 Wolfgang SCHMALE, Revolte, in: Enzyklopädie der Neuzeit, hg. von Friedrich JAEGER, Bd. 11, Stuttgart und Weimar 2010, Sp. 145–152, hier S. 145f., unter Berufung auf Peter BIERBRAUER, Bäuerliche Revolten im Alten Reich. Ein Forschungsbericht, in: Aufruhr und Empörung? Studien zum bäuerlichen Widerstand im Alten Reich, hg. von Peter BLICKLE, Peter BIERBRAUER, Renate BLICKLE und Claudia ULBRICH, München 1980, S. 1–68, hier S. 16f.
10 Werner RÖSENER, Einführung in die Agrargeschichte, Darmstadt 1997, S. 149. Offener ist jedoch die Umschreibung bäuerlichen Widerstands bei Werner RÖSENER, Agrarwirtschaft, Agrarverfassung und ländliche Gesellschaft im Mittelalter (Enzyklopädie deutscher Geschichte 13), München 1992, S. 30 und 94; Werner RÖSENER, Bauernaufstände, bäuerlicher Widerstand und Tradition im Spätmittelalter, in: Tradition und Erinnerung in Adelsherrschaft und bäuerlicher Gesellschaft (Formen der Erinnerung 17), hg. von Werner RÖSENER, Göttingen 2003, S. 131–152, hier S. 140.

mit der Anwendung von Gewalt zumindest gedroht wurde. Unterstellt wird weiterhin, dass die erwähnten Formen des Konfliktaustrags genügend distinkte rechtliche und praxeologische Merkmale haben, dass man Typen herausarbeiten und diese voneinander unterscheiden kann. Konkret werden die grundsätzliche normative Rahmung – die Frage nach der Legitimität von Eigengewalt –, die Begründung für das eigene Gewalthandeln im konkreten Fall, die vorgeschriebenen oder erwartbaren Handlungen und Handlungssequenzen und deren mögliche symbolische Aufladung in den Blick genommen. Wie bei allen Typisierungen wird man in der Praxis auf Überschneidungsbereiche und fließende Übergänge treffen.

I

Was die Fehden von Bauern betrifft, ist eingangs schon einiges ausgeführt worden. Obgleich verboten, waren sie im spätmittelalterlichen Reich weit verbreitet. Sie verliefen nach dem am Beispiel Peter Passlers angedeuteten Schema. Auf einen gütlich oder rechtlich nicht lösbaren individuellen Konflikt, in der Regel einen Rechtsstreit mit der Obrigkeit, einem Adligen, einer geistlichen Institution oder auch einem Standesgenossen folgten gegebenenfalls das Drohen und/oder das Austreten, dann eine mündliche, schriftliche oder zeichenhafte Fehdeerklärung, die Absage – wobei umstritten ist, ob bereits das Drohen als Absage zu werten war –, sodann eine Schädigung des Gegners und gegebenenfalls der ihm sozial Verbundenen, wobei Brandschatzung und Nötigung, Brandlegen und Raub – Viehraub, selten Kidnapping – zum Einsatz kamen. Erwähnt werden sollen aber auch Gewaltformen unterhalb der Schwelle zur eigentlichen Fehde wie Heimsuchung und Sachbeschädigung. Körperverletzung und Mord stellen Grenzfälle dar. Zwar kamen Tötungen in Fehden vor, doch dürfen sie in ihrer Bedeutung nicht überschätzt werden, da das Schlagen von Schlachten und das systematische, massenhafte Töten nicht im Zentrum des Fehdehandelns standen.[11] Familie und Nahumfeld gewährten dem Ausgetretenen, der unter der Prämisse der Heimlichkeit agieren musste und sich folglich oft außerhalb des Dorfs versteckte, Hilfe in Gestalt von Kundschafter-

---

11 REINLE, Bauernfehden (wie Anm. 1) S. 81, 247–267 und 269 f.; vgl. ferner Heinz HOLZHAUSER, Heimsuchung, in: Lexikon des Mittelalters, Bd. 4, München, Zürich 1989, Sp. 2036; Christine REINLE, Konfliktlösung durch Fehde, in: Konfliktlösung im Mittelalter (Handbuch zur Geschichte der Konfliktlösung in Europa 2), hg. von David VON MAYENBURG, Heidelberg 2021, S. 25–40, hier S. 33. (Gegen-) Beispiele für gezielte Angriffe auf Gegner bietet Krieb, wobei sich diese gerade nicht in einer regelhaft angesagten Fehde abspielten, vgl. Steffen KRIEB, Wie gewalttätig war die spätmittelalterliche Fehdeführung? Zum Wandel der Handlungsmuster gewaltsamen Konfliktaustrags um 1500, in: Konzepte und Funktionen von Gewalt im Mittelalter (Geschichte. Forschung und Wissenschaft 72), hg. von Claudia GARNIER, Berlin 2021, S. 99–128, hier S. 110–112.

diensten, Lebensmittelversorgung und auch Unterschlupf. Da die Fehde geführt wurde, um den Gegner zur Einlassung auf den eigenen Rechtsstandpunkt zu zwingen, wurden auch Personen benötigt, die einen Ausgleich der Parteien zu vermitteln versuchten, obgleich auch dies nach Ausbruch der Fehde verboten war, da es den obrigkeitlichen Strafanspruch unterlief.[12]

II

Die Bauernfehden waren also analog zu den Fehden Adliger strukturiert. Letztere, die Adligen, reklamierten in der Regel ebenfalls einen Rechtsgrund für ihre Fehdeführung, der ein Analogon zum Kriterium der *causa iusta* in der Lehre vom gerechten Krieg darstellte. Bedingung für eine rechte Fehde war weiterhin seit dem Mainzer Reichslandfrieden von 1235, dass der Fehdeführer vergeblich versucht hatte, sein Recht vor Gericht zu erstreiten respektive – so die Interpretation, die die Forschung dem einschlägigen Passus der Goldenen Bulle von 1356 gegeben hat – es schiedsgerichtlich oder gütlich zu erlangen. In jedem Fall galt das Subsidiaritätsgebot, wonach Fehde erst nach dem Scheitern oder dem Verweigern eines rechtlichen oder gütlichen Konfliktaustrags durch die Gegenseite geführt werden durfte. Fehden dienten dem Austrag von Konflikten einzelner Personen oder Gruppen um deren besondere Rechte; auch Fürsten konnten in diesem Sinn Fehden führen. Seit der sogenannten ‚Constitutio contra incendiarios' Friedrich Barbarossas war außerdem die Ankündigung der Befehdungsabsicht durch eine Fehdeerklärung (Absage) drei Tage vor Beginn der Feindseligkeiten vorgeschrieben.[13] Lokale Landfriedensschlüsse des Spätmittelalters wichen mitunter von der Drei-Tage-Regel ab,[14] verzichteten aber nicht auf die Notwendigkeit einer Fehdeerklärung im Vorlauf zu den Gewalthandlungen. Dass außerdem vor der Zustellung der Absage um Sympathien geworben und potentielle Helfer rekrutiert wurden, berührt die formale Vorgabe, vor Beginn der Gewalthandlungen eine Frist einzuhalten, nicht. Darüber hinaus schützten Landfrieden bestimmte Personengruppen und Orte, so einerseits etwa – waffenlose – Kleriker oder Bauern bei der Ausübung ihrer Feldarbeit, ande-

---

12 REINLE, Bauernfehden (wie Anm. 1) S. 304–311 und 315.
13 Vgl. zusammenfassend REINLE, Konfliktlösung (wie Anm. 11) S. 32.
14 Ludger TEWES, Der westfälische Landfrieden vom 7. Oktober 1387, in: Westfälische Zeitschrift 136 (1986) S. 9–17, hier S. 16; Hubert ERMISCH, Codex Diplomaticus Saxonicae Regiae. Urkunden der Markgrafen von Meißen und Thüringen, Bd. 1: 1381–1395, Leipzig 1899, Nr. 470, hier [5] S. 351; Hans SUDENDORF, Urkundenbuch zur Geschichte der Herzöge von Braunschweig und Lüneburg und ihrer Lande, Bd. 7: Vom Jahre 1390 bis zum Jahre 1394, Hannover 1871, Nr. 126, S. 144 f.; Landgrafen-Regesten online Nr. 11415, https://www.lagis-hessen.de/de/subjects/idrec/sn/lgr/id/11415 (Zugriff am 02.01.2023).

rerseits zum Beispiel Kirchen und Kirchhöfe,[15] Mühlen und Weinberge.[16] Das Aussparen liturgisch geprägter Zeiten und hoher Festtage von Gewalthandlungen, das für die hochmittelalterlichen Gottesfrieden eine zentrale Rolle gespielt hatte, wurde im Spätmittelalter jedoch fallengelassen. Ebenfalls als undurchsetzbar erwies sich die kirchenrechtliche Verdammung der Brandstiftung.[17] Festgehalten werden kann jedoch, dass Fehdeführung in den genannten Grenzen für Herrschaftsträger, zu denen auch Adlige und städtische Obrigkeiten zählten, und wohl auch für Bürger statthaft war und somit offen geübt werden konnte. In Verbindung mit dem Subsidiaritätsgebot führte die Integration beziehungsweise Tolerierung der Fehde im Rahmen des Rechtssystems wohl auch dazu, dass zur Begründung einer Fehde rechtliche Argumente in den Vordergrund geschoben wurden; letzteres ist jedenfalls ein ebenso offensichtlicher wie erklärungsbedürftiger Tatbestand.

Wie Bauernfehden bezweckten auch Adelsfehden, den Gegner zu einer Einlassung zu zwingen, indem man ihn wirtschaftlich durch Brandschatzung, Brandlegung sowie Raub und Nahme schädigte. Leidtragende waren in erster Linie die Herrschaftsunterworfenen des Kontrahenten, die die Vernichtung ihrer Lebensgrundlagen durch Brand und Plünderung, aber auch durch Menschenraub zum

---

15 So beispielsweise die sogenannte ‚Reformatio Friderici', das 1442 von König Friedrich III. in Frankfurt erlassene Landfriedensgesetz: Regesta Imperii 13, H. 4, Nr. 41, in: Regesta Imperii Online, http://www.regesta-imperii.de/id/1442-08-14_1_0_13_4_0_9611_41 (Zugriff: am 02.01.2023).
16 Dieter WERKMÜLLER, Mühle, Mühlenrecht, in: Handwörterbuch zur deutschen Rechtsgeschichte, Bd. 3, Berlin 1984, Sp. 716–722, hier Sp. 720; Heiner LÜCK, Mühle, Mühlenrecht, in: Handwörterbuch zur deutschen Rechtsgeschichte, Bd. 3, Berlin ²2016, Sp. 1655–1662, hier Sp. 1658; Roman FISCHER, Weinbau, in: Handwörterbuch zur Deutschen Rechtsgeschichte, Bd. 5, Berlin 1998, Sp. 1226–1230, hier Sp. 1230; Joachim GERNHUBER, Die Landfriedensbewegung in Deutschland bis zum Mainzer Reichslandfrieden von 1235 (Bonner rechtswissenschaftliche Abhandlungen 44), Bonn 1952, S. 207 f.; Sachsenspiegel. Landrecht (Germanenrechte NF), hg. von Karl August ECKHARDT, Göttingen 1955, hier 2,66 § 1, S. 185; vgl. weiterhin beispielsweise Gerhard PFEIFFER, Quellen zur Geschichte der fränkisch-bayerischen Landfriedensorganisation im Spätmittelalter (Schriftenreihe zur bayerischen Landesgeschichte 69 – Veröffentlichungen der Gesellschaft für fränkische Geschichte 2,2), München 1975, Nr. 118 [20] S. 82, Nr. 139 [13] S. 91 und Nr. 417 [16] S. 210 zum Schutz von Mühlen und/oder Weingärten bei Feldzügen des Landfriedens und des Reiches.
17 Zu den kirchenrechtlichen Sanktionen für das *crimen* der Brandstiftung, die besonders, aber keineswegs ausschließlich für Brandstiftung an kirchlichen Gebäuden seit dem Hochmittelalter galten, vgl. Paul HINSCHIUS, Das Kirchenrecht der Katholiken und Protestanten in Deutschland, Bd. 5: System des katholischen Kirchenrechts 1, 3, 2, 5), Berlin 1896, S. 32 f., 195 f., 227, 232, 234, 271, 273, 324 mit Anm. 1, 391, 761 und 833. Laut Hinschius erlaubte das Kirchenrecht explizit auch eine weltliche Bestrafung der Brandstiftung respektive sah ein Zusammenspiel von Acht und Bann vor; ferner Christine REINLE, Einleitung, in: Das Recht in die eigene Hand nehmen? Rechtliche, soziale und theologische Diskurse über Selbstjustiz und Fehde, hg. von Christine REINLE und Anna-Lena WENDEL, Baden-Baden 2021, S. 9–29, hier S. 14 f. Anm. 20.

Zweck der Lösegelderpressung zu erdulden hatten und denen zugleich demonstriert wurde, dass ihr Herr nicht in der Lage war, sie zu schützen, was seinen Herrschaftsanspruch delegitimieren sollte. Städte oder Burgen zu belagern oder gar Schlachten zu schlagen, war nicht das primäre Mittel der Fehdeführung, doch kamen Gefechte, Belagerungen und Schlachten natürlich auch vor. Dabei konnten insbesondere adlige Gegner im Fall ihres Unterliegens damit rechnen, nicht getötet, sondern geschont und gegen eine hohe Lösegeldzahlung sowie eine Urfehdeleistung freigelassen zu werden. Auch nichtadlige Gefangene konnten als Kriegsbeute behandelt und geschatzt werden.[18] Lediglich die Eidgenossen und die frühen Hussiten waren berüchtigt dafür, keine Gefangenen zu machen, sondern die Unterlegenen unabhängig von ihrem Stand zu liquidieren.[19] Unterbrochen wurden Fehden nicht nur durch Waffenstillstände, sondern immer wieder auch durch Verhandlungen auf gütlichen Tagen, in die oft auch Vermittler eingebunden waren, oder durch rechtliche Tage, auf denen Schiedsrichter die Sühnebestimmungen festlegen sollten. Verhandlungen, Schiedsgericht und Fehdeführung können als

---

18   Beispielsweise nennt die Goldene Bulle als Fehdehandlungen *incendia, spolia vel rapinas*, Die Goldene Bulle Kaiser Karls IV. vom Jahre 1356. Text (Monumenta Germaniae Historica. Leges 8, Fontes iuris Germanici antiqui in usum scholarum separatim editi 11), bearb. von Wolfgang D. FRITZ, Weimar 1972, cap. 17 S. 73. Zu den üblichen Fehdepraktiken vgl. etwa Thomas VOGEL, Fehderecht und Fehdepraxis im Spätmittelalter am Beispiel der Reichsstadt Nürnberg (1404–1438) (Freiburger Beiträge zur mittelalterlichen Geschichte 11), Frankfurt am Main u. a. 1998, S. 209–229 Elsbet ORTH, Die Fehden der Reichsstadt Frankfurt am Main im Spätmittelalter. Fehderecht und Fehdepraxis im 14. und 15. Jahrhundert (Frankfurter Historische Abhandlungen 6), Wiesbaden 1973, S. 68–77, die den Burgenbruch im Kontext von Landfriedensexekutionen thematisiert und trotz einer prinzipiellen Unterscheidung von Fehden und Landfriedensexekutionen für letztere ebenfalls das Schadentrachten als zentrales Mittel der Konfliktführung herausdeutet. Zur Seltenheit von Belagerungen und von Tötungen des Gegners vgl. VOGEL, Fehderecht (wie oben) S. 220 f. und 227–229. Selbst für die Großfehde zwischen Nürnberg und dem Markgrafen Albrecht Achilles – einer der Auseinandersetzungen, die sich mit anderen Fehden zum sogenannten Zweiten Städtekrieg 1449/50 verwob – zeigt Zeilinger, dass vier der fünf ausgetragenen Gefechte „Überraschungsangriffe in die Flanken eines dahinziehenden Heeres" darstellten und nur eines als geordnete Schlacht stattfand, so dass er konstatieren kann, „das Ziel der Kriegsführung" sei „ja nicht die alles entscheidende Vernichtung des Gegners" gewesen, sondern die Absicht, „einen möglichst großen Druck für die Austragsverhandlungen zu erzeugen"; Gabriel ZEILINGER, Lebensformen im Krieg. Eine Alltags- und Erfahrungsgeschichte des süddeutschen Städtekriegs 1449/50 (Vierteljahrshefte für Sozial- und Wirtschaftsgeschichte, Beih. 196), Stuttgart 2007, Zitate S. 107 und 108.
19   Günther FRANZ, Vom Ursprung und Brauchtum der Landsknechte, in: Mitteilungen des Instituts für Österreichische Geschichtsforschung 61 (1953) S. 79–98, hier S. 82; Volker SCHMIDTCHEN, *Ius in bello* und militärischer Alltag. Rechtliche Regelungen und Kriegsordnungen des 14. bis 16. Jahrhunderts, in: Der Krieg im Mittelalter und in der frühen Neuzeit. Gründe, Begründungen, Bilder, Bräuche, Recht (Imagines medii aevi 3), hg. von Horst BRUNNER, Wiesbaden 1999, S. 25–56, hier S. 38–40, 43 und 51 f; Volker SCHMIDTCHEN, Kriegswesen im späten Mittelalter Technik, Taktik, Theorie, Weinheim 1990, S. 91.

komplementäre Formen des Konfliktaustrags betrachtet werden. Beendet wurden Fehden gewöhnlich durch „Richtungen" beziehungsweise „Sühnen", die einen neuen rechtlichen Status definierten.[20]

III

Im Folgenden werden diese Formen des Konfliktaustrags mit dem verglichen, was im deutschen Bauernkrieg 1524/25 zu beobachten ist. Obwohl oder gerade weil es, wie allgemein bekannt, d e n Bauernkrieg nicht gab, sondern laut Endres „eine Summe von unterschiedlichen, örtlich bedingten Einzelaktionen",[21] müssen hier noch stärker als bisher Generalisierungen vorgenommen werden. Dabei bewegt sich die im Folgenden entwickelte Argumentation wiederum entlang häufig beobachtbarer Handlungssequenzen, bezieht diese aber auf Parallelen oder eben auf Unterschiede zur Fehdepraxis zurück. Begonnen wird mit der offensichtlichen Beobachtung, dass es sich bei den Erhebungen im Rahmen des Bauernkriegs genau wie laut Definition bei bäuerlichen Erhebungen vor dem Bauernkrieg nicht – wie bei der Fehde – um einen individuellen, sondern um einen kollektiven Konfliktaustrag handelt.[22] Auch dort, wo einzelne Führungspersönlichkeiten als politisch-religiöse Vordenker, Agitatoren, Organisatoren oder Truppenführer hervortraten, ging es nicht um deren gleichsam persönliche oder private Konflikte, sondern um grundsätzliche Fragen der Herrschaftsorganisation, der religiösen Lehre und der kirchlichen Struktur.

Noch in den Bahnen des üblichen Widerstands bewegte sich zu Beginn, im Juni 1524, die Erhebung der Untertanen in der von den Grafen von Lupfen beherrschten Landgrafschaft Stühlingen, da diese konkrete herrschaftsbezogene Beschwerden vorlegten, die sie vor dem Hintergrund des alten sowie des „gemeinen geschriebenen Recht[s]" formulierten und über die sie zu verhandeln oder schieds-

---

20   Vgl. beispielsweise VOGEL, Fehderecht und Fehdepraxis (wie Anm. 18) S. 240–250; ORTH, Fehden (wie Anm. 18) S. 92–102; Florian DIRKS, Konfliktaustragung im nordwestdeutschen Raum des 14. und 15. Jahrhunderts. Untersuchungen zu Fehdewesen und Tagfahrt (Nova Mediaevalia 14), Göttingen 2015; Florian DIRKS, Konfliktlösung durch Schiedsgerichte, in: Konfliktlösung durch Fehde (wie Anm. 11) S. 175–181.
21   Rudolf ENDRES, Probleme des Bauernkriegs im Hochstift Bamberg, in: Jahrbuch für fränkische Landesforschung 31 (1971) S. 91–138, hier S. 92.
22   Vgl. Peter BLICKLE, Unruhen in der ständischen Gesellschaft 1300 bis 1800 (Enzyklopädie deutscher Geschichte 1), München ³2012, S. 126, der Unruhen von Widerstand dadurch abgrenzt, dass es sich im erstgenannten Fall um „Massenbewegungen innerhalb einer Herrschaft handele". Auch von Bauernfehden können Unruhen beziehungsweise Aufstände durch das Kriterium der Beteiligung einer großen Zahl von Menschen unterschieden werden. Hinzu kommt das Merkmal, dass in Fehden individuelle Rechtsansprüche verfochten wurden, während sich Aufständische auf das Recht des Kollektivs beriefen, dem sie angehörten.

gerichtlich befinden zu lassen bereit gewesen wären.²³ Solche mittelalterlichen Ausprägungen von Widerstand sind dadurch gekennzeichnet, dass Bauern, aber auch Städter sich auf altes, überkommenes Recht beriefen, das von Seiten ihrer Herren gebrochen worden sei und das sie wiederhergestellt sehen wollten.²⁴ Ver-

---

23 FRANZ, Bauernkrieg (wie Anm. 6) S. 100–102, Zitat S. 101; Werner TROSSBACH, Bauernkrieg, in: Enzyklopädie der Neuzeit, hg. von Friedrich JÄGER, Bd. 1, Stuttgart 2005, Sp. 1053; zusammenfassend Peter BLICKLE, Der Bauernkrieg. Die Revolution des Gemeinen Mannes, München ³2006, S. 13 f. Zu den Ursachen der Erhebung in der Landgrafschaft Stühlingen sowie zur Frage, ob die Erhebung bereits dem Bauernkrieg zuzurechnen sei, in kritischer Auseinandersetzung mit Thesen Peter BLICKLEs (Die Revolution von 1525, ³1993) Hiroto OKA, Der Bauernkrieg in der Landgrafschaft Stühlingen und seine Vorgeschichte seit der Mitte des 15. Jahrhunderts, Konstanz 1998, S. 57 f. und 279–283; zur Vorgeschichte außerdem: Helmut MAURER, Zur den Voraussetzungen der Stühlinger Bauernerhebung von 1524, in: Herrschaftspraxis und soziale Ordnungen im Mittelalter und in der frühen Neuzeit. Ernst Schubert zum Gedenken (Veröffentlichungen der Historischen Kommission für Niedersachsen und Bremen 232), hg. von Peter AUFGEBAUER und Christine VAN DEN HEUVEL unter Mitarbeit von Brage BEI DER WIEDEN, Sabine GRAF und Gerhard STREICH, Hannover 2006, S. 435–448.
24 Zur Kritik an der auf FRANZ, Bauernkrieg (wie Anm. 6) S. 1–3 und passim, zurückgehenden Deutung, die Bauern hätten sich primär auf ein unveränderliches altes Recht berufen, vgl. BLICKLE, Unruhen (wie Anm. 22) S. 58 f.; RÖSENER, Bauernaufstände (wie Anm. 10) S. 146–151. Auf der Basis mehrerer Fallstudien formulierte bereits 1980 Peter BLICKLE, Auf dem Weg zu einem Modell der bäuerlichen Rebellion. Zusammenfassung, in: Aufruhr und Empörung (wie Anm. 9) S. 296–308, hier S. 297, eine Gegenthese: „Nicht defensiv-konservierend ist die ländliche Gesellschaft in Bezug auf ihre kommunalen Rechte, sondern aggressiv-dynamisch." Auch auf naturrechtliche Vorstellungen sei rekurriert worden (zusammenfassend BLICKLE, Unruhen, wie Anm. 22, S. 59). Umstritten ist seit längerem auch die Franz'sche These, dass mit der Berufung auf das Göttliche Recht, für das paradigmatisch die Bundschuh-Erhebungen stehen, das Aufstandsgeschehen eine neue Qualität und Dynamik erreicht habe, da nun herrschaftsgreifend eine „allgemeine Bauernbefreiung" auf konspirative Weise erstrebt worden sei, dazu FRANZ, Bauernkrieg (wie Anm. 6) S. 42 (Zitat) und 53–79. BIERBRAUER, Bäuerliche Revolten (wie Anm. 9) S. 38, warf Franz vor, zwischen der Legitimationsgrundlage und den Zielen der Bauern nicht hinreichend unterschieden zu haben, wenn er Altes und Göttliches Recht als Referenzgrundlage der bäuerlichen Rebellen wie als (wieder) herzustellenden Zustand in seine Argumentation einführt. Zimmermann bestritt zum einen den prinzipiellen Unterschied zwischen der altrechtlichen und der göttlich-rechtlichen Argumentation der Bauern und negierte außerdem, dass die Bundschuhaufstände vom Gedanken des Göttlichen Rechts inspiriert gewesen seien. Vielmehr seien das Alte Recht und das „Modell der schweizerischen Eidgenossenschaft" die relevanten Bezugspunkte gewesen; Gunter ZIMMERMANN, Die Grundgedanken der Bundschuhverschwörungen des Joss Fritz, in: Zeitschrift für die Geschichte des Oberrheins 142 (1994) S. 142–164, hier S. 142 (Zitat) sowie v. a. S. 155–160. Auch Buszello wandte ein, dass der Initiator des Lehener Bundschuhs von 1513, Joß Fritz, Göttliches und Altes Recht nicht als Gegensatz behandelt habe, weswegen Buszello dessen Berufung auf das Göttliche Recht einen revolutionären Charakter abspricht; dazu Horst BUSZELLO, Joß Fritz und der Bundschuh zu Lehen, in: Bundschuh. Untergrombach 1502, das unruhige Reich und die Revolutionierbarkeit Europas, hg. von Peter BLICKLE und Thomas ADAM, Stuttgart 2004, S. 80–121, hier S. 103. Tom SCOTT, Vom Bundschuh zum Bauernkrieg. Von der revolutionären Verschwörung zur Revolution des gemeinen Mannes, in:

mittels Beschwerden (1496), denen beispielsweise Huldigungsverweigerung (1498), Verhandlungen, der Zusammenschluss zu einer Einung, die Drohung mit „bewaffnete[m] Vorgehen", ein militärisches Einschreiten des Schwäbischen Bundes und eine erneute Vermittlung folgten, kam es im Fall der Konflikte zwischen dem Kloster Ochsenhausen und seinen bäuerlichen Untertanen 1502 zu einem Vertragsabschluss.[25] Auch Steuerverweigerung, die Sperrung von Gebirgspässen und die Besetzung von Burgen und Schlössern, wie 1462 im Erzstift Salzburg geschehen, ist als Mittel der Konfliktführung belegt.[26] Die Mobilisierung bewaffneter Menschenmengen verlieh den Beschwerden Nachdruck; diese blieben aber verhandelbar, solange sie die Herrschaftsordnung nicht im Grundsatz in Frage stellten.[27] Im Hintergrund stand dabei der Gedanke, dass Recht nicht einseitig geändert oder gebrochen werden durfte. Widerstand gegen ein solches Unrecht leisten zu dürfen, reklamierte der Adel für sich, und auch die herrschaftsunterworfene Bevölkerung beanspruchte ein Widerstandsrecht,[28] das sie auf dem Weg der Beschwerde, des Prozesses oder der Eigenmacht zur Geltung brachte. Je nach Konstellation konnte dabei ein Kompromiss herauskommen, wie Urteile in gericht-

---

Bundschuh (wie oben) S. 278–296, hier S. 292 f., wies jedoch Zimmermanns Kritik als zu weitgehend zurück. Als distinguierendes Merkmal der Bundschuherhebungen gegenüber anderen spätmittelalterlichen Bauernaufständen ließ Blickle lediglich den „herrschaftsübergreifende Charakter" bestehen, dazu Peter BLICKLE, Untergrombach 1502, das unruhige Reich und die Revolutionierbarkeit Europas, in: Bundschuh (wie oben) S. 11–27, hier S. 15; er betont jedoch auch, dass die Aufständischen der Bundschuherhebungen Gott auf ihrer Seite wähnten, dazu BLICKLE, Untergrombach (wie oben) S. 24. Zur Veränderung, die die Vorstellungen vom Göttlichen Recht unter dem Einfluss der Reformation erlebten, vgl. außerdem Peter BIERBRAUER, Das Göttliche Recht und die naturrechtliche Tradition, in: Bauer, Reich und Reformation. Festschrift für Günther Franz, hg. von Peter BLICKLE, Stuttgart 1982, S. 210–234. Spätestens jetzt erlangte das Göttliche Recht jene Sprengkraft, die ihm schon für das Spätmittelalter zugeschrieben wurde. Zur Diskussion um die Bedeutung des Göttlichen Rechts vgl. außerdem den jüngst erschienenen Artikel von Gerd SCHWERHOFF, Beyond the Heroic Narrative. Towards the Quincentenary of the German Peasants' War, in: German History 41 No. 1 (March 2023), S. 103–126, hier S. 108, 112 f. und 118–120.

25 BLICKLE, Unruhen (wie Anm. 22) 14 f. (Zitat S. 14); Peter BLICKLE, Die Revolution von 1525, München ⁴2004, S. 83; Horst CARL, Der Schwäbische Bund 1488 bis 1534. Landfrieden und Genossenschaft im Übergang vom Spätmittelalter zur Reformation (Schriften zur südwestdeutschen Landeskunde 24), Leinfelden-Echterdingen 2000, S. 488 f., zu den Konflikten mit der Abtei Ochsenhausen.

26 Zusammenfassend BLICKLE, Unruhen (wie Anm. 22) S. 15; Grete MECENSEFFY, Sozialrevolutionäre Bauernerhebungen in Südosteuropa während des 15. und 16. Jahrhunderts, in: Südostdeutsches Archiv 15/16 (1972/73) S. 23–35, hier S. 25, erwähnt außerdem die Einnahme von Märkten und Herrensitzen sowie Plünderungen.

27 Vgl. FRANZ, Bauernkrieg (wie Anm. 6) S. 102.

28 RÖSENER, Einführung (wie Anm. 10) S. 148; BLICKLE, Modell (wie Anm. 24) S. 303. Ein Selbstverteidigungsrecht auf der Basis des Naturrechts billigte auch Dietrich von Plieningen 1514 den fürstlichen Untertanen zu; dazu BLICKLE, Der Bauernjörg. Feldherr im Bauernkrieg. Georg Truchseß von Waldburg 1488 bis 1531, München 2015, S. 54.

lichen und schiedsgerichtlichen Verfahren über Herrschaftskonflikte belegen.[29] Allerdings wurde der Widerstand der herrschaftsunterworfenen Bevölkerung, wie Peter Blickle zeigte, zwischen 1481 und 1532 zunehmend eingeschränkt und kriminalisiert.[30] Seltener als angesichts ab und zu aufflackernder Ängste vor Gewalttaten von Untertanen[31] vielleicht erwartet, eskalierten solche Herrschaftskonflik-

---

29 Beispielsweise Renate BLICKLE, „Spenn und Irrung" im „Eigen" Rottenbuch. Die Auseinandersetzungen zwischen Bauernschaft und Herrschaft des Augustiner-Chorherrenstifts, in: Aufruhr und Empörung (wie Anm. 9) S. 69–145, hier S. 81–95 und 122–127; FRANZ, Bauernkrieg (wie Anm. 6) S. 15 und 31; Peter BLICKLE, Bäuerliche Rebellionen im Fürststift St. Gallen, in: Aufruhr und Empörung (wie Anm. 9) S. 215–295, hier S. 223 und 225. Zu den Konflikten des Klosters Ochsenhausen mit seinen Hintersassen vgl. oben bei Anm. 25.
30 Peter BLICKLE, The Criminalization of Peasant Resistance in the Holy Roman Empire. Toward a History of the Emergence of High Treason in Germany, in: The Journal of Modern History 58 (1986) Suppl. S. S88–S97 (anhand der territorialen Gesetzgebung); BLICKLE, Unruhen (wie Anm. 22) S. 65–67; Claudia ULBRICH, Der Untergrombacher Bundschuh von 1502, in: Bundschuh (wie Anm. 24) S. 36–38. Für den städtischen Kontext belegte Roth, dass der Begriff *auffrur* in der 1499 gedruckten „Wormser Reformation" zur Bezeichnung eines todeswürdigen Majestätsverbrechens gewählt wurde; dieses bestand im Anzetteln eines Menschenauflaufs, welcher sich gegen den Rat oder die Stadt richtete und dem Gemeinen Nutzen oder dem Magistrat zuwiderlief. Als Vorlage vermutete Roth den um 1436 entstandenen „Klagspiegel", der das Erregen von Zwietracht oder eines Auflaufs in einer Stadt, einem Schloss oder einem Dorf als Handlung gegen den Gemeinen Nutzen ansah und als Majestätsverbrechen mit der Todesstrafe belegte; dazu Andreas ROTH, Kollektive Gewalt und Strafrecht. Die Geschichte der Massedelikte in Deutschland (Quellen und Forschungen zur Strafrechtsgeschichte 4), Berlin 1989, S. 96.
31 Vgl. beispielsweise den Bericht des bischöflich-speyrischen Landschreibers Georg Brentz über den Untergrombacher Bundschuh von 1502, der nach Rosenkranz nachträglich, wohl im Herbst 1504, geschrieben wurde, Albert ROSENKRANZ, Der Bundschuh. Die Erhebungen des südwestdeutschen Bauernstandes in den Jahren 1493 bis 1517, Bd. 1: Darstellung, Bd. 2: Quellen (Schriften des Wissenschaftlichen Instituts der Elsaß-Lothringer im Reich), Heidelberg 1927, hier Bd. 2, Nr. 3, S. 95–97, Zitat S. 95: *Dann wolten sie pfaffen und edelluten gesetz geben, sich selbs frihen und, wer ine widerwertig were, dieselben zu döt slagen*; zur Quellenkritik vgl. ULBRICH, Untergrombacher Bundschuh (wie Anm. 30) S. 44–48, v. a. S. 44f; ferner Fridolin DÖRRER, Die Lage in Tirol vor Ausbruch des Bauernkrieges. Mit einer Karte und einem Literaturverzeichnis über die besonderen Gegebenheiten Tirols, den Tiroler Bauernkrieg und Michael Gaismair, in: Die Bauernkriege und Michael Gaismair (Veröffentlichungen des Tiroler Landesarchivs 2), hg. von Fridolin DÖRRER, Innsbruck 1982, S. 13–27, hier S. 16. 1524 fürchteten in der Nähe von Thayngen nach dem dortigen Bildersturm Adlige und Kleriker um ihr Leben. Dazu BLICKLE, Bauernkrieg (wie Anm. 23) S. 13. Von Jäcklein Rorbach, einem Anführer des Neckar-Odenwälder Bauernhaufens, sagte am 16. Juni 1525 ein Zeuge vor dem Heilbronner Rat aus, er habe am 26. Februar 1525 zu Gleichgesinnten gesagt, man sollte seiner Meinung nach gegen Wimpfen ziehen und *den pfaffen alles nemmen, was sie haben, und sie erwurgen*; Moriz VON RAUCH, Urkundenbuch der Stadt Heilbronn (Württembergische Geschichtsquellen 20), Bd. 4, Stuttgart 1922, Nr. 2943, S. 185f., hier S. 186; FRANZ, Bauernkrieg (wie Anm. 6) S. 189. Auch zu Beginn des Bauernaufstands in Brixen wurde die Meinung geäußert, die Herren und Pfaffen müssten totgeschlagen werden. MACEK, Gaismair (wie Anm. 1) S. 152. Weitere Belege bei Günther FRANZ, Quellen zur Geschichte des Bauernkrieges (Ausgewählte Quellen zur deutschen Geschichte der Neuzeit, Freiherr

te bis zu Mord und Totschlag, zur Einnahme oder gar Zerstörung von Burgen.[32] Spätestens aber wenn die Herrschaftsordnung weitgehend oder gar prinzipiell in Frage gestellt wurde, wie in den (Plänen zu den) Bundschuhaufständen von 1493, 1502 und 1513,[33] oder wenn Gegenstrukturen aufgebaut wurden – Verhängen von Sanktionen, Ausübung der Jurisdiktion und Usurpation des Steuerrechts (Kärnten 1478) –,[34] traten Kampf und Unterdrückung an die Stelle von Verhandlungen. Generell nimmt Blickle für die Zeit um 1500 eine Wendung der Konflikte zwischen Bauern und Herrschaft von der Ablehnung einzelner Herrschaftsrechte, die, wie man ergänzen darf, situationsbezogen erfolgte, ins Grundsätzliche an.[35]

Anders als in der Landgrafschaft Stühlingen gingen die Erhebungen 1524 andernorts auch schon weiter. In Thayngen bei Schaffhausen rotteten sich Menschen, von reformatorischen Predigern aufgehetzt, zum Bildersturm zusammen und verweigerten dem klösterlichen Grundherrn die Abgaben (ebenfalls im Juni 1524).[36] In Stammheim und Stein im Thurgau, wo bereits im Januar 1524 ein reformationsinduzierter Bildersturm stattgefunden hatte, stand eine Zusammenrottung am Beginn der Erhebung, durch die ein vom Züricher Landvogt inhaftierter evangelischer Prediger hätte befreit werden sollen. Als dies nicht gelang, wurde das Kloster Ittingen, das die Kartäuser erst im 15. Jahrhundert übernommen und zu neuer Blüte geführt hatten, überfallen, geplündert und abgebrannt, letzteres laut Franzens Insinuation und Blickles Annahme „vermutlich ein Versehen".[37] Auch im Fall des Baltringer Haufens und anderer Massenmobilisierungen steht die Zusammenrottung – verstanden als bedrohlich empfundene Versammlung[38] zumindest

---

vom Stein-Gedächtnisausgabe 2), Darmstadt 1963, Nr. 79, S. 246–257, hier S. 255, und Nr. 80, S. 257, und bei TROSSBACH, Bauernkrieg (wie Anm. 23) Sp. 1051. Es ist allerdings auch in Rechnung zu stellen, dass gefangenen Bauern(führern) entsprechende Aussagen unter der Folter abgepresst sein können.

32 So 1515 in Krain, dazu FRANZ, Bauernkrieg (wie Anm. 6) S. 39; MECENSEFFY, Sozialrevolutionäre Bauernerhebungen (wie Anm. 26) S. 29.
33 Vgl. beispielsweise BLICKLE, Untergrombach 1502 (wie Anm. 24) S. 13–15. Zu den bislang zu wenig beachteten wirtschaftlichen Ursachen des Untergrombacher Bundschuhs vgl. Gerhard FOUQUET, Getreide, Brot und Geld – offene Forschungsfragen zum Bundschuh 1502 und ihre wirtschafts- und sozialgeschichtliche Einordnung und Wertung, in: Vierteljahrschrift für Sozial- und Wirtschaftsgeschichte 104 (2017) S. 29–51. Die These Dillingers, der Freiburger Bundschuh von 1517 sei ein Phantasieprodukt von Umsturzängsten geplagter Obrigkeiten scheint überzogen, vgl. Johannes DILLINGER, Freiburgs Bundschuh. Die Konstruktion der Bauernerhebung von 1517, in: Zeitschrift für historische Forschung 32 (2005) S. 407–435.
34 FRANZ, Bauernkrieg (wie Anm. 6) S. 36 f.
35 BLICKLE, Unruhen (wie Anm. 22) S. 13.
36 BLICKLE, Bauernkrieg (wie Anm. 23) S. 12 f.
37 FRANZ, Bauernkrieg (wie Anm. 6) S. 97; BLICKLE, Bauernkrieg (wie Anm. 23) S. 15.
38 Vgl. Jacob und Wilhelm GRIMM, Deutsches Wörterbuch, Bd. 16, bearb. von Gustav ROSENHAGEN u. a., Leipzig 1954 (ND als Bd. 32, München 1984), Sp. 761: „zusammenrotten".

in Teilen bewaffneter Männer – am Anfang. Erst nachdem sie erfolgt war, wurden Forderungen erhoben.

Dieses Vorgehen unterscheidet sich sowohl von dem einer klassischen Fehde, bei der vorab der Klageweg zu beschreiten war, wie auch von den traditionellen Widerstandshandlungen, bei denen ebenfalls Klagen, Suppliken und Petitionen, gegebenenfalls Schiedsgerichte und vergebliche Verhandlungen, außerdem niedrigschwellige Eskalationsstufen wie Huldigungsverweigerung oder Steuerverweigerung der Erhebung vorausgingen – oft in einem sich über Jahre oder gar Jahrzehnte hinweg erstreckenden Prozess.[39] Um nicht missverstanden zu werden: Mir geht es bei diesem Argument nicht darum, einen möglichen Konfliktvorlauf in den Jahrzehnten vor dem Bauernkrieg zu bestreiten,[40] sondern es geht mir allein um die Handlungsabläufe: Folgte das, was man als aggressiven Akt betrachten kann, die Zusammenrottung, auf das Erheben von Beschwerden und Forderungen, oder ging der aggressive Akt der Formulierung einer Begründung voraus? Ersteres kann man bei einer Fehde erwarten, bei der ein konkreter, bereits geltend gemachter ungelöster Rechtsstreit der Absage und der anschließenden Gewaltanwendung zugrunde lag. Letzteres, die Zusammenrottung vor der Formulierung von Forderungen, scheint im Bauernkrieg das häufigere Muster gewesen zu sein. Auf die Begründung, weshalb bereits die Zusammenrottung als aggressiver Akt gedeutet werden kann, ist noch einmal zurückzukommen; zuvor jedoch soll das Erheben von Beschwerden und das Äußern von Forderungen betrachtet werden, um es mit der fehdetypischen Absage in Beziehung zu setzen.

Wichtig scheint, dass die Forderungen der Bauern bald nicht mehr, wie noch im Fall der Grafen von Lupfen, spezifische Gravamina gegen e i n e Herrschaft enthielten. Vielmehr wurden die Beschwerden mit Berufung auf ein – vermeintlich – göttliches Recht prinzipiell formuliert und kongruierten herrschaftsübergreifend.[41] Da ein grundsätzlicher Widerspruch zu den bestehenden Herrschafts-

---

39 BLICKLE, Modell (wie Anm. 24) S. 305, mit einer versuchsweisen Schematisierung von Konfliktverläufen; zur Reichweite des Modells außerdem SCHWERHOFF, Heroic Narrative (wie Anm. 24) S. 115 f.
40 Eine Reihe von Regionen, in denen der Bauernkrieg geführt wurde, hatten bereits eine – teils lokal zu verortende – Konfliktgeschichte, die sich in Revolten niedergeschlagen hatte; dies gilt jedoch nicht für alle Zentren des deutschen Bauernkriegs, vgl. die Aufstellung spätmittelalterlicher bäuerlicher Revolten bei BIERBRAUER, Bäuerliche Revolten (wie Anm. 9) S. 62–65. Zur Herausbildung einer „Rebellionstradition" vgl. BLICKLE, Modell (wie Anm. 24) S. 307. Umgekehrt konnten „positive Erfahrungen beim Austrag von Konflikten auf gerichtlichem Weg" bewirken, dass sich Bauern dem Bauernkrieg nicht anschlossen; dazu Renate BLICKLE, „Spenn und Irrung" (wie Anm. 29) S. 143–145, Zitat S. 144
41 Vgl. FRANZ, Bauernkrieg (wie Anm. 6) S. 118–123 und 285–288, der skizziert, wie die zunächst altrechtlichen Forderungen der Bauern durch die Begründungsressource des Göttlichen Rechts transformiert wurden; zusammenfassend BIERBRAUER, Göttliches Recht (wie Anm. 24) S. 211. Auch Blickle betont, dass unter Berufung auf das Göttliche Recht respektive das Göttliche Wort Forderungen legitimiert werden konnten, die altrechtlich nicht zu be-

verhältnissen vorgebracht wurde, mussten der eigenen Herrschaft auch keine konkreten Rechtsbrüche angelastet werden, um sich von ihr abzuwenden. Im „programmatischen Charakter",[42] den Laube, Steinmetz und Vogler den bäuerlichen Forderungskatalogen zuschreiben – hier ist besonders an die vielzitierten Zwölf Artikel zu denken, aber auch an diverse Artikelbriefe –, liegt ein Unterschied zu den fehdeüblichen Absagen, die sich auf einzelne strittige Materien zurückführen lassen.

Irritiert berichtete etwa der Abt des Prämonstratenserklosters Weißenau bei Ravensburg, Jakob Murer, die Gotteshausleute seines Klosters hätten ihn um Rat gefragt, wie sie sich angesichts der Drohung des Seehaufens verhalten sollten: *Sie solted zů inen kommen, oder sie* [die Bauern des Seehaufens] *welltend an maindrigs* [Tags darauf] *kommen und mitt inen ze nacht essen*. Er, der Abt, habe seine Klosterleute davor gewarnt, sich darauf einzulassen, *ligge inen ettwas an gegen mier, so velle ich mich gegen inen vertragen*. Zur Antwort habe er erhalten: *Si håttend kain klag gegen mier, aber gegen den landtvogt*. Auch die Erinnerung an den von den Gotteshausleuten geleisteten *aiedt* blieb fruchtlos. Da sie laut Murers Vermutung meinten, *ier wer mer dann der hern, sie woltend die gůter für aigen behälten*, schlossen sie sich nach ihrer Rückkehr aus dem Kloster und einer Abstimmung über ihr weiteres Vorgehen den aufständischen Bauern an.[43] Gleich Murer reklamierte Georg Truchsess von Waldburg für sich, dass er *mein arme leyt unn ander, nie beschwert hab, weder mit stewr noch rossgellt, sonder in geholfen und geraten, alles das ain herr den seinen thun soll*; dennoch hätten sie ihn *unentsagt irer erenn, als sy pillich gethan solten haben*, angegriffen *unn haben mir das mein eingenomen, wider Got, err un recht, das ich ererbt von meinem herren vater unn anderen hern unn edelleyten*[44].

---

gründen waren, ja, dass über eine andersgeartete politische Ordnung nachgedacht werden konnte, vgl. BLICKLE, Revolution von 1525 (wie Anm. 25) S. 31, 146–148, 158, 197, 208 und 290 f. Ferner wurde ein herrschaftsübergreifender Zusammenschluss durch die Berufung auf das Göttliche Recht möglich, dazu BLICKLE, Revolution von 1525 (wie Anm. 24) S. 144f. und 208; BLICKLE, Bauernkrieg (wie Anm. 23) S. 32 f. und 81. Der Gegensatz zwischen „Altem" und „Göttlichem" Recht darf freilich auch für den Bauernkrieg nicht überbetont werden, da in einem Text beziehungsweise in einem Handlungskontext auf beide Legitimationsmuster Bezug genommen werden konnte, vgl. am Beispiel der Zwölf Artikel Matthias BÄHR, Liebe, Friede, Einigkeit. Gewalt im Bauernkrieg von 1525, in: Zeitschrift für württembergische Landesgeschichte 74 (2015) S. 55–69, hier S. 66.

42   Adolf LAUBE, Max STEINMETZ und Günter VOGLER, Illustrierte Geschichte der deutschen frühbürgerlichen Revolution, Berlin (Ost) 1974, S. 260.

43   [Jacob MURER], Der Text der Bilderchronik, in: Jacob Murers Weißenauer Chronik des Bauernkrieges von 1525, hg. von Günther FRANZ und Werner FLEISCHHAUER, 2 Bde., Text und Kommentar, Faksimile, Sigmaringen 1977, S. 27–35, hier S. 27; vgl. auch MURERs lateinischen Bericht über den Bauernkrieg, ebenda S. 42–45, hier S. 42.

44   Zitat übernommen aus Werner PARAVICINI, Adelsherrschaft in der Krise. Der Bauernkrieg von 1525, in: Jahrbuch der Akademie der Wissenschaften zu Göttingen 2008, Göttingen 2009, S. 450–484, ND in: Noblesse. Studien zum adeligen Leben im spätmittelalter-

Doch nicht nur eine *causa iusta* fehlte den Bauern nach Ansicht ihrer Herren in diesen beiden Fällen. Nach Meinung des Weißenauer Abts war dem Subsidiaritätsgebot nicht Genüge getan, da er – vergeblich – Verhandlungen angeboten hatte. Darüber hinaus war die Regel, vor Beginn der Gewalthandlungen eine Fehdeankündigung zu schicken, nach Meinung des Truchsessen von Waldburg nicht eingehalten worden.[45]

Noch einmal seien nun die Versammlungen zahlreicher, in Teilen bewaffneter Personen thematisiert, die oben im Hinblick auf ihren subjektiv bedrohlichen Charakter als Zusammenrottungen bezeichnet wurden. Sie stellten die Basis für die anschließende Umbildung zu militärischen Formationen, so genannten Haufen nach der Art der Landsknechte dar,[46] und scharten sich um ein Fähnlein, dessen hohe symbolische Bedeutung Franz und Blickle betonten.[47] Bereits eine Zusammenrottung machte jedoch allein durch die Ansammlung einer großen Zahl mehr oder weniger gut bewaffneter Menschen Gewaltanwendung möglich oder sogar wahrscheinlich. Sie bereitete den Konfliktaustrag nicht nur vor, sondern war bereits dessen Teil, und dies umso mehr, als die Menschenmengen ja bereits vor dem Bauernkrieg Forderungen erhoben und diese mit Drohungen unterlegten, gelegentlich Gefangene befreiten oder zu befreien versuchten[48] und gegen Amtsträ-

---

lichen Europa. Gesammelte Aufsätze von Werner Paravicini, hg. von Christian EWERT, Andreas RANFT und Stephan SELZER, Ostfildern 2012, S. 97–130, hier S. 110.
45 Ein Gegenbeispiel bietet ein Schreiben von Prior und Konvent Weingarten an Abt Gerwig Blarer vom 26. März 1525. Demnach sollen Hauptleute und Rat der *burschaft* die Absender zur Huldigung aufgefordert haben, andernfalls würden sie angegriffen. Diese Drohung verbanden die Bauern mit einer fehdetypischen Ehrbewahrung: *Wellen ouch hiemit ier eer bewart haben*; vgl. Heinrich GÜNTER, Gerwig Blarer, Abt von Weingarten 1520 bis 1567. Briefe und Akten, Bd. 1: 1518–1547, Stuttgart 1914, Nr. 72, S. 49 f., hier S. 49.
46 FRANZ, Bauernkrieg (wie Anm. 6) S. 103 und 213; LAUBE/STEINMETZ/VOGLER, Geschichte (wie Anm. 42) S. 260 f.; Reinhard BAUMANN, Landsknechte. Ihre Geschichte und Kultur vom späten Mittelalter bis zum Dreißigjährigen Krieg, München 1994, S. 191; BÄHR, Liebe (wie Anm. 41) S. 61.
47 FRANZ, Bauernkrieg (wie Anm. 6) S. 103 und 105; SCHMIDTCHEN, Kriegswesen (wie Anm. 19) S. 237 f.; BLICKLE, Bauernjörg (wie Anm. 28) S. 89 und 154; vgl. für den englischen Kontext Herbert EIDEN, „In Knechtschaft werdet ihr verharren ...". Ursachen und Verlauf des englischen Bauernaufstandes von 1381 (Trierer Historische Forschungen 32), Trier 1995, S. 204. Bereits der Drahtzieher der Bundschuhaufstände, Joß Fritz, hatte sich jeweils um die Beschaffung eines Fähnleins bemüht; zu dessen Stellenwert, mutmaßlichem Aussehen und Symbolik vgl. ROSENKRANZ, Bundschuh (wie Anm. 31) Bd. 1, S. 199–201, 308–315 und 319 f.; Ulrich STEINMANN, Die Bundschuhfahnen des Joß Fritz, in: Deutsches Jahrbuch für Volkskunde 6 (1960) S. 243–284.
48 Bereits in den Revolten vor dem Bauernkrieg wurden Gefangene befreit, vgl. beispielsweise FRANZ, Bauernkrieg (wie Anm. 6) S. 17, oder es wurde dies projektiert, vgl. etwa die Planungen zum Untergrombacher Bundschuh von 1502 bei ROSENKRANZ, Bundschuh (wie Anm. 31) Bd. 2, Nr. 10, S. 101 f., hier S. 102: *und wan ieman, der in dem spil ist, gefangen und der sachen gefragt wurde, sollen die uberigen widder ledig fornden. und welcher amptman innen den dan nit geben wil, so wollen sie im stracks den hals abstechen*. Zu Gefangenenbefreiungen

ger vorgingen.⁴⁹ Erst recht gilt das nach deren militärischer Umstrukturierung. Dass man in der Landgrafschaft Stühlingen, wo bereits im Juni 1524 ein Fähnlein aufgeworfen und ein Hauptmann bestellt wurden, den „kriegerischen *haufen*" also nur „spielte" und lediglich „Drohgebärden"⁵⁰ zur Schau stellte, wie Blickle, die Gewaltindizien relativierend, annimmt, möchte ich in Frage stellen. Außerdem sprechen wir bei den Bauernhaufen je nach Zeitpunkt von Personenansammlungen in vier- bis fünfstelliger Zahl. Die hier geäußerte Einschätzung über den Charakter gewaltbereiter Menschenmengen kann man im übrigen durch eine Parallele im spätmittelalterlichen England belegen, wo König Richard II. unmittelbar nach dem englischen Bauernaufstand den Tatbestand des *riot* (Aufruhr) beziehungsweise des *rumour* kriminalisierte. Wer immer einen *riot* oder *rumour* beginne, sei als Verräter gegen König und Reich zu betrachten.⁵¹ Noch weiter geht der Rechtshistoriker Andreas Roth aus moderner Perspektive. Bei Massedelikten – also Delikten, die „das gleichgerichtete, in der Regel gewalttätige Handeln von mindestens zwei Personen begrifflich voraussetzen",⁵² wie dem Aufruhr – sei die „Drohung der Ausführung einer Gewalttat gleichzustellen."⁵³

Anders scheint dies Peter Blickle zu sehen, der ohnehin dem Agieren der Bauern einen defensiven Grundcharakter zuschreibt.⁵⁴ Seiner Meinung nach liegt die Verantwortung für den Ausbruch der Gewalt im Bauernkrieg zuvörderst bei Georg Truchsess von Waldburg und Erzherzog Ferdinand, nächst ihnen bei der österreichischen Regierung. Blickle betont, dass es trotz der Zusammenrottungen der Stühlinger Bauern, ihrem gewaltbereiten Auftreten vor dem Stühlinger Schloss

---

unmittelbar vor oder während des Bauernkriegs, vgl. Franz, Bauernkrieg (wie Anm. 6) S. 97, 141, 155 und 165. Parallelbeispiele für entsprechendes Verhalten bei spätmittelalterlichen englischen Revolten bieten Eiden, Knechtschaft (wie Anm. 47) S. 202, 204, 213, 215, 223 und 238; Helmut Hinck, „Die Raserei der Gemeinen." Popularer Protest im spätmittelalterlichen England (1377–1456) (Historische Politikforschung 25), Frankfurt am Main u. a. 2019, S. 126 und 136 f.

49 Franz, Bauernkrieg (wie Anm. 6) S. 17 und 24; Rosenkranz, Bundschuh (wie Anm. 31) Bd. 2, Nr. 95, S. 100–102, hier S. 102
50 Blickle, Bauernkrieg (wie Anm. 23) S. 13.
51 The Statutes of the Realm, Bd. 2, o. O. 1816 (ND London 1963), S. 20 (5° Ric. II. Stat. I c. 6); John G. Bellamy, Criminal Law and Society in Late Medieval and Tudor England, Gloucester 1984, S. 56.
52 Roth, Kollektive Gewalt (wie Anm. 30) S. 25.
53 Roth, Kollektive Gewalt (wie Anm. 30) S. 26.
54 So schreibt Blickle, Revolution von 1525 (wie Anm. 25) S. 155, von der Bundesordnung der Oberschwäbischen Bauern, sie habe sich, „auch wenn sie den militärischen Charakter der Landschaft nicht verleugnen konnte, in der Grundtendenz defensiv" gegeben, „und die wenig später beratene ‚Landesordnung' blieb dieser Konzeption prinzipiell treu". Auch Franz bescheinigt der Christlichen Vereinigung, sie habe sich bemüht, „friedlich zum Ziel zu gelangen". Franz, Bauernkrieg (wie Anm. 6) S. 129. Allgemein zum Gewaltpotential bei bäuerlichen Unruhen vgl. Blickle, Modell (wie Anm. 24) S. 305, und zuletzt historiographiekritisch Schwerhoff, Heroic Narrative (wie Anm. 24) S. 122 f.

(im Juni 1524), ihrer Forderung nach Aufhebung aller Verpflichtungen samt einer damit einhergehenden Abgabenverweigerung sowie trotz ihrer Ablehnung eines unter Schaffhauser Vermittlung ausgehandelten Vertrags, der den Bauern entgegenkam, der dieses Entgegenkommen aber in die Form einer demütigenden Unterwerfung kleidete,[55] keinen Kriegsgrund gegeben habe, weil die Bauern zunächst keine physische Gewalt angewandt hätten.[56] Die Ausweitung des Aufstands über die Landgrafschaft Stühlingen hinaus in den Hegau und damit zu einer gegen das Haus Österreich gerichteten Bewegung, die Vernetzung mit Waldshut und seinem radikalen reformatorischen Prediger Hubmaier, die Hilflosigkeit der adligen Herrschaftsträger der Region, der Einzug einer Züricher Freischar in Waldshut, und nicht zuletzt die Trittbrettfahrerei des aus Württemberg vertriebenen Herzogs Ulrich, der die sich anbahnende Revolte zur Rückerlangung seiner Herrschaft nutzen wollte,[57] kurzum: Die ihm wohlbekannte angespannte politische Großwetterlage lässt Blickle bei seiner Schuldzuweisung unberücksichtigt. Stattdessen betont er, dass die Kategorisierung der bäuerlichen Erhebung als Landfriedensbruch eine Neuerung gewesen sei, da noch die Bundschuhaufstände nicht als Landfriedensbruch bewertet worden seien. Nur durch dieses „labelling" als Landfriedensbruch, als dessen Urheber Blickle Erzherzog Ferdinand und dessen Kanzlei ausmacht und dessen sich dann Georg Truchsess erfolgreich bedient habe, sei überhaupt ein gewaltsames Einschreiten gegen bis dato friedliche Bauern möglich geworden.[58] Nachdem Georg Truchsess sich während des Winters 1524 auf 1525 aus einem Mangel an Söldnern, aber auch wegen des sich entziehenden Gegners, der ihm nicht in Kampfformation entgegentrat, darauf beschränkt habe, „militärische Präsenz zu zeigen"[59] und mögliche Aufstandsherde im Keim zu ersticken, habe er nach weiteren gescheiterten Verhandlungen mit den Bauern am 15. Februar 1525 äußerst harte Kapitulationsbedingungen gestellt und für den Nichterfüllungsfall Fehdehandlungen als Strafaktion angedroht, so dass es sich bei seinem Schreiben faktisch um eine Kriegserklärung gehandelt habe.[60]

---

55   Zu den erwähnten Geschehnissen vgl. FRANZ, Bauernkrieg (wie Anm. 6) S. 105; BLICKLE, Bauernjörg (wie Anm. 28) S. 77 und 79–87.
56   BLICKLE, Bauernjörg (wie Anm. 28) S. 92. Die Behauptung des Lupfner Landschreibers vor dem Reichskammergericht, die Bauern seien zu Beginn der Erhebung *mit gewerter hand* vor das Schloss gezogen, hält BLICKLE (wie oben) S. 77, für eine Dramatisierung, wobei er die Formulierung *mit gewerter hand* abmildernd als „drohend" und nicht als „bewaffnet" paraphrasiert (zur Wortbedeutung vgl. aber das Deutsche Rechtswörterbuch, https://drw-www. adw.uni-heidelberg.de/drw-cgi/zeige?index=lemmata&term=gewehrt).
57   FRANZ, Bauernkrieg (wie Anm. 6) S. 104–106; BLICKLE, Bauernkrieg (wie Anm. 23) S. 14–17; BLICKLE, Bauernjörg (wie Anm. 28) S. 91–93.
58   BLICKLE, Bauernkrieg (wie Anm. 23) S. 17f., v.a. S. 18; BLICKLE, Bauernjörg (wie Anm. 28) S. 92, 96, 103, 105–108 und 129, ferner S. 144 zur Übernahme dieser Argumentation durch das Reichsregiment.
59   BLICKLE, Bauernjörg (wie Anm. 28) S. 98.
60   BLICKLE, Bauernjörg (wie Anm. 28) S. 100–105.

Im Gegensatz zu Blickle und in expliziter Auseinandersetzung mit ihm hat Matthias Bähr die rein defensive Ausrichtung der bäuerlichen Haufen bestritten. Die religiös gefärbten Bekenntnisse der Bauern zu Friede, Liebe und Einigkeit samt deren Grundlage, dem „demonstrativen Biblizismus" der Bauern, hat Bähr dabei als „politische Sprache" bewertet, die „die Forderungen der Christlichen Vereinigung legitimieren sollte, ohne dabei grundsätzlich ‚defensiv' zu sein".[61] Zur Begründung seiner Auffassung weist er auf die Blickle natürlich ebenfalls bekannte frühzeitige Selbstorganisation der Bauern in Analogie zu den Gewalthaufen der Landsknechte, die Landsknechtserfahrungen[62] nicht weniger Bauern, die bereits erwähnte Bundesordnung und einen Gewaltaufruhr im Namen des Evangeliums, der dem „Umfeld der christlichen Vereinigung" zuzurechnen sei,[63] hin. Ergänzen könnte man den seit Ende März 1525 – nach der Schlacht von Pavia und dem Ende der Italienkriege – zunehmenden Zustrom von Landsknechten nicht nur zu den Truppen des Schwäbischen Bundes, sondern auch zu den bäuerlichen Aufgeboten.[64]

Ich möchte noch einen Schritt weiter gehen und nicht nur die Menschenansammlungen, sondern auch die Drohungen der bäuerlichen Haufen, also zunächst einmal einen „nur" verbalen Akt, als Kriegspraktik betrachten, weil diese Drohungen mit Zurschaustellen von Realisierungskompetenz unterlegt waren. Außerdem hatten es diese Drohungen auch oder gerade dann in sich, wenn die Bauern sich in Andeutungen ergingen. Die Zisterzienserinnen des bei Ulm gelegenen Klosters

---

61 BÄHR, Liebe (wie Anm. 41) S. 59.
62 FRANZ, Bauernkrieg (wie Anm. 6) S. 133 ging davon aus, dass die Bauern des Seehaufens in großer Zahl zuvor selbst als Landsknechte gedient hatten. Die Formulierung Peter Harers ist weniger eindeutig; ihm zufolge hatten der Allgäuer und der Seehaufen *vil geubts kriegsvolks under inen*, was Georg Truchseß von Waldburg zu besonderer Vorsicht veranlasst habe, vgl. Günther FRANZ, Peter Harers Wahrhafte und gründliche Beschreibung des Bauernkriegs (Schriften der Pfälzischen Gesellschaft zur Förderung der Wissenschaften 25), Kaiserslautern 1936, ND in: Willi ALTER, Die Berichte von Peter Harer und Johannes Keßler vom Bauernkrieg 1525 (Veröffentlichungen der Pfälzischen Gesellschaft zur Förderung der Wissenschaften 88), Speyer 1995, S. 5–126, hier S. 24. Da die Episode Mitte April 1525 spielte, können auch Landsknechte gemeint gewesen sein, die von den Bauern angeworben wurden. So stellt dies Johannes Keßler in seiner zu einem späteren Zeitpunkt überarbeiteten Chronik dar, vgl. Emil EGLI, Johannes Keßler, Bericht vom Bauernkrieg 1525, in: ALTER, Berichte (wie oben) S. 127–178, hier S. 154, und so scheint dies auch Gerhard PFEIFFER, Der Bauernkrieg (1525). Offene Fragen, kontroverse Antworten, in: Jahrbuch für fränkische Landesforschung 50 (1990) S. 123–160, hier S. 126, zu verstehen. Kriegserfahrung kann für einzelne bekannte Anführer der Bauern nachgewiesen werden, so für Jäcklein Rorbach, dazu VON RAUCH, Jäcklein Rorbach (wie Anm. 31) S. 21–35, hier S. 22 und 27 f.
63 BÄHR, Liebe (wie Anm. 41) S. 61–69, Zitat S. 67.
64 BAUMANN, Landsknechte (wie Anm. 19) S. 190–192; Stefan XENAKIS, Gewalt und Gemeinschaft. Kriegsknechte um 1500 (Krieg in der Geschichte 90), Paderborn 2015, S. 194–196; zur Präsenz von Söldnern und Freischärlern in den Bauernhaufen vgl. PFEIFFER, Bauernkrieg (wie Anm. 62) S. 125–126 und oben Anm. 62.

Heggbach jedenfalls verstanden die Ankündigung der Aufständischen, mit ihnen – gegen ihren Willen – einen Tanz zu tun, mindestens als bedrohlich, wenn nicht gar als Vergewaltigungsdrohung.[65] Ausdrücklich wurde Frauen aus dem Haushalt des Ritters Georg von Werdenstein mit sexueller Gewalt gedroht: *Ir jungen huren, wir wellend euch geheüen*[66] *und die alten kammerschellen darnach nötigen*. Wenn Georg von Werdenstein selbst beschimpft wurde, er solle herunterkommen, damit man ihm den Bart ausraufen könne, rechnete er wohl mit darüber hinaus gehenden körperlichen Misshandlungen.[67] Vor allem kann nicht übersehen werden, dass die Tötung der adligen Besatzung von Weinsberg inclusive des Grafen Ludwig von Helfenstein am 16. April 1525 der Kippunkt war, von dem an kaum noch Widerstand geleistet wurde.[68] Vor der Folie der Weinsberger Bluttat waren alle Drohungen plausibel geworden. Daher konnte Einschüchterung, wie von Michael Klebon

---

65 Von dem Vorfall berichtete 1541 aus der Rückschau des Jahres 1541 eine namentlich nicht bekannte Heggbacher Nonne, dazu Heggbacher Chronik, in: Franz Ludwig BAUMANN, Quellen zur Geschichte des Bauernkriegs in Oberschwaben (Bibliothek des Litterarischen Vereins Stuttgart 129), Tübingen 1876, S. 277–295, hier S. 279; FRANZ, Quellen (wie Anm. 31) Nr. 30, S. 140–143, hier S. 140. Zur Quelle vgl. Claudia ULBRICH, Die Heggbacher Chronik. Quellenkritisches zum Thema Frauen und Bauernkrieg, in: Gemeinde, Reformation und Widerstand. Festschrift für Peter Blickle, hg. von Heinrich R. SCHMIDT, André HOLENSTEIN und Andreas WÜRGLER, Tübingen 1998, S. 391–399, S. 393 zu der von der Verfasserin wahrgenommenen Bedrohung der Nonnen unter anderem mit Vergewaltigung. In der für ihn typischen relativierenden Tendenz spricht BLICKLE, Bauernkrieg (wie Anm. 23) S. 19 von einer lediglich „rhetorisch[en] und damit ironischen[en]" „Gewalttätigkeit" und beschuldigt die Nonnen, „aus der rhetorischen Mücke den sprichwörtlichen Elefanten mit ihrem unbegründeten Geschrei" gemacht zu haben. Zu Unrecht hätten sie den Eindruck erwecken wollen, man wolle sie vergewaltigen (ebenda S. 19 f.). Zur Kritik an Blickles Umdeutung von Drohungen ins Ironische vgl. BÄR, Liebe (wie Anm. 41) S. 62. Die auch sonst bezeugte bildhafte Sprache bäuerlicher Drohungen (vgl. BLICKLE, Bauernjörg, wie Anm. 28, S. 188; Harer, Beschreibung, wie Anm. 62, S. 31) konnte sich mit Statusanmaßungen verbinden und wurde daher von den Adressaten wohl kaum als „ironisch" aufgefasst. Auch der Ulmer Bürgermeister Ulrich Nidhart, der den Heggbacher Nonnen die Drohworte der Bauern überbrachte, nahm sie ernst, denn er riet den Nonnen, das, was ihnen teuer sei, in Sicherheit zu bringen.
66 *ge-hîwen, ge-hîjen, ge-hîen* bedeutet „sich vermählen, sich paaren", vgl. Matthias LEXER, Mittelhochdeutsches Taschenwörterbuch, Stuttgart [36]1981, S. 57.
67 Werdensteiner Chronik, in: BAUMANN, Quellen (wie Anm. 65) S. 477–493, hier S. 486; PARAVICINI, Adelsherrschaft (wie Anm. 44) S. 111; bei ebenda S. 111 Anm. 86 findet sich auch das Beispiel demütigender sexualisierter Gewaltanwendung gegenüber einer Gräfin.
68 Michael KLEBON, Im Taumel des Evangeliums. Anton Eisenhut und der Kraichgauer Haufen im „Bauernkrieg". Absichten, Planungen, Taten als Ausdruck einer ungemein dynamischen Phase der Revolution von 1525, Ubstadt-Weiher u. a. 2022, S. 67. Ein Gegenbeispiel bietet die kurpfälzische Stadt Bretten, die nicht nur vom Bauernhaufen Anton Eisenhuts, sondern auch vom Pfälzer Kurfürsten unter Druck gesetzt wurde. Bretten leistete den Bauernhaufen Widerstand, obwohl die Befürchtung bestand, diese „*könnten vielleicht den tantz, wie die von Weinsperg gegen die ritterschaft gethan,* [... in Bretten] *auch fürnemmen.*" So Georg Schwarzerd in seiner „Nachricht vom Bauernaufruhr von 1514 biß 1526", zitiert aus KLEBON S. 85.

in anderem Zusammenhang gezeigt, reale Gewaltausübung überflüssig machen. Denn auch im Zuge militärischer Operationen spielte eine Mischung aus Drohung und geschickter Ausnutzung der Desorientierung des Gegners eine wichtige Rolle. So verschleierte der Bauernführer Anton Eisenhut die militärische Schwäche seiner Truppe, indem er in der Dunkelheit, begleitet von viel Lärm, Städte bedrohte, die er zur Kapitulation veranlassen wollte, und tatsächlich hatte er mit dieser Taktik Erfolg.[69]

Doch nicht nur gegenüber dem Gegner waren Einschüchterung und Zwang ein maßgebliches Mittel des Konfliktaustrags. Sie spielten auch eine signifikante Rolle, wenn es darum ging, den Anschluss zögernder Bauern an die bäuerlichen Haufen zu erzwingen. Einer Gemeinde, die sich der *gemein bauerschaft*, die sich in Malsch versammelt hatte, auf deren Befehl hin nicht noch in derselben Nacht bewaffnet anschließe, wurde mitgeteilt, sie solle wissen *unsicher zu sein leibs und lebens und aller ewer habe*.[70] Auch Individuen ließ man keine Wahl. So wurde der sogenannte „weltliche Bann" jedem angekündigt, der sich dem Anschluss an die Bauernhaufen entziehen wollte. Der weltliche Bann, der einer Acht entsprach, beinhaltete den Ausschluss aus jeder Form der menschlichen Gemeinschaft bis hin zum Verbot der Nutzung der Allmende, der Viehtränke, des Kaufs und Verkaufs von Holz, Salz und Fleisch. Vermittels des derart ausgeübten Zwangs konnte eine weitflächige Mobilisierung der Bauern erfolgen.[71] Auch der (un-) „freiwillige" Anschluss von Herren, Städten und geistlichen Einrichtungen an die Bauern, der während des Bauernkriegs auf der Basis der Annahme der bäuerlichen Forderungen nicht nur möglich, sondern gewünscht war, war nicht selten durch Drohungen bewirkt, wobei hier jedoch nicht der Ausschluss aus der Gemeinschaft, sondern die unmittelbare Gewaltandrohung oder die Furcht vor Gewaltanwendung ausschlaggebend waren.[72]

---

69 KLEBON, Taumel (wie Anm. 68) S. 87 f.
70 Harer, Beschreibung (wie Anm. 62) S. 37; dazu KLEBON, Taumel (wie Anm. 68) S. 68; weitere Beispiele bei Harer (wie oben) S. 26, 28, 45, 51, 54 und 56 f.
71 FRANZ, Quellen (wie Anm. 31) Nr. 67, S. 231–234, hier S. 232 f., Nr. 68, S. 235 f.; FRANZ, Bauernkrieg (wie Anm. 6) S. 115 und 135 f.; LAUBE/STEINMETZ/VOGLER, Geschichte (wie Anm. 42) S. 243 und 260; KLEBON, Taumel (wie Anm. 68) S. 132 Anm. 182; ferner BLICKLE, Revolution von 1525 (wie Anm. 25) S. 17, zur Christlichen Vereinigung als Zwangsbündnis. Gleichwohl geht Blickle davon aus, dass die Zahl derer, die sich freiwillig den Bauernhaufen anschlossen, höher lag als die von Hans-Martin Maurer erschlossenen „60–70 % der waffenfähigen Bevölkerung" (BLICKLE S. 157 Anm. 34). Für die Gesamtzahl der Bevölkerung im deutschen Südwesten hatte Maurer etwa 800.000 Menschen veranschlagt, von denen sich ca. 110.000 am Bauernkrieg beteiligt hätten. Zum Zwang, mit dem gerade ärmere Bauern durch Wohlhabende zur Teilnahme am Aufstand genötigt wurden, FRANZ, Bauernkrieg (wie Anm. 6) S. 287.
72 Vgl. beispielsweise Harer, Beschreibung (wie Anm. 62) S. 28, 32 f. und 50; zusammenfassend beispielsweise FRANZ, Bauernkrieg (wie Anm. 6) S. 129, 142, 191–193, 195, 203, 215 und 289. Im Fall Götz von Berlichingens, der zum Hauptmann der Bauern gewählt wurde,

Obgleich die Ausübung von Zwang mittels Drohungen im deutschen Bauernkrieg ein prominentes Instrument war, handelte es sich nicht um eine singuläre Maßnahme. So hat Helmut Hinck für die spätmittelalterlichen englischen Revolten die Bedeutung von Drohungen und Nötigungen für die Gewinnung von Unterstützern betont.[73] Aber auch die hochmittelalterliche Gottesfriedensbewegung[74] oder der Rheinische Bund auf der einen Seite, der Bund ob dem See (um 1405)[75] oder der Bauernbund in der Steiermark 1478[76] auf der anderen Seite zwangen Widerstrebende zum Beitritt beziehungsweise planten, wie im Fall der Untergrombacher und Lehener Bundschuhverschwörungen von 1502 und 1513, dies zu tun.[77] Hingegen war ein durch offene Drohungen mit Gewaltanwendung herbei-

---

waren nach seiner Darstellung Druck seitens der Bauern und seine Angst, die nicht zuletzt im Schicksal der Weinsberger Besatzung begründet war, zusammen mit politischen Erwägungen ausschlaggebend dafür, dass er sich zur befristeten Übernahme der Hauptmannschaft über den Odenwälder Haufen bestimmen ließ. Dazu Helgard ULMSCHNEIDER, Götz von Berlichingen. Mein Fehd und Handlungen (Forschungen zu Württembergisch Franken 17), Sigmaringen 1981, S. 122–125; Helgard ULMSCHNEIDER, Götz von Berlichingen. Ein adeliges Leben der deutschen Renaissance, Sigmaringen 1974, S. 133–140. Eine andere Akzentuierung nimmt Tilman G. MORITZ, Autobiographik als ritterschaftliche Selbstverständigung. Ulrich von Hutten, Götz von Berlichingen, Sigmund von Herberstein (Formen der Erinnerung 70), Göttingen 2019, S. 131, vor; vgl. auch den Beitrag von Oliver AUGE in diesem Band S. 187–204.
73 HINCK, Raserei (wie Anm. 43) S. 119–122.
74 GERNHUBER, Landfriedensbewegung (wie Anm. 16) S. 67–69 und 71, wies darauf hin, dass auch die Eidesleistung auf die hochmittelalterlichen Landfrieden erzwungen wurde.
75 Vgl. FRANZ, Bauernkrieg (wie Anm. 6) S. 4; Karl Heinz BURMEISTER, Der Bund ob dem See, in: Appenzell – Oberschwaben. Begegnungen zweier Regionen in sieben Jahrhunderten, hg. von Peter BLICKLE und Peter WITSCHI, Konstanz 1997, S. 65–83, hier S. 72 (und die unten in Anm. 94 genannte Literatur).
76 FRANZ, Bauernkrieg (wie Anm. 6) S. 35 f.; MECENSEFFY, Sozialrevolutionäre Bauernerhebungen (wie Anm. 26) S. 26 f.
77 Angeblich wurde im Rahmen des Untergrombacher Bundschuhs beschlossen, *welcher dan nit uf will sin, dem sal man sin hals absniden oder -stechen*; dazu ROSENKRANZ, Bundschuh (wie Anm. 31) Bd. 2, Nr. 10, S. 101 f.; FRANZ, Bauernkrieg (wie Anm. 6) S. 68; KLEBON, Taumel (wie Anm. 68) S. 36; ULBRICH, Untergrombacher Bundschuh (wie Anm. 30) S. 35; gleiches wird vom Lehener Bundschuh berichtet, ROSENKRANZ (wie oben) Bd. 2, Nr. 21, S. 144–146, hier S. 145, und Nr. 64, S. 181–185, hier S. 183 und 185. Blickle will die einschlägigen Berichte freilich mit der Bemerkung entkräften, es habe sich bei der „Totschlagdrohung […] wohl eher [um] großmauliges Gerede einzelner" gehandelt. Eine solche Drohung sei „den Rebellen besonders gern von den Obrigkeiten in den Mund gelegt" worden, „um sie nun so leichter als kriminell abstempeln zu können", vgl. BLICKLE, Untergrombach 1502 (wie Anm. 24) S. 15; LAUBE/STEINMETZ/VOGLER, Geschichte (wie Anm. 42) S. 60, suggerieren auf der Basis von Trithemius, Annales Hirsaugenses, dass sich die Gewaltbereitschaft der Bundschuher gegen „feudale Gegner" gerichtet habe; zu Trithemius vgl. ROSENKRANZ, Bundschuh (wie Anm. 31) Bd. 2, S. 89–92, hier S. 90 f. Dem stehen die oben genannten Quellen entgegen. Die Tatsache, dass Joß Fritz mit dem freiwilligen Anschluss der herrschaftsunterworfenen Bevölkerung gerechnet haben soll, und die Bereitschaft, Gewalt gegen Abweichler aus dem eigenen Stand anzuwenden, schließen sich im übrigen nicht aus.

geführter Beitritt zu einer Fehde nicht üblich, auch wenn man sich politische Konstellationen vorstellen kann, in denen vertragliche Vereinbarungen, diplomatischer Druck oder die Macht des Faktischen keine Handlungsalternativen ließen. Der Grund dafür dürfte darin liegen, dass Druck in der genannten offensiven Form dort ausgeübt wurde, wo es galt, ein Kollektiv zu formen beziehungsweise das Ausscheren aus einem solchen zu verhindern. Dem entsprach, dass sich die bäuerlichen Zusammenschlüsse als Schwurgemeinschaften formierten. Klassische Fehden hingegen waren Aktionen von Individuen oder Gruppen, die sich gegebenenfalls in Bündnissen zusammenschlossen. Als Formen des individuellen Konfliktaustrags kamen sie ohne Konformitätszwang aus.

In den Blick genommen werden nun die Gewaltformen im engeren Wortsinn, wobei ein typologisierender Zugriff gewählt wird. Es ist nicht möglich, militärische Einzelaktionen zu diskutieren, doch soll zumindest erwähnt werden, dass beispielsweise strategisch wichtige Positionen besetzt und befestigt wurden.[78] Geradezu stereotyp berichten die Quellen seit März 1525[79] von erzwungener Huldigung, Sturm auf Klöster und Burgen, Plünderung von Klöstern, Burgen, Schlössern und Städten sowie von der Zerstörung und dem In-Brand-Setzen von Burgen und Klöstern[80]. Auch von der Belagerung von Städten[81] und Burgen wird gelegentlich berichtet. Im Einzelfall konnte sich der Versuch der Eroberung einer Burg als sehr aufwendig erweisen, zu denken ist hier natürlich an die erfolglose Belagerung der bischöflich würzburgischen Festung auf dem Liebfrauenberg.[82] Meist wurden die Burgen und Städte jedoch handstreichartig eingenommen, was in der Forschung zu Verwunderung führte, weil die Bauern zu Beginn des Bauernkriegs noch gar nicht

---

78 Vgl. beispielsweise Franz FUCHS, Lorenz Fries, Christoph Scheuerl und Sebastian Rotenhan. Ein neuer Bericht über die *beurisch uffrur* 1525, in: Lorenz Fries und sein Werk. Bilanz und Einordnung (Veröffentlichungen des Stadtarchivs Würzburg 19), hg. von Franz FUCHS, Stefan PETERSEN, Ulrich WAGNER und Walter ZIEGLER, Würzburg 2014, S. 197–219, hier S. 209.
79 TROSSBACH, Bauernkrieg (wie Anm. 23) Sp. 1055.
80 FRANZ, Bauernkrieg (wie Anm. 6) S. 131 f., 142, 144, 149, 156, 165, 172, 201, 215, 223 f., 247 und 262 f.; BLICKLE, Bauernkrieg (wie Anm. 23) S. 27 und 30 f. Zum Klostersturm in Franken, der auch mit Bilderstürmerei einherging, vgl. zuletzt Klaus ARNOLD, Zur Vorgeschichte und zu den Voraussetzungen des Bauernkriegs in Franken, in: Bauernkrieg in Franken (Publikationen aus dem Kolleg „Mittelalter und Frühe Neuzeit" 2), hg. von Franz FUCHS und Ulrich WAGNER, Würzburg 2016, S. 1–36, v. a. S. 8–17, 24 und 32; zu den Auseinandersetzungen im Eichsfeld vgl. Thomas T. MÜLLER, Mörder ohne Opfer. Die Reichsstadt Mühlhausen und der Bauernkrieg in Thüringen. Studien zu Hintergründen, Verlauf und Rezeption der gescheiterten Revolution von 1525 (Schriftenreihe der Friedrich-Christian-Leser-Stiftung 40), Petersberg 2021, S. 415–547.
81 FRANZ, Bauernkrieg (wie Anm. 6) S. 139, 142, 150, 195 und 224. Zur Belagerung Herrenbergs XENAKIS, Gewalt (wie Anm. 64) S. 202 f.
82 Dazu Rainer LENG, Bauern vor den Mauern. Technische und taktische Aspekte des Sturms auf die Festung Marienberg in Würzburg, in: Bauernkrieg in Franken (wie Anm. 80) S. 141–180; FUCHS, Lorenz Fries (wie Anm. 78).

über die militärische Infrastruktur verfügten, die sie zur Durchführung einer Belagerung befähigt hätte. Als Faktor, der den Bauern in die Hände spielte, wird auf der Basis von Dicta des bayerischen Kanzlers Leonhard von Eck oder des Markgrafen Casimir von Brandenburg-Kulmbach immer wieder auch auf die Unterzahl und die *klainmutigkait* der Besatzungen verwiesen.[83] Was die Plünderungen betrifft, zeichnen die Quellen gern das Bild undisziplinierter Horden, denen es in erster Linie um die Möglichkeit zu einem kollektiven Gelage gegangen sei.[84] Dass dies unzutreffend ist, wurde längst herausgearbeitet; vielmehr wurden Plünderungen unter anderem deshalb vorgenommen, weil die Bauernhaufen sich verproviantieren mussten.[85] In unbekanntem Umfang diente das Beutegut auch der Finanzierung von Kriegskosten, wofür Pfeiffer einen instruktiven Beleg nennt: So hätten sich die Bauern gerühmt, *sy wollen die herren mit dem kilchengût bekriegen*.[86] Aus Burgen waren insbesondere Geschütze als Beutegut begehrt.

Wo auf die Plünderung Zerstörung folgte, dürfte dies häufig durchaus planvoll verlaufen sein, wie für die fränkischen Burgen herausgearbeitet wurde;[87] freilich

---

83 Wilhelm VOGT, Die bayrische Politik im Bauernkrieg und der Kanzler Dr. Leonhard von Eck, das Haupt des Schwäbischen Bundes, Nördlingen 1883, S. 381 f. und 431 (Zitat S. 381); FRANZ, Quellen (wie Anm. 31) Nr. 33, S. 151 f.; dazu FRANZ, Bauernkrieg (wie Anm. 6) S. 131 f.; LAUBE/STEINMETZ/VOGLER, Geschichte (wie Anm. 42) S. 236; ENDRES, Probleme (wie Anm. 21) S. 116. Laut Endres befand sich ein großer Teil der Adligen entweder beim Heer des Schwäbischen Bundes oder in Bamberg, wo kurz zuvor ein Rittertag abgehalten worden war. Doch war auch die Ausgangslage der Bauern suboptimal.. FRANZ, Bauernkrieg (wie Anm. 6) S. 131 f., und ENDRES, Probleme (wie Anm. 21) S. 116, wiesen darauf hin, dass es den Bauern zu Beginn des Kriegs an Geschütz und Lebensmitteln für Belagerungen sowie an Geld für die Anwerbung von Söldnern fehlte. Dennoch blieb ein Widerstand der Burgbesatzungen weitgehend aus.
84 Vgl. beispielsweise Harer, Beschreibung (wie Anm. 62) S. 26, 32, 37, 39 und 44; PFEIFFER, Bauernkrieg (wie Anm. 62) S. 124; ferner TROSSBACH, Bauernkrieg (wie Anm. 23) Sp. 1053 f. am Beispiel der Zeichnungen zu Jacob Murers Weißenauer Chronik des Bauernkriegs (zum Druck vgl. Anm. 43).
85 Vgl. auch FRANZ, Bauernkrieg (wie Anm. 6) S. 181 und 218; LAUBE/STEINMETZ/VOGLER, Geschichte (wie Anm. 42) S. 261 f.; TROSSBACH, Bauernkrieg (wie Anm. 23) Sp. 1055; BLICKLE, Bauernkrieg (wie Anm. 23) S. 24.
86 Schreiben des Pfarrers Mammer an Junker Jörg von Reckenbach vom 16. Januar 1525, in: Franz Ludwig BAUMANN, Akten zur Geschichte des deutschen Bauernkrieges aus Oberschwaben, Freiburg 1877, Nr. 67, S. 87 f., erwähnt bei PFEIFFER, Bauernkrieg (wie Anm. 62) S. 127.
87 ENDRES, Probleme (wie Anm. 21) S. 115 f. und 119–124; Rudolf ENDRES, Adelige Lebensformen in Franken zur Zeit des Bauernkrieges (Neujahrsblätter der Gesellschaft für fränkische Geschichte 35), Würzburg 1974, S. 10 f. Betroffen waren auch sechs Klöster. ENDRES, Probleme (wie Anm. 21) wies nach, dass die Zerstörungen vom Lager der Aufständischen bei Hallstadt angeordnet und gelenkt wurden, dass Rückfragen von mit der Zerstörung beauftragten Bauern hinsichtlich des Procedere dorthin adressiert wurden, dass die die Zerstörung exekutierenden Bauernhaufen „Rechenschaft ablegen" und „ihre Beute" zwecks geordneter bzw. gerechter Verteilung , ins Hauptlager bringen" mussten und dass Adligen festgelegte Teile ihres Besitzes gelassen wurden (Zitate S. 122). Vgl. weiterhin Adrian

sind auch unkontrollierte Plünderungen belegt.⁸⁸ Dabei lag dem Bruch der Burgen und Klöster der zunehmend verschärfte Schlösserartikel der Bundesordnung der Christlichen Vereinigung zugrunde. In der Fassung vom März 1525 besagte er, dass Schlösser und Klöster respektive deren Bewohner, die nicht der Christlichen Vereinigung beitreten wollten, nur verpflegt werden durften. Sie sollten aber nicht über Geschütze verfügen und ihre Dienstleute mussten einen Eid auf die Christliche Vereinigung leisten, was, wie Laube, Steinmetz und Vogler betonten, eine „völlige Lähmung der alten Obrigkeiten" intendierte.⁸⁹ In der Folge verlangte das Taubertäler Programm sogar deren Bruch und Verbrennung.⁹⁰ Der Artikelbrief der Christlichen Vereinigung Schwarzwälder Bauern vom Mai 1525 forderte die Verhängung des weltlichen Banns über die Schlösser, Klöster und Klerikerstifte.⁹¹

Unverkennbar bezweckt die Eroberung beziehungsweise Inbesitznahme und Schleifung von Burgen und Klöstern jedoch nicht nur die reale, sondern auch die symbolische Eliminierung der Herrschaft, die sich mit diesen Objekten verband;⁹² aus diesem Grund stehen Kloster- und Burgenbruch auch in einer langen tatsächlichen oder imaginierten Kontinuitätslinie. Zu denken wäre in diesem Zusammenhang etwa an den angeblichen Bruch der habsburgischen Burgen in der Eidgenos-

---

ROSSNER, Die Bamberger Holzschnitte als Bildquelle zum Bauernkrieg in den Bistümern Bamberg und Würzburg, in: Archiv für die Geschichte von Oberfranken 99 (2019) S. 63–83, hier S. 67. Auch Adlige beteiligten sich an der Niederlegung der eigenen Sitze.
88 So beispielsweise beim Bamberger Michaelskloster und den Klöstern Banz und Langheim, dazu ENDRES, Probleme (wie Anm. 21) S. 111.
89 FRANZ, Quellen (wie Anm. 31) Nr. 51, S. 195–197, hier 196; LAUBE/STEINMETZ/VOGLER, Geschichte (wie Anm. 42) S. 234; vgl. auch FRANZ, Bauernkrieg (wie Anm. 6) S. 128; BLICKLE, Revolution von 1525 (wie Anm. 25) S. 155. Zum Schlösserartikel vgl. Günther VOGLER, Schlösserartikel und weltlicher Bann im deutschen Bauernkrieg, in: Der deutsche Bauernkrieg 1524/25. Geschichte – Traditionen – Lehren (Akademie der Wissenschaften der DDR, Schriften des Zentralinstituts für Geschichte 57), hg. von Gerhard BRENDLER und Adolf LAUBE, Berlin (Ost) 1977, S. 113–121.
90 FRANZ, Quellen (wie Anm. 31) Nr. 120, S. 368 f.; Adolf LAUBE und Hans Werner SEIFFERT, Flugschriften der Bauernkriegszeit, Berlin (Ost) 1975, S. 109; LAUBE/STEINMETZ/VOGLER, Geschichte (wie Anm. 42) S. 237 f.; vgl. auch FRANZ, Bauernkrieg (wie Anm. 6) S. 183. In der „Feldordnung der Fränkischen Bauern" wurde nach dem Bericht des Lorenz Fries verlangt, dass die Herren selbst Hand anlegten, um ihre Burgen zu zerstören, wenn sie der *christlichen Bruderschaft* beitreten wollten. Dazu BLICKLE, Revolution von 1525 (wie Anm. 25) S. 204; FRANZ, Quellen (wie Anm. 31) Nr. 110, S. 347–353, hier S. 352 (Zitat).
91 FRANZ, Quellen (wie Anm. 31) Nr. 68, S. 235 f.; LAUBE/STEINMETZ/VOGLER, Geschichte (wie Anm. 42) S. 243.
92 BLICKLE, Revolution von 1525 (wie Anm. 25) S. 158, spricht im Kontext von Burgen- und Klostersturm von einer Vernichtung von „Symbole[n] der feudalen Herrschaft"; KLEBON, Taumel (wie Anm. 68) S. 101; vgl. in einem anderen Kontext Werner MEYER, Die Eidgenossen als Burgenbrecher, in: Der Geschichtsfreund 145 (1992) S. 5–95, hier S. 90.

senschaft zu Beginn des 14. Jahrhunderts,[93] an den Bruch der Burgen des Abts von St. Gallen durch die Appenzeller[94] oder den Rorschacher Klosterbruch.[95] Auch das Leerfischen von Teichen, das Schlachten von Vieh oder das Holzschlagen in Bannwäldern stellte über den unmittelbaren materiellen Nutzen hinaus die bisherige Rechtsordnung in Frage; einzelne Akte wie das Fischen oder Holzschlagen betonten überdies die beanspruchte Gleichheit der Rechte aller Menschen.[96] Im Fall des Klosterbruchs und der mit ihm einhergehenden Bilderzerstörung tobte sich außerdem der reformatorische Hass auf die römische Kirche und ihre Frömmigkeitspraxis aus.[97] Zudem können Burgenbruch und Klostersturm auch als Strafe aufgefasst werden,[98] wobei zum einen an die Burgenzerstörungen im Rahmen von Landfriedensexekutionen, zum anderen an Wüstungen zu denken ist.[99] Der Strafgedanke ebenso wie der Wunsch nach totaler Eliminierung des Gegners erklären auch, weshalb Klöster, die im kriegerischen Sinn Nonkombattanten waren und die überdies unter dem besonderen Schutz der Landfrieden wie des kanonischen Rechts standen, nicht nur ausgeraubt wurden, was in Fehden und Kriegen trotz aller Verbote

---

93   Peter KAISER, Befreiungstradition, in: Historisches Lexikon der Schweiz (Version vom 03.08.2009), https://hls-dhs-dss.ch/de/articles/017474/2009-08-03/ (Zugriff am 11.01. 2023); MEYER, Eidgenossen (wie Anm. 92), S. 82–85.
94   Karl-Heinz BURMEISTER, Der Bund ob dem See, in: Innerrhoder Geschichtsfreund 46 (2005) S. 10–26, hier S. 13, 18 f. und 23; Karl-Heinz BURMEISTER, Der Bund ob dem See, in: Appenzell (wie Anm. 75) S. 74 f.; zum Bruch habsburgischer Burgen im Rahmen der Auseinandersetzung vgl. Alois NIEDERSTÄTTER, Der Appenzellerkrieg im südlichen Vorarlberg. Ursachen und Auswirkungen, in: Die Appenzellerkriege – eine Krisenzeit am Bodensee?, hg. von Peter NIEDERHÄUSER und Alois NIEDERSTÄTTER, Konstanz 2006, S. 55–65, hier S. 57–60; zusammenfassend FRANZ, Bauernkrieg (wie Anm. 6) S. 4; BLICKLE, Bauernjörg (wie Anm. 28) S. 41. Ein weiteres Beispiel für Burgenbruch vor dem Bauernkrieg findet sich bei FRANZ, Bauernkrieg (wie Anm. 6) S. 39.
95   BLICKLE, Bäuerliche Rebellionen (wie Anm. 29) S. 228–232; Alois NIEDERSTÄTTER, Stift und Stadt St. Gallen zwischen Österreich, der Eidgenossenschaft und dem Reich. Aspekte der politischen Integration in der spätmittelalterlichen Ostschweiz, in: Neujahrsblatt des Historischen Vereins des Kantons St. Gallen 140 (2000) S. 5–54, v. a. S. 41–43; Philipp LENZ, Der Rorschacher Klosterbruch (1489) und die Appenzeller, in: Innerrhoder Geschichtsfreund 57 (2016) S. 57–80. Zu einem weiteren Beispiel für einen Klosterbruch vgl. FRANZ, Bauernkrieg (wie Anm. 6) S. 5.
96   ENDRES, Probleme (wie Anm. 21) S. 121; ENDRES, Lebensformen (wie Anm. 87) S. 17; Johannes HASSELBECK, Die Folgen des deutschen Bauernkriegs im Hochstift Bamberg (Bamberger Historische Studien 7 – Veröffentlichungen des Stadtarchivs Bamberg 14), Bamberg 2012, S. 34.
97   Zu Franken vgl. ARNOLD, Vorgeschichte (wie Anm. 80) S. 11–16 und 24.
98   Vgl. auch MEYER, Eidgenossen (wie Anm. 92) S. 66–71.
99   Zu Wüstungen als Strafe vgl. Theodor BÜHLER, Wüstung und Fehde, in: Schweizerisches Archiv für Volkskunde 66 (1970) S. 1–27; das Dachabdecken entsprach laut Bühler S. 18 f. einer Partialwüstung; vgl. auch HINCK, Raserei (wie Anm. 48) S. 142.

immer wieder geschah, sondern gleichsam seriell zerstört und abgebrannt wurden. Selbst die scheinbar sinnlose Vernichtung von Gütern, insbesondere Lebensmitteln, muss nicht bloß als Akt des „sinnlosen Vandalismus"[100] aufgefasst werden, sondern „verschwenderische[r] Verzehr" bis hin zur Vernichtung von Lebensmitteln wurde von Hinck ebenfalls als „demonstrative Schädigung" und daher auch als „Bestrafung" des Gegners gedeutet.[101] In die Kategorie von Eliminierung und Bestrafung kann man auch die Verbrennung der Synagoge von Bergheim im Elsass sowie die Forderung nach der Vertreibung der Juden einordnen, die vom Sundgauer Bauernhaufen vorgebracht wurde. Die Vernichtung der jüdischen Schuldbücher war dagegen wieder sehr pragmatisch motiviert.[102]

Was außerdem auffällt und nach meiner Kenntnis kaum je beklagt wurde, ist, dass einzelne Bauern sich bei Plünderungen persönlich bereicherten.[103] Zudem beschränkte sich die Zerstörung auf das repräsentative Objekt der Herrschaft oder des alten Glaubens, das – wie auch für den englischen Bauernkrieg von Hinck konstatiert – nicht übernommen, sondern „getilgt werden" sollte, um es in seiner „instrumentellen wie auch repräsentativen Funktion endgültig unbrauchbar zu machen."[104] Die bisherigen Herrschaftsträger wurden aber nicht durch Schädigung ihrer landwirtschaftlichen Grundlagen und der ihrer Untertanen vermittels Raub und Nahme oder Brandstiftung auf dem platten Land unter Druck gesetzt. Dies wäre auch bei bäuerlichen Akteuren zumindest dann wenig sinnvoll gewesen, wenn sie oder ihr persönliches Nahumfeld Täter und Opfer in einer Person gewesen wären.[105]

---

100 PFEIFFER, Bauernkrieg (wie Anm. 62) S. 126.
101 HINCK, Raserei (wie Anm. 48) S. 141 f.
102 FRANZ, Bauernkrieg (wie Anm. 6) S. 144.
103 Freilich sollen sich im Nachlass des hingerichteten Jäcklein Rorbach 71 Goldgulden, ein Doppeldukat, ein Karneol, ein silberner Becher sowie andere Gegenstände gefunden haben, die dem Grafen von Werdenstein gehört hatten, dazu VON RAUCH, Jäcklein Rorbach (wie Anm. 31) S. 35.
104 HINCK, Raserei (wie Anm. 48) S. 143 f.
105 Dass Bauern durchaus andere Bauern schädigen konnten, sieht man in den gewöhnlichen Fehden.

Sieht man von der Bluttat von Weinsberg[106] – von Blickle als Hinrichtung der Weinsberger Besatzung nach einem Schnellverfahren gedeutet[107] – einmal ab, wurden durch bäuerliche Übergriffe nur selten Personen gezielt ums Leben ge-

---

106 Vgl. beispielsweise Johann Herolt, Chronica, in: Christian KOLB, Geschichtsquellen der Stadt Hall (Württembergische Geschichtsquellen 1), Bd. 1, Stuttgart 1894, S. 35–270, hier S. 208 f.; FRANZ, Quellen (wie Anm. 31) Nr. 104, S. 335 f.; Harer, Beschreibung (wie Anm. 62) S. 29–31; Werdensteiner Chronik (wie Anm. 67) S. 481; Jakob Sturm, „Bericht über die Handlungen der Bauern in Weinsberg und Heilbronn" an den Straßburger Rat (22. April 1525), in: Helmut SCHMOLZ und Hubert WECKBACH, 450 Jahre Reformation in Heilbronn. Ursachen, Anfänge, Verlauf (bis 1555). Katalog zur Ausstellung des Stadtarchivs (Veröffentlichungen des Archivs der Stadt Heilbronn 23), Heilbronn 1980, Nr. 99, S. 162–164; „Niederschrift über die Umtriebe der ‚schwarzen Hofmännin', ebenda Nr. 101, S. 165; Hermann EHMER, ... schaden zum dott entpfangen. Die Opfer der Weinsberger Bluttat an Ostern 1525 und ihre Memoria, in: Zeitschrift für Württembergische Landesgeschichte 80 (2021) S. 119–153.

107 Zwar galt es als konform mit dem Kriegsrecht, wenn Besatzung und Bewohner einer durch Sturm eingenommenen Stadt ihres Besitzes und ihres Lebens beraubt werden konnten (SCHMIDTCHEN, Ius in bello, wie Anm. 19, S. 30 f.), doch fällt die spezifische Form der Hinrichtung Graf Ludwigs aus dem Rahmen. FRANZ, Bauernkrieg (wie Anm. 6) S. 191 f. schrieb die Eroberung Weinsbergs Landsknechten zu, die auf Seiten der Bauern kämpften. Die anschließende Tötung des Grafen Ludwig von Helfenstein und seiner Kämpfer, die durch die Spieße gejagt wurden, bezeichnet er mit Verweis auf das „Spießrecht" als „Landsknechtsstrafe". Zum sogenannten „Spießrecht" beziehungsweise „Recht der langen Spieße", bei dem Delinquenten in Landsknechtshaufen durch ein Gericht der eigenen Truppe zum Tode verurteilt und anschließend durch die Spieße gejagt werden konnten, sowie zu Leichenschändungen vgl. ebenfalls Günther FRANZ, Vom Ursprung und Brauchtum der Landsknechte, in: Mitteilungen des Instituts für Österreichische Geschichtsforschung 61 (1953) S. 79–98, hier S. 90 und 93–96. Die Franz'sche Argumentation wurde von BLICKLE, Bauernkrieg (wie Anm. 23) S. 28, übernommen, der allerdings nicht nur die Landsknechte, sondern die aufständischen Bauern als Handelnde betrachtet. Blickle hielt das bäuerliche Vorgehen für durch Kriegsrecht legitimiert. Hierbei wurde von BLICKLE, Bauernjörg (wie Anm. 28) S. 188 f. und 212–218, wiederum das Spießrecht zu einem starken Argument gemacht. Nun kann nicht bestritten werden, dass die Tötung des Grafen von Helfenstein, was die Art des Vollzugs betrifft, am Spießrecht orientiert war. Was die Legitimität des Vorgehens betrifft, ist aber einzuwenden, dass das Spießrecht nach Franzens eigenen Vermutungen nicht jedem Landsknechtshaufen zustand, sondern nur denen, denen es durch Privileg im Artikelbrief verliehen war (FRANZ, Landsknechte, S. 94). Außerdem handelte es sich um eine Strafe, die von Landsknechten nach einem definierten Verfahren gegen Mitglieder der eigenen Gemeinschaft verhängt wurde, vgl. SCHMIDTCHEN, Ius in bello (wie Anm. 19) S. 53. Beide Kriterien sprechen gegen einen rechtmäßigen Vollzug der Strafe am Grafen von Helfenstein, die schon Johann Herolt, Chronica (wie Anm. 106) S. 209, in den 1540er Jahren rückblickend als wider alle kriegsordnung bezeichnet hatte. BLICKLE, Bauernjörg, S. 218–220, versuchte wiederum, das erste Argument mit dem Hinweis zu entkräften, dass die Bauern keinen Kriegsherren gehabt hätten, der für die Verleihung des Privilegs zuständig gewesen sei. Gegen das zweite Argument wandte er ein, die Bauern hätten – obzwar nur ein Teil des Weinsberger Haufens Amtsuntertanen Helfensteins gewesen seien – Helfenstein kraft seiner Eigenschaft als Obervogt von Stadt und Amt Weinsberg als zu ihrer Rechtsgemeinschaft zugehörig betrachtet, weshalb sie befugt gewesen seien, ihn für die Beschießung des Weinsberger Haufens

bracht.[108] Auf spektakuläre Tötungen und die Zurschaustellung von Leichen oder Leichenteilen, wie man dies vom englischen Bauernkrieg kennt,[109] wurde also verzichtet.[110] Insgesamt ist das Ausmaß der ausgeübten Gewalt geringer, als man angesichts der Bezeichnung der Auseinandersetzung als Krieg beziehungsweise zeit-

---

aus der Burg heraus mit dem Tod zu bestrafen. Diese ziemlich bemühte Konstruktion Blickles scheitert aber daran, dass ein Verfahren gegen einen Amtsträger wegen Verfehlungen bei der Amtsführung vor dessen Herrn angestrengt werden musste. Selbst wenn man eine Selbstermächtigung der im Amt ansässigen Personen annimmt, stellt der Rückgriff von Amtssassen auf ein Landsknechtsverfahren und eine Landsknechtsstrafe eine unzulässige Vermischung der rechtlichen Ebenen dar. Außerdem steht, wie Blickle selbst einräumt, überhaupt nicht fest, ob die Urteiler überhaupt ganz oder auch nur mehrheitlich zu den Angehörigen des Amts gehörten. Darüber hinaus ist nicht nachweisbar, dass das hochelaborierte Verurteilungsverfahren, das einem Spießrutenlauf nach Landsknechtsrecht vorauszugehen hatte, überhaupt stattfand. Es muss also nicht davon ausgegangen werden, dass die Tötung Helfensteins eher unter dem Stichwort „Verrechtlichung als unter Lynchjustiz" (BLICKLE, Bauernjörg, S. 218) abzuhandeln wäre. Ein funktionales Motiv für die Weinsberger Bluttat vermutete hingegen FRANZ, Bauernkrieg, S. 192. Er nahm an, der für die Tat verantwortliche Jäcklein Rorbach habe die Politik des Bauernführers Wendelin Hipler konterkarieren wollen, Adlige für einen Beitritt zum Odenwälder Haufen zu gewinnen. Stattdessen habe ein irreparabler Bruch herbeigeführt werden sollen; vgl. auch ULMSCHNEIDER, Götz (wie Anm. 72) S. 138. LAUBE/STEINMETZ/VOGLER, Geschichte (wie Anm. 42) S. 240, legitimierten im Rahmen ihrer marxistischen Weltsicht die gewaltsame Vorgehensweise der Bauern ebenfalls unter funktionalen Gesichtspunkten. Es habe sich um „ein[en] berechtigte[n] und notwendige[n] Akt revolutionärer Gewaltanwendung" gehandelt, „der hervorgerufen war durch die Brutalität des ‚schönen Grafen' von Helfenstein, notwendig zur Einschüchterung des Adels und geeignet, diesen zu rascher Unterwerfung zu bringen."
108 Dies lag bisweilen auch daran, dass die Bauern an der Durchführung ihrer Absichten gehindert wurden. So beabsichtigten die Bauern, die das steiermärkische Schladming überrumpelt hatten, gefangene Adlige, insbesondere den steirischen Landeshauptmann Siegmund von Dietrichstein und den Kärntner Landesverweser Christoph von Welzer, nach dem Vorbild der Weinsberger Tat zu töten, da diese zehn Jahre zuvor einen Aufstand niedergeschlagen hatten. Laut Franz wurden sie daran aber durch Landsknechte gehindert, die den Adligen bereits „ritterliches Gefängnis zugesagt" hatten. Nur gefangene böhmische Krieger sowie Husaren seien dann hingerichtet worden; dazu FRANZ, Bauernkrieg (wie Anm. 6) S. 170. Explizit von der Tötung von Gegnern berichtet Harer, Beschreibung (wie Anm. 62) S. 95, nach der erzwungenen Übergabe des Kurpfälzer Schlosses Dirmstein, das der Vogt zu halten versucht hatte. Hier wurden *sampt dem faut uff die 15 menner ellendig darin gwurgt und sie all oben zum fenster herausgeworfen*.
109 EIDEN, Knechtschaft (wie Anm. 47) S. 200 f., 203, 209 f., 244–247, 250–252, 265, 283, 290, 301–303, 307, 312–314, 331, 335, 339, 360, 365 und 377; HINCK, Raserei (wie Anm. 48) S. 129 f.; Horst GERLACH, Der englische Bauernaufstand von 1381 und der deutsche Bauernkrieg. Ein Vergleich, Meisenheim am Glan 1969, S. 112.
110 Dass auch die Bauern außerhalb von Schlachten Menschen zu Tode brachten, wird gelegentlich und eher en passant erwähnt, vgl. Werdensteiner Chronik (wie Anm. 67) S. 482; Harer, Beschreibung (wie Anm. 62) S. 20; FRANZ, Quellen (wie Anm. 31) Nr. 57, S. 203 f., und Nr. 79, S. 246–257, hier S. 247. Vgl. auch oben Anm. 108.

genössisch als *paurenvehde*[111] vermuten könnte, wie bereits Blickle anmerkte.[112] Dieser Befund hatte übrigens bei innerstädtischen Auseinandersetzungen in der frühen Neuzeit eine Parallele, worauf Horst Carl hingewiesen hat.[113]

Bekannt ist weiterhin, dass die bäuerlichen Haufen dann, wenn sie nicht eingesetzt wurden, um einen einzelnen Herrschaftssitz durch die schiere Masse der eigenen Anhängerschaft zu überrumpeln, sondern wenn Schlachten anstanden, durchgängig versagten und sich oft genug schon vor der eigentlichen Schlacht auflösten. Dies wird, selbst wenn man Berichte wie den des Pfarrers Johannes Herolt, wonach die Bauern auszögen, als ob es zur Kirchweih ginge,[114] nicht verallgemeinert, auf deren mangelnde Professionalität zurückführen können. Franz führt als entscheidenden Faktor das Fehlen einer angemessenen militärischen Führung an, der auch durch die Landsknechtserfahrungen vieler Bauern nicht kompensiert werden konnte. Noch stärker gewichtete er aber den Mangel an politischer Führung.[115] Laube, Steinmetz und Vogler bescheinigten den bäuerlichen Truppen eine „rein defensive Kampfesweise", die dem offensiven Vorgehen der Gegenseite unterlegen gewesen sei.[116] Möglicherweise kam für jene Bauern, die nicht über Kampferfahrungen als Landsknechte verfügten, hinzu, dass die unmittelbare physische Konfrontation mit einem kampfeswilligen Gegner und das bevorstehende Töten und Getötet-Werden andere Reaktionen auslöste als Gewaltanwendung in eher „technischen" Kontexten; auf das hier erörterte Thema bezogen wäre etwa an den durchaus professionellen Gewalteinsatz bei der Besetzung strategisch wichtiger Plätze zu denken, auf den etwa Klebon hingewiesen hat.[117] Zu denken ist dabei auch an die Thesen von Randall Collins, mit denen auch Horst Carl den vergleichsweise geringen Gewaltanteil bei frühneuzeitlichen reichsstädtischen Unruhen zu erklären vorgeschlagen hat.[118] Menschen, die in die Situation kommen, andere Menschen töten zu sollen, seien demnach einer Konfrontationsanspannung ausgesetzt, die sich daraus ergebe, dass Gewaltanwendung einer allgemein-menschlichen „physiologischen Programmierung zuwider" laufe, „die nach Einbindung in ein mikrointeraktives Ritual streb[e]". Der Mensch sei, wenn er in direkter Konfrontation

---

111 PFEIFFER, Bauernkrieg (wie Anm. 62) S. 125; TROSSBACH, Bauernkrieg (wie Anm. 23) Sp. 1052.
112 BLICKLE, Revolution von 1525 (wie Anm. 25) S. 246; MÜLLER, Mörder ohne Opfer (wie Anm. 80) S. 564f.
113 Horst CARL, Gewalt in reichsstädtischen Unruhen der Frühen Neuzeit, in: Reichsstadt und Gewalt, Evelien TIMPENER und Helge WITTMANN, Petersberg 2021, S. 235–254, hier S. 246.
114 Herolt, Chonica (wie Anm. 106) S. 204; PFEIFFER, Bauernkrieg (wie Anm. 62) S. 124 und 153 Anm. 130.
115 FRANZ, Bauernkrieg (wie Anm. 6) S. 282.
116 LAUBE/STEINMETZ/VOGLER, Geschichte (wie Anm. 42) S. 261.
117 KLEBON, Taumel (wie Anm. 68) S. 90–94 und 102f.
118 CARL, Gewalt (wie Anm. 113) S. 251.

einem Menschen Gewalt zufüge, gleichsam gezwungen, gegen seine psychische Disposition zu handeln.[119] Dies erkläre auch, weshalb selbst in Menschenansammlungen gewöhnlich nur eine Minderheit von Personen gewalttätig werde oder effizient Gewalt anwende[120] – ein Befund, der ebenso für Soldaten gelte.[121] Die besser zu Gewalttaten befähigte Minderheit – von Collins als „gewalttätige Elite" bezeichnet – sei dadurch charakterisiert, dass sie ihre Emotionen besser kontrollieren und diese Befähigung zu Lasten ihrer Gegner einsetzen könne.[122] Rezente Daten lassen die Schlussfolgerung zu, dass Professionalisierung die Befähigung zur Überwindung der Konfrontationsanspannung und zur Kampfbereitschaft erhöht.[123] Gewaltexzesse treten nach Collins dann auf, wenn die Konfrontationsanspannung in eine sogenannte „Vorwärtspanik" umschlägt.[124] Dieses Modell könnte erklären, weshalb die mehrheitlich aus militärisch ungeübten Bauern bestehenden Haufen gegen die professionellen Söldner des Schwäbischen Bundes nicht nur keine Chance hatten, sondern sich oft genug der unmittelbaren Konfrontation durch Flucht entzogen.

IV

Fehden einerseits sowie Revolten und Bauernkrieg andererseits verband, dass es sich um Manifestationen von Eigengewalt handelte, die ohne Rekurs auf eine *auctoritas principis* auskamen. Sie unterschieden sich grundlegend darin, dass es im einen Fall um den Kampf distinkter Gruppen um umstrittene individuelle Rechte, im anderen Fall um den Kampf einer größeren Gemeinschaft um deren kollektive Rechte ging. In beiden Fällen wurde auf das Recht als Legitimationsressource Bezug genommen, wobei es im Fall von Fehden um die Verletzung einzelner subjektiver Rechtstitel, im Fall der Revolten um die Verletzung konkreter tradierter Rechte des Kollektivs, im Fall des Bauernkriegs um die irdische In-Kraft-Setzung eines vermeintlich göttlichen Rechts ging, das auf konkrete Rechtsfragen heruntergebrochen wurde. Daher musste dem Gegner im Bauernkrieg auch keine individuelle Verfehlung, etwa ein Bruch des Alten Rechts, zur Last gelegt werden. Der Kampf galt seiner Statusgruppe und Teilen der kirchlichen, sozialen und rechtlichen Ordnung. Vermutlich erklärt dies, warum die Formulierung von Beschwerden vor oder nach Beginn der Zusammenrottung die eigentliche fehderechtliche Absage und

---

119 Randall Collins, Dynamik der Gewalt. Eine mikrosoziologische Theorie. Hamburg 2011, S. 124 f. Die oben genannte Disposition sei nicht mit einer generellen Tötungshemmung gleichzusetzen (vgl. ebenda auch S. 121 f.).
120 Collins, Dynamik (wie Anm. 119) S. 558 und 612.
121 Collins, Dynamik (wie Anm. 119) S. 70–79 und 89–91.
122 Collins, Dynamik (wie Anm. 119) S. 126, 576 und 613 f.
123 Collins, Dynamik (wie Anm. 119) S. 81.
124 Collins, Dynamik (wie Anm. 119) S. 130–201.

auch den vorgeschalteten Gang an ein Gericht obsolet machte. Doch auch die situative Eigendynamik des Konfliktverlaufs ist hier in Rechnung zu stellen.

Bei den angewandten Formen der Gewalt fällt die große Bedeutung von Zwang, Drohung und Einschüchterung während des Bauernkriegs auf, von verbaler Gewaltankündigungen also, die unmittelbar reale Folgen hatten. Sie hatte nur eingeschränkt eine Parallele in den mit Drohungen unterlegten konditionalen Fehdeansagen. Außerdem fällt auf, dass nicht die mittelbare Form der Schädigung des Gegners – via Schädigung seiner Untergebenen und Untergrabung des Vertrauens in seine Herrenqualität –, sondern die unmittelbare Schädigung durch Zugriff und/oder Verwüstung auf das von ihm selbst genutzte Gut, insbesondere seinen Wohnsitz und/oder die Grundlage seiner Repräsentation gewählt wurde. Der gezielte Angriff etwa auf eine Burg war genau das, was in der Fehde, die auf Schädigung des Gegners hin angelegt war, in der Regel nicht prioritär angegangen wurde, nimmt man Strafexpeditionen im Rahmen von Landfriedensexekutionen einmal aus. Im Bauernkrieg koinzidierte die Absicht zur symbolischen und instrumentellen Anwendung von Gewalt aber darin, dass gerade der Herrensitz oder der Lebens- und Wirkungsmittelpunkt der verhassten geistlichen und weltlichen Personen prioritäres Ziel des Gewalthandels war. Insofern wurde auch auf den Status von Klerikern und Klöstern als Nichtkombattanten keine Rücksicht genommen. Zweck des Gewalthandelns war es ebensowenig, den Gegner zur Einlassung auf den eigenen Rechtsstandpunkt zu zwingen, sondern ihn in seiner sozialen Rolle massiv zu beschneiden und/oder zu eliminieren und so einen „Systemwechsel" herbeizuführen. Gleichwohl spielte die Gewalt gegen seine Person in der Regel keine Rolle. Sowohl in der Durchführung als auch auf der Begründungsebene unterschieden sich Bauernfehden und Bauernkrieg also deutlich. Vielleicht ist das auch der Grund dafür, weshalb der eingangs bemühte Peter Passler sich am Tiroler Bauernkrieg nicht an führender Stelle betätigte und selbst bei den mit dem Tiroler Krieg verwobenen folgenden Erhebungen in Michael Gaismairs Schatten stand.[125] Aber das steht auf einem anderen Blatt.

---

125   In den Vordergrund tritt bekanntlich Michael Gaismair, während Passler, dessen Familie das konfliktauslösende Fischereirecht von einem aus Bauern und Bürgern gebildeten Brixner Ausschuss wieder zuerkannt worden war, sich zunächst auf das Fischen sowie auf das Ausüben einzelner, nicht näher spezifizierter Gewalttaten gegen bischöfliche Amtsträger beschränkte. Erst als Ende Oktober 1525, nachdem sich die Macht Erzherzog Ferdinands wieder gefestigt hatte und nach ihm gesucht wurde, schloss Passler sich jenen Aufständischen an, die ins benachbarte Ausland auswichen und von dort aus unter anderem im Salzburgischen weitere Unruhen schürten. Passler starb am 18. Oktober 1527 von der Hand eines Gefährten, der sich auf diese Weise das auf Passler ausgesetzte Kopfgeld sowie außerdem die Möglichkeit zur Rückkehr in die Heimat sichern wollte, dazu HOLLAENDER, Passler (wie Anm. 1) S. 351–315; zu Passlers Aktivitäten nach in den Jahren 1525 bis 1527 vgl. MACEK, Gaismair (wie Anm. 1) S. 345 f., 407, 412–414, 416, 420–422, 426, 435, 441 f., 447, 454 f. und 460 f.; MACEK, Pässler (wie Anm. 1) S. 154–169.

Hermann Ehmer

Die Weinsberger Bluttat

Der Wendepunkt des Bauernkriegs

Man spricht von der Weinsberger Bluttat, es ist aber nicht die Rede von der Leipheimer, Böblinger oder der Königshofer Bluttat, obwohl die Zahl der Opfer an diesen drei Orten ungleich höher war.[1] Das liegt an der ständischen Differenzierung der Opfer. Neben den sechzehn amtlich beglaubigten Opfern von Weinsberg spielten die Zahlen der Opfer der anderen kriegerischen Auseinandersetzungen des Bauernkriegs keine Rolle. Es gibt aber auch nur Schätzungen der Zeitgenossen, die allerdings in die Tausende gehen.

In der Geschichte des Bauernkriegs wurde die Weinsberger Bluttat in jüngerer Zeit kaum näher behandelt. Bei Günter Franz ist von ihr nur im Vorübergehen die Rede.[2] Das ist erstaunlich, weil sie bei Wilhelm Zimmermann ausführlich dargestellt wird.[3] Friedrich Engels folgt Zimmermann hinsichtlich der Ereignisgeschichte, bringt aber einiges durcheinander.[4] Moisej M. Smirin erwähnt die Weinsberger Bluttat gar nicht.[5] Auch Siegfried Hoyer übergeht in seiner Arbeit über das Militärwesen im deutschen Bauernkrieg die Weinsberger Ereignisse.[6] Dies ist um so bedauerlicher, als hier darzulegen gewesen wäre, weshalb die Erstürmung von Burg und Stadt Weinsberg gelang, der Versuch aber, etwa den Würzburger Marienberg einzunehmen nicht. Doch konzentrieren sich die beiden zuletzt genannten Arbeiten auf Thomas Müntzer und die mitteldeutschen Ereignisse.

Der Verfasser hat sich in einer jüngeren Arbeit mit den adligen Opfern der Weinsberger Bluttat befasst und insbesondere mit der Memoria, die nach Peter

---

1   Am 7. Mai 2022 beim Kraichgauer Kolloquium ‚Bauernkrieg‘ gehaltenes Referat, für den Druck erweitert und mit Nachweisen versehen.
2   Günther Franz, Der deutsche Bauernkrieg, Darmstadt ⁷1965, S. 191 f.; die jüngeren Auflagen bieten einen gegenüber der 7. unveränderten Text.
3   Wilhelm Zimmermann, Geschichte des großen Bauernkriegs. Nach den Urkunden und Augenzeugen, Stuttgart ²1856, Bd. 1, Kap. 19: Die Blutrache zu Weinsberg, S. 403–516.
4   Friedrich Engels, Der deutsche Bauernkrieg, Berlin (Ost) ⁸1946, S. 100.
5   Moisej M. Smirin, Die Volksreformation des Thomas Müntzer und der Große Bauernkrieg, Berlin (Ost) 1956.
6   Siegfried Hoyer, Das Militärwesen im deutschen Bauernkrieg 1524 bis 1526 (Militärhistorische Studien NF 16) Berlin (Ost) 1975.

Blickles Biographie des Bauernjörg diesen in Weinsberg gestiftet worden sei.[7] Anlass zu dieser Untersuchung gab die Frage, ob Wolf Rauch, als württembergischer Lehnsmann Besitzer der nicht weit von Weinsberg gelegenen Burg Helfenberg, unter den Opfern war oder nicht.[8] Peter Blickle bietet in seiner Arbeit verschiedene Listen der Opfer der Weinsberger Bluttat, wobei Wolf Rauch immerhin in vieren genannt wird, so dass von daher die Frage offen bleiben musste.[9] Eine Lösung konnte nur in den einschlägigen Quellen gefunden werden.[10] Zentral ist hierbei die Urfehde der Stadt Weinsberg vom 17. November 1525, in der sechzehn Adlige als Opfer der Bluttat namhaft gemacht werden.[11] Bei dieser Urkunde handelt es sich nicht um eine der üblichen Hafturfehden, mit der der Aussteller verspricht, die erlittene Strafe nicht zu rächen, sondern um eine Streiturfehde, mit der der Aussteller die Leistung einer Buße an den Verletzten verspricht.[12] Den Weinsbergern wurde nämlich, was diese stets bestritten, eine maßgebliche Schuld an der Bluttat zugemessen, weshalb die Stadt ja auch von dem von Böblingen nach Königshofen ziehenden Bundesheer am Sonntag Rogate, dem 21. Mai 1525, nahezu vollständig niedergebrannt wurde.[13]

Die in der Weinsberger Urfehde enthaltene Liste der zu Tode gekommenen Adligen geht formal zurück auf das mittelalterliche Schlachtengedenken. Beispiele dafür finden sich im Kloster Königsfelden, wo der Opfer der Schlacht von Sempach 1386 gedacht wird, oder in der Reichsstadt Weil, wo man sich alljährlich der in der Schlacht von Döffingen 1388 gebliebenen Mitbürger erinnerte. Ein drittes Beispiel ist die Schlacht am Mutzenreis bei Esslingen im Zweiten Städtekrieg 1449, nach der den württembergischen Opfern in der Stiftskirche von Oberhofen bei Göppingen ein Gedächtnis mit einem Gemälde mit Inschrift gestiftet wurde.[14] Es

---

7 Peter BLICKLE, Der Bauernjörg. Feldherr im Bauernkrieg. Georg Truchsess von Waldburg 1488 bis 1531, München 2015, S. 220–227.
8 Hermann EHMER, Helfenberg. Geschichte von Burg, Schloß und Weiler, Ostfildern 2019, S. 35.
9 BLICKLE, Bauernjörg (wie Anm. 7) S. 221–223.
10 HStA Stuttgart, H 54 Bü 27.
11 HStA Stuttgart, A 419 U 9 (1525 November 17); Hermann EHMER, Die Epitaphien der adligen Opfer der „Weinsberger Bluttat" von 1525, in: Zeitschrift für württembergische Landesgeschichte 82 (2023) S. 351–354.
12 Raimund J. WEBER, Urfehde, in: Lexikon des Mittelalters, Bd. 8, München 1997, Sp. 1294.
13 Hans-Martin MAURER, Der Bauernkrieg im deutschen Südwesten. Dokumente – Berichte – Flugschriften – Bilder. Ausstellungskatalog, Stuttgart 1975, Nr. 226, S. 105 f.
14 Renate NEUMÜLLERS-KLAUSER, Schlachten und ihre ‚memoria' in Bild und Wort, in: Bild und Geschichte. Studien zur politischen Ikonographie. Festschrift für Hansmartin Schwarzmaier, hg. von Konrad KRIMM und Herwig JOHN, Sigmaringen 1997, S. 181–196; Hermann EHMER, ...schaden zum dott entpfangen. Die Opfer der Weinsberger Bluttat an Ostern 1525 und ihre Memoria, in: Zeitschrift für württembergische Landesgeschichte 80 (2021) S. 119–153 hier S. 127 f.

versteht sich, dass es sich in allen diesen Fällen um ein gottesdienstliches, liturgisches Gedächtnis handelte, also um eine Memoria, die auf Dauer angelegt war.

Ein ebensolches Gedächtnis war auch in Weinsberg beabsichtigt, doch war diese Memoria wegen ihrer unguten Voraussetzungen und Grundlagen nicht von Dauer. Sie bestand im wesentlichen darin, dass die von Weinsberg, niemand ausgenommen, jährlich am Ostermorgen auf den *platz der entleibung* gehen und daselbst ein Amt und zehn Messen durch die Priesterschaft lesen lassen sollten. Außerdem hatten die Weinsberger daselbst eine Kapelle mit Kreuz und Inschrift zu errichten. Zu dem Kapellenbau kam es nicht,[15] weil die Einkünfte der Stadt auf Dauer sequestriert waren, und die Messen wurden infolge der in Württemberg seit 1534 eingeführten Reformation eingestellt.

Es sollen hier Anlass und Verlauf der Weinsberger Bluttat dargestellt werden. Unter den Quellen ist am wichtigsten das Protokoll eines Verhörs von Augenzeugen, das wohl im Herbst, jedenfalls vor dem 17. November 1525 angestellt wurde.[16] Dieses Verhör sollte die von Anfang an erhobene Beschuldigung, die Stadt Weinsberg sei an der Bluttat schuld, durch die Sammlung von Beweisen erhärten. Der Zweck sollte dadurch erreicht werden, dass man 21 Zeugen verhörte, die alle nicht in Weinsberg verbürgert waren. Dazu gehörten der Schulmeister und seine Frau, drei Geistliche und sechs ehemalige Weinsberger Dienstboten, ferner Reitknechte und Diener der zu Tode gekommenen Adligen. Den Zeugen wurden 46 Frageartikel vorgelegt, die von zwei herrschaftlichen Beamten, nämlich Eberhard von Karpfen und Johann Königsbach aufgestellt worden waren, die wohl auch die Verhöre durchführten. Es versteht sich, dass jeder Zeuge seine Sicht der Dinge aus seinem begrenzten Blickwinkel darstellte, doch ergibt sich dadurch insgesamt ein anschauliches Gesamtbild.

Bevor auf das Geschehen näher eingegangen werden kann, ist auf die allgemeine Lage zu blicken. Herzog Ulrich von Württemberg war 1519 durch den Schwäbischen Bund aus seinem Land vertrieben worden. Das Herzogtum ging 1520 an Kaiser Karl V. gegen das Versprechen, dem Bund die Kriegskosten zu ersetzen. Der Kaiser übergab 1522 seinem Bruder Erzherzog Ferdinand das Herzogtum, der

---

15 Entgegen der örtlichen Überlieferung, die in dem 1800 aufgedeckten achteckigen Fundament einer Kapelle die Sühnekapelle sehen will, handelt es sich dabei vielmehr um die wohl aus dem 13. Jahrhundert stammende und in der Reformation profanierte Heilig-Kreuz-Kapelle. Damit erledigt sich auch die – allerdings erst 1920 aufgekommene – Behauptung, zwei im Weinsberger Kernerhaus gezeigte Türflügel, die der Übergangszeit zwischen Renaissance und Barock angehören, stammten von der Sühnekapelle. Dazu vgl. EHMER, Opfer (wie Anm. 14) S. 144 f.

16 HStA Stuttgart, A 419 Bü 101: *Verhörte kundschaft*, 2 Bde., Konzept und Reinschrift. Diese Protokolle sind ausgewertet von Erich WEISMANN, Zur Geschichte der Stadt Weinsberg, Weinsberg 1959, S. 83–104.

zwar durch einen festlichen Einzug in Stuttgart am 25. Mai 1522[17] von dem Land Besitz ergriff, ansonsten aber vornehmlich in Innsbruck weilte. Als Statthalter war schon 1521 Wilhelm Truchsess von Waldburg, ein Vetter des Bauernjörg, eingesetzt worden, der einem Regierungskollegium vorsaß.[18]

An die Regierung in Stuttgart gelangten im Frühjahr 1525 Nachrichten von Unruhen jenseits der nördlichen Landesgrenze. Man sandte den Grafen Ludwig Helfrich von Helfenstein nach Weinsberg, der dort die Rolle eines Obervogts wahrnahm, also eine repräsentative und militärische Stellung bekleidete. Das Datum seines Dienstantritts als Obervogt in Weinsberg ist unsicher, jedenfalls war er zu Beginn der Bauernerhebung bereits dort.[19]

Graf Ludwig Helfrich war der Sohn[20] von Graf Ludwig dem Jüngeren von Helfenstein und Elisabeth Schenk von Limpurg. Als nachgeborener Sohn war er für den geistlichen Stand bestimmt und wurde 1507 Domherr zu Bamberg, eine Pfründe, die er aber 1513 resignierte. Gleichzeitig war er seit 1508 Domherr zu Köln und 1511 auch Mitglied des Straßburger Domkapitels geworden. 1514 verließ er den geistlichen Stand und schlug eine weltliche Laufbahn ein. Entgegen einem kaiserlichen Verbot nahm er Dienste beim König von Frankreich und wurde deshalb in die Reichsacht erklärt. Zurückgekehrt, wurde er von Kaiser Maximilian wieder in Gnaden aufgenommen und zum Pfleger von Thann in Tirol bestellt. 1520 heiratete er Margarethe von Edelsheim, eine natürliche Tochter Kaiser Maximilians. Diese hatte aus einer früheren Ehe einen Sohn und gebar dem Grafen Helfenstein zwei weitere Söhne, nämlich Ludwig, der schon früh starb, und den nach dem kaiserlichen Großvater benannten Maximilian.

Anfang April 1525 bildete sich in Schöntal der Haufen der Odenwälder Bauern, zu dem auch die Hohenloher stießen. Oberster Hauptmann der Odenwälder war der Wirt Georg Metzler von Ballenberg, neben ihm stand sein Schwager Hans Reuter von Bieringen. Eine besondere Rolle spielte der aufstrebende Wendel Hipler, ursprünglich Sekretär, eigentlich Kanzler der Grafen von Hohenlohe,[21] der aber mit seiner Herrschaft in Streit geraten und dann in kurpfälzische Dienste ge-

---

17   Triumph auf Erzherzog Ferdinands Einzug in Stuttgart, in: Freiheit – Wahrheit – Evangelium. Reformation in Württemberg, Katalog, hg. von Peter RÜCKERT, Stuttgart 2017, Nr. IV,14, S. 135.
18   Walter GRUBE, Der Stuttgarter Landtag. Von den Landständen zum demokratischen Parlament, Stuttgart 1957, S. 111 f. und 126 f.
19   Walther PFEILSTICKER, Neues Württembergisches Dienerbuch, 3 Bde., Stuttgart 1957–1974), hier § 3028, nennt das Jahr 1514, was aber zu früh sein dürfte. Detlev SCHWENNICKE, Europäische Stammtafeln. Stammtafeln zur Geschichte der europäischen Staaten NF, Bd. 12, Marburg 1992, Tfl. 58, nennt 1524, was wohl richtig ist.
20   Ob er tatsächlich 1498 geboren ist, wie Heinrich Friedrich KERLER, Geschichte der Grafen von Helfenstein, Ulm 1840, S. 132 f., behauptet, erscheint fraglich. Jedenfalls starb der Vater 1493, vgl. SCHWENNICKE, Stammtafeln (wie Anm. 19) Tfl. 58.
21   MAURER, Bauernkrieg (wie Anm. 13) Nr. 175, S. 85 f.

treten war. Hipler tritt freilich in Weinsberg nicht in Erscheinung. Dem vereinigten Haufen der Odenwälder und Hohenloher wurde Neuenstein geöffnet und die Grafen von Hohenlohe mussten sich zu einem Vertrag mit den Bauern bereitfinden.[22] Ludwig Speth von Höpfigheim berichtete am 12. April 1525, die Bauernschaft wolle von Öhringen und Schöntal her ins Zabergäu ziehen. Sie hätten von den Grafen von Hohenlohe gutes Feldgeschütz erhalten und seien im Besitz von dreitausend Handbüchsen.[23] An Karfreitag, 14. April, zog der Haufen von Neuenstein nach Neckarsulm, einem Besitztum des Deutschen Ordens. Hier bekam er Zuzug von den Neckartälern, vor allem von Bewohnern der Heilbronner Dörfer.[24] Diese standen unter der Führung Jäcklein Rohrbachs von Böckingen.

Jakob Rohrbach wurde vermutlich wegen seines gleichnamigen Vaters, eines Wirts, Jäcklein genannt. Die Familie saß auf dem Rohrbachhof in Böckingen, der zum Kilians-Altar am Wimpfner Stift St. Peter gehörte, und auch dem Heilbronner Karmeliterkloster jährlich 15 Malter, vermutlich dreierlei Frucht zu geben hatte.[25] Jäckleins Schwager Sixt Hase musste 1514 dem Heilbronner Rat schwören, dem Armen Konrad nicht zuzuziehen.[26] Jäcklein selbst dürfte ein selbstbewusster, auch zu Gewalt neigender Mann gewesen sein. Wilhelm von Neipperg beklagte sich 1516 beim Heilbronner Rat, dass Jäcklein seinem Klingenberger Amtmann, der ihn aufgefordert habe, einen mit Zäunen und Gräben verwahrten Weg hinter dem Schloss nicht zu gehen, mit Drohworten und Flüchen entgegnet und später den Amtmann auf offener Straße angegriffen und genötigt habe, ebenfalls einen *metzgersgang*, das heißt, einen unnötigen Umweg zu gehen. Nachdem auch der Vogt in Lauffen eingeschaltet worden war, weil Rohrbach angeblich württembergischer Leibeigener war, wurde er vom Rat zur Lieferung von 2 Maltern Hafer verurteilt. Wilhelm von Neipperg sah das für eine zu geringe Strafe an, doch wies der Rat darauf hin, dass Rohrbach auch mit einigen Tagen im Turm bestraft worden sei, was man für ausreichend hielt.[27] 1519 machte Jäcklein Rohrbach mit dem Heilbronner Kontingent als einer von drei durch die Stadt zu stellenden Reisigen den Bundesfeldzug gegen Herzog Ulrich von Württemberg mit.[28] Er hatte also auch Gelegenheit, militärische Erfahrung zu sammeln. Die Kosten dieses Feldzugs wurden auf die vier Heilbronner Dörfer, Böckingen, Frankenbach Neckargartach und Flein umgelegt und verursachten viel Unmut. Jakob Rohrbach weigerte sich 1522, diese Schatzung zu bezahlen, weil er Neipperger Leibeigener sei. Die Herren von

---

22 MAURER, Bauernkrieg (wie Anm. 13) Nr. 121, S. 63.
23 MAURER, Bauernkrieg (wie Anm. 13) Nr. 43, S. 26.
24 FRANZ, Bauernkrieg (wie Anm. 2) S. 187–191.
25 Moriz VON RAUCH, Urkundenbuch der Stadt Heilbronn (Württembergische Geschichtsquellen 19), Bd. 3, Stuttgart 1916, Nr. 2416, S. 432.
26 VON RAUCH, Urkundenbuch Heilbronn (wie Anm. 25) Bd. 3, Nr. 2348a, S. 395.
27 VON RAUCH, Urkundenbuch Heilbronn (wie Anm. 25) Bd. 3, Nr. 2411, S. 427–429.
28 VON RAUCH, Urkundenbuch Heilbronn (wie Anm. 25) Bd. 3, Nr. 2545d, S. 531.

Neipperg traten deshalb beim Heilbronner Rat für ihn ein, doch bestand der Rat auf seiner Forderung, weil die Schatzung auferlegt worden sei, als Rohrbach noch in Böckingen saß.[29]

Zu den Verweigerern der Schatzung in Böckingen gehörte auch Margarethe Renner, genannt die „schwarze Hofmännin", Ehefrau des Hofmanns Peter Abrecht. Beide saßen auf einem Lehngut des Deutschordenskomturs Johann von Welden. Abrecht kam 1520 wegen der Zahlungsverweigerung in den Turm, worauf Margarethe unter Protest zahlte. Abrecht musste vor seiner Entlassung aus dem Turm eine Urfehde beschwören, mit der er sich auf Anforderung zum Frondienst verpflichtete. Margarethe Renner beklagte sich deswegen bei ihren Leibherren, denen von Hirschhorn, weil dies eine Neuerung sei. Schon beim Tod ihres ersten Ehemanns, der Heilbronner Leibeigener war, hatte es wegen des von der Stadt geforderten Hauptrechts Streit gegeben.[30] Während der württembergische Geschichtsschreiber Stälin die schwarze Hofmännin als „altes Hexenweib" bezeichnete, fand sie neuerdings auch das Interesse der Frauengeschichte.[31] Jedenfalls hatte Margarethe Renner, ebenso wie Jäcklein Rohrbach Erfahrungen mit den verschiedenen Obrigkeiten gemacht, denen beide unterstanden.[32] Sie gehörten zu den wohlhabenderen Einwohnern ihres Dorfs; auch die Hofmännin kam nicht, wie Zimmermann glaubte, aus einer „Hütte am Neckar".[33]

Der Bauernkrieg begann für die Heilbronner Dörfer damit, dass Rohrbach die Zahlung der Gült von seinem Hof verweigerte. Wolfgang Ferber, der Inhaber des Kilians-Altars in Wimpfen, klagte deshalb beim Rat und kam am 27. März 1525 zu einem Gerichtstag nach Böckingen. Da Rohrbach etliche Bauern um sich versammelt hatte, zog der Priester unverrichteter Dinge wieder ab und klagte erneut.[34] Rohrbach muss in dieser Sache verschiedene konspirative Treffen veranstaltet haben, bei denen auch die Zwölf Artikel auftauchten, die die Bauern in der Meinung bestätigten, von der Zahlung von Renten, Zehnten und Gülten frei zu sein. Jäcklein Rohrbach hatte selbst ein Exemplar der Zwölf Artikel, trug es bei sich, um es andere lesen zu lassen.[35]

---

29 von Rauch, Urkundenbuch Heilbronn (wie Anm. 25) Bd. 3, Nr. 2579g–k, S. 556.
30 von Rauch, Urkundenbuch Heilbronn (wie Anm. 25) Bd. 3, Nr. 2579c–e.
31 Christoph Friedrich von Stälin, Wirtembergische Geschichte, Bd. 4, Stuttgart 1873, S. 285; dagegen Dorothea Keuler, Provokante Weibsbilder. Historische Skandale aus Baden und Württemberg, Tübingen ²2013, S. 14–28.
32 Peter Wanner, Zwei rebellische Böckinger. Margarete Renner (um 1490–1535?) und Jäklein Rorbach (um 1495–1525), in: Heilbronner Köpfe 5: Lebensbilder aus fünf Jahrhunderten, hg. von Christhard Schrenk, Heilbronn 2009, S. 171--86.
33 Zimmermann, Bauernkrieg (wie Anm. 3) S. 501.
34 Moriz von Rauch, Urkundenbuch der Stadt Heilbronn (Württembergische Geschichtsquellen 20), Bd. 4, Stuttgart 1922, Nr. 2785, S. 27.
35 von Rauch, Urkundenbuch Heilbronn (wie Anm. 34) Bd. 4, Nr. 3105e, S. 374.

Am 2. April versammelten sich mehr als zweitausend Bauern aus den Heilbronner Dörfern in Flein; sie schwuren auf das Evangelium und die Zwölf Artikel und machten Rohrbach zu ihrem Hauptmann. Am 5. April brach der Bauernhaufen, der sich inzwischen vergrößert hatte, in Richtung Öhringen auf. Nun war auch Margarethe Renner, die „schwarze Hofmännin" dabei, die die Bauern ermunterte und bestärkte. Sie soll sie auch gesegnet haben, damit weder Spieße, Hellebarten oder Büchsen etwas gegen sie ausrichten würden. Sie soll stets Rohrbachs Ratgeberin gewesen sein.[36] Das sind wenigstens die Anklagepunkte, die später gegen Margarethe Renner vorgebracht wurden, was davon zutrifft, lässt sich jedoch nicht sagen.

Nach dem Zusammenschluss mit den Odenwäldern wurde am Palmsonntag das Kloster Schöntal geplündert, am 12. April das Zisterzienserinnenkloster Lichtenstern, wo man mehr Wein und Hausrat fand als in Schöntal. Dann zog man an Heilbronn vorbei nach Neckarsulm, einer Kommende des Deutschen Ordens.[37] Der Haufen erhielt nun auch Zuzug aus dem Weinsberger Amt. Nach dem Bericht des Grafen Helfenstein aus Weinsberg an die württembergische Regierung vom Karfreitag, dem 14. April 1525, war dieser Haufen inzwischen sechstausend Mann stark. Graf Helfenstein befahl den Weinsberger Amtsangehörigen heimzugehen, widrigenfalls er ihre Dörfer verbrennen und ihnen Weiber und Kinder nachschicken werde.[38]

Auf dem Zug des Haufens durch das Weinsberger Tal hatte der Graf die Bauern mehrfach angegriffen und vor allem auch Nachzügler getötet. Dies sorgte für Erbitterung und trug zu der Entscheidung bei, Weinsberg anzugreifen und einzunehmen. Beim Bauernhaufen verfügte man offenbar über Nachrichten aus Weinsberg, wonach das Schloss schwach besetzt sei und die Stadt ihnen geöffnet werde. Somit wurde der Angriff auf Weinsberg auf Ostersonntag geplant. Graf Helfenstein war zu Beginn der Karwoche in Stuttgart gewesen und mit etwa sechzig Rittern und Reisigen zurückgekehrt. Weiterer Zuzug wurde von ihm erwartet oder war ihm gar versprochen worden.

Weinsberg wird überragt von der Burg, der durch Justinus Kerner der Name Weibertreu gegeben wurde in Erinnerung an ein Ereignis gelegentlich der Auseinandersetzung zwischen König Konrad III. und Herzog Welf VI. im Jahr 1140. Nordwestlich des Burgbergs liegt der gleich hohe, rebenbewachsene Schemelsberg. Die Burg war 1525 noch von der Beschießung durch Herzog Ulrich von Württemberg im Landshuter Krieg 1504 teilweise ruiniert, die fehlenden Mauern im Westen durch Schanzkörbe ersetzt, die zweifellos eine Schwachstelle der Befestigung

---

36 VON RAUCH, Urkundenbuch Heilbronn (wie Anm. 34) Bd. 4, Nr. 2961, S. 198 f.
37 So der Bericht von Hans Reutter an Marx Stumpf, Amtmann zu Krautheim, vom 17. April 1525, VON RAUCH, Urkundenbuch Heilbronn (wie Anm. 34) Bd. 4, Nr. 2826, S. 65–68.
38 MAURER, Bauernkrieg 1525 (wie Anm. 13) Nr. 153, S. 76 f.

darstellten. Die bauliche Verbesserung der Burg durch Errichtung eines Geschützturms und stärkerer Mauern, die Herzog Ulrich nach 1504 hatte vornehmen lassen, waren noch nicht abgeschlossen.[39] Ursprünglich war die Burg durch Schenkelmauern mit der Stadt verbunden, die aber bereits im 14. Jahrhundert abgebrochen worden sein sollen. Die Stadt erstreckt sich am Hang, von der Johannes-Kirche herunter bis zum Stadtgraben. Zwei Tore, das Obere im Westen, am heutigen Traubenplatz, abgebrochen 1809, und das Untere im Osten, abgebrochen 1805, führten den Fernhandelsweg Schwäbisch Hall–Heilbronn durch die Stadt. Der Wolfsturm hinter der Kirche, von dem noch ein Stumpf erhalten ist, bildet die nordöstliche Ecke der Stadtbefestigung. Eine rasche Verbindung innerhalb der Stadt vermittelt die Kirchstaffel, die auch heute noch von der Johannes-Kirche nach unten führt.[40]

Die Besatzung in der Stadt erwartete einen Angriff in der Osternacht. Es kann also keine Rede davon sein, dass man von den Bauern überrascht worden wäre. Die beiden Tore waren besetzt und wurden bewacht. Am Unteren Tor war Rudolf von Eltershofen Wachhabender, am Oberen vermutlich Eberhard Sturmfeder. Das Kommando am Unteren Tor hatte Dietrich von Weiler der Ältere, am Oberen Hans Dietrich von Westerstetten, während Hans Konrad Schenk von Winterstetten mit einer Reserve auf dem Platz unterhalb der Johannes-Kirche hielt.

Der führende Kopf bei der Verteidigung war Dietrich von Weiler der Ältere. Er war älter als der Graf von Helfenstein und zweifellos auch erfahrener. Dietrich wird seit 1521 als Obervogt zu Bottwar und Beilstein genannt.[41] Auffällig ist, dass neben ihm auch noch zwei weitere Amtsträger nach Weinsberg abgeordnet worden waren und dann auch zu den Opfern der Bluttat zählten, nämlich Hans Konrad Schenk von Winterstetten, Obervogt zu Vaihingen und Maulbronn, und Hans Dietrich von Westerstetten, Burgvogt zu Neuffen. Offenbar hielt man beider Anwesenheit in Weinsberg seitens der Regierung für nötiger als in ihren Amtsbezirken.

Dietrich von Weilers gleichnamiger Vater war unter den Grafen Eberhard dem Älteren und Eberhard dem Jüngeren seit 1481 Landhofmeister gewesen, hatte also die wichtigste Stelle in der gräflichen Regierung bekleidet. Für seine Verdienste war ihm 1483 die Burg Lichtenberg zu Lehen gegeben worden, die seither im Besitz der Familie ist. Sein Sohn Dietrich, der hier der Ältere genannt wird, weil er selbst wiederum einen gleichnamigen Sohn hatte, der ebenfalls in Weinsberg zu Tode

---

39 Eduard PAULUS, Die Kunst- und Altertumsdenkmale im Königreich Württemberg, Bd. 1, Stuttgart 1889, S. 514f.
40 Zur historischen Topographie Weinsbergs vgl. Marianne DUMITRACHE und Simon M. HAAG, Weinsberg. Archäologischer Stadtkataster (Archäologischer Stadtkataster Baden-Württemberg 2) Stuttgart 2000.
41 Nach PFEILSTICKER, Dienerbuch (wie Anm. 19) § 2148 und 2179, war er zugleich Obervogt von Backnang.

kam, empfing am 4. April 1521 aus der Hand Kaiser Karls V. als Herrn von Württemberg seine Lehen, zu denen auch Besitz und Einkünfte im Weinsberger Tal gehörten.[42] Dietrich von Weiler war also von der Bauernerhebung unmittelbar betroffen, da seine Leibeigenen, Zehnt- und Gültpflichtigen zweifellos unter den Bauern waren, die Weinsberg einnahmen.

Schon in den Wochen zuvor hatte Dietrich von Weiler damit zu tun, angesichts der drohenden Erhebung in seinem Amtsbezirk eine Auswahlmannschaft aufzustellen. Am 6. April konnte er nach Stuttgart melden, die Großbottwarer seien willens, dreißig Mann zu stellen, die am Ostersonntag oder -montag nach Lauffen gehen sollten. Die Stadt Lauffen hatte nämlich am 13. April die Regierung um Schutz gebeten vor den Bauern, die zehn- bis zwölftausend Mann stark in Schöntal lagerten und das Frauenkloster in Lauffen bedrohten.[43]

In der Karwoche kam Dietrich in derselben Angelegenheit nochmals nach Großbottwar. Er hatte die Leute auf dem Kirchhof versammelt, aber nun erhob sich Widerspruch, so dass er sie an ihren Untertaneneid erinnern musste. Die Auswahl kam zustande und Matern Feuerbacher wurde zu ihrem Führer bestimmt.[44] Auf dem Rathaus versicherte man Dietrich, dass man zur Regierung Erzherzog Ferdinands und nicht zu Herzog Ulrich halten werde. Zur gleichen Zeit warb aber auch der vor Weinsberg liegende Haufen in Großbottwar um Zuzug.[45] Ein am Ostersamstag nach Weinsberg geschickter Bote, der sich bei Dietrich von Weiler über den Stand der Dinge in Weinsberg erkundigen sollte, war am Abend des Ostermontags noch nicht zurück.

In der Osternacht hatte es in Weinsberg um Mitternacht Alarm gegeben. Dietrich von Weiler hatte vom Schloss zwei Schüsse gehört. Alsbald kam auch eine Botschaft, dass die Bauern das Schloss zur Übergabe aufgefordert hätten, aber durch Schüsse vertrieben worden seien. Die Herren legten sich daraufhin wieder schlafen. Am Morgen kam die Nachricht, dass sechs der Bürger zu Pferd die Stadt verlassen hätten, weil sie *um einen fladen rennen* wollten, offenbar ein Osterbrauch. Doch dann wurden die Tore geschlossen, weil die Bauern im Anmarsch waren. Bruder Franz, der in der Heilig-Kreuz-Kapelle vor dem Unteren Tor die Frühmesse gelesen hatte, kam mit denen, die bei ihm die Messe gehört hatten, als letzter herein.

Graf Helfenstein und Dietrich von Weiler waren schon in der Frühe auf dem Platz erschienen, wo die Reisigen und Bürger sich in Wehr und Waffen versammelten. Dietrich von Weiler ordnete die Verteidigung der Tore und Mauern an und

---

42 HStA Stuttgart, A 157 U 6465.
43 MAURER, Bauernkrieg (wie Anm. 13) Nr. 44, S. 27.
44 Zu Feuerbacher vgl. Gustav BOSSERT [d.J.], Der Bauernoberst Matern Feuerbacher. Ein Beitrag zur Geschichte des Bauernkriegs in Altwürttemberg, in: Württembergische Jahrbücher 1923/24, S. 81–102, und 1925/26, S. 1–35.
45 BOSSERT, Bauernoberst (wie Anm. 44) S. 85 f.

ließ Pflastersteine auf die Mauern tragen. Zwei von der Bauernschaft kamen vor das Untere Tor und forderten, die Stadt zu öffnen. Wo nicht, sollte man wenigstens Frauen und Kinder herauslassen, man werde dann sehen, was man mit den Bürgern mache. Dietrich von Weiler hatte den Torturm erstiegen und rief den Bauern zu, er wolle ihnen Antwort geben. Er ergriff eine Hakenbüchse und schoss auf die Bauern, traf aber keinen. Als er vom Turm herunter kam, fluchte er und sagte zu den Bürgern: *Lasset die roßmucken herkommen und sehen, was sie tun wollen.* Darauf riet einer der Bürger, *genannt der Pretzel,* das Tor zu *verterrassieren,* also mit Erde, Mist und anderem zuzusetzen. Der Graf, der ebenfalls dabeistand, antwortete ihm: *Mir werden reitter kommen, müessen herein.* Deshalb wolle er *das thor nicht lassen vermachen, aber das oberthor will ich lassen verdarresen.* Der Graf hoffte also noch immer auf Entsatz.

Dietrich von Weiler und der Graf gingen zum Platz zurück und ließen dem Pfarrer ausrichten, er möge eine kurze Messe lesen. Dann schickte er in die Kirche, um den Bürgern, die sich mit dem Sakrament hatten versehen lassen, zu befehlen, wieder ihre Stellungen auf den Mauern einzunehmen. Zuletzt gingen auch noch die Priester mit ihren Schweinspießen auf die Mauer bei der Kirche. Zwei vom Bauernhaufen entsandte Parlamentäre forderten Stadt und Schloss zur Übergabe auf. Dietrich von Weiler der Ältere ließ auf die beiden schießen, noch bevor sie vor den Grafen gelangen konnten. Die beiden Schüsse auf die Parlamentäre, von denen einer offenbar getroffen wurde, mussten vom Bauernhaufen als Kampfansage gewertet werden. Dietrich hatte die Schüsse aber als Abschreckung gedacht, denn er soll daraufhin gesagt haben: *Liebe fründ sie kumen nit, wollen uns also schröcken, vermeinen wir sollen haßen hertzer haben.*

Auf dem Platz ermahnte Graf Helfenstein die Reisigen und die Bürger, das Beste zu tun, worauf die Bürger antworteten, sie wollten tun als fromme Leute. Fünf Reisige und einige Bürger ordnete der Graf ab, um die Besatzung des Schlosses zu verstärken. Sie verließen die Stadt durch das kleine Türlein hinter der Kirche. Eberhard Sturmfeder beorderte er mit einigen Knechten auf den Turm bei der Kirche. Dietrich von Weiler hatte die Verteidigung der Tore überprüft und traf den Grafen wieder auf dem Platz. Die beiden gingen dann zusammen in die Kirche, um die Messe zu hören. Dietrich von Weiler wurde herausgerufen, als die Bauern auf das Schloss vorrückten, während der Graf die Messe zu Ende hörte.[46] Von der Mauer beobachtete Weiler den Sturm auf das Schloss.

Die Bauern waren in der Frühe vom Schemelsberg aus angerückt. Die Hauptleute hatten die Trommel schlagen lassen, um zu fragen, wer mit dem „verlorenen Haufen" das Schloss stürmen wolle. Den Freiwilligen wolle man lassen, was sie an

---

46 Die Darstellung von FRANZ, Bauernkrieg (wie Anm. 2) S. 191 f., wonach der Angriff erfolgte, während die beiden Herren in der Kirche waren – eine spätere Darstellung macht aus der Messe gar eine Morgenpredigt –, ist also nicht zutreffend.

Beute gewinnen. Die Besatzung des Schlosses unterhielt ein lebhaftes Feuer gegen die Stürmenden, das diese mit ihren Hakenbüchsen beantworteten. Von der Mauer bei der Kirche konnte der Sturm auf das Schloss beobachtet werden. Das Schloss wurde an zwei Stellen angegriffen. Die einen griffen die Verschanzungen im Westen an, die anderen das Burgtor. Die bei den Schanzkörben angriffen, gelangten als erste in den Burghof. Dem „verlorenen Haufen" der Bauern gelang es, trotz des lebhaften Feuers aus dem Schloss vor das Burgtor zu gelangen und dieses mit Äxten aufzuhauen. Damit war das Schloss gewonnen.

Bei der Einnahme des Schlosses wurde die Besatzung größtenteils umgebracht, auch der Burgkaplan. Einige drangen bei der Gräfin ein, die bat, sie gefangen zu nehmen. Ihr wurde bedeutet, dass ihr nichts geschehen solle. Den Eindringlingen war es nur um Beute zu tun. Die Gräfin soll später den Verlust von Kleinodien im Wert von 6.000 Gulden beklagt haben.[47] Sie wurde schließlich mit ihrem Kind auf einem Karren nach Heilbronn verbracht, wo sie Aufnahme fand. Nachdem das Schloss geplündert war, wurde es angesteckt und ausgebrannt. Das alles war in einer Stunde abgetan.

Der Graf war vom Unteren Tor auf den Platz gekommen, als ein Bürger vom Wolfsturm herunter gelaufen kam und sagte, das Schloss sei eingenommen worden. Dietrich von Weiler, der dazu kam, stritt das ab. Eine solche Nachricht mache nur die Leute verzagt. Er schickte die Bürger wieder auf die Mauer und etliche der Reisigen zum Oberen Tor.

Kaum war das Schloss gewonnen, eilte ein anderer Haufen der Bauern dem Unteren Tor zu. Das Tor und die anschließende Mauer waren gut besetzt und mit reichlich Pflastersteinen zum Herabwerfen versehen. Die Verteidiger schossen auf die angreifenden Bauern, doch die Angreifer waren an Feuerkraft überlegen, so dass sich keiner mehr hinter den Zinnen blicken ließ. Im Schutz ihrer Hakenbüchsen begannen die Bauern, das Tor mit Äxten aufzuhauen.

Wohl gleichzeitig wurde das Obere Tor angegriffen. Mit einem starken Baumstamm stießen die Bauern das äußere Tor ein. Nun wurden die Bürger wankend und wollten lieber das Tor öffnen, um nicht selbst umzukommen. Es gelang ihnen gar zu verhindern, dass das Fallgatter heruntergelassen wurde.

Am Unteren Tor hatten die Angreifer das äußere Tor geöffnet und waren dabei, auch das innere Tor aufzuhauen. Nun wälzten die Bürger leere Fässer vor das Tor, wobei der Graf selbst Hand anlegte. Andere brachten Mist herbei, um die Fässer zu füllen. Da brachten die Bauern ein Falkonet in Stellung, mit dem sie drei Mal mit Kugeln, so groß wie Hühnereier, in das innere Tor schossen, so dass die Verteidiger zurückwichen. Die Bürger wollten nun *frieden bieten*, das heißt, sich ergeben, was ihnen der Graf erlaubte. Die Bauern antworteten, dass sie den Bürgern das

---

47 So der Bericht von Hans Reutter, VON RAUCH Urkundenbuch Heilbronn (wie Anm. 34) Bd. 4, Nr. 2826, S. 67.

Leben lassen wollten, aber nicht den Reisigen. Auf die Frage, ob sie nicht auch den Grafen leben lassen wollten, war die Antwort, dieser müsse sterben. Auf die Kunde von der Einnahme des Schlosses kam ein Haufe von etwa dreißig Frauen zum Unteren Tor und forderte die Bürger auf, endlich Frieden zu machen, damit nicht alle ums Leben kämen. Dietrich von Weiler versuchte, sie wegzuschicken und begab sich dann selbst mit dem Grafen zum Oberen Tor. Sie wussten nun nicht mehr ein oder aus. Auch ein Ausbruch aus der Stadt schien unmöglich geworden, denn auch die Bürger baten, sie jetzt nicht allein zu lassen. Während die Bauern durch das Obere Tor eindrangen, eilten die Verteidiger zum Unteren Tor, um zu erkennen, dass sie auch dort nichts mehr ausrichten würden und die Stadt verloren war. Jetzt eilten sie zur Kirche. Einige retteten sich in das Gotteshaus, auch etliche Bürger suchten dort Schutz. Wieder andere, darunter Eberhard Sturmfeder und der junge Dietrich von Weiler, eilten bei dem Türlein an der Kirche auf die Mauer und auf den Wolfsturm. Zuletzt kam auch noch Graf Helfenstein die Kirchstaffel herauf und ging in die Kirche. Der Pfarrer Locher stand mit anderen Geistlichen auf dem Kirchhof. Ein Reisiger kam auf ihn zu und bat ihn, seine Beichte zu hören. Nun drangen die Bauern vom Obertor und über die Kirchstaffel auf den Kirchhof und erbrachen die Kirchentüren, woraufhin sich in der Kirche ein wilder Kampf entspann. Die Reisigen wurden erschlagen, die Bürger, die sich in die Kirche gerettet hatten, hingegen verschont.

Auch auf dem Kirchhof waren viele Bauern, die nach dem Grafen riefen, denn der müsse sterben. Dietrich von Weiler der Ältere hatte sich auf den Kirchturm gerettet und rief zum Turm heraus, man solle ihnen Frieden geben. Er soll dabei 30.000 Gulden, ja eine Tonne Gold für das Leben des Grafen geboten haben. Da traf ihn eine Kugel im Hals. Die Bauern, unter ihnen Jäcklein Rohrbach, drangen über die Wendeltreppe den Kirchturm hinauf. Der Schenk von Winterstetten bat darum, ihn gefangen zu nehmen. Die Adligen gaben ihre Waffen ab und wurden abgeführt. Der tote Dietrich von Weiler wurde aus dem Turm geworfen. Sein Reitknecht Marx Hengstlin von Beilstein war zuletzt noch die Kirchstaffel heraufgekommen und wurde von einem Bauern angegriffen. Er fiel über die Mauer in ein Kellerloch, wo er sich verbergen konnte, um in der Nacht das Weite zu suchen.

Auch um den Wolfsturm bei der Kirche wurde gekämpft. Der Turm war gegen die Stadt zu offen, so dass die Verteidiger gegen die Schüsse von unten nicht geschützt waren und teilweise verwundet wurden. Auch drangen die Bauern die Treppe hinauf, so dass die Verteidiger sich schließlich gefangen gaben und Waffen und Geld abgaben. Da kam Endris Remi von Dürrenzimmern, einer der Hauptleute, der den Federbusch des Grafen auf dem Kopf trug, und schrie den Bauern zu, dass man alle Reisigen totschlagen solle. Daraufhin wurden die Adligen und die Reisigen erstochen.

Die im Kirchturm gefangen worden waren, darunter der Graf, wurden über den Kirchhof und die Kirchstaffel hinuntergeführt. Es waren etwa zwölf. Von den Bürgern war keiner mehr zu sehen, denn die Bauern hatten bekannt machen lassen, dass sie sich in ihre Häuser verfügen sollten, damit ihnen nichts geschehe. Auf der Wiese vor dem Unteren Tor wurde eine Gasse gebildet, der Graf und die übrigen Gefangenen hineingeführt und erstochen.[48] Der Pfeifer Melchior Nonnenmacher von Ilsfeld blies dazu auf seinem Zinken. Gegen elf Uhr war alles zu Ende.[49] Die Toten sollen noch am Osterdienstag auf der Stätte der Hinrichtung und auf dem Kirchhof gelegen haben.

Man wird einen Vorsatz, die Adligen und die Reisigen zu töten zumindest dem radikalen Flügel der Bauernschaft unterstellen dürfen, so zum Beispiel Jäcklein Rohrbach von Böckingen. Die Anzahl der Opfer ist freilich ungewiss. Nach der Mitteilung von Heilbronn an den Kurfürsten von der Pfalz, ebenso an die württembergische Regierung soll der Graf *selbvierzehnt* umgekommen sein.[50] Die Urfehde zählt sechzehn Adlige namentlich auf, davon sind allerdings fünf bis sechs in den Kämpfen gefallen. Die Reisigen und Knechte bleiben ungenannt.

Eine unmittelbare Folge der Einnahme von Weinsberg war die Bildung des Wunnensteiner Haufens am Abend des Ostersonntags. Wie Vogt, Bürgermeister und Gericht zu Bottwar an diesem Abend der Regierung berichteten, hätten zweihundert Einwohner des Amts Fähnlein und Trommeln verlangt und seien mit Harnisch und Waffen ausgezogen.[51] Ursprünglich war dies das Kontingent von Großbottwar, das nach Lauffen hätte ausrücken sollen. Doch auf die Kunde von Weinsberg berief man die waffenfähige Mannschaft der Umgebung auf den Wunnenstein und bildete so den eigentlichen Württembergischen Haufen, der unter der Führung von Matern Feuerbacher von Großbottwar durch das Land zog. Feuerbacher war in dem Haufen stets umstritten, weil er versuchte, Ausschreitungen zu verhindern. Die Unzufriedenheit mit Feuerbacher führte dazu, dass man ihn kurzerhand absetzte. In Lauffen wurde er aber wieder zum Obersten gewählt, weil man keinen Geeigneteren fand. Offensichtlich war Feuerbacher einigen radikalen Elementen zu weich. Er stellte nämlich den Adligen, die ihn darum angingen, Schutzbriefe aus, und untersagte mutwillige Plünderungen und Zerstörungen. Er wurde schließlich nochmals abgesetzt, so dass er der Niederlage des Haufens in der Schlacht von Böblingen entgehen konnte. Er fand dann Zuflucht in Zürich.[52] Sein

---

48 Vgl. dazu das Verhörprotokoll des Dionys Schmid von Schwabbach, MAURER, Bauernkrieg (wie Anm. 13) Nr. 156, S. 77 f.
49 ZIMMERMANN, Bauernkrieg (wie Anm. 3) S. 509, lässt Jäcklein Rohrbach vor der Bluttat noch eine Gerichtssitzung in der Mühle abhalten. Justinus KERNER, Die Bestürmung der württembergischen Stadt Weinsberg durch den hellen christlichen Haufen im Jahre 1525 und deren Folgen für diese Stadt. Aus handschriftlichen Überlieferungen der damaligen Zeit dargestellt, Heilbronn ²1848, hier S. 14, verlegt die Hinrichtung irrtümlich auf den Ostermontag, worin ihm ENGELS, Bauernkrieg (wie Anm. 4) S. 100, folgt.
50 VON RAUCH, Urkundenbuch Heilbronn (wie Anm. 34) Bd. 4, Nr. 2821, S. 62; MAURER, Bauernkrieg (wie Anm. 13) Nr. 154, S. 77.
51 MAURER, Bauernkrieg (wie Anm. 13) Nr. 51, S. 29.
52 MAURER, Bauernkrieg (wie Anm. 13) Nr. 163, S. 80 f.

Ziel war es, *fremde nationen* fernzuhalten, damit es nicht wie in Weinsberg gehe.[53] Deshalb schickte er auch Jäcklein Rohrbach nach Maulbronn, um dort die Besatzung zu befehligen.[54] Als von dort der Vorschlag kam, das Kloster abzubrennen, untersagte Feuerbacher dies mit der schlagenden Begründung, dass man wegen der Güter dort Gebäude brauche.[55] Gegenüber dem Gaildorfer Haufen hatten die Württemberger schon früher betont, dass man bisher weder Klöster noch Schlösser verbrannt habe.[56]

Beim Haufen vom Wunnenstein hatte binnen weniger Tage eine Verwandlung von den *christlichen brüdern* über den *hellen* oder *lichten haufen* zur *landschaft Wirtemberg*[57] als Selbstbezeichnung stattgefunden. Der religiös orientierte Titel, eigentlich ein allgemeines Schlagwort jener Zeit, war damit abgelöst worden durch eine herkömmliche politische Bezeichnung. Überdies stellten nach dem Anschluss der Hauptstadt und so vieler Städte und Ämter des Landes die Hauptleute das *regiment* dar, das heißt die Regierung des Landes.[58] An der Legitimität von *regiment* und *landschaft* war nicht zu zweifeln, da der Helle Haufen inzwischen die Macht an sich gezogen hatte, die die Regierung des Erzherzogs Ferdinand, die rat- und hilflos in Tübingen saß, hatte fallen lassen.[59] Der Württembergische Haufen hatte somit eine völlig andere Entwicklung genommen als der Odenwälder und Neckartäler. Es war deshalb nur folgerichtig, wenn der Haufen Verbindung mit dem von Süden heranziehenden Herzog Ulrich aufnahm, der in der Bauernerhebung eine Gelegenheit sah, sich wieder in den Besitz seines Landes zu setzen.[60] Doch der Herzog musste sich zurückziehen, weil seine Schweizer Söldner wegen der starken Verluste der Schweizer auf beiden Seiten in der Schlacht von Pavia (24. Februar 1525) von ihren Kantonen abgefordert wurden.

---

53   Die württembergischen Bauern an die Reichsstadt Esslingen, 28. April 1525; Günther FRANZ, Aus der Kanzlei der württembergischen Bauern im Bauernkrieg, in: Württembergische Vierteljahrshefte für Landesgeschichte 41 (1935) S. 83–108 und 281–305, hier Nr. 44, S. 101 f.
54   Vgl. Jakob Rohrbach an die Stadt Vaihingen, 2. Mai 1525; FRANZ, Kanzlei (wie Anm. 53) Nr. 60, S. 284.
55   An die Bauernschaft im Kloster Maulbronn, 3. Mai 1525; FRANZ, Kanzlei (wie Anm. 53) Nr. 66, S. 287.
56   Feuerbacher und Wunderer an den Gaildorfer Haufen, um 27. April 1525; FRANZ, Kanzlei (wie Anm. 53) Nr. 44, S. 103.
57   Oberste und Hauptleute der Landschaft Württemberg an Jörg Rathgeb und Jörg Rockenbauch, 30. April 1525; FRANZ, Kanzlei (wie Anm. 53) Nr. 51, S. 107.
58   Feuerbacher und Wunderer mit den Hauptleuten und dem Regiment, jetzt zu Waiblingen, an Kurfürst Ludwig von der Pfalz, 28. April 1525; FRANZ, Kanzlei (wie Anm. 53) Nr. 40, S. 100 f.
59   Vgl. den dringenden Hilferuf der Regierung aus Tübingen vom 24. April an den Bundeshauptmann Georg Truchsess; MAURER, Bauernkrieg (wie Anm. 13) Nr. 52, S. 29.
60   Schreiben an Herzog Ulrich; FRANZ, Kanzlei (wie Anm. 53) Nr. 57, S. 283.

Der Württembergische Haufen bot somit ein ganz eigenes Bild. Es gab zwar radikale Kräfte, die gelegentlich durchdrangen, aber letztlich doch nicht die Oberhand gewannen. Im Gaildorfer Haufen, der sich ebenfalls nach Ostern 1525 bildete, nachdem sich ein ähnlicher Zusammenschluss Ende März auf wiederholte Ermahnungen des Gmünder Magistrats aufgelöst hatte, befanden sich ebenfalls radikale Kräfte. Dieser Haufen plünderte und beschädigte zunächst das Kloster Murrhardt. Während sich die Hauptmasse des Haufens im Kloster Lorch aufhielt, unternahmen einzelne Trupps eigene Aktionen. So wurden am 29. April der Hohenstaufen erstürmt und verbrannt[61] sowie das Kloster Adelberg geplündert und durch Brand beschädigt. Als der Haufen am 3. Mai von Lorch abzog, gab es Auseinandersetzungen zwischen den Gemäßigten und den Radikalen über die Frage, ob man das Kloster niederbrennen sollte. Tatsächlich gelang es den radikalen Kräften, das Kloster Lorch beim Abzug des Haufens in Brand zu stecken.[62]

In Weinsberg hatten, offenbar berauscht vom Erfolg der Einnahme von Schloss und Stadt, die radikalen Kräfte obsiegt. Gewiss hatten die Drohungen des Grafen Helfenstein, mit denen er den Haufen zum Auseinandergehen veranlassen wollte, aber auch die Beschießung der Parlamentäre den Haufen vollends radikalisiert, so dass gemäßigte Stimmen, die es gewiss gab, nicht mehr durchdringen konnten.

Trotz aller Unterschiede zwischen den einzelnen Bauernhaufen glich sich deren Schicksal aber durchaus. Der Württembergische Haufen wurde bei Böblingen am 12. Mai durch das Heer des Schwäbischen Bundes unter Georg Truchsess von Waldburg auseinandergesprengt.[63] Der Zug des Bundesheeres wurde zum Rachefeldzug. Auf dem Weg nach Franken, zur Schlacht von Königshofen wurde fünf Wochen nach Ostern Weinsberg verbrannt. Von 216 Häusern und Hofstätten blieben nur zehn übrig.

Mit der Urfehde vom 17. November 1525 wurden Weinsberg die Stadtrechte aberkannt. Mauer, Tore und Türme sollten geschleift werden, das Gericht, das nur noch bürgerliche Angelegenheiten behandeln durfte, musste künftig unter freiem Himmel tagen, die städtischen Einkünfte wurden zur herrschaftlichen Kammer eingezogen. Eine Kapelle und ein Kreuz mit Inschrift sollten errichtet werden und die Gemeinde hatte einen Bußgang am Ostermorgen zum *platz der entleibung* zu tun, um dort zehn Messen zu hören und bis zum Mittag dort zu verharren. Außerdem war eine Entschädigung für die Witwe und den Sohn des Grafen Helfenstein zu leisten. Diese Sühneleistungen wurden freilich nur teilweise erfüllt.[64]

---

61 Vgl. den Bericht des Vogts von Göppingen vom 5. Mai 1525; MAURER, Bauernkrieg (wie Anm. 13) Nr. 144, S. 77.
62 Hermann EHMER, Lorch und die Reformation, in: Lorch. Beiträge zur Geschichte von Stadt und Kloster. Heimatbuch der Stadt Lorch, Bd. 1, red. von Peter WANNER, Lorch 1990, S. 229–251, hier S. 233–236.
63 Vgl. den Bericht des Truchsessen; MAURER, Bauernkrieg (wie Anm. 13) Nr. 216, S. 101 f.
64 EHMER, Opfer (wie Anm. 14) S. 138–145.

Insgesamt waren siebzig Personen aus Stadt und Amt Weinsberg angeklagt, wovon im September 1525 neun bereits hingerichtet waren. Sieben lagen noch gefangen, einer hatte *über die Donau schwören* müssen, war also des Landes verwiesen worden. Die Weinsberger erklärten stets, es habe bei ihnen nur zehn *ausgetretene* gegeben, also Schuldige, die flüchtig gegangen waren, um fortan das fahrende Volk der Landstraßen zu vermehren, von einem Fahndungsersuchen des Schwäbischen Bundes an alle Herrschaften verfolgt.[65] Bei den Weinsberger *ausgetretenen* war aber nicht viel zu holen, insgesamt nur 411 Gulden, wobei der Wohlhabendste 200 Gulden, zwei andere hingegen gar nichts besaßen. In den Weinsberger Amtsorten, wie Schwabbach und Bretzfeld sah es anders aus; die sechs Beschuldigten von Bretzfeld erbrachten zusammen 1.102 Gulden, die fünf von Schwabbach aber 1.654 Gulden, am meisten der durch seine Urgicht bekannte Schultheiß Dionys Schmid, dessen Güterbesitz allein auf 1.400 Gulden geschätzt wurde. Schmid war unter denen, die bei der Erhebung hervorgetreten waren, der Wohlhabendste. Allerdings konnten die konfiszierten Güter wegen der schlechten Wirtschaftslage, die auf den Bauernkrieg folgte, nicht verkauft werden. Die der Witwe und dem Sohn des Grafen Helfenstein zugesprochene Entschädigung ließ sich deshalb in Weinsberg nur teilweise aufbringen.[66]

Die Weinsberger Bluttat brachte die Wende der Bauernerhebung, die jetzt ohne Zögern mit Waffengewalt niedergeschlagen wurde. Die Brutalisierung des weiteren Geschehens wird deutlich in den Hinrichtungen Jäcklein Rohrbachs und Melchior Nonnenmachers. *Den Jöckel von Beckingen*, der im Kraichgau in die Gefangenschaft des Bundes geriet, wie der kurpfälzische Schreiber Peter Harer berichtet und damit wohl einen Augenzeugen wiedergibt, ließ der Truchsess von Waldburg bei Neckargartach *an ein ketten schmiden und bey eynem feuer lebendig, bis ime der geist verschwand, praten*. Ein ähnliches Schicksal hatte vorher schon Melchior Nonnenmacher von Ilsfeld erlitten, der die Weinsberger Bluttat auf seinem Zinken musikalisch begleitet hatte.[67]

Es bleibt noch, das Schicksal der Margarethe Renner, der „schwarzen Hofmännin" nachzutragen. Ihr wurde vom Gericht in Heilbronn der Vorwurf gemacht, dass sie Jäcklein Rohrbach und den ganzen Bauernhaufen in ihrem Tun bestärkt habe. Hinzu kam, dass sie sich gegenüber anderen Frauen gebrüstet habe, dass sie

---

65 Maurer, Bauernkrieg (wie Anm. 13) Nr. 233, S. 109.
66 Ehmer, Opfer (wie Anm. 14) S. 146–148.
67 Peter Harers wahrhafte und gründliche Beschreibung des Bauernkriegs (Schriften der Pfälzischen Gesellschaft zur Förderung der Wissenschaften 25), hg. von Günther Franz, Kaiserslautern 1936, S. 66. Der Tod Melchior Nonnenmachers von Ilsfeld ist hier in der von Günther Franz benutzten Leithandschrift von anderer Hand nachgetragen: *als Melchior von Ilsveldt, den Pfeifer, ließ man an einer Stangen braten*. Die Berichte von Peter Harer und Johannes Keßler vom Bauernkrieg 1525 (Veröffentlichungen der Pfälzischen Gesellschaft zur Förderung der Wissenschaften 88), hg. von Willi Alter, Speyer 1995.

dem toten Grafen Helfenstein ihr Messer in den Leib gestoßen und mit dem herausgelaufenen Fett ihre Schuhe geschmiert habe.[68] Auch habe sie, als der Bauernhaufen die Reichsstadt eingenommen hatte, viele lose Reden geführt. Gegenüber dem Schwäbischen Bund stand die Stadt zweifellos unter einem Rechtfertigungszwang, weil sie den Bauern die Tore geöffnet hatte, so dass man sicher gern mit der Hofmännin ein Exempel statuiert hätte. Jörg von Hirschhorn aber, der Leibherr der Margarethe Renner trat für seine Leibeigene ein. Entschuldigend schrieb er, dass das weibliche Geschlecht seine Sache mit dem Mund und nicht mit Werken ausführe. So mag Margarethe Renner wohl frei gekommen sein,[69] doch Böckingen war ebenfalls verbrannt worden und musste eine hohe Schatzung bezahlen. Gewiss hat man die schwarze Hofmännin dafür verantwortlich gemacht.

---

68 VON RAUCH, Urkundenbuch Heilbronn (wie Anm. 34) Bd. 4, Nr. 2961, S. 198 f.; MAURER, Bauernkrieg (wie Anm. 13) Nr. 174, S. 85.
69 So KEULER, Weibsbilder (wie Anm. 31), doch gibt es dafür keinen Beleg.

Oliver Auge

Hauptmann der Bauern oder ihr Gefangener?

Götz von Berlichingens Rolle im Bauernkrieg

Einer der bekanntesten Akteure im Bauernkriegsgeschehen zwischen Neckar und Main ist unbestreitbar Götz von Berlichingen. Dies hat nicht zuletzt darin seinen Grund, dass sich für den Ritter mit der eisernen Hand die betreffenden Ereignisse und speziell sein Engagement auf Seiten der aufständischen Bauern langfristig besonders schicksalsschwer auswirken sollten. Bis Kaiser Karl V. Götz 1542 begnadigte und ihn in seinen Schutz und Schirm nahm, musste er, wie Helgard Ulmschneider richtig schreibt, „15 Jahre [...], mit härtesten Einschränkungen beladen, für den kurzen gemeinsamen Weg bezahlen; geistig bewältigt hat er das Phänomen des Bauernaufstands bis zu seinem Tode [1562] nicht. Es blieb das zentrale Problem, um das alle seine Gedanken kreisten; noch als 80jähriger glaubte er, seine [damalige] Haltung verteidigen zu müssen, wesentlich deshalb hat er [...] seine Lebensbeschreibung verfaßt."[1] Sieben Verantwortungsschriften, die Götz zwischen 1525 und 1533 zu Papier brachte,[2] und nicht zuletzt sein eben genannter, „erstaunlich breit überliefert[er]"[3] Tatenbericht, daneben noch weiteres umfangreiches Aktenmaterial und chronikalische Notizen[4] boten in der Vergangenheit zahlreichen

---

Mit Anmerkungen versehene Version des am 7. Mai 2022 in Kraichtal gehaltenen Vortrags. Für die Unterstützung bei der Erstellung der Aufsatzfassung danke ich Bogg Brockmann vielmals.
1   Zitat aus Helgard ULMSCHNEIDER, Götz von Berlichingen. Ein adeliges Leben der deutschen Renaissance, Sigmaringen 1974, S. 134.
2   Vgl. die Übersicht auf der Doppelseite in ULMSCHNEIDER, Götz von Berlichingen (wie Anm. 1) S. 172 f.
3   So das Zitat bei Helgard ULMSCHNEIDER, Götz von Berlichingen. Mein Fehd und Handlungen (Forschungen aus Württembergisch Franken 17), Sigmaringen 1981, S. 6. Übertragungen des Texts ins Neuhochdeutsche bieten M. A. GESSERT und Götz VON BERLICHINGEN, Lebensbeschreibung. Götz von Berlichingen's Ritterliche Thaten, Pforzheim 1843, und Karl MÜLLER und Hermann MESSENHARTER, Lebensbeschreibung des Ritters Götz von Berlichingen (Reclams Universal-Bibliothek 1556), Stuttgart 2014.
4   Zu den Quellen vgl. v. a. das bei ULMSCHNEIDER, Götz von Berlichingen (wie Anm. 1) S. 135, Anm. 243, angeführte Material.

Historikern eine auf den ersten Blick reichhaltige, vom Inhalt her aber mehr als widersprüchliche Grundlage, um sich mit Götzens Rolle im Bauernkrieg auseinanderzusetzen. Die betreffenden Historiker bewegten sich in ihren Darlegungen nicht von ungefähr oft zwischen den beiden Extremen einer kaum kritischen Bewunderung für Götz oder aber seiner nicht minder einseitigen Verurteilung. Die Rezeptionsgeschichte dieser älteren Darstellungen, die Ulmschneider vielleicht etwas zu harsch als „Ballast" abtut,[5] unter Einschluss natürlich auch der einschlägigen literarischen Verarbeitung des historischen Geschehens etwa durch Johann Wolfgang von Goethe, der Götz 1771 zum Vorkämpfer gegen den Feudalismus stilisierte,[6] oder Gerhart Hauptmann, der ihn 1896 als Verräter an den Bauern zeichnete,[7] wäre nach wie vor eine eigene eingehende Studie wert.[8] Die Beschäftigung mit Götzens Rolle im Bauernkrieg ist jedoch nicht nur ein Phänomen der älteren oder jüngeren Vergangenheit, sondern dauert bis heute ungebrochen fort, wie auch dieser Beitrag zeigt. Die meines Wissens letzten beiden Bücher hierzu erschienen 2021: Erstens eine Bochumer Dissertation, in der die Verfasserin Mirjam Reitmayer unter anderem Götzens Verhaftung durch den Schwäbischen Bund und seine – zweite oder eigentlich dritte – Gefangenschaft zwischen 1528 und 1530 ausführlicher untersucht;[9] Richard J. Ninness sieht zweitens in seiner in Englisch verfassten Studie Reichsritter wie Götz von Berlichingen in einem standesspezifischen Dilemma zwischen fürstlicher Autorität und kaiserlicher Krone beziehungsweise zwischen Marginalität und Unterwerfung.[10] Auf dieses Dilemma ist später nochmals zurückzukommen. Nur zwei Jahre zuvor, 2019, erschien die Dissertation von Tilman G. Moritz zur ‚Autobiographik als ritterschaftliche[r] Selbstverständigung', in der sich der Autor auch mit dem explizit so charakterisierten und so genannten „Tatenbericht" Götz von Berlichingens intensiver auseinandersetzt und

---

5   ULMSCHNEIDER, Götz von Berlichingen (wie Anm. 1) S. 134.
6   Johann Wolfgang VON GOETHE, Götz von Berlichingen mit der eisernen Hand. Ein Schauspiel, Leipzig ²1772.
7   Gerhart HAUPTMANN, Florian Geyer, Berlin 1896.
8   Am Anfang von Ulmschneiders Bemühen um Götzens Biographie stand das Ziel, seinen „weltweiten Nachruhm" zu erforschen, wozu es dann doch nicht kam, weil zuerst seine Biographie wissenschaftlich aufzuarbeiten war. Vgl. dazu ULMSCHNEIDER, Götz von Berlichingen (wie Anm. 1) S. 9, unter Verweis auf Hanns Hubert HOFMANN, Des Götz von Berlichingen Register der Hälte und Furten um Nürnberg. Ein Beitrag zur spätmittelalterlichen Verkehrsgeographie des Nürnberger Umlandes, Kallmünz 1957, S. 7–9.
9   Mirjam REITMAYER, Entführung und Gefangenschaft. Erfahrene Unfreiheit in gewaltsamen Konflikten im Spiegel spätmittelalterlicher Selbstzeugnisse (Spätmittelalterstudien 8), Tübingen 2021, S. 210–234, v. a. S. 224–232.Vgl. dazu die Besprechung von Oliver AUGE, in: Das Mittelalter. Perspektiven mediävistischer Forschung 28,1 (2023) S. 237 f.
10   Richard J. NINNESS, German Imperial Knights. Noble Misfits between Princely Authority and the Crown, 1479 to 1648, New York 2021, S. 67–77.

dabei zu ganz neuen und überzeugenden Einsichten gelangt.¹¹ Rund zwanzig Prozent dieses Tatenberichts handeln von der *große*[n] *beurische*[n] *uffrhur* des Jahres 1525 und dem juristischen Nachspiel für Götz bis 1530,¹² was ihn für unsere Thematik natürlich zu einer zentralen Quelle macht. Auch auf Moritz' neue Erkenntnisse wird daher im weiteren Verlauf dieses Beitrags nochmals einzugehen sein. Selbstverständlich wurden und werden die Ereignisse während des Bauernkriegs auch regelmäßig in biographischen Skizzen zu Berlichingen berührt, so zum Beispiel in Kurt Andermanns ausgewogenem Lebensbild von 2004.¹³ Die umfänglichste und bis heute faktenmäßig prinzipiell gültige Darstellung zur Rolle Berlichingens im Bauernkrieg ist indes der bereits genannten Helgard Ulmschneider zu verdanken.¹⁴

Auf der Basis dieses vielfältigen, aber nicht unbedingt eindeutigen Quellenmaterials und zahlreicher kleinerer oder größerer Forschungsarbeiten erscheint es im Rahmen dieses Tagungsbandes zum Bauernkrieg sinnvoll, im Folgenden die Rolle Götz von Berlichingens nochmals näher zu skizzieren und zu diskutieren. Zu die-

---

11 Tilman G. MORITZ, Autobiographik als ritterschaftliche Selbstverständigung. Ulrich von Hutten, Götz von Berlichingen, Sigmund von Herberstein (Formen der Erinnerung 70), Göttingen 2019, S. 91–140 („Tatenbericht" zum Beispiel auf S. 112). Vgl. dazu Kurt ANDERMANN, Rezension zu Tilman G. MORITZ, Autobiographik als ritterschaftliche Selbstverständigung. Ulrich von Hutten, Götz von Berlichingen, Sigmund von Herberstein (Formen der Erinnerung 70), Göttingen 2019, in: Zeitschrift für die Geschichte des Oberrheins 168 (2020) S. 667–669.
12 MORITZ, Autobiographik (wie Anm. 11) S. 119.
13 Kurt ANDERMANN, Götz von Berlichingen (um 1480–1562). Adliger Grundherr und Reichsritter, in: Fränkische Lebensbilder (Veröffentlichungen der Gesellschaft für Fränkische Geschichte 7 A 20), hg. von Erich SCHNEIDER, Neustadt an der Aisch 2004, S. 17–35, hier S. 24 f. und 31. Vgl. dazu zum Beispiel ebenfalls Friedrich Wolfgang Götz GRAF VON BERLICHINGEN-ROSSACH, Geschichte des Ritters Götz von Berlichingen mit der eisernen Hand und seiner Familie, Leipzig 1861, S. 729–778; Günther FRANZ, Berlichingen, Gottfried (Götz) v., in: Neue Deutsche Biographie, Bd. 2, Berlin 1955, S. 98; Alfred STERN, Berlichingen. Gottfried oder Götz v. B., in: Allgemeine Deutsche Biographie, Bd. 2, Leipzig 1875, S. 405–408, hier S. 406 f.; zur Biographie Götz von Berlichingens vgl. daneben Hermann EHMER, Götz von Berlichingen als Finanzmakler, in: Zeitschrift für die Geschichte des Oberrheins 125 (1977) S. 141–150; Frank GÖTTMANN, Götz von Berlichingen – überlebter Strauchritter oder moderner Raubunternehmer?, in: Jahrbuch für fränkische Landesforschung 46 (1986) S. 83–98; Volker PRESS, Götz von Berlichingen (ca. 1480–1562) – vom „Raubritter" zum Reichsritter, in: Zeitschrift für württembergische Landesgeschichte 40 (1981) S. 305–326; Karl SCHUMM, Götz von Berlichingen in der Überlieferung und in der Geschichte seiner Heimat, in: Württembergisch Franken 46 (1962) S. 31–51; Karl SCHUMM, Götz von Berlichingen zum 400. Todestag am 23. 7. 1962, in: Ruperto-Carola. Mitteilungen der Vereinigung der Freunde der Studentenschaft der Universität Heidelberg 14 (1962) S. 149–160; Karl SCHUMM und Wilfried BEUTTER, Berlichingen, in: Handbuch der historischen Stätten Deutschlands Baden-Württemberg (Kröners Taschenausgabe 276), hg. von Max MILLER und Gerhard TADDEY, Bd. 2, Stuttgart ²1988, S. 74.
14 ULMSCHNEIDER, Götz von Berlichingen (wie Anm. 1) S. 133–170 sowie 171–196.

sem Zweck soll zunächst das Geschehen, in das Götz 1525 verwickelt war und an dem er teilhatte, in seinem Verlauf in geraffter Form wiedergegeben werden (I), worauf dann in einem zweiten Schritt, ebenfalls in gebotener Kürze, deren für ihn schwerwiegende juristische Konsequenzen beleuchtet werden sollen (II), um schließlich drittens auf dieser Grundlage und vor dem Hintergrund der allgemeinen Entwicklung des Ritteradels in jener Zeit zu einer Beurteilung von Götzens Rolle zu gelangen (III).

I

Der um das Jahr 1480 geborene und in Jagsthausen aufgewachsene Götz von Berlichingen war infolge seines Engagements für den württembergischen Herzog Ulrich nach dessen Überfall auf die Reichsstadt Reutlingen 1519 vom Schwäbischen Bund für rund dreieinhalb Jahre in Gefangenschaft gehalten worden, wie man seinem Tatenbericht vergleichsweise kurz und bündig entnehmen kann: *Vnnd sturb auch kaiser Maximillianus gleich alßbaldt, da der hertzog fur Reuttlingen zog. Vnnd bin also, wie ich zu Meckmulnn nider lag, vierthalb jar inn des bundts verhafft zu Hailbronn gelegenn, da mich Gott der allmechtig dannocht erhalten vnnd wunderbarlich mit mir gehanndelt.*[15] Schließlich aber wurde er im Oktober 1522 wieder aus der Haft entlassen, als er bereit und in der Lage war, 2.000 Goldgulden zuzüglich Atzungskosten für seine Freilassung zu bezahlen und Urfehde gegenüber dem Schwäbischen Bund, Württemberg und den Bundesstädten zu schwören. Götz zog sich daraufhin mit seiner Familie auf seine Burg Hornberg zurück.

Zweieinhalb Jahre später wurde er dort mit dem Aufstand der Bauern unmittelbar konfrontiert. Wie zwei damalige, wohl von Götz verantwortete Ausschreiben zu erkennen geben, tendierte er angesichts des Aufruhrs zunächst zu der in Teilen des Adels offenbar verbreiteten Haltung, sich die Bauernbewegung für die eigenen Ziele und Wünsche im Hinblick auf eine mögliche Eindämmung des wachsenden fürstlichen Zugriffs zunutze zu machen.[16] Nicht von ungefähr urteilt Günther Franz in seiner Kurzvita Götzens: „Ihn verband nicht innere Gemeinschaft wie Geyer, sondern nur politische Zweckmäßigkeit mit den Bauern. Der begüterte Reichsritter wollte im Interesse des Adels Einfluß auf die Bewegung gewinnen [...]."[17] Allerdings schreckten die Bluttat von Weinsberg, die die Bauern am Ostersonntag des Jahres 1525 (16. April) an Graf Ludwig von Helfenstein und

---

15 ULMSCHNEIDER, Fehd und Handlungen (wie Anm. 3) S. 100 f.; vgl. dazu ULMSCHNEIDER, Götz von Berlichingen (wie Anm. 1) S. 106–125; REITMAYER, Entführung (wie Anm. 9) S. 213–224; ANDERMANN, Götz von Berlichingen (wie Anm. 13) S. 23, auch zum Folgenden.
16 ULMSCHNEIDER, Götz von Berlichingen (wie Anm. 1) S. 140 f.; REITMAYER, Entführung (wie Anm. 9) S. 224.
17 Zitat aus FRANZ, Berlichingen (wie Anm. 13) S. 98.

mehreren anderen Adligen begingen,[18] sowie die Plünderung von Kloster Schöntal durch denselben Bauernhaufen[19] Götz nachdrücklich auf, zumal auch seine eigenen Bauern nunmehr *alle vol teuffel* waren und *knecht und magd auch nicht mehr gut thun* wollten.[20] Seinem Tatenbericht zufolge wandte er sich daher an den Pfalzgrafen bei Rhein, um diesen über Stärke und Ausrüstung des ihm bekannten Bauernhaufens zu informieren und ihn um Rat zu fragen, wie er sich nun verhalten solle.[21] Das betreffende Antwortschreiben, das aus Heidelberg am 22. April 1525 auf Burg Hornberg eintraf, soll ihm seine damals gerade im Kindbett liegende Ehefrau aus Angst vor den Bauern und auf Rat ihrer Mutter sowie einiger Hausfreunde zunächst vorenthalten haben, sodass Götz im entscheidenden Moment nichts davon gewusst haben will. Er selbst verhandelte nämlich zu dieser Zeit bereits mit den Bauern in Gundelsheim und wurde, wie man liest, unter deren massivem Druck, da er *als der nechst bey inen beßer sein wölt, dann ander fursten, graven, herren und des adels, auch reichstet, die sich mit inen hetten und wölten vertragen*, am 24. April in ihre christliche Bruderschaft aufgenommen, ausdrücklich mit Ausnahme seiner *verpflichtung und verbüntnuß gegen dem Bundt sich zuhalten*.[22] Bei einem weiteren Zusammentreffen mit den Bauern, wieder in Gundelsheim, wurde er dann im nächsten Schritt zu deren Hauptmann erkoren. Zuvor war ihm vor dem Wirtshaus der Stadt der Mainzer Amtmann von Krautheim, Marx Stumpf von Schweinberg, begegnet. Beide kannten einander von früher; 1516 hatte Götz dem Amtmann den allseits bekannten schwäbischen Gruß entboten.[23] Wie man dem Tatenbericht entnehmen kann, wünschte Stumpf Berlichingen nun vorauseilend viel Glück zur Hauptmannschaft und riet ihm: *nimbs an, meinem gnedigen herrn und andern fursten und uns aller vom adel zu gut*,[24] worauf er sich entfernt und Götz seinem Schicksal überlassen habe. Demnach versprach man sich seitens des Adels aller Ränge offenbar eine mäßigende Einwirkung Berlichingens auf das Treiben der aufständischen Bauern. Auf deren Seite war die Idee einer Hauptmannschaft Berlichingens wiederum nicht abwegig, weil er mittlerweile der einzig verbliebene Namhafte von Adel war, der sich aus der Ritterschaftsbewegung nicht zum erklärten Fürstendiener gewandelt hatte,[25] was indes genau genommen auch nicht (mehr) uneingeschränkt zutraf. Jedenfalls mag man bei den Führern der Bauern, allen voran Wendel Hipler, von Götz und seiner Autorität erhofft haben, er

---

18 Vgl. den Beitrag von Hermann EHMER in diesem Band S. 169–185.
19 ANDERMANN, Götz von Berlichingen (wie Anm. 13) S. 24
20 ULMSCHNEIDER, Götz von Berlichingen (wie Anm. 1) S. 143, mit ULMSCHNEIDER, Fehd und Handlungen (wie Anm. 3) S. 123.
21 Dazu und zum Folgenden ULMSCHNEIDER, Götz von Berlichingen (wie Anm. 1) S. 145; REITMAYER, Entführung (wie Anm. 9) S. 225.
22 Zitat aus ULMSCHNEIDER, Götz von Berlichingen (wie Anm. 1) S. 144.
23 ULMSCHNEIDER, Götz von Berlichingen (wie Anm. 1) S. 146.
24 ULMSCHNEIDER, Fehd und Handlungen (wie Anm. 3) S. 124.
25 ULMSCHNEIDER, Götz von Berlichingen (wie Anm. 1) S. 147.

werde die zersplitterten Bauerngruppen zu einem gemeinsamen, schlagkräftigen Heer zusammenbringen und sie auch gegen die fürstlichen Söldnertruppen effektiv und aussichtsreich ins Feld führen können.[26] Nicht von ungefähr eilte Götz der Ruf voraus, ein *wunderseltzsam reutersmann* zu sein, wie der Würzburger Ratsschreiber Martin Cronthal ihn damals bezeichnete.[27] Nach Götzens eigener Aussage spielte aber noch ein anderer Beweggrund auf Seiten der Bauern eine ausschlaggebende Rolle, denn die Bauern, so meinte er, hätten *große sorg uff in gehept*, er werde sich anderenfalls dem Lager ihrer Gegner anschließen.[28] Mangelndes Selbstbewusstsein oder gar Selbstkritik waren Götzens Sache nicht.

In dem Gundelsheimer Wirtshaus soll Götz dann gegen seine Ernennung zum Hauptmann allerlei Einwände erhoben und nicht zuletzt auf sein 1522 dem Schwäbischen Bund gegebenes Versprechen verwiesen haben, sich gegenüber diesem schadlos zu verhalten. Mit diesem Argument habe er die Anwesenden zunächst überzeugen können, sei dann aber auf seinen Wunsch, eine entsprechende Freistellung auch von den anderen Hauptleuten des mit einzelnen Haufen vor Gundelsheim versammelten Bauernheeres zu erhalten, vom Hohenloher Haufen bedrängt und genötigt worden, doch ihr Hauptmann zu werden: *die namen meinen gaull bey dem zaum vnnd vmb ringten mich, mit vermeldung, ich sollt mich gefanngen gebenn, globenn und schwerenn, den andern tag bey inenn zu Buchenn im leger zusein. Da wurde ich sie finden, vnnd onne irenn wissenn nit abziehenn*.[29] Götz von Berlichingen war also, will man seinem späteren Tatenbericht glauben, von Anfang an ein Opfer bäuerlichen Drucks – *vnnd zog also des andernn tags mit traurigem hertzenn zu inn inn das leger, vnnd wunscht mir vill mal das ich dafur in dem bosten thurn leg der inn der Turckey wehr, oder vff erdtrich, es wehr wa es woldt*.[30] Da er augenscheinlich keinen anderen Ausweg aus dieser Situation wusste, übernahm Götz die Hauptmannschaft der Bauern unter der Bedingung, dass sie ihrer *obrigkeit und ihrer herrschaft gehorsam sein mit dienen, frönen, rechtnemen und geben wie von alter her komen were*, zunächst für die Dauer von acht Tagen. Doch weil die Bauern eine wesentlich längere Frist im Sinn hatten, verständigte man sich schließlich auf einen Monat; danach sollte Götz wieder auf seine Burg heimkehren dürfen.[31]

Ulmschneider hat den Beginn der Hauptmannschaft mit gutem Grund auf den 28. April 1525 datiert.[32] Als Bauernhauptmann zum ersten Mal sicher belegt ist

---

26 ULMSCHNEIDER, Götz von Berlichingen (wie Anm. 1) S. 147.
27 Zitat aus Martin CRONTHAL, Die Stadt Würzburg im Bauernkriege, Würzburg 1887, S. 46.
28 ULMSCHNEIDER, Götz von Berlichingen (wie Anm. 1) S. 147.
29 Zitat aus ULMSCHNEIDER, Fehd und Handlungen (wie Anm. 3) S. 124.
30 Zitat aus ULMSCHNEIDER, Fehd und Handlungen (wie Anm. 3) S. 124.
31 ULMSCHNEIDER, Götz von Berlichingen (wie Anm. 1) S. 149.
32 Dazu und zum Folgenden ULMSCHNEIDER, Götz von Berlichingen (wie Anm. 1) S. 150 f.

Götz freilich erst am 30. April, als er, nun gemeinsam mit dem Bauernführer Georg Metzler und weiteren Mitgliedern des Bauernrats, als Vorhut im Kloster Amorbach eintraf. Hier kam es in seinem Beisein zur Plünderung und Verwüstung der Benediktinerabtei und unter seiner direkten Beteiligung auch zur Misshandlung des Abts Jakobus, was später Kurmainz Anlass gab, gegen Götz einen Prozess wegen Beschädigung anzustrengen. Diese Geschehnisse wollen jedenfalls nicht so recht zu der generellen Opferrolle passen, die Götz später so ausführlich und wortreich von sich zeichnete.[33] Zudem betonte er, er habe von den Bauern geraubte Kleinodien des Klosters diesen zum Preis von 150 Gulden für seine Ehefrau abgekauft. Überhaupt sei durch sein Verhalten und seinen Einfluss doch noch Schlimmeres verhindert worden.

Götz dürfte in der Tat insgesamt eher mäßigend auf die Bauern eingewirkt haben, was nach Ulmschneiders Meinung am deutlichsten an der Anfang Mai 1525 in Amorbach verfassten Erklärung ablesbar ist, mit der die Zwölf Artikel der Bauern den Verhältnissen in Franken angepasst und in Kraft gesetzt wurden.[34] Unter anderem wurde das Pfarrerwahlrecht bestätigt, die Leibeigenschaft beseitigt, der kleine Zehnt aufgehoben, wohingegen der große Zehnt bis zur zukünftigen Reformation hinterlegt werden sollte. Bis zur Reformation sollte man überdies der Obrigkeit gehorsam sein. Verstöße gegen diese Vereinbarung sollten von den Hauptleuten geahndet werden. Eigenmächtige Plünderungen und aufrührerisches Verhalten wurden mit Leibesstrafen bedroht. Die weltliche Obrigkeit sollte den Besitz des Adels und der Geistlichkeit schützen. Götz nahm für sich nichts weniger in Anspruch, als dass ihm für diese Amorbacher Erklärung die hauptsächliche Verantwortung zukam. So habe er von den in Amorbach versammelten Bauernhauptleuten und -räten verlangt, *erbare und geschickt leuth* zu ernennen, um *articull uffzurichten, die allen stenden leydlich, loblich und ehrlich sein* konnten.[35] Doch kann man Götzens Behauptung bezweifeln, und inhaltlich möchte Ulmschneider die mäßigende Einflussnahme Berlichingens schon gar nicht wörtlich nehmen.[36] Allenfalls will sie ihm eine Unterstützung der adels- und grundherrenfreundlichen Suspendierung der ursprünglichen Artikel 6 bis 10, in denen es um Frondienste, Zinsen und Gerichtsstrafen bis zur künftigen Reformation geht, zutrauen: „Die Konzeption des ganzen Programms [...], auch wenn Götz sie sich zuschreibt, lag

---

33 So urteilt etwa auch REITMAYER, Entführung (wie Anm. 9) S. 226.
34 ULMSCHNEIDER, Götz von Berlichingen (wie Anm. 1) S. 155f. Den Text der Amorbacher Erklärung bietet Heinrich Wilhelm BENSEN, Geschichte des Bauernkriegs in Ostfranken, aus den Quellen bearbeitet, Erlangen 1840, S. 526–529; vgl. dazu auch Günther FRANZ, Der deutsche Bauernkrieg, Darmstadt [10]1975, S. 196; Annemarie EGERSDORFF, Die Bestrebungen der fränkischen Bauern 1525, München 1902; S. 104–123.
35 ULMSCHNEIDER, Götz von Berlichingen (wie Anm. 1) S. 156.
36 ULMSCHNEIDER, Götz von Berlichingen (wie Anm. 1) S. 157, auch zum folgenden Zitat.

weit über seinem Horizont." Stattdessen sei ein enger Zusammenhang zwischen der Amorbacher Erklärung und den Reformplänen Hiplers und des Mainzer Kellers von Miltenberg, Friedrich Weygandt, auszumachen.[37] Ähnlich kritisch sieht Ulmschneider übrigens auch die kolportierte Urheberschaft Berlichingens an der Idee, für Mitte Mai zu einer Versammlung aller Bauernhaufen der näheren Umgebung in Heilbronn aufzurufen, um hier das weitere Vorgehen gemeinsam zu planen und zu koordinieren.[38] Vielmehr „steht [...] fest, daß die Idee zu jener Heilbronner Versammlung wesentlich von Hipler ausging, der auch die Tagesordnung verfaßte".[39]

Als der Text der Amorbacher Erklärung in seinen Einzelheiten publik wurde, zeigte sich die Bauernschaft damit sehr unzufrieden. Sie protestierte dagegen, weil sie sich verraten und verkauft fühlte, und ihre Frustration entlud sich in Gewalt, indem sie die mainzischen Schlösser Wildenberg und Limbach in Schutt und Asche legte. In dieser aufgeheizten Stimmung wurde Berlichingen für die Erklärung mitverantwortlich gemacht und ihm mit seiner Ermordung gedroht.[40] Er selbst indes hatte, von einer Wachmannschaft begleitet, den Bauernhaufen verlassen und war nach Miltenberg geritten, um dort Graf Georg von Wertheim zu treffen. In der Folge konnte dieser für die Sache der Bauern gewonnen werden. Neben der seinerzeit mit einer Kriegsentschädigung in Höhe von 15.000 Gulden verbundenen Aufnahme des Erzstifts Mainz in das Bauernbündnis am 7. Mai 1525 war dies ein großer diplomatischer Erfolg für die Sache der Bauern, an dem Götz von Berlichingen Anteil hatte.

Die Vertreter des Mainzer Erzbischofs, des vornehmsten Reichsfürsten, hatten die Forderungen der Bauern deshalb anerkannt und in ein Bündnis mit ihnen eingewilligt, weil sie deren weiteres Vordringen in Mainzer Gebiet verhindern wollten. Tatsächlich verfolgten die Bauern ihr anfängliches Vorhaben eines Vorrückens ins Mainzer Erzstift nun nicht weiter, sondern faßten stattdessen den Plan, sich mit dem Haufen der Taubertäler Bauern zu vereinigen und die bischöfliche Festung Marienberg über Würzburg zu belagern.[41] Im Würzburger Lager kam es allerdings schnell zu schwerwiegenden Spannungen zwischen den Bauern und Götz von Berlichingen mit der Folge, dass dieser als Hauptmann abgesetzt wurde. Glaubt man seinen späteren Beteuerungen, hatte die Auseinandersetzung ihren

---

37   Vgl. dazu auch EGERSDORFF, Bestrebungen (wie Anm. 34) S. 110 f.
38   ULMSCHNEIDER, Götz von Berlichingen (wie Anm. 1) S. 159 f. Zu den Heilbronner Geschehnissen vgl. FRANZ, Bauernkrieg (wie Anm. 34) S. 197–201; August VON KLUCKHOHN, Ueber das Project eines Bauernparlaments zu Heilbronn und die Verfassungsentwürfe von Friedrich Weygandt und Wendel Hipler aus dem Jahre 1525, in: Nachrichten von der Königlichen Gesellschaft der Wissenschaften zu Göttingen (1893) S. 276–304.
39   Zitat aus ULMSCHNEIDER, Götz von Berlichingen (wie Anm. 1) S. 160.
40   ULMSCHNEIDER, Götz von Berlichingen (wie Anm. 1) S. 158 f.
41   ULMSCHNEIDER, Götz von Berlichingen (wie Anm. 1) S. 160.

Grund in den tiefen Gegensätzen unter den beiden Bauernhaufen, dem radikaleren Taubertäler und dem – unter Götzens Einfluss – scheinbar gemäßigteren Odenwälder Haufen.[42] Man erfährt, dass Götz einerseits den Taubertälern *nit wolt gestatten, ir boßheit zu üben* – das meinte konkret deren strikte Forderung nach einer bedingungslosen Übergabe des Schlosses samt dem darin befindlichen Kriegsgerät und Proviants sowie der Zahlung von 100.000 Gulden für den freien Abzug der Besatzung –, und andererseits die Odenwälder davon überzeugen konnte, den Vertrag anzunehmen, den die Verteidiger der belagerten Festung angeboten hatten. Darüber sei er mit dem Bauernführer Dionys Schmid von Schwabbach *hoch unayns* gewesen, und die fränkischen Bauern hätten ihm, Götz, den Vorwurf gemacht, er *were des bischoffs* [von Würzburg] *verreter und die im schloß* [seine] *fründ*. Sie hätten entschieden, ihn *zu erwürgen und durch die spis zu jagen*.[43] Andere Stimmen sind freilich bekannt, wonach auch die Odenwälder Bauern Götz nicht mehr zum Hauptmann haben wollten, *weil er ain edelman wer. Sy hetten ein bauern krieg, sie wölten khein fürsten, graven, herrn oder edelman dabey haben*.[44] Indes entschieden die Bauern in einer folgenden Abstimmung sich dann doch noch einmal mehrheitlich für Götz als Anführer und gegen seinen Hauptkonkurrenten, den Rädelsführer der Taubertäler Bauern namens Alexius.[45]

Folgt man seiner späteren Verteidigung, so sah Götz sich trotz dieses Abstimmungserfolgs fortan nicht mehr als Hauptmann der Bauern, sondern als ihr Gefangener bar jeden weiteren Mitspracherechts.[46] Ohne Anteilnahme an den Geschehnissen habe er im Bauernrat nunmehr geschwiegen und vor allem in einer einsamen Kammer auf das Ende seiner Dienstverpflichtung nach Ablauf der vier Wochen gewartet. Eine Flucht kam für ihn aber nicht in Frage, weil er einerseits ständig bewacht worden sei und andererseits befürchtet habe, Fürsten und Adel würden die Rache der Bauern zu spüren bekommen.[47] In seiner Gefangenschaft bangte er gar um sein Leben, *das ich khein tag wust, das ich sicher wahr, das sie mich nit zu thodt, oder denn kopff herrab schlugenn*.[48] Unklar bleibt bei alledem, welche Rolle Götz beim vergeblichen Angriff auf die Festung Marienberg am Abend des 15. Mai 1525 spielte, zu dem die Bauern sich nach einer Woche des Ausharrens entschlossen hatten. Während der Haller Chronist Johannes Herolt berichtet, Götz habe den Sturmangriff zunächst verschlafen und sei, nachdem die Sache be-

---

42 ULMSCHNEIDER, Götz von Berlichingen (wie Anm. 1) S. 162 f., auch zum Folgenden.
43 Zitate aus ULMSCHNEIDER, Götz von Berlichingen (wie Anm. 1) S. 164.
44 ULMSCHNEIDER, Götz von Berlichingen (wie Anm. 1) S. 163.
45 ULMSCHNEIDER, Götz von Berlichingen (wie Anm. 1) S. 164.
46 ULMSCHNEIDER, Götz von Berlichingen (wie Anm. 1) S. 164; REITMAYER, Entführung (wie Anm. 9) S. 227 mit GRAF VON BERLICHINGEN-ROSSACH (wie Anm. 13) Nr. 134, S. 247–257.
47 Zitat aus ULMSCHNEIDER, Fehd und Handlungen (wie Anm. 3) S. 127.
48 ULMSCHNEIDER, Fehd und Handlungen (wie Anm. 3) S. 128.

reits in vollem Gange war, *in einem wameshempt zu dem sturm geloffen*, um die Bauern zum Rückzug zu veranlassen, worin dem Chronisten auch ein weiterer Zeuge beipflichtet: *Barhaupt und barfuß* sei Götz *hinauf zum schloß geloffen und* [habe] *die leut abgemanet*,[49] kursierte andererseits das Gerücht, Götz habe sich gemeinsam mit dem Grafen von Wertheim und auserlesenen Bauern an die Spitze des Sturmangriffs gestellt, entweder um als erste in die Festung zu gelangen oder aber um deren Besatzung eine Verstärkung zuzuführen. Ulmschneider, die zur zweiten Variante tendiert und die andere vom barfüßigen Ritter im Nachthemd als „etwas seltsame Mär" abtut, mutmaßt sogar, Götz und der Wertheimer Graf hätten auf diese Weise mit ausgesuchten Leuten den Marienberg im Handstreich nehmen und damit ein zweites Weinsberger Blutbad unter ihren auf der Festung eingeschlossenen Standesgenossen verhindern wollen. Doch bleibt das natürlich Spekulation, weil sich dazu nicht einmal Götz selbst äußerte.

Inzwischen hatte das Heer des Schwäbischen Bundes unter Führung des Truchsessen Georg von Waldburg die württembergischen Bauern am 12. Mai 1525 bei Böblingen vernichtend geschlagen und war weiter nach Norden vorgerückt, sodass den Bauern vor Würzburg laut Götz bald *die kaz den ruckh hinauf lieff*.[50] Er selbst dürfte in dem Vormarsch durchaus eine Chance erkannt haben, endlich aus seiner „Gefangenschaft" als Hauptmann zu entkommen, da er entsprechend seinem Schirmbrief vom 24. April 1525 den Bauern im Fall einer direkten Konfrontation mit dem Schwäbischen Bund die weitere Unterstützung versagen durfte. Andererseits war ihm ebenso klar, dass er für seinen Pakt mit den Bauern zur Rechenschaft gezogen würde. Daher erbat er vorausschauend am 24. Mai von seinen Mithauptleuten eine für die Mitglieder des Schwäbischen Bundes gedachte Bestätigung, dass seine Hauptmannschaft von den Bauern erzwungen worden sei und dass er in dem mit den Bauern darüber geschlossenen Schirmvertrag eine Verpflichtung gegenüber dem Bund explizit ausgenommen habe.[51] Auch veranlasste er wohl eine vom folgenden Tag datierte Stellungnahme des Grafen Georg von Wertheim zu seinen Gunsten, der zufolge Götz *alle beschwerungen, soviel ime möglich gewet, mit treuem vleiß abgewendt* habe.[52] An den Gewaltexzessen der Bauern habe er keine Schuld.

Man spürt, wie er sich bemühte, seinen Abgang vom sinkenden Schiff vorzubereiten – wie Ulmschneider es passend nennt – und sich in dieser Hinsicht möglichst abzusichern. Bereits am 23. Mai hatte Götz mit seinem etwa 7.000 Mann

---

49 ULMSCHNEIDER, Götz von Berlichingen (wie Anm. 1) S. 165 mit BERLICHINGEN-ROSSACH, Geschichte (wie Anm. 13) S. 381 (*Der aylfft zeug*), auch zum Folgenden.
50 ULMSCHNEIDER, Götz von Berlichingen (wie Anm. 1) S. 166.
51 ULMSCHNEIDER, Götz von Berlichingen (wie Anm. 1) S. 168.
52 Zitat aus ULMSCHNEIDER, Götz von Berlichingen (wie Anm. 1) S. 168, mit Franz Ludwig BAUMANN, Akten zur Geschichte des deutschen Bauernkrieges aus Oberschwaben, Freiburg 1877, Nr. 327.

starken Bauernhaufen Würzburg in Richtung Lauda verlassen.[53] Am 28. Mai, als das Bundesheer vor Neckarsulm aufzog und die Hauptmacht der Bauern zum Rückzug nach Öhringen zwang, suchte Götz dann bei Adolzfurt endlich das Weite. Er wollte dies später mit Wissen und Willen der anderen Hauptleute, Bauernschultheißen und Räte getan haben, um Kontakt zum Schwäbischen Bund aufzunehmen. Auf Seiten der Odenwälder Bauern hieß es aber am 30. Mai 1525, drei Hauptleute, unter ihnen Götz von Berlichingen, seien *entrunnen und bundisch* geworden.[54] Er selbst erklärte in einem Brief an den Bauernschultheißen Hans Reuter von Bieringen vom 29. Mai 1525, er habe sich dem Bundesmitglied Dietrich Speth ergeben und von diesem erfahren, dass der Bund die Bauern auf Gnade und Ungnade aufnehmen wolle, wobei er selbst davon überzeugt sei, allein die *anfenger der uffruhr* und die für die Weinsberger Bluttat Verantwortlichen würden mit harten Strafen zur Rechenschaft gezogen. Er komme nicht mehr zu den Bauern zurück, weil er gegen den Schwäbischen Bund, dem er verpflichtet sei, nicht ins Feld ziehen dürfe. In Anbetracht seines großen *vleisz* für die Sache der Bauern bat er darum, ihn *solichs lasts* [zu] *erlassen*.[55] Allem Anschein nach hatte Götz eingesehen, dass eine Flucht vor dem Zugriff des Schwäbischen Bundes zwecklos war und ihm im Gegenteil als Eingeständnis seiner Schuld hätte ausgelegt werden können und wahrscheinlich den Verlust seines gesamten Besitzes nach sich gezogen hätte.[56] Einen Vorgeschmack darauf vermittelte die vierzehntägige Belagerung seiner Güter durch zwei Fähnlein des Schwäbischen Bundes.

II

Nach seiner Kapitulation vor Dietrich Speth kehrte Götz auf seine Burg zurück und wartete die weiteren Maßnahmen gegen ihn ab. In jedem Fall war damit zu rechnen, dass er seitens des kaiserlichen Fiskals und mehr noch seitens des Schwäbischen Bundes wegen Landfriedensbruchs und vor allem wegen des Bruchs der Urfehde, mit der er geschworen hatte, sich gegenüber den Bundesständen lebenslang still zu verhalten, belangt werden würde.[57] Um sich gegen die gegen ihn erhobenen Vorwürfe und die damit verbundenen juristischen Schritte zu rüsten, begann Götz vorbeugend Verteidigungsschriften zu verfassen, die erste bereits kaum

---

53 ULMSCHNEIDER, Götz von Berlichingen (wie Anm. 1) S. 167.
54 Wilhelm STOLZE, Die Supplemente zu Magister Lorenz Fries' Geschichte des Bauernkrieges in Ostfranken, in: Archiv für Reformationsgeschichte 5 (1907/08) S. 191–212, hier S. 204, nach ULMSCHNEIDER, Götz von Berlichingen (wie Anm. 1) S. 169.
55 Zitat aus ULMSCHNEIDER, Götz von Berlichingen (wie Anm. 1) S. 169, mit GRAF VON BERLICHINGEN-ROSSACH, Geschichte (wie Anm. 13) Nr. 126, S. 237f.
56 ULMSCHNEIDER, Götz von Berlichingen (wie Anm. 1) S. 171, auch zum Folgenden.
57 ULMSCHNEIDER, Götz von Berlichingen (wie Anm. 1); REITMAYER, Entführung (wie Anm. 9) S. 228.

vierzehn Tage nach seiner Flucht aus den Reihen der Bauern. Sie war an die seinerzeit in Ulm versammelten Bundesstände seiner *unschuld und verantwortung der baurischen uffrur halb* gerichtet.[58] Seine sieben bekannten Verantwortungsschriften aus den Jahren 1525 bis 1533 durchzieht die Argumentation, dass er sich gegen die von den Bauern ihm angetragene Hauptmannschaft nicht habe zur Wehr setzen können. Auch wenn *Got der almechtig ein engel het geschickt, mich solichs zu erlassen, sie hettens ime abgeschlagen*.[59] Immerhin habe er dann Schlimmeres verhüten können und die aufständischen Bauern von ihrer *tyrannischen weyss gewisen*, als er dann für die Dauer eines Monats ihr *narr und hauptman* abgeben musste, wie er verlautbaren ließ.[60] Fatalerweise gestanden andere Akteure des Bauernkriegsgeschehens vom April und Mai 1525, wie etwa Götzens bereits erwähnter Gegenspieler Dionys Schmid von Schwabbach, der Ritter habe sich der Bauernsache von Anfang an und aus Überzeugung angenommen.[61] Um sich gegen solche Anschuldigungen zur Wehr zu setzen, verfasste Berlichingen nicht nur eine stattliche Reihe von Erklärungs- und Verteidigungsbriefen, die er etwa an den Würzburger Bischof richtete, sondern suchte auch den persönlichen Kontakt beispielsweise zu Georg Truchsess von Waldburg, den er zeitweilig fast wöchentlich in Stuttgart aufsuchte. Doch blieben diese Bemühungen erfolglos, weil die Angeschriebenen Götz an den Schwäbischen Bund verwiesen und dieser wiederum zu den Vorwürfen einstweilen schwieg.

Ein Teilerfolg war immerhin, dass der kaiserliche Fiskal Götz am 17. Oktober 1526 von den beim Kammergericht verfolgten Vorwürfen freisprach und den gegen ihn angestrengten Prozess für niedergeschlagen erklärte, ja sich sogar erbot, ihm Rechtsbeistand und Amtshilfe zu gewähren, sollte er die Bauern seinerseits vor dem Reichskammergericht verklagen wollen.[62] Indes hatte dieser Freispruch den Haken, dass ihm auferlegt wurde, sich in der Sache allen weiteren Klägern gegenüber erneut zu verantworten. Das betraf nicht nur, aber insbesondere den Schwäbischen Bund. Dieser wurde seiner habhaft, als der Bundesdiener Jörg von Eisesheim genannt Heußlein Götz am 7. Mai 1528 in einem Wirtshaus in Blaufelden stellte, der seinerseits gerade von zwei Knechten begleitet nach Stuttgart reiten wollte. Götz wurde erst einmal nur verpflichtet, sich dem Schwäbischen Bund auf dessen Verlangen jederzeit zu stellen. Zwei Monate später erhielt er dann eine Vorladung nach Augsburg. Vereinbarungsgemäß reiste der Ritter also im November

---

58 Zitat aus Ulmschneider, Götz von Berlichingen (wie Anm. 1) S. 171.
59 Zitat aus Ulmschneider, Götz von Berlichingen (wie Anm. 1) S. 174, mit der 3. Verantwortungsschrift.
60 Ulmschneider, Götz von Berlichingen (wie Anm. 1) S. 174 mit der 1.–3. Verantwortungsschrift.
61 Ulmschneider, Götz von Berlichingen (wie Anm. 1) S. 175 f., auch zum Folgenden.
62 Ulmschneider, Götz von Berlichingen (wie Anm. 1) S. 178; Reitmayer, Entführung (wie Anm. 9) S. 228, auch zum Folgenden.

desselben Jahres dorthin, wo er unverzüglich verhaftet und als Gefangener in den Heilig-Kreuzer-Torturm gesteckt wurde. [...] *allein das ich obenn drauff vnnd nit vndenn im thurnn khamn, da lag ich zwey jar vnnd must das mein verzehrenn, da mir lannge zeitt sauer wordern war.*[63]

Die Klagepunkte, die nun in der Hauptsache gegen Götz erhoben wurden, lauteten auf den Bruch seiner Urfehde, die Plünderung des Klosters Amorbach, überhaupt seine Hauptmannschaft bei den Bauern unter persönlicher Bereicherung sowie die Angriffe auf Mainz und Würzburg; insgesamt wurde ihm ein Schaden von 30.340 Gulden in Rechnung gestellt.[64] Weitere Verteidigungsschreiben, die Götz auf diese Vorwürfe hin verfasste, wurden anscheinend gar nicht mehr zur Kenntnis genommen. In seinem Tatenbericht legt er Wert darauf zu betonen, dass er sich der Warnungen seiner Freunde zum Trotz nach Augsburg begeben habe, weil er sich keiner Schuld bewusst gewesen sei. Wieder, wie zuvor bei den Bauern, war Götz ein Opfer und erfuhr eine unfaire Behandlung – schenkt man seinen Verteidigungsschriften und dem Tatenbericht uneingeschränkt Glauben. Einen vergeblichen Fluchtversuch, von dem die Chronistik weiß, über den sich der Tatenbericht allerdings ausschweigt, soll Götz dann am 6. April 1529 unternommen haben. Nur mit Hemd und Wams bekleidet, habe er nach der Flucht aus seinem Gefängnis versucht, aus der Stadt zu gelangen, was ihm aber misslungen sei. Im Haus eines Barchentwebers sei er am nächsten Morgen wieder ergriffen worden.[65]

Schließlich kam Götz im zeitigen Frühjahr 1530 wieder auf freien Fuß. Doch die Bedingungen, die er mit der am 4. März 1530 von ihm neuerlich unterzeichneten Urfehde anerkennen musste, waren äußerst hart. Er sollte die Gemarkung seiner Burg Hornberg Zeit seines Lebens nicht mehr verlassen, auch kein Pferd mehr besteigen und jede Nacht nur in seinem Schloss verbringen dürfen. Die weiteren Verpflichtungen, seine Augsburger Atzungskosten selbst zu begleichen und sich künftig weiteren Forderungen von Mainzer und Würzburger Seite zu stellen, zudem sich gegenüber dem Bund und seinen Mitgliedern – auch nach einer etwaigen Auflösung des Bundes – künftig still zu verhalten, nahmen sich angesichts dieser erheblichen Einschränkung seiner Handlungsfähigkeit noch milde aus, selbst wenn auch sie nicht folgenlos blieben.[66] Die Forschung beurteilt diesen Ausgang

---

63 Zitat aus ULMSCHNEIDER, Fehd und Handlungen (wie Anm. 3) S. 130; vgl. neben REITMAYER, Entführung (wie Anm. 9) S. 229–232, auch Caspar MEZGER, Ueber die Haft des Götz von Berlichingen in Augsburg, in: Jahresbericht des Historischen Vereins im Oberdonau-Kreise 2 (1836) S. 33–40.
64 REITMAYER, Entführung (wie Anm. 9) S. 229, mit ULMSCHNEIDER, Götz von Berlichingen (wie Anm. 1) S. 183 f. und 194; MEZGER (wie Anm. 63) S. 35 f., auch zum Folgenden.
65 ULMSCHNEIDER, Götz von Berlichingen (wie Anm. 1) S. 184; REITMAYER, Entführung (wie Anm. 9) S. 231.
66 ULMSCHNEIDER, Götz von Berlichingen (wie Anm. 1) S. 186 f.; REITMAYER, Entführung (wie Anm. 9) S. 231.

der Haft denn auch nahezu einhellig als „erweiterte[n] Arrest auf Burg Hornberg"[67] beziehungsweise sogar als „lebendiges Begräbnis",[68] das Götz vom Schwäbischen Bund auferlegt wurde. „[...] auf dem Hornberg zu ohnmächtigem Stillhalten verdammt, sollte der alte Feind für den Rest seines Lebens in langwierigen Prozessen zerrieben werden."[69]

Die Mainzer Klage gegen Götz wurde am 31. Januar 1534 abgewiesen. Götz sollte lediglich dem Abt von Amorbach das bei der Plünderung des Klosters entwendete Gut wieder zurückgeben oder dessen Wert erstatten. Das vergleichsweise milde Urteil erklärt sich vor dem Hintergrund der Probleme, in die der Schwäbische Bund inzwischen selbst geraten war. Er stand kurz vor seiner Auflösung, und für ein härteres Vorgehen gegen Berlichingen fehlte in den Reihen des Bundes die nötige Mehrheit. Indes sah sich Götz auch jetzt noch ungerecht behandelt, wiewohl er das Urteil als rechtskonform akzeptierte. Er sei an den damaligen Vorgängen unschuldig, wie man seinem Tatenbericht entnehmen kann. Die ihm gegenüber voreingenommenen fünf Richter hätten an einer gerechten Verurteilung kein Interesse gehabt.[70]

III

Nach 1525 und 1528 hielt sich Götz von Berlichingen also 1534 zum dritten Mal für ein Opfer. Wieder und wieder beteuerte er bis zu seinem Lebensende, dass er sich nur widerwillig und unter großem Druck und Gewaltandrohung zur Übernahme der Hauptmannschaft über die Bauern bereit erklärt habe und dass er mit fortschreitender Dauer eher deren prominenter Gefangener als ein eigentlicher Anführer gewesen sei, wie wir bereits hörten. Erinnert sei nochmals an das Zitat aus dem Tatenbericht, dass Götz sich lieber als Gefangener in den *aller bösten thurn* [...] *in der Turckey*[71] gelegt zu sein wünschte als das Angebot der Hauptmannschaft annehmen zu müssen.

---

67 REITMAYER, Entführung (wie Anm. 9) S. 232.
68 ULMSCHNEIDER, Götz von Berlichingen (wie Anm. 1) S. 190.
69 Zitat aus ULMSCHNEIDER, Götz von Berlichingen (wie Anm. 1) S. 190.
70 ULMSCHNEIDER, Fehd und Handlungen (wie Anm. 3) S. 133; REITMAYER, Entführung (wie Anm. 9) S. 233 mit Anm. 855.
71 ULMSCHNEIDER, Götz von Berlichingen (wie Anm. 1) S. 148, mit ULMSCHNEIDER, Fehd und Handlungen (wie Anm. 3) S. 124.

Frank Kleinehagenbrock hat die Rolle des fränkischen Adels im Bauernkrieg insgesamt in den Blick genommen und dabei auch speziell auf das Schicksal Berlichingens geschaut. Er hält fest, dass die Bauern bei zunehmender Radikalisierung sich dezidiert gegen den Adel gewandt und die Beseitigung seiner Privilegien, ja sogar seine Gleichstellung mit Bürgern und Bauern gefordert hätten.[72] Es sei ihnen weniger darum gegangen, den Adel generell zu depossedieren, wenn sie die Zerstörung seiner Burgen und Schlösser forderten und diese auch tatsächlich niederbrannten, sondern ihn gleichsam in seine *gemaine versamblung* zu inkorporieren und Rechtsgleichheit zwischen ihm und den Bauern herzustellen, um gewissermaßen auf Augenhöhe miteinander agieren zu können.[73] Solche Absichten und die dahinter stehende Kritik an der hergebrachten Ständeordnung waren zur damaligen Zeit „eine atemberaubende Vorstellung", wie Kleinehagenbrock ganz zu Recht meint.[74] Die meisten Adligen wandten sich gegen solche Ideen und nahmen gegen die Bauern den Kampf auf. Ein kleinerer Teil des Adels aber, darunter die fränkischen Reichsgrafen von Wertheim und von Hohenlohe, Florian Geyer[75] und eben Götz von Berlichingen, verband sich mit den Bauern, wobei die Frage, ob er dies unter Zwang und dazu genötigt tat oder aufgrund gütlicher Vereinbarung, individuell zu klären bleibt und vielfach gar nicht eindeutig zu beantworten ist.

Bekanntlich handelte es sich beim Niederadel um eine soziale Gruppierung, die im Zuge der sogenannten Reichsreform und den zeitgleich ablaufenden Territorialisierungsprozessen stark unter Druck geraten war. Im Sog der großen und langfristigen politischen Veränderungen fehlte es den Grafen und Herren oft an wirksamen Möglichkeiten zu gestaltender Mitwirkung und Absicherung ihrer rechtlichen Stellung und Autonomie.[76] Hinzu kamen vielfach ökonomisch-finanzielle Proble-

---

72 Frank KLEINEHAGENBROCK, Adel und Bauernkrieg in Franken, in: Bauernkrieg in Franken (Publikationen aus dem Kolleg ‚Mittelalter und Frühe Neuzeit' 2), hg. von Franz FUCHS und Ulrich WAGNER, Würzburg 2016, S. 393–412, hier S. 396.
73 KLEINEHAGENBROCK, Adel (wie Anm. 72) S. 399 und 404.
74 KLEINEHAGENBROCK, Adel (wie Anm. 72) S. 400; vgl. dazu etwa auch Klaus ARNOLD, „damit der arm man unnd gemainer nutz iren furgang haben ..." Zum deutschen „Bauernkrieg" als politischer Reformbewegung. Wendel Hiplers und Friedrich Weygandts Pläne einer „Reformation" des Reiches, in: Zeitschrift für historische Forschung 9 (1982) S. 257–314.
75 Zu Florian Geyer siehe den Beitrag von Andreas FLURSCHÜTZ DA CRUZ in diesem Band S. 205–231.
76 KLEINEHAGENBROCK, Adel (wie Anm. 72) S. 406, mit Volker PRESS, Führungsgruppen in der deutschen Gesellschaft im Übergang zur Neuzeit um 1500 (1980), in: Volker PRESS, Das Alte Reich. Ausgewählte Aufsätze (Historische Forschungen 59), hg. von Johannes KUNISCH u. a., Berlin ²2000, S. 515–557, hier S. 521 f.; Volker PRESS, Reichsgrafenstand und Reich. Zur Sozial- und Verfassungsgeschichte des deutschen Hochadels in der frühen Neuzeit, in: Wege in die Zeitgeschichte. Festschrift für Gerhard Schulz, hg. von Jürgen HEIDEKING, Gerhard HUFNAGEL und Franz KNIPPING, Berlin und New York 1989, S. 3–29; Hillay ZMORA, State and nobility in early modern Germany. The knightly feud in Franconia, 1440–1567 (Cambridge Studies in Early Modern History), Cambridge 1997; Hillay ZMORA,

me.[77] 1525 nun geriet dieser quasi von „oben" bedrängte Adel in eine doppelte Zwickmühle, indem er in seiner Position nun auch von „unten", von den Bauern bedroht und angegriffen wurde.[78]

Dieses doppelte Dilemma des Adels[79] zwischen den Fronten ist an der Gestalt Götz von Berlichingens besonders gut ablesbar. Vor dem Bauernkrieg hatte er sich wiederholt mit geistlichen und weltlichen Fürsten gewaltsam auseinandergesetzt, sich teilweise aber auch in ihren Schutz begeben.[80] Seine Haltung den Fürsten gegenüber schwankte zwischen Misstrauen und offenkundiger Abhängigkeit. Als dann der Bauernkrieg ausbrach, stand Götz in keinem Dienstverhältnis, wie dies noch 1519 bei der Fehde des Schwäbischen Bundes gegen Herzog Ulrich von Württemberg der Fall war. Er konnte sich demnach nicht an einen bestimmten Fürsten anlehnen, etwa um seinen Besitz gegenüber den Bauern zu schützen, auch wenn er dies beim Pfalzgrafen versuchte. Als er von dessen Seite keine Antwort erhielt, da *erschrack* [er] *warrlich vbell, das* [er] *nit wust, wie* [er sich] *halltenn sollt*.[81] Gerade die Bluttat von Weinsberg, die sich unmittelbar vor Götzens Verpflichtung durch die Bauern ereignet hatte, muss bei ihm ein starkes Ohnmachts- und Angstgefühl ausgelöst haben. Kleinehagenbrock möchte Götz angesichts dieses Schocks abnehmen, „dass er eigentlich nicht wusste, wie er sich zu verhalten hatte".[82] Also habe er sich von den Bauern, bei denen er als Mann von Adel durchaus angesehen war, vereinnahmen lassen, wiewohl rasch und eigentlich von Anfang an klar war, dass diese Vereinnahmung „rein zweckgebunden" war.[83] Sicher hegte er dabei – in gewisser Weise politisch naiv – zumindest zu Beginn Hoffnungen, mit Hilfe der Bauern seine und womöglich des ganzen Niederadels Position gegenüber den Fürsten verbessern oder zumindest wahren zu können.[84] Vielleicht spekulierte er auf eine „Schiedsrichterrolle" zwischen Fürsten und Bauern, wie Volker Press mein-

---

The feud in early modern Germany, Cambridge 2011; vgl. dazu jetzt auch NINNESS, Imperial Knights (wie Anm. 10).

77 Volker PRESS, Kaiser und Reichsritterschaft, in: Adel in der Frühneuzeit. Ein regionaler Vergleich (Bayreuther Historische Kolloquien 5), hg. von Rudolf ENDRES, Köln 1991, S. 163–194.

78 KLEINEHAGENBROCK, Adel (wie Anm. 71) S. 407, mit Horst BUSZELLO, Gemeinde, Territorium und Reich in den politischen Programmen des Deutschen Bauernkrieges 1524/25, in: Der Deutsche Bauernkrieg 1524–1526 (Geschichte und Gesellschaft, Sonderheft 1), hg. von Hans-Ulrich WEHLER, Göttingen 1975, S. 105–128, hier S. 109.

79 Zum Stichwort Dilemma vgl. nochmals NINNESS, Imperial Knights (wie Anm. 10) S. 17–51.

80 Vgl. dazu ANDERMANN, Götz von Berlichingen (wie Anm. 13) S. 19–24; PRESS, Götz von Berlichingen (wie Anm. 13) S. 309–316.

81 Zitat aus ULMSCHNEIDER, Fehd und Handlungen (wie Anm. 3) S. 123.

82 Zitat KLEINEHAGENBROCK, Adel (wie Anm. 72) S. 408.

83 KLEINEHAGENBROCK, Adel (wie Anm. 72) S. 409.

84 So auch ANDERMANN, Götz von Berlichingen (wie Anm. 13) S. 31.

te.[85] Und in dieser Hinsicht wurde er dann wahrlich zum Opfer – nicht aber der Bauern und nicht der Fürsten und des Schwäbischen Bundes, sondern seiner eigenen Selbstwahrnehmung. Und dies war offenkundig sein drittes Dilemma. Denn er wurde schnell, vielleicht schon im Kloster Amorbach, auf jeden Fall aber vor Würzburg, mit der Einsicht konfrontiert, „dass seine Möglichkeiten sehr viel begrenzter waren", als er ursprünglich gehofft haben mochte.[86] Da half es auch den fürstlichen Siegern gegenüber wenig zu betonen, dass er mäßigend auf die sich radikalisierenden Bauern eingewirkt hatte, was sicherlich zutreffend war.[87] Er stand nun einmal gemeinsam mit den Bauern auf der Verliererseite.

Tilman G. Moritz hat neuerdings die These aufgestellt und gut begründet, dass Götzens Tatenbericht nicht, wie bisher angenommen, ein von ihm selbst zu seinen Lebzeiten diktiertes Werk sei. Vielmehr handle es sich um ein erst zwischen 1562 und 1567, das heißt bald nach seinem Tod entstandenes „Medium politischer Positionierung", das zwar auf einer von Götz hinterlassenen Vorlage beruhe, sich aber letztlich einem literarisch und rhetorisch gebildeten Autor verdanke, der den Tatenbericht insbesondere an die Angehörigen der Kraichgauer und Odenwälder Ritterschaft sowie an die Führungsgruppen der freien Reichsstadt Heilbronn adressiert habe.[88] Falls diese These zutrifft – und Kurt Andermann hält dies für nicht abwegig[89] –, dann spiegelt sich in dem Tatenbericht durchaus noch stärker als bisher die Adelskrise jener Zeit, in der Götzens Schicksal und Leben „als Projektionsfläche für ritterliche Tugenden und adliges Standesbewusstsein zu dienen vermochte" und Götz als Vorkämpfer für die bedrohten Rechte des Ritteradels wahrgenommen wurde.[90] Ganz in diesem krisenbehafteten Sinn lässt sich das Fazit verstehen, das auch der Tatenbericht selbst aus den Ereignissen des Bauernkrieges zieht: *Dieweill dan nhun wissenntlich, das ich der beurischenn vfruhr vnnschuldig gewest bin, [...] so hab ich auch mich inn denselbigenn dermaßenn gehalltenn, das churfurstenn vnnd furstenn, vnd allen dennen vom adel, mein handlung zu allem guttem gereicht, darum ich billicher lob, ehr vnnd danck sollt verdiennt habenn, dan die straff. [...] so wehr schir zuuermuttenn, das ich dieser meiner vhedt vnnd krieg, so ich gegen ettlichen stendenn im bundt gehabt, [...] mehr mussen entgeltenn, dan der baurn halbenn.*[91]

---

85 PRESS, Götz von Berlichingen (wie Anm. 13) S. 317.
86 Zitat aus ANDERMANN, Götz von Berlichingen (wie Anm. 13) S. 31.
87 So auch die Einschätzung in ANDERMANN, Götz von Berlichingen (wie Anm. 13) S. 31.
88 MORITZ, Autobiographik (wie Anm. 11) S. 137–139.
89 ANDERMANN, Rezension zu Tilman G. MORITZ (wie Anm. 11) S. 668 f.
90 Zitat aus ANDERMANN, Rezension zu Tilman G. MORITZ (wie Anm. 11) S. 668.
91 ULMSCHNEIDER, Fehd und Handlungen (wie Anm. 3) S. 134.

Andreas Flurschütz da Cruz

„Würde er lieber zugesehen haben, daß sie erstochen würden, denn daß er sich mit ihnen verbrüderte"

Florian Geyer von Giebelstadt im Bauernkrieg

„Unter allen Führern des deutschen Bauernkriegs ist kaum einer so umstritten wie Florian Geyer."[1] Mit diesem Satz legte Günther Franz, von Peter Blickle zum „Doyen der Bauernkriegsforschung in Deutschland" geadelt,[2] in einem später publizierten Vortrag von 1952 den Grundstein für die vermeintliche Führungsrolle dieses fränkischen Ritters im deutschen Bauernkrieg in der wissenschaftlichen Forschung seit der zweiten Hälfte des 20. Jahrhunderts.[3]

Die Studien, die in der ersten Hälfte der 1970er Jahre im Vorfeld des 450. Gedenkens an die Ereignisse von 1525 entstanden, setzten die prominente Rolle Florian Geyers von Giebelstadt (um 1490–1525) im Kampf für die Sache des Gemeinen Mannes dann wie selbstverständlich voraus, und ebenso verhält es sich bis heute in den wenigen Arbeiten, die sich näher mit ihm befassen. In Peter Blickles Übersichtswerk zum Bauernkrieg, 2018 in 5. Auflage erschienen, wird Florian Geyer indes bezeichnenderweise nicht einmal erwähnt.[4] Geyer ist im weit überwie-

---

1 Günther Franz, Florian Geyer (1952), in: Günther Franz, Persönlichkeit und Geschichte. Aufsätze und Vorträge, Göttingen u. a. 1977, S. 127–133, hier S. 127.
2 Peter Blickle, Der Bauernkrieg. Die Revolution des Gemeinen Mannes (C. H. Beck Wissen, 2103), München ⁵2018, S. 46. Walter Ziegler nennt Franz den „Altmeister der Bauernkriegsforschung", Walter Ziegler, Kein Bauernkrieg im Herzogtum Bayern – kein Bauernkrieg im größeren Teil des Reiches, in: Bauernkrieg in Franken (Publikationen aus dem Kolleg „Mittelalter und Frühe Neuzeit" 2), hg. von Franz Fuchs und Ulrich Wagner, Würzburg 2016, S. 87–112, hier S. 93.
3 Noch im selben Werk stellt Franz seine Behauptung implizit in Frage, wenn er, bezogen auf die sogenannte „Bauernsache", schreibt: „Geyer galt Fernerstehenden [!] als deren Führer", Franz, Florian Geyer (wie Anm. 1) S. 128. Später im Text lässt sich Franz noch zu folgendem Urteil hinreißen: „eine überragende Persönlichkeit, eine wahrhaft schöpferische Führergestalt ist Florian Geyer trotz allem nicht gewesen", ebenda S. 132.
4 Blickle, Bauernkrieg (wie Anm. 2).

genden Teil der modernen Forschung keiner der großen Helden des Bauernkriegs wie etwa Götz von Berlichingen. In der Erinnerung und der Forschung steht er heute – wenn überhaupt – in zweiter Reihe.

An dem Führungsanspruch, den Günther Franz in den 1970er Jahren für Geyer festgezurrt hatte, wurde im Nachgang dennoch nie gerüttelt. Dieser Beitrag wird zeigen, dass Franzens Behauptung nicht von ungefähr kam, sondern auf weit ältere, nicht unbedingt wissenschaftliche Vorbilder und Behauptungen sowie auf zweifelhafte Äußerungen in den zeitgenössischen Quellen zurückgeht. Ein erster Teil des Aufsatzes wird sich daher mit dem Mythos Florian Geyers als einer Figur befassen, auf die die Literatur und politische Instrumentalisierungen den Blick verstellt haben, um zu klären, was an den Aussagen zu Geyer historischer Realität entspricht und was verklärendes Beiwerk ist (I). Im zweiten Teil wird der Versuch unternommen, zum biographischen Kern Florian Geyers durchzudringen (II), um im dritten Teil seiner quellenmäßig belegten Rolle im deutschen Bauernkrieg näherzukommen (III). Dabei werden sich Fragen stellen, die mit Oliver Auges Beitrag zu Götz von Berlichingen korrespondieren, so dass es sich anbietet, beide Gestalten, Geyer und Berlichingen, im vierten Teil einem Vergleich zu unterziehen (IV). Im fünften und letzten Abschnitt sollen alte Behauptungen beiseitegelassen und stattdessen neue Fragen und Erklärungsmöglichkeiten aufgeworfen werden, darunter auch Fragen, die bislang nie gestellt wurden und die die Bandbreite an Möglichkeiten zu der alles überlagernden Frage noch erweitern (V): Weshalb ergriff ein wohlhabender fränkischer Adliger freiwillig das Banner der Bauern und schloss sich deren Kampf gegen die eigenen adligen Standesgenossen an?[5]

I

Florian Geyer war das Thema der Antrittsvorlesung von Günther Franz, nachdem dieser 1930 in Marburg habilitiert worden war und sich im Zuge dessen bereits intensiv mit den Quellen zum Leben Geyers auseinandergesetzt hatte.[6] Franzens Schwerpunkt lag dabei aber zunächst nicht auf dem Bauernkrieg, sondern auf Geyers Tätigkeit im Dienst des Deutschen Ordens zu Beginn der 1520er Jahre. Dennoch heißt, sich mit Florian Geyer auseinanderzusetzen über weite Strecken, sich mit Günther Franz beziehungsweise seinen Forschungen und Publikationen zu beschäftigen, dem weitgehenden Einzelkämpfer auf diesem Gebiet für mehrere Jahrzehnte.

---

5   Vgl. FRANZ, Florian Geyer (wie Anm. 1) S. 131.
6   FRANZ, Florian Geyer (wie Anm. 1) S. 127.

Die Geyer-Rezeption setzte aber nicht erst mit Günther Franz ein. Der erste, der sich der Gestalt Florian Geyers ausführlich widmete, war der Göttinger Professor Georg Friedrich Sartorius Ende des 18. Jahrhunderts.[7] „Aus den Erfahrungen der französischen Revolution wollte er", Sartorius, so urteilte 1969 Walter Peter Fuchs, „an Hand eines angeblich vergleichbaren Exemplums seinen Zeitgenossen Mäßigung, Achtung vor rechtmäßig erworbenem Eigentum und Abstand von wütendem Fanatismus und Eigennutz einschärfen. Florian Geyer schilderte er [Sartorius] in knappen Zügen als den Führer der Rothenburger Bauern und einen der Befehlshaber vor Würzburg, der als einziger bis zum Untergang auf seinem Posten aushielt."[8]

Eine Generation nach Sartorius, 1830, verstieg sich der Öhringer Präzeptor und Bibliothekar Ferdinand Friedrich Oechsle in seiner ‚Geschichte des Bauernkrieges in den schwäbisch-fränkischen Grenzlanden' zu der Behauptung, Geyer hätte an der Einnahme von Weinsberg teilgenommen[9] – wir wissen inzwischen, dass dem nicht so war.[10] Kurz darauf, 1840, begründete der Rothenburger Rektor Heinrich Wilhelm Bensen in seiner ‚Geschichte des Bauernkrieges in Ostfranken' die Legende von Florian Geyer als Anführer des Schwarzen Haufens.[11] Mit dem Einverständnis der Bauern habe er auf der Zerstörung des Würzburger Schlosses Marienberg bestanden und erbittert das Ingolstädter Schloss verteidigt; beides ist reine Fiktion, die sich beim Studium der Quellen in ihr Gegenteil verkehrt, wie noch zu sehen sein wird. Der protestantische Pfarrer, Dichter und überzeugte Republikaner Wilhelm Zimmermann stilisierte Florian Geyer in seiner ‚Allgemeinen Geschichte des großen Bauernkrieges' aus der Zeit des Vormärz auf der Grundlage zeitgenössischer Chronistik[12] „zum schönsten Helden des ganzen Kampfes" und ergänzte bereitwillig und durch farbenfreudige Ausschmückung, worüber die Quellen, darunter die zum ersten Mal benutzten Akten des Schwäbischen Bundes,

---

7 Georg Friedrich SARTORIUS, Versuch einer Geschichte des Deutschen Bauernkriegs oder der Empörung in Deutschland, Berlin 1795.
8 Walter Peter FUCHS, Florian Geyer (ca. 1490 bis 1525), in: Fränkische Lebensbilder, hg. von Gerhard PFEIFFER, Bd. 3, Würzburg 1969, S. 109–140, hier S. 109.
9 Ferdinand Friedrich OECHSLE, Beiträge zur Geschichte des Bauernkrieges in den schwäbisch-fränkischen Grenzlanden, Heilbronn 1830.
10 Vgl. den Beitrag von Hermann EHMER in diesem Band S. 169–185; vgl. FUCHS, Florian Geyer (wie Anm. 8) S. 110: „Die Weinsberger Tat war das Werk des Neckartal-Odenwälder Haufens. Er war, wie viele Zusammenschlüsse in Franken, Thüringen und Sachsen und am Ober- und Mittelrhein, entstanden, nachdem die Zwölf Artikel im Druck erschienen waren." BLICKLE, Bauernkrieg (wie Anm. 2) S. 28.
11 Heinrich Wilhelm BENSEN, Geschichte des Bauernkrieges in Ostfranken, Erlangen 1840; vgl. FUCHS, Florian Geyer (wie Anm. 8) S. 110.
12 Thomas ZWEIFEL, Über den Bauernkrieg, in: Quellen zur Geschichte des Bauernkrieges aus Rothenburg ob der Tauber, hg. von Ludwig BAUMANN, Stuttgart 1878, S. 1–58.

schwiegen.[13] „Die von leidenschaftlichem Mitgefühl und sittlichem Pathos getragene Darstellung Zimmermanns hat auf Jahrzehnte hinaus alle Beschäftigung mit Florian Geyer und dem Bauernkrieg bestimmt" und inspirierte insbesondere mehrere Dutzend Romane und Tragödien, was der wissenschaftlichen Beschäftigung mit seiner Person nicht eben zuträglich war.[14] Selbst so kritische Historiker wie Leopold von Ranke übernahmen manche von Zimmermanns Vorstellungen und sahen in Geyer „einen ritterlichen Vorkämpfer für deutsche Einheit und Freiheit".[15] Die marxistische Geschichtsschreibung, vor allem Friedrich Engels,[16] übernahm von Zimmermann „die Argumente für den Bauernkrieg als einer zwar gescheiterten, aber darum nicht minder bedeutsamen Phase der klassenkämpferischen Revolution in Deutschland, die es fortzusetzen und zu vollenden galt", die Nationalsozialisten hingegen feierten den fränkischen Ritter als einen „Vorkämpfer völkisch-sozialen Wesens",[17] und zwar vor allem in Romanen und Bühnenstücken, die dieses spezifische Geyer-Bild propagierten und damit den Höhepunkt des Missbrauchs an der historischen Person Florian Geyers einläuteten.[18]

Damit waren die Nationalsozialisten aber nicht die ersten. Ähnlich wie im Fall Götz von Berlichingens[19] hatten die dramatische Bühne und die Romanliteratur Florian Geyer schon früh für sich entdeckt und mit ihren für bestimmte (politische) Zwecke vereinnahmenden Interpretationen ein viel größeres Publikum als entsprechende wissenschaftlich ausgerichtete Publikationen erreicht. „Den Glanz beider Gestalten", so urteilt Walter Peter Fuchs und bezieht sich dabei auf Götz von Berlichingen und Florian Geyer, „hat die Dichtung begründet."[20]

Gerhart Hauptmann schuf 1894/95, basierend auf Zimmermanns Forschungen, ein historisches Revolutionsdrama in fünf Akten, das am 4. Januar 1896 im Deutschen Theater Berlin uraufgeführt wurde und beim Publikum gnadenlos

---

13 Wilhelm ZIMMERMANN, Allgemeine Geschichte des großen Bauernkriegs, Stuttgart 1856; vgl. FUCHS, Florian Geyer (wie Anm. 8) S. 110; Frank KLEINEHAGENBROCK, Adel und Bauernkrieg in Franken, in: Bauernkrieg in Franken (wie Anm. 2) S. 393–412, hier S. 409.
14 FUCHS, Florian Geyer (wie Anm. 8) S. 111.
15 Leopold von RANKE, Deutsche Geschichte im Zeitalter der Reformation, Bd. 2, Berlin 1839; vgl. FRANZ, Florian Geyer (wie Anm. 1) S. 127.
16 Friedrich ENGELS, Der deutsche Bauernkrieg (1850), in: Karl MARX [und] Friedrich ENGELS, Werke, hg. vom Institut für Marxismus-Leninismus beim ZK der SED, Bd. 7, Berlin (Ost) 1973, S. 327–413.
17 FUCHS, Florian Geyer (wie Anm. 8) S. 111.
18 Vgl. Nikolaus FEY, Florian Geyer. Bauernkrieg 1525. Volksspiel in acht Bühnenbildern, Würzburg 1925; Theodor MÜGGE, Florian Geyer. Historischer Roman aus dem Bauernkriege, München 1929; Erwin HERTWICH, Florian Geyer. Der Große Bauernkrieg, Leipzig 1940; Heinrich BAUER, Florian Geyer. Historischer Roman. Düsseldorf 1954; vgl. KLEINEHAGENBROCK, Adel und Bauernkrieg (wie Anm. 13) S. 410.
19 Vgl. KLEINEHAGENBROCK, Adel und Bauernkrieg (wie Anm. 13) S. 409.
20 FUCHS, Florian Geyer (wie Anm. 8) S. 109.

durchfiel.[21] Nach der misslungenen Premiere stand Gerhart Hauptmann kurz vor dem Suizid. Das Drama, so beurteilte es 1984 der Literatur- und Theaterwissenschaftler Peter Sprengel, thematisiert „die freiheitlichen Tendenzen des Reformationszeitalters und war vom Verfasser offenkundig als Beitrag zur Liberalisierung des ‚deutschen Geisteslebens' geplant".[22] Mit der historischen Persönlichkeit Geyers hatte Hauptmanns Titel- und Freiheitsheld als „Streiter gegen deutsche Zwietracht" und „Kämpfer für die Armen und Entrechteten" freilich kaum etwas gemein. Er nahm vielmehr legendenhafte Züge an.[23] Hauptmann legte seinem Protagonisten das phantastische Bild zugrunde, das Zimmermann zuvor in seiner „lebendig geschriebenen, aber durchaus unkritischen Geschichte" des Bauernkriegs als „unbestrittenes geschichtliches Wissensgut" ausgab, und so verschmolzen vermeintlich wissenschaftliche Forschung und Dramaturgie miteinander.[24] Für die Geschichtswissenschaft hatte dies nun jedoch einen durchaus positiven Nebeneffekt. Ausgelöst durch Hauptmanns Theaterstück setzte eine tatsächlich quellenkritische Kontroverse über Geyer und die Deutung seines Handelns ein.[25] Denn „nun stellte sich für Florian Geyer der merkwürdige Sachverhalt heraus, daß schließlich überhaupt kaum mehr gesagt werden konnte, was an den Nachrichten über ihn beglaubigter Tatsachenkern und was der Phantasie entsprungenes Beiwerk sei."[26] Max Lenz machte sich ab 1896 an diese Aufgabe.[27] Dass die Studie Hermann Barges von 1918, der dieses Problem ebenfalls lösen wollte, wiederum „Gerhart Hauptmann verehrungsvoll zugeeignet" war, erstickte ein rein wissenschaftliches Vorhaben freilich schon im Keim.[28]

---

21 Gerhart HAUPTMANN, Florian Geyer. Die Tragödie des Bauernkrieges, Berlin 1896; vgl. FUCHS, Florian Geyer (wie Anm. 8) S. 109; KLEINEHAGENBROCK, Adel und Bauernkrieg (wie Anm. 13) S. 410.
22 Peter SPRENGEL, Florian Geyer, in: Gerhart Hauptmann. Epoche – Werk – Wirkung, hg. von Peter SPRENGEL, München 1984, S. 100–114.
23 FRANZ, Florian Geyer (wie Anm. 1) S. 127; vgl. Hermann BARGE, Florian Geyer. Eine biographische Studie (Beiträge zur Kulturgeschichte des Mittelalters und der Renaissance 26), Leipzig und Berlin 1920 (ND Hildesheim 1972), S. III.
24 BARGE, Florian Geyer (wie Anm 23) S. III.
25 Max LENZ, Florian Geyer, in: Preußische Jahrbücher 84 (1896) S. 97–127, ND in: Max LENZ, Kleine Historische Schriften, München 1913, S. 160–192; vgl. KLEINEHAGENBROCK, Adel und Bauernkrieg (wie Anm. 13) S. 410.
26 BARGE, Florian Geyer (wie Anm. 23) S. III.
27 Max LENZ, Vom Werden der Nationen, München und Berlin 1922.
28 BARGE, Florian Geyer (wie Anm. 23) Widmung.

II

Frei von interpretatorischen Zutaten sieht das, was die Quellen tatsächlich über Florian Geyer preisgeben, spärlicher und nüchterner aus als bei Zimmermann, Hauptmann und Konsorten. Hermann Barge wunderte sich schon vor einem Jahrhundert, dass „bei der Volkstümlichkeit, deren sich die Gestalt des fränkischen Ritters und Bauernführers Florian Geyer erfreut, [...] die Geringfügigkeit der Nachrichten einigermaßen überraschen [muss], die uns die Kenntnis seines Wirkens und seiner Lebensumstände vermitteln".[29] Bevor aber seine Rolle im Bauernkrieg betrachtet wird, sollen zunächst die gesicherten Informationen über Geyers Herkunft und Biographie vorgestellt werden.

Florian Geyer, geboren zwischen 1489 und 1491, war der jüngste der drei Söhne Dietrich Geyers, der bereits 1492 verstarb, und seiner Frau Anna von Seckendorff.[30] Von den Lebens- und Besitzverhältnissen der Geyer von Giebelstadt sind nur spärliche Nachrichten überliefert.[31] Angesichts der stattlichen Darlehen, die Florian Geyer später verschiedenen Standesgenossen gewährte, scheint er aber „nicht gerade aus dürftigen Verhältnissen" gestammt zu haben.[32] Nach dem Vater verstarben auch die beiden Brüder Wilhelm und Balthasar früh, so dass der noch junge Florian zum Alleinerben avancierte.

Als Kind und Jugendlicher scheint er eine fundierte geistige Bildung genossen zu haben.[33] Während Günther Franz behauptet, Florian Geyer habe über ein Jahr am englischen Hof zugebracht, widersprechen dem andere Studien und die Quellen selbst.[34] In einem Briefwechsel des Onkels Eberhard Geyer mit dem Würzburger Domkapitel von 1513 heißt es lediglich, Florian sei abwesend „beim König von England", möglicherweise im Rahmen einer Kavalierstour oder als adliger Page.[35] Heinrich VIII. hielt sich aber, zusammen mit Kaiser Maximilian, zu dieser Zeit auf einem Kriegsfeldzug in Frankreich gegen Ludwig XII. auf. Bis nach England dürfte Florian Geyer also kaum gekommen sein, hätte er sich dem Gefolge des englischen Königs anschließen wollen. London wäre jedenfalls die falsche Adresse gewesen.[36]

Wie so oft in der historischen Überlieferung wird auch Florian Geyer vor allem dann aktenkundig, wenn es zum Konflikt kam. 1515 entbrannte ein Streit zwi-

---

29 BARGE, Florian Geyer (wie Anm. 23) S. 1*.
30 Vgl. FUCHS, Florian Geyer (wie Anm. 8) S. 113; FRANZ, Florian Geyer (wie Anm. 1) S. 127.
31 Vgl. FUCHS, Florian Geyer (wie Anm. 8) S. 112.
32 FUCHS, Florian Geyer (wie Anm. 8) S. 115.
33 Vgl. FUCHS, Florian Geyer (wie Anm. 8) S. 113.
34 Vgl. Günther FRANZ, Der deutsche Bauernkrieg, Darmstadt ⁹1972, S. 185; FRANZ, Florian Geyer (wie Anm. 1) S. 127.
35 Vgl. FUCHS, Florian Geyer (wie Anm. 8) S. 113.
36 Vgl. FUCHS, Florian Geyer (wie Anm. 8) S. 114.

schen dem Würzburger Neumünsterstift und dem Edelmann um konkurrierende Ansprüche auf Lehngüter und deren Abgaben. Zwar gewann Geyer den weltlichen Prozess vor dem Würzburger Landgericht, wurde aber von der geistlichen Institution, die darin involviert war, exkommuniziert und blieb bis zu seinem Tod im Kirchenbann, was den früh zur Reformation Übergetretenen nicht weiter gestört haben mag. Auch seine Stellung und sein Ansehen unter den Standesgenossen scheint die Exkommunikation nicht beschädigt zu haben.[37]

1519 beteiligte er sich als Landsknechtshauptmann am Kriegszug des Schwäbischen Bundes gegen Herzog Ulrich von Württemberg. Im Rahmen dieser Auseinandersetzung nahm er an der Belagerung des Schlosses Möckmühl teil. Interessant dabei: Möckmühl wurde von Götz von Berlichingen verteidigt – beide Männer standen hier also einander, sechs Jahre vor ihrer Beteiligung am Bauernkrieg, in gegnerischen Lagern gegenüber.[38]

Spätestens nach dem Ende dieses Kriegs muss Geyer in die Dienste seines Lehnsherrn Markgraf Casimir von Brandenburg getreten sein. Der Markgraf schickte Florian Geyer als Gesandten zu seinem Bruder, dem Hochmeister Albrecht nach Preußen. Für diesen wiederum erfüllte er weitere wichtige Missionen. Im Auftrag des Hochmeisters führte er Waffenstillstandsverhandlungen mit König Sigismund von Polen, 1520 reiste er für Albrecht zu dessen anderem Bruder Johann an den Hof Kaiser Karls V. in den Niederlanden (Brüssel) sowie an den englischen und französischen Hof, um für Hilfe für den zunehmend in Bedrängnis geratenen Orden zu werben.[39] Wie hoch er, selbst Jahre später, bei dem Hochmeister und dessen Beamten in Ansehen stand, beweist ein Brief, den Albrechts Marschall Melchior von Rabenstein kurz nach Ausbruch des Bauernkriegs am 21. April 1525 aus Ansbach an Geyer adressierte.

Mein freuntlich dienst alzeit zuvor, erbar und ernvester, freuntlicher, lieber schwager. Ich bin etwo weitleufig bericht worden, das der teutschmeister zu Horneck kirzlichen mit todt abgangen sein soll, und das ir jetzo bei der versamblung der paurschaft und anderm, welche verschiener tag (vielleicht nit on ursach) etzliche flecken und schlosser, dem Deutschen Orden zustendig, eingenomen haben, euch erhalten sollet. Demnach ich verursacht, in absein m[eins] g[nedigen] h[errn] des hochmaisters, euch mit dieser schrift zu ersuchen, will derhalben euch ganz freuntlich gebeten haben, ir wollet allen meglichen vleis fürwenden, zu erfaren, ob der teutschmaister verschieden also mit todt sei oder nit; und wo dem also [sei], so wollet m[einem]

---

37 Vgl. FUCHS, Florian Geyer (wie Anm. 8) S. 114; FRANZ, Bauernkrieg (wie Anm. 34) S. 185; FRANZ, Florian Geyer (wie Anm. 1) S. 127.
38 Vgl. FRANZ, Bauernkrieg (wie Anm. 34) S. 185; FRANZ, Florian Geyer (wie Anm. 1) S. 128.
39 Vgl. FUCHS, Florian Geyer (wie Anm. 8) S. 117; FRANZ, Bauernkrieg (wie Anm. 34) S. 185; FRANZ, Florian Geyer (wie Anm. 1) S. 128; Walter Peter Fuchs bezweifelt diese Reiseetappen: FUCHS, Florian Geyer (wie Anm. 8) S. 118.

g[nedigen] h[errn] zum besten sampt euren verwandten und zugetanen bei den teutschen herren etzliche rigel, mittel und wege, wie ir dan baß als ich anzaigen kann, zu tun wist, furschlagen, damit die teutsche hern keinen andern teutschen maister on m[eins] g[nedigen] h[errn] bewilligung und zulassung erwelen tun, sondern das m[ein] g[nediger] h[err], diweil s[ein] f[ürstlich] g[naden] wie ir one zweifel des genugsame wissenschaft tragt, ein hochmaister und obrister des ganzen ordens ist, in solcher wahl für einen teutschen maister hiraussen benent und erkoren werde.

Darzu so wer mein freuntlich und gutlich bit, wo es euch anders an verletzung eur eren und sonst keinen nachteil geperen tet, das ir mit der gemelten versamblung etlicher maß handeln wolt, damit dieselbige eingenomene ordensheuser und flecken m[eins] g[nedigen] h[errn] zum besten mochten eingereumet werden. Dan ich der trostlichen verhofnung, wo s[ein] f[ürstlich] g[naden], wie ich dan in teglicher zuversicht bin, alhie ankomen wurde, dieselb werden sich gegen den untertanen des Teutschen Ordens mit ablegung der beschwerden mit solchen gnaden, darob sie gutten gefallen haben solten, erzaigen und beweisen, auch des genugsame versicherung und vorschreibung zustellen, nichtsweniger bei aller pilligkait hanthaben und vor iberiger gewalt, bedrangnus und beschwerden als ein cristenlicher furst und liebhaber der gerechtigkeit schützen und schirmen; abermols bittende, ir wellet zu den allem keinen meglichen vleis sparen. Das wurd ungezweifelt hochgenannter m[ein] g[nediger] h[err] umb euch in aller gnedigsten willen erkennen und ich dienstlich verdienen. Dat[um] Onoltzpach am freitag nach dem Oster heilgen tag a[nn]o 1525. Nachschrift: Und bitt des bei gegenwertigem zaiger eur schriftliche antwort.[40]

Am Ansbacher Hof kursierte bei Ausbruch des Bauernkriegs also das Gerücht, der Deutschmeister sei in Gundelsheim verstorben. Geyer stand zu dem Zeitpunkt bereits auf der Seite der Bauern, seiner *verwandten und zugetanen*, was dem Marschall – die Wortwahl beweist es – bekannt war. Dennoch bat er Geyer, er möge sich dafür einsetzen, dass statt des vermeintlich Verstorbenen der Hochmeister selbst zum Deutschmeister gewählt und ihm die von den Bauern eingenommenen Ordensbesitzungen wieder zugesprochen würden.[41]

Das Schreiben ist, wie Walter Peter Fuchs bereits 1969 herausarbeitete, „in mehrfacher Hinsicht bemerkenswert". Den Aufständischen wird darin immerhin ein Mitspracherecht bei der Bestellung des Deutschmeisters zugestanden. Weiterhin dokumentiert es, dass man in Ansbach von einer überaus starken Stellung Geyers innerhalb des Bauernheeres ausging. Zudem hatte man am markgräflichen Hof

---

40 Günther FRANZ, Quellen zur Geschichte des Bauernkrieges (Ausgewählte Quellen zur deutschen Geschichte der Neuzeit, Freiherr vom Stein-Gedächtnisausgabe 2), Darmstadt 1963, S. 345 f., Nr. 108: 21. April: Melchior Rabensteiner, Marschalk des Hochmeisters Albrecht von Preußen, an Florian Geyer; vgl. Günther FRANZ, Akten zur Geschichte des Bauernkriegs in Mitteldeutschland, Bd. 1.2, Leipzig 1934 (ND Aalen 1964), Nr. 182a.
41 Vgl. FUCHS, Florian Geyer (wie Anm. 8) S. 120.

offenbar noch nicht erfahren, dass Albrecht von Brandenburg bereits am 10. April 1525 in aller Form in Krakau König Sigismund den Lehnseid geschworen hatte.[42] Die Leitung des Gesamtordens übernahm dann 1527 der Deutschmeister als Administrator des Hochmeisters.

Doch zurück ins Jahr 1520. Auf der Rückreise von Geyers internationalen Gesandtschaften verpflichtete Kurfürst Joachim von Brandenburg den fränkischen Ritter und sandte ihn mit neuen Aufträgen, diesmal an den Hof König Christians von Dänemark. 1521 kehrte Geyer nach Preußen zurück; erst zwischen 1522 und 1524 ist er wieder in seiner Heimat nachzuweisen. 1523 vertrat er die Odenwälder Ritterschaft auf dem großen fränkischen Rittertag in Schweinfurt.[43] Zentrales Thema war dort die Durchsetzung ritterschaftlicher Forderungen gegenüber den Landesherren, ein Ziel, dem in abgewandelter Form auch Geyers Bestrebungen im Bauernkrieg entsprochen haben mögen.[44] Die in weiten Teilen noch im Fehdewesen verhaftete Ritterschaft, das erhellt bereits aus ihrer dem Rittertag vorgeschalteten Beschwerdeschrift vom 29. Dezember 1522, lag zu jener Zeit im Konflikt mit allen und jedem, mit den Fürsten, den fränkischen Gerichten, dem Kammergericht, dem Reichsregiment, dem Schwäbischen Bund und mit sich selbst.[45] Die Edelleute wurden sich in Schweinfurt nicht einig, stattdessen kam es nun auch noch zum Zerwürfnis untereinander. Viele Ritter optieren für ihre Lehnsbande gegenüber dem Würzburger Bischof, so auch Florians Verwandte Ambrosius und Sebastian.[46] Letztlich wurden damit innerhalb der Familie Geyer schon die Frontstellungen für den drei Jahre später ausbrechenden Bauernkrieg vorbereitet. Weithin unbekannt ist die Strafexpedition des Schwäbischen Bundes, die sich anschloss. Im Juni und Juli 1523 wurden im Zuge dessen achtzehn Burgen in Franken zerstört, ohne dass die ritterlichen Standesgenossen den betroffenen Burgherren Hilfe geleistet hätten.[47] Wenn also während des Bauernkriegs die gro-

---

42 Vgl. FUCHS, Florian Geyer (wie Anm. 8) S. 121; vgl. FRANZ, Florian Geyer (wie Anm. 1) S. 128 f.
43 Vgl. BARGE, Florian Geyer (wie Anm. 23) S. 6.
44 Vgl. FRANZ, Florian Geyer (wie Anm. 1) S. 128.
45 Deutsche Reichstagsakten, Mittlere Reihe, Bd. 3: 1488 bis 1490, bearb. von Ernst BOCK, Göttingen 1972, S. 35; vgl. BARGE, Florian Geyer (wie Anm. 23) S. 10.
46 Vgl. BARGE, Florian Geyer (wie Anm. 23) S. 10 f.; vgl. Franz FUCHS, Lorenz Fries, Christoph Scheurl und Sebastian von Rotenhan. Ein neuer Bericht über die beurisch auffrur 1525, in: Lorenz Fries und sein Werk. Bilanz und Einordnung (Veröffentlichungen des Stadtarchivs Würzburg 19), hg. von Franz FUCHS, Stefan PETERSEN, Ulrich WAGNER und Walter ZIEGLER, Würzburg 2014, S. 197–219, hier S. 209.
47 Vgl. BARGE, Florian Geyer (wie Anm. 23) S. 11. Es existiert kein Nachweis für Geyers Beteiligung am Fehdewesen: „Das einzige Mal, wo er uns handelnd entgegentritt – bei der Möckmühler Fehde i. J. 1519 – steht er auf seiten des Schwäbischen Bundes, der für die Herstellung des Landfriedens eintritt", ebenda S. 13; vgl. auch Thomas STEINMETZ, Conterfei etlicher Kriegshandlungen von 1523 bis in das 1527. Jar. Zu Burgendarstellungen über die „Absberger Fehde" oder den „Fränkischen Krieg", in: Beiträge zur Erforschung des Odenwal-

ße Mehrzahl des fränkischen Niederadels dem Lehnsaufgebot des Würzburger Bischofs Folge leistete, so ist dies auch vor dem Hintergrund der Ereignisse von 1522 und 1523 zu sehen.[48] Viele von ihnen hatten ihren eigenen, weithin unbeachteten Krieg bereits v o r dem berühmten Bauernkrieg ausgefochten.

Im selben Jahr 1523 ging Geyer abermals auf Reisen. Günther Franz mutmaßt, dass Florian Geyer als Marschall des Hochmeisters an dessen Unterredung mit Luther und Melanchthon teilgenommen habe, die am ersten Adventssonntag des Jahres 1523 in Wittenberg stattfand. Es ging dabei um den Plan, das Ordensland in ein weltliches und somit erbliches Herzogtum umzuwandeln. Franz mutmaßt weiter, die persönliche Begegnung mit dem Reformator dürfte auf den bald zur reformatorischen Lehre neigenden Geyer „starken Eindruck" gemacht haben.[49] Das ist möglich, zumindest passt es gut ins Bild, aber wir wissen es nicht. Franz entwickelt daraus die These, Geyer sei „im Bauernkrieg als ein überzeugter und unbedingter Anhänger Luthers" aufgetreten.[50] Auch das ist eher plausible These als Gewissheit und angesichts der dürftigen Quellenlage keineswegs sicher. Die Position, die Florian Geyer öffentlich vertrat, aus welchen Gründen auch immer – Freiwilligkeit, Zwang, Strategie, Taktik –, muss nicht mit seinen eigenen Überzeugungen identisch gewesen sein.

So weit zum biographischen Hintergrund Florian Geyers bis 1525. Günther Franz bezeichnet diesen Ritter an der Schwelle zum Bauernkrieg zusammenfassend als einen „im Kriege erfahren[en] und im Fürstendient hochgekommen[en]" Mann.[51] Welche Rolle aber spielte er im dann aufziehenden Bauernkrieg? Frank Kleinehagenbrock schrieb dazu vor kurzem: „Während über diesen Teil seines Lebens", also über seine Jugend bis in die frühen 1520er Jahre, „recht viel bekannt ist, lassen sich über sein Verhalten im Bauernkrieg nur wenige und teils widersprüchliche Angaben finden, was Raum zu Spekulationen und Vereinnahmungen lässt."[52] Dieses Missverhältnis soll im nächsten Schritt näher betrachtet werden.

---

des und seiner Randlandschaften, hg. von Winfried WACKERFUSS, Bd. 4, Breuberg-Neustadt 1986, S. 365–386.
48 Vgl. BARGE, Florian Geyer (wie Anm. 23) S. 11.
49 FRANZ, Florian Geyer (wie Anm. 1) S. 128; vgl. FUCHS, Florian Geyer (wie Anm. 8) S. 119 f.
50 FRANZ, Florian Geyer (wie Anm. 1) S. 128.
51 FRANZ, Bauernkrieg (wie Anm. 34) S. 185. Differenzierter, neutraler und sachlicher KLEINEHAGENBROCK, Adel und Bauernkrieg (wie Anm. 13) S. 409 f.: „Es handelte sich um einen gut gebildeten, weit gereisten Adeligen, der in einem hohen Maße Erfahrungen vor allem in Diensten des Markgrafen Kasimir von Brandenburg-Ansbach gesammelt und insofern eine für seinen Stand typische [?] Karriere im Fürstendienst durchlaufen hatte. Vor allem war er als Gesandter für die fränkischen Hohenzollern tätig, nicht zuletzt ist er zu Albrecht, den Hochmeister des Deutschen Ordens und jüngeren Bruder des Markgrafen, ins Ordensland entsandt worden. Zudem engagierte er sich für die Odenwäldische Ritterschaft. Er wandte sich früh in den 1520er Jahren der Reformation zu."
52 KLEINEHAGENBROCK, Adel und Bauernkrieg (wie Anm. 13) S. 409 f.

III

Franken mit seiner typischen Herrschaftszersplitterung, der unüberschaubaren Gemengelage an landes-, grund- und gerichtsherrlichen wie kirchlichen Rechten bot besonders viele Voraussetzungen beziehungsweise Ursachen für die Unruhen der Bauern, ja es war von seiner Verfasstheit geradezu prädestiniert dazu. Walter Ziegler bestätigt, dass die Ansatzpunkte von Unruhen gerade „in politisch kranken Gebieten" sichtbar wurden, und ein solches war Franken aus politischer Sicht nun einmal.[53] Die übliche Realteilung, kombiniert mit der Bevölkerungsexplosion seit der Mitte des 15. Jahrhunderts, hatten sehr kleine landwirtschaftliche Einheiten entstehen lassen, die ihren Inhabern unter der Last der vielfältigen Abgaben kaum noch das Überleben ermöglichten.[54] Herrschaftliche Neuerungen[55], Kriege und Missernten (1502/03, 1505, 1515, 1517–1524) wirkten als Katalysatoren. Die Konsequenzen beschreibt der Würzburger Chronist Lorenz Fries in seiner Geschichte des Bauernkriegs in Ostfranken: *Und wiewol die angezaygt sinflus, das ist die beswerlich entborung der unterthanen, das hohe Teutschland vast an allen orten durchwuttet, so hat sie doch an kainem ende so heftig und erschrocknelich eingetrungen, als in dem stifte Wirtzburg und herzogthumb zu Francken.*[56]

Rothenburg ob der Tauber war 1525 zum Zentrum der Aufständischen in Mittelfranken geworden. Andreas Bodenstein alias Karlstadt, als Luthers Widersacher aus Kursachsen vertrieben, hatte im Dezember 1524 in der Reichsstadt an der Tauber Zuflucht gefunden. Der Rat wies ihn bald wieder aus; unterstützt von den evangelischen Stadtbewohnern unter der Führung des einflussreichen Altbürgermeisters Ehrenfried Kumpf blieb er aber heimlich in der Stadt.[57] Für Karlstadt stand allein das Religiöse im Vordergrund. Auf die Bauern indes war er „vollends ohne jeden Einfluß", ja sie standen ihm fast feindselig gegenüber.[58] In der Reichsstadt Rothenburg nahm der Bauernkrieg ganz eigene Züge an; ihm zugrunde lag ein Konflikt zwischen (Acker-) Bürgern und Handwerkern einerseits und stadtadligen Patriziern andererseits, die den Rat dominierten und mit umfangreichem

---

53 ZIEGLER, Kein Bauernkrieg (wie Anm. 2) S. 100.
54 Vgl. Rudolf ENDRES, Franken, in: Horst BUSZELLO, Peter BLICKLE und Rudolf ENDRES, Der deutsche Bauernkrieg (Uni-Taschenbücher 1275), Paderborn u. a. 1995, S. 134–153, hier S. 135–137.
55 Einführung neuer Frondienste (bei herrschaftlichen Jagden), außerdem Flurschäden, auch durch die Schafzucht des Adels, neue Wein- und Biersteuern, Türkensteuer für das Reich: „neue Zumuthungen" des sich im Aufbau befindlichen Territorialstaates; ENDRES, Franken (wie Anm. 54) S. 137–139.
56 Lorenz FRIES, Die Geschichte des Bauern-Krieges in Ostfranken, hg. von August SCHÄFFLER und Theodor HENNER, Würzburg 1883 (ND Aalen 1978), Bd. 1, S. 3; vgl. ENDRES, Franken (wie Anm. 54) S. 134.
57 FRANZ, Bauernkrieg (wie Anm. 34) S. 177 f.
58 FRANZ, Bauernkrieg (wie Anm. 34) S. 178.

Grundbesitz in der weitläufigen Landwehr, dem Territorium der Reichsstadt, ausgestattet waren. Mit Bauern und Dorfbewohnern hatte der Konflikt somit zunächst kaum etwas zu tun: „Der Aufstand in der Stadt war eine kleinbürgerliche Bewegung, die von den Handwerkern getragen wurde."[59] In der Osterwoche des Jahres 1525 erhoben sich aber, inspiriert von benachbarten Regionen, schließlich auch die Bauern im Taubertal.

Die Bauernbewegung in der Landwehr löste sich schnell vom Geschehen in der Stadt und wuchs rasch an.[60] „Sie bildeten einen eigenen Haufen und stellten anscheinend relativ schnell Florian Geyer an ihre Spitze", so mutmaßt ein weiteres Mal Günther Franz.[61] An Ostern 1525 (16. April) ist der vermeintliche Anführer Florian Geyer das erste Mal im Bauernlager nachweisbar.[62] Günther Franz spricht beim Anschluss Rothenburgs an die Bauernschaft von Florian Geyers „wichtigster Aufgabe". Dem Verhandlungsgeschick Geyers und seiner Beredsamkeit schreibt er es zu, dass die Stadt bereits am Tag nach seiner Ankunft in das Bauernbündnis aufgenommen werden konnte. Angeblich von der Kanzel oder der Empore der Jakobskirche herab erläuterte der Ritter der versammelten Rothenburger Einwohnerschaft das Bauernprogramm.[63]

Günther Franz entwirft hier sehr eindrucksvolle, filmreife Bilder, ein junger Ritter auf der Kanzel der Stadtkirche. Ob es sich tatsächlich so zugetragen hat, bleibt zu bezweifeln, wenngleich dieser Auftritt, der Revolutionär auf der Kanzel, mangels anderer adäquater Versammlungsorte so spektakulär gar nicht gewesen sein dürfte.[64] Von diesem Ereignis ist in einer zeitgenössischen Rothenburger Chronik ein langer Bericht von dem Stadtschreiber Thomas Zweifel überliefert. Das von Geyer verkündete Ziel sei *ain reformation uf das hailig ewangelion* gewesen. Die vielen unrechtmäßigen Abgaben, die den Bauern aufgebürdet wurden, werden im Detail aufgezählt. Gleichzeitig sei man sich allerdings bewusst gewesen, dass *die stett sich on steuer als diese statt nit wohl erhalten mögen*. Daher sei die Bauernschaft der Meinung gewesen, *sölich purden [nicht] ganz abzulegen, sondern das*

---

59   Franz, Bauernkrieg (wie Anm. 34) S. 180.
60   Vgl. Franz, Bauernkrieg (wie Anm. 34) S. 181
61   Franz, Florian Geyer (wie Anm. 1) S. 128.
62   Vgl. Franz, Bauernkrieg (wie Anm. 34) S. 184.
63   Franz, Florian Geyer (wie Anm. 1) S. 129; Ulrich Wagner, Der Bauernkrieg bei Lorenz Fries, Martin Cronthal und Johann Reinhart, in: Lorenz Fries Bilanz (wie Anm. 46) S. 150–178, hier S. 157.
64   Auch an anderer Stelle hat Günther Franz Änderungen in der „Dramaturgie" vorgenommen. Dass die Einnahme der Stadt Weinsberg durch die Bauern an Ostern 1525 erfolgte, während Graf Ludwig Helferich von Helfenstein und seine Begleiter der Messe in der Kirche beiwohnten, entspricht nicht den Tatsachen, Franz, Bauernkrieg (wie Anm. 34) S. 191 f.; vgl. dazu Hermann Ehmer, *...schaden zum dott empfangen*. Die Opfer der Weinsberger Bluttat an Ostern 1525 und ihre Memoria, in: Zeitschrift für württembergische Landesgeschichte 80 (2021) S. 119–153, hier S. 119, Anm. 3.

sich die oberkait mit den undertanen deshalben vergleichen söllten – oder anders ausgedrückt: *das sie in kainer statt das regiment, die ambt und befelhe, so sie von gemainer statt wegen hetten, abtun oder abstellen, sonder gehandhabt haben, das dieselben in iren ern und wirden bleiben.* Die Aufständischen unterschieden also zwischen *unzimblichen* da *ungewonlichen*, also neu eingeführten und daher unzumutbaren Steuern und *purden* und solchen, die lediglich zu modifizieren, grundsätzlich aber beizubehalten wären, über die verhandelt werden sollte. Erklärtes Ziel war, dass *gut ainigkait bleiben und erhalten, ufrurn, daraus unrat und zertrennung entstund, verhut werden und bleiben mochte*. Geistliche Güter sollten sequestriert und ordentlich inventarisiert werden. Das herrschaftliche System und die Stellung der Obrigkeit, ihre Legitimität, wurden indes nicht grundsätzlich angezweifelt.[65]

Nachgewiesen ist auch in dieser Szene lediglich Geyers Funktion als redegewandter Sprecher der Bauernschaft. Als Grenzgänger zwischen den verschiedenen sozialen Gruppen eignete er sich dafür besonders gut. Wer allerdings die maßgeblichen Köpfe im Hintergrund waren, ist unsicher, und auch ob Geyer das, was er verkündete, wirklich selbst vertrat, steht nicht fest. Tatsächlich scheint Florian Geyer – entgegen anderen Behauptungen – keinen hohen Rang in der Bauernschaft bekleidet zu haben. Die bisherige Forschung hatte diesen Umstand immer als gegeben vorausgesetzt und den Sprecher wie selbstverständlich mit dem geistigen Urheber des von ihm Gesagten gleichgesetzt. Es ist aber unwahrscheinlich, dass es sich hierbei um eine freie oder von Geyer konzipierte Rede handelte, vielmehr wohl eher um einen vorbereiteten Vortrag der Ideen des Leitungsgremiums der so genannten Bruderschaft, zumindest in weiten Teilen, denn in dem Bericht ist die Rede von der *verlesung der credenz* und davon, *sie*, Geyer und seine Begleiter, *hetten befelh*.[66]

Das Programm der Taubertäler wurde bald zum Vorbild für andere. Wenngleich auch sie nach der reinen Predigt verlangten, beriefen sie sich doch nicht auf die Zwölf Artikel. Sie verzichteten auf alle Einzelforderungen zugunsten des einen Satzes, der sich erstmals am 30. März bei den Rothenburger Bauern findet: Was das Evangelium aufrichtet, soll aufgerichtet sein, was es niederlegt, soll niedergelegt sein. Außerdem vertraten sie den Standpunkt, dass bis zum Beschluss allgemeiner Grundsätze – in Form einer so genannten *reformation* – darüber, was man der Obrigkeit schuldig sei, keine Abgaben mehr zu leisten seien, was wiederum dem Programm der Christlichen Vereinigung in Oberschwaben entsprach. Das Evange-

---

65 FRANZ, Quellen (wie Anm. 40) S. 365–368, Nr. 119: 14. Mai, Florian Geyers Rede in Rothenburg vor Rat und Ausschuss der Stadt über die Ziele der fränkischen Bauern; ZWEIFEL, Bauernkrieg (wie Anm. 12) S. 352–355.
66 FRANZ, Quellen (wie Anm. 40) S. 365–368, Nr. 119. 14. Mai. Florian Geyers Rede in Rothenburg vor Rat und Ausschuss der Stadt über die Ziele der fränkischen Bauern; ZWEIFEL, Bauernkrieg (wie Anm. 12) S. 352–355.

lium als lebens-, gesellschafts- und herrschaftsleitendes Prinzip sollte der Maßstab für eine gerechte Ordnung sein.[67]

Es ist an dieser Stelle noch einmal auf das Itinerar Geyers während der Monate April und Mai 1525 zurückzukommen. Als er am 8. Mai von seiner Mission nach Ochsenfurt[68] und Kitzingen ins Bauernlager zurückkehrte, war der Tauberhaufen bereits nach Heidingsfeld weitergezogen, um die Belagerung des Marienberges vorzubereiten.[69] Die Verschmelzung der drei Haufen hatte am 6. und 7. Mai 1525 vor Würzburg stattgefunden. Die Odenwälder, Taubertäler und Bildhäuser Haufen (dieser nur teilweise: der Heidingsfelder Haufe) vereinigten sich vor der Festung Marienberg. Franz geht von 15.000 Bauern rings um Würzburg aus.[70]

In gewisser Weise scheint Geyer hier übergangen worden zu sein. Für einen Mann in einer Leitungsposition mutet es unwahrscheinlich an, dass seine Leute ohne ihn – und ohne ihn zu informieren – abgezogen wären. War dies zurückzuführen auf die Uneinigkeit innerhalb der Bauernschaft, die, grob gesprochen, in eine radikale und eine eher beschwichtigende Faktion zerfallen war? Der Gastwirt Jakob Kohl aus Eibelstadt, der die Hauptmannstelle bekommen hatte, war in jedem Fall einer derjenigen, der radikalere Lösungen wie die Zerstörung des Marienbergs erwogen und propagierten.[71] Geyer, der, seinen Männern folgend, nach Würzburg geeilt war, um dort ab dem 9. Mai gemeinsam mit fünf anderen Abgeordneten[72] im Rathaus mit Rat, Viertelmeistern und Ausschuss der Stadt zu verhandeln, auf dass die Würzburger Gemeinde sich zur Annahme der Vertragsartikel verpflichtete,[73] was auch gelang, war strikt gegen eine solche Zerstörungswut, und

---

67   FRANZ, Bauernkrieg (wie Anm. 34) S. 182 f.; vgl. Horst BUSZELLO, Legitimation, Verlaufsformen und Ziele, in: BUSZELLO/BLICKLE/ENDRES, Bauernkrieg (wie Anm. 54) S. 281–321, hier S. 282 f.; BLICKLE, Bauernkrieg (wie Anm. 2) S. 20.
68   „In Ochsenfurt brachen sie in die Kellereien des Dompropstes und des Kapitels ein und verzehrten und verwüsteten alles, was sie an Wein, Getreide und anderem Gut darin vorfanden", BARGE, Florian Geyer (wie Anm. 23) S. 21; FRIES, Geschichte (wie Anm. 56) S. 29. Mit drei weiteren Männern wurde Geyer am 6. Mai 1525 von Ochsenfurt nach Kitzingen abgefertigt: „Hier entwickelte er am folgenden Tage vor versammelter Gemeinde" – man kann sich den Ablauf wohl ähnlich wie wenige Tage später in Rothenburg vorstellen – „in ausführlicher Rede die Ziele der Aufstandsbewegung und nahm die Stadt in den Bund mit den Bauern auf", BARGE, Florian Geyer (wie Anm. 23) S. 28.
69   BARGE, Florian Geyer (wie Anm. 23) S. 28.
70   Vgl. FRANZ, Bauernkrieg (wie Anm. 34) S. 203.
71   Hermann Ehmer konstatiert eine „Dynamik, die sich in so gut wie allen Bauernhaufen abspielte". In diesen fanden „Flügelkämpfe statt zwischen gewaltbereiten Radikalen und Gemäßigten, die einen friedlichen Ausgleich mit den Herrschaften anstrebten", EHMER, Schaden (wie Anm. 64) S. 122.
72   „Die drei Haufen blieben in sich selbständig. Doch die einheitliche Leitung lag in den Händen eines obersten Rates, zu dem jeder Haufe fünf Vertreter stellte", FRANZ, Bauernkrieg (wie Anm. 34) S. 204.
73   „Eine Bundesordnung, auf die sich alle Mitglieder der Haufen eidlich zu verpflichten hatten", BLICKLE, Bauernkrieg (wie Anm. 2) S. 22.

auch die Würzburger wollten sich gegenüber ihrem Stadtherrn, dem Bischof, neutral verhalten und sich an einem Sturm auf die Festung nicht beteiligen:[74] *dass sie es itzt gern thun wolten; aber dass sie in alle sach eingewickelt werden solten, wolten sie nicht thun.*[75]

Der Stadtschreiber Martin Cronthal schildert diese Ereignisse sowie den Auftritt Florian Geyers vor dem Stadtrat im Detail.[76] Inhaltlich unterscheidet sich sein Bericht kaum von dem seines Rothenburger Amtskollegen Thomas Zweifel. Der Würzburger Stadtrat nahm die Forderungen der Bauern an, allerdings unter der Bedingung davor verschont zu bleiben, gegen ihren eigenen Herrn, den auf dem Marienberg residierenden Bischof, ziehen zu müssen und das Schloss zu zerstören:

[...] Item die verordnete hauptleut der frenkischen Neckarthals und Otenwaldts versammlung, Florian Geyer [...], Hanns Retzel, schultes, Johann Fischer, stattschreiber, Melchior Hoffmann von Ochsenfurth, Dionisius Schmidt von Schwobach, Fritz Langermann von Iphoven sind uf heut Dienstag nach Jubilate [9. Mai] vor rath, viertelmeister und ausschuss erschienen und haben durch gedachten Florian Geyer erzehlen lassen: [...] Nun stund ihr furnehmen auf zweien articeln, das erstlich sie ihnen furnehmen und willens wären, mit hülf des Almechtigen das heilig evangelium und wort Gotes und darzu, was dasselbig vermag, zu furdern, aufzurichten und zu bestetigen und was wieder dasselbig, zu unterdrucken und niederzulegen und nicht zu gestatten, ihnen solche ordnung furzunehmen, die do bestendig ewig bleiben, land und leuten zu handhabung und gueten kommen solten.

Zum andern wer ihr meinung, dass niemand einiger oberkeit weder steuer, gult noch anders reichen oder geben soll bis zu end dis ihres christlichen furnehmens. Es wär auch ihre meinung, dass man aller clöster und geistlichen guter in verwahrung nehme, die zusammen hielt, nichts davon gewendet oder unzimlicher cost[en], wie bisher beschehen; ob die ganze versammlung des notturftig wurd, alsdann ein vorrath zu haben. Es solt auch ein rath und burger ein jeder in seiner wirdigkeit sein und bleiben, wie er bisher gewest, es wär denn, dass er unehrenhalb darob entsetzt und gestraft wurd. Es solten auch von rath und gemeind etlich hauptleut verordnet werden, wo sich entborung oder andere strefliche handlung erhuben und furgenommen wurden, dieselben nach ihr jedes verwirken und ihrem erkentnus zu strafen, macht haben solten.

Uf solchs und als der gemelt Geyer sein anbringen verendt hat, lies ein rath den hauptleuten furtragen und sie bitten, in ansehung ihrer noth und wie alle geschutz uf die statt gericht, sie itzigs furnehmens halben gegen dem schloss geruhet sitzen zu las-

---

74 Vgl. BARGE, Florian Geyer (wie Anm. 23) S. 28; FRANZ, Bauernkrieg (wie Anm. 34) S. 204; WAGNER, Bauernkrieg (wie Anm. 63) S. 168 f.
75 Martin CRONTAL, Die Stadt Würzburg im Bauernkriege, hg. von Michael WIELAND, Würzburg 1887, S. 51 f.
76 Vgl. WAGNER, Bauernkrieg (wie Anm. 63) S. 169; CRONTAL, Stadt Würzburg (wie Anm. 75) S. 51 f.

sen, mit dem erbieten, was hernach ihnen geburt, wolten sie sich gehorsamlich wie andere stätt halten. Dann solten sie leut hinausschicken, so wär die statt weitleuftig, die geistlichen hinaus und wenig mannschaft darinnen, dörften wol, dass man ihne mehr leut hineinschickt, solchs ist, so viel muglich, freundlich zugesagt, und dass sie ohn ihr zuthun gegen dem schloss, was sie furgenommen, enden wolten. ferner baten sie, dass die hauptleute und räthe keinen geistlichen noch weltlichen, so bishero in der statt gesessen und kein mitleiden mit der statt gehabt, in ihren schutz und vertheidigung nehmen solten, sondern was sie verseumt und durch sie gemeiner statt bisher entzogen worden, wiederum zu erstatten verhelfen und furder zu thun wie davor. Desgleichen dass kein burger [noch] die seinen in ihren leben, ehren, leib oder gut beschedigt oder verletzt wird, zu verfugen, sondern unbedrangt bei dem ihren bleiben mochten [...].[77]

Die verordneten Bauernhauptleute nahmen dieses Angebot rundum an.

Geyer setzte die Verhandlungen fort und bezog auch die Beamten des auf dem Marienberg eingeschlossenen Würzburger Bischofs mit ein, denn die Festung Marienberg war keine der Adelsburgen, die – darüber war man sich einig – zerstört werden sollten, um das Fehdewesen endgültig zu beenden; von einer Gefährdung des Landfriedens, die vom Schloss Marienberg ausgegangen wäre, konnte keine Rede sein.[78]

Auch der Bischof und seine Mannen erklärten sich bereit, die Artikel anzunehmen,[79] verlangten aber freien Abzug und Schonung des Marienbergs. Die Bauernschaft geriet, wie bereits geschildert, über diesen Punkt in Streit, denn „unter dem Einfluß mehrerer sich besonders radikal gebärdender Würzburger gewann schließlich die Meinung die Oberhand, man solle keinen Vertrag annehmen, ‚das Schloß würde denn übergeben, zerrissen und zerstört'."[80] Florian Geyer war entsetzt über diesen ungeheuren Vorstoß aus seinen eigenen Reihen. Lorenz Fries schreibt darüber in seiner Bischofschronik: *Also das auch ain frenkischer edelman, Florian Geier genant, so derselbigen zeit sich zu den bauren verpflicht und in iren reten sass, gegen etlichen offentlich gesagt: Er und seine brudere, die bauren, hetten die sachen dergestalt angefangen, das ain jeder furst disen tanz (die ufrur mainend) vor seiner ture haben solte, darum kainer dem andern zu hilf komen mogte.*[81]

Auf den ersten Blick klingen die Worte Geyers radikaler als sie waren. Geyer wollte die Landesfürsten, denen er *disen tanz [...] vor [die] Ture* pflanzen wollte,

---

77 Franz, Quellen (wie Anm. 40) S. 355 f., Nr. 111. 8. und 9. Mai, der Anschluss der Stadt Würzburg an die Bauernschaft, Bericht des Stadtschreibers: Crontal, Stadt Würzburg (wie Anm. 75) S. 49–52.
78 Vgl. Barge, Florian Geyer (wie Anm. 23) S. 32.
79 Vgl. Franz, Bauernkrieg (wie Anm. 34) S. 204.
80 Barge, Florian Geyer (wie Anm. 23) S. 31.
81 Fries, Geschichte (wie Anm. 56) Bd. 1, S. 119. Franz, Quellen (wie Anm. 40): Nr. 117, Mai, Florian Geyer im Bauernlager, Bericht des Lorenz Fries.

nicht absetzen, sondern sie an den Verhandlungstisch zwingen, oder, um es mit den Worten des Rothenburger Stadtschreibers Thomas Zweifel zu sagen, *dass sich die oberhait mit den undertanen deshalben vergleichen söllte.* Die Forderung des Bauernrats der bedingungslosen Übergabe des Marienbergs auf der Grundlage des Schlösserartikels, um dieses augenfällige Symbol fürstlicher Macht zu eliminieren, zählte indes nicht zu Geyers Forderungskatalog, sondern war in seinen Augen ein schwerer Fehler.[82] Geyers Ziel war es lediglich, die Fürsten daran zu hindern, sich gegenseitig militärisch gegen die Bauern zu unterstützen, um sie so zum Einlenken zu bewegen. Indem die Ereignisse an vielen Orten gleichzeitig stattfanden, sollten die fürstlichen Kräfte vor Ort gebunden werden. Geyers Ziel war es somit nicht, die Herrschaft der Fürsten und die bestehende soziale Ordnung umzustoßen. Genau über diesen Punkt kam es schließlich zum Zerwürfnis zwischen Geyer und den Anhängern der radikaleren Gruppierung unter den Bauern.

Bei Lorenz Fries heißt es über die Reaktion Florian Geyers auf die Forderung nach der Zerstörung von Schloss Marienberg: *Wenn er der Taubertaler und derer, die aus dem Gau wären* [der Odenwälder], *aufrührerischen Sinn von Anfang an gekannt hätte, würde er lieber zugesehen haben, daß sie erstochen würden, denn daß er sich mit ihnen verbrüderte; er sähe wohl, daß es des teufels brüderschaft und dem evangelio nicht gemäß wäre.*[83]

Im Laufe des Wortgefechts kam es zu weiteren Beschimpfungen. Geyer ging den Pfarrer Bubleben von Mergentheim an, es sollte kein Pfaffe im Bauernrat sitzen, Bubleben indes erwiderte, man sollte keinem Edelmann in diesen Sachen vertrauen.[84] Vielen Bauern war der beschwichtigende Geyer, der in seinen Forderungen nicht weit genug ging, inzwischen ganz offensichtlich zu unbäuerisch, ja schien ihnen geradezu als ein Verbündeter seiner adligen Standesgenossen und der Fürsten, die er zu schonen suchte.

Geyers Position war aber in der Zusammenschau keine monotone. In den wenigen Wochen, während der er in den Quellen nachweisbar ist, scheint er sich vom hoffnungsvollen und stellenweise naiven Idealisten zum enttäuschten Realisten gewandelt zu haben. In den Ereignissen zwischen Rothenburg und Würzburg und Geyers Reaktion darauf spiegelt sich die Prozessualität seines Wesens und Charakters oder doch zumindest seiner Haltung in der Bauernfrage – vorausgesetzt er vertrat persönlich, was er propagierte.[85] In der Szene um die finale Entscheidung über das Schicksal des Marienbergs erscheint Geyer jedenfalls eher als Visionär, der sich

---

82 Vgl. BARGE, Florian Geyer (wie Anm. 23) S. 33.
83 FRIES, Geschichte (wie Anm. 56) S. 205; vgl. FRANZ, Florian Geyer (wie Anm. 1) S. 129.
84 Vgl. BARGE, Florian Geyer (wie Anm. 23) S. 32. Auch bei diesen gegenseitigen Vorwürfen handelte es sich um gebräuchliche Topoi; vgl. EHMER, Schaden (wie Anm. 64) S. 122.
85 Die Realität dieses Streits wurde von LENZ, Florian Geyer (wie Anm. 25) S. 123 f., in Frage gestellt; aber weshalb sollte Fries hier etwas erfinden? Er äußert sich sonst eher negativ über Geyer.

durch die radikale Haltung seiner Verbündeten tief enttäuscht sah und sich mit ihnen überwarf. In kürzester Zeit scheint sich Geyers Stellung als Sprachrohr der Bauern in eine Gegnerschaft gegenüber derjenigen Gruppe innerhalb der Bauernschaft gewandelt zu haben, die von Gier und Zerstörungswut geleitet war.

In den Verhandlungen über das Schicksal des Würzburger Schlosses kam es demnach zu schwerwiegenden Auseinandersetzungen innerhalb des Bauernbundes.[86] Am Marienberg schieden sich die Geister: „Vergeblich versuchten die Odenwälder unter Götzens Führung, aber auch Florian Geyer, ihre Genossen von diesen unannehmbaren Bedingungen abzubringen. Der Radikalismus siegte über die politische Vernunft. Die Verhandlungen wurden erfolglos abgebrochen".[87] Es folgten die Belagerung und der Beschuss des Schlosses, die jedoch wegen der mangelnden Erfahrung der Bauern in solchen Dingen zum Scheitern verurteilt waren.

Wenige Tage später, am 2. und am 4. Juni, folgte in Königshofen an der Tauber und am Schloss Ingolstadt bei Giebelstadt auf der Hochebene zwischen Ochsenfurt und Würzburg die finale Niederlage der Bauern gegen die von Süden heranrückenden Truppen des Schwäbischen Bundes mit Bischof Konrad von Thüngen und Kurfürst Ludwig von der Pfalz an ihrer Spitze.[88] Geyer war bei dieser Derniere zwischen Bauern und Bundesheer nicht anwesend, sondern hielt sich in Rothenburg auf, um mit dem Markgrafen zu verhandeln, obwohl die Legende nur allzu gern seine Person an diese Entscheidungsschlacht in seinem angeblich eigenen Schloss knüpft.[89] Vom Rothenburger Rat aus der Stadt gewiesen und mittlerweile zwischen allen Stühlen sitzend, suchte er nach Norden zu entkommen. Im Gramschatzer Wald bei Rimpar nördlich von Würzburg wurde er in der Nacht vom 9. zum 10. Juni von einem Knecht seines Vetters Wilhelm von Grumbach ermordet und beraubt,[90] wie aus einem Nebensatz im Bericht des Würzburger Stadtschreibers Martin Cronthal zu erfahren ist.[91] Helgard Ulmschneider, die Berlichingen-Biographin, schlussfolgert, Geyer sei einem Raubmord zum Opfer gefallen, doch

---

86 Vgl. parallel dazu die Frage um Schonung oder Zerstörung des Klosters Lorch bei EHMER, Schaden (wie Anm. 64) S. 122 f.
87 FRANZ, Bauernkrieg (wie Anm. 34) S. 204.
88 Vgl. FRANZ, Bauernkrieg (wie Anm. 34) S. 207; WAGNER, Bauernkrieg (wie Anm. 63) S. 158.
89 Franz zufolge habe Geyer das Schloss Ingolstadt bei Ochsenfurt gehört, tatsächlich aber gehörte es seinen Verwandten, FRANZ, Bauernkrieg (wie Anm. 34) S. 185 und 207; korrekt dagegen FRANZ, Florian Geyer (wie Anm. 1) S. 130.
90 FRANZ, Bauernkrieg (wie Anm. 34) S. 207; FRANZ, Florian Geyer (wie Anm. 1) S. 130.
91 CRONTAL, Stadt Würzburg (wie Anm. 75) S. 49–52. FRANZ, Quellen (wie Anm. 40) S. 355 f., Nr. 111, 8. und 9. Mai, der Anschluss der Stadt Würzburg an die Bauernschaft, Bericht des Stadtschreibers Martin Cronthal: *Item die verordnete Hauptleut der frenkischen Neckartals und Otenwaldts Versammlung: Florian Geyer, so durch Wilhelms von Grumbach zu Rimpar Knecht nach gestillter Entpörung erstochen und beraubt worden ist.*

tatsächlich wissen wir weder über seinen Tod noch über Motive oder Hintergründe etwas Genaueres.[92] Die Stadt Würzburg hatte sich den Bundestruppen bereits am 7. Juni ergeben.

IV

Es soll an dieser Stelle ein Vergleich zwischen dem berühmten und in diesem Band von Oliver Auge vorgestellten Götz von Berlichingen und Florian Geyer gezogen werden. „Sie waren", wie Frank Kleinehagenbrock schreibt, „keineswegs typische Vertreter ihrer gesellschaftlichen Gruppe, sind im Gegenteil wohl eher als Ausnahmen anzusehen."[93] Die unglückliche Begegnung der beiden als Kontrahenten im Jahr 1519, als Götz mit Geyers Hilfe vom Schwäbischen Bund in Möckmühl gefangengenommen wurde, ist bereits zur Sprache gekommen. Götz erwähnt Geyer in seiner Lebensbeschreibung zweimal, einmal anlässlich dieses Ereignisses, und ein weiteres Mal 1523, als Florian Geyer gemeinsam mit Zeisolf von Rosenberg, Ludwig von Hutten und ihm, Götz von Berlichingen, die Odenwälder Ritterschaft auf dem großen fränkischen Adelstag in Schweinfurt vertrat.[94] Die einstige, situativ bedingte Gegnerschaft war den gemeinsamen existentiellen Standesinteressen gewichen.

Das mögen beider erste und vielleicht sogar einzige Begegnungen gewesen sein. Indes standen die Familien Geyer und Berlichingen einander näher als gemeinhin bekannt. Götzens Sohn Hans Jakob war später mit Eva Geyer von Giebelstadt verheiratet, einer Verwandten Florian Geyers.[95] Wie bereits erwähnt, verliefen aber auch durch die Familie Geyer tiefe Gräben und mussten sie in zwei Gruppen spalten. Familiäre Nähe beziehungsweise Verwandtschaft muss nicht gleichbedeutend sein mit emotionaler Nähe und Freundschaft, ähnlichen politischen Zielsetzungen oder regem Kontakt.

Die bisherige Forschung beurteilt beide Männer als grundlegend inkompatibel.[96] Für einen schwerwiegenden Hauptunterschied hält die ältere Forschung schon die Umstände, unter denen beide ins Lager der Bauern gekommen waren, die unterschiedlicher nicht sein könnten. Die Forschung lässt keinen Zweifel daran, dass Florian Geyer – anders als der dazu gezwungene Götz von Berlichingen – sich

---

92 Vgl. Helgard ULMSCHNEIDER, Götz von Berlichingen. Ein adeliges Leben der deutschen Renaissance, Sigmaringen 1974, S. 170.
93 KLEINEHAGENBROCK, Adel und Bauernkrieg (wie Anm. 13) S. 393.
94 Vgl. BARGE, Florian Geyer (wie Anm. 23) S. 6; Helgard ULMSCHNEIDER, Götz von Berlichingen. Mein Fehd und Handlungen (Forschungen aus Württembergisch Franken 17), Sigmaringen 1981, S. 101 f.
95 Vgl. ULMSCHNEIDER, Götz von Berlichingen (wie Anm. 92) S. 238 und 241.
96 Vgl. BARGE, Florian Geyer (wie Anm. 23) S. 20.

die Sache der Bauern „kraft eigener Entschließung" zu eigen gemacht habe.⁹⁷ Das ist möglich und nach dem Zeugnis der Quellen auch sehr wahrscheinlich. Erstens jedoch gibt es dafür keinen sicheren Beweis, weil weder Geyer selbst noch seine Zeitgenossen sich zu seinem Eintritt ins Bauernheer geäußert haben, wenigstens ist dazu nichts überliefert. Zweitens ist – seine Freiwilligkeit einmal vorausgesetzt – noch weiter zu differenzieren: Trat Geyer aus Überzeugung für die Sache der Bauern ein oder doch eher aus strategischen, opportunistischen Abwägungen, weil er sich damit auf der Seite der Sieger wähnte? Möglicherweise hatte Geyer darauf gehofft, in der neuen, von der Bruderschaft angestrebten Ordnung, in der die Herrschaft des Adels ja *nit* [...] *ganz ab*[ge]*leg*[t] werden sollte, eine andere, vorteilhaftere Position einnehmen zu können als im hergebrachten Gesellschaftssystem, in dem er im Lauf der Jahre offensichtlich näher an die bäuerlichen Untertanen als an die an der Herrschaft beteiligten Standesgenossen gerückt war. Wie schon die Zeitgenossen, so kann auch die moderne Forschung sich Geyers Gedankenwelt nicht erschließen. Hier kann niemand besser zitiert werden als Günther Franz, der schreibt: „Unsere Quellen lassen nur den äußeren Umriß des Lebens, nicht das innerste Wesen des Menschen erkennen."⁹⁸

Auffällig ist jedenfalls, dass Geyer eben nicht die radikale Mehrheitsmeinung seiner bäuerlichen Mitbrüder vertrat. War es anfänglicher Eifer, gepaart mit religiöser, evangelisch geprägter Überzeugung, die ihn ins Lager der Bauern trieb, wo er aber schon nach wenigen Tagen oder Wochen enttäuscht wurde? War er vielleicht idealistischer als die Bauern selbst? Man gewinnt genau diesen Eindruck, wenn man das kraftvolle Zitat noch einmal betrachtet: *wenn er der Taubertaler und derer, die aus dem gau wären, aufrührerischen sinn von anfang an gekannt hätte, würde er lieber zugesehen haben, daß sie erstochen würden, denn daß er sich mit ihnen verbrüderte; er sähe wohl, daß es des teufels brüderschaft und dem evangelio nicht gemäß wäre.*⁹⁹ Wurde er deshalb umgebracht, weil er die Fronten – ein weiteres Mal – zu wechseln im Begriff war, und letztlich, sich mit allen überworfen und zwischen den Stühlen sitzend, keiner der verschiedenen Gruppen – Bauern, Adel, Fürsten – mehr angehörte? Jedenfalls hatte er, anders als Götz von Berlichingen und weitere seiner Standesgenossen, nach dem Krieg nicht mehr die Gelegenheit zu erklären, er sei gezwungen worden, sich den Bauern anzuschließen. Stattdessen machten aus

---

97 Vgl. BARGE, Florian Geyer (wie Anm. 23) S. 4.
98 FRANZ, Florian Geyer (wie Anm. 1) S. 130. Dass er nur eine Seite später dennoch behauptet, Geyer habe „nicht an sich und seinen Stand, sondern nur an das Ganze" gedacht und sei „der Bauernsache bis zum Tode getreu" geblieben, führen freilich seine Weitsicht, die eher ein kurzfristiger Lichtblick gewesen zu sein scheint, ad absurdum, FRANZ, Florian Geyer (wie Anm. 1) S. 131. An anderer Stelle heißt es „ihn trieb einzig innere Überzeugung", FRANZ, Bauernkrieg (wie Anm. 34) S. 185; vgl. auch BARGE, Florian Geyer (wie Anm. 23) S. 5.
99 Zitiert bereits weiter oben; FRIES, Geschichte Krieges (wie Anm. 56) S. 205; vgl. FRANZ, Florian Geyer (wie Anm. 1) S. 129.

dem früh Verstorbenen die Ideologien späterer Jahrhunderte einen Märtyrer, jede für ihre eigenen und oft ganz und gar gegenläufigen Zwecke.

Hermann Barge geht davon aus, dass in der Ordnung des fränkischen Haufens sich Geyers Gesinnungen spiegeln, während die Amorbacher Artikel vom 4. Mai 1525, an denen Götz von Berlichingen wesentlichen Anteil gehabt haben soll, viel milder ausgefallen seien. Barge nimmt also an, dass die beiden Ritter die Ordnungen der Bauernhaufen, denen sie angehörten, wesentlich mitgestaltet hätten. Der Tauberhaufen hatte sich die Säkularisation geistlichen Eigentums auf die Fahnen geschrieben.[100] Bei Geyer hingegen wird deutlich, dass er alles andere als einen Umsturz der bestehenden Ordnung verfolgte. Die fundamentalen Konflikte zwischen ihm und seinen radikaleren Kollegen aus dem Taubertal, die in den Würzburger Verhandlungen genau um diesen Themenkomplex aufbrachen, lassen daran keinen Zweifel. Vielmehr sieht es so aus, als wären Berlichingen und Geyer sich in ihrer Haltung ähnlicher gewesen als gewöhnlich angenommen. Beide traten „entschieden für den Ausgleich ein", wie Günther Franz 1977 schrieb.[101] Und bei genauerem Hinsehen könnte man sogar auf die Idee kommen, Geyer, von den Bauern ebenso umworben wie vom Markgrafen von Ansbach, sei ein Strohmann der Fürsten gewesen, ins Bauernlager entsandt, um dort gute Stimmung zu machen für eine Schonung der Landesherren und einen vernünftigen Umgang mit ihrem Besitz und der bestehenden Ordnung insgesamt. War er am Ende ein „Doppelagent"? Unabhängig voneinander scheint jede der Parteien eine Zeit lang geglaubt zu haben, der diplomatische Florian Geyer sei auf ihrer Seite. Dass Fürsten und Fürstendiener sich noch an ihn wandten, als er offiziell schon längst auf der Seite der Bauern stand, macht zumindest stutzig und lässt aufhorchen.

Dennoch urteilt Günther Franz, wie so oft in gewissem Widerspruch mit seinen eigenen Ausführungen, an anderer Stelle: „Dieser wohlhabende, im Kriegsdienst erfahrene, weltkundige, im Fürstendienst aufgestiegene fränkische Adlige darf nicht auf eine Stufe mit Götz von Berlichingen gestellt werden. Er war kein Ritter, für den Krieg und Fehde Lebenselement waren, der also nur aus Freude am Kampf den Bauern gefolgt ist. Er war auch kein Verdorbener vom Adel, der sich aus Verzweiflung der Bauernsache angeschlossen hatte. Wenn er die Sache der Bauern zu seiner machte, dann tat er dies aus innerster Überzeugung. Auch die Gegner scheinen dies anerkannt zu haben. Kein schlechtes Wort findet sich über Geyer in den Quellen."[102]

---

100 Vgl. BARGE, Florian Geyer (wie Anm. 23) S. 20.
101 FRANZ, Florian Geyer (wie Anm. 1) S. 129.
102 FRANZ, Florian Geyer (wie Anm. 1) S. 130f.

V

Im letzten Teil dieses Beitrags soll nun der Versuch einer Abwägung bisheriger und der Formulierung neuer Thesen unternommen, sollen Desiderate aufgezeigt und alternative Fragestellungen formuliert werden. Was Florian Geyer zu seinem Handeln antrieb, kann nicht die einzige wissenschaftliche Fragestellung sein.[103]

Angesichts der dürftigen Quellenlage verwundert es, dass Florian Geyer Hermann Barge zufolge „der e i n z i g e fränkische Ritter" gewesen sein soll, „der nachweisbar f r e i w i l l i g den Anschluß an die Bauern gesucht hat". Bei Götz von Berlichingen war dies, wie Oliver Auge gezeigt hat, nicht der Fall. Auch alle übrigen Grafen und Ritter, die zeitweilig mit den Bauern gemeinsame Sache machten, wären Barge zufolge „nur widerstrebend, von den Ereignissen überrascht, den Bund mit den Aufständischen eingegangen."[104] Den Nachweis dafür erbringt Barge allerdings nicht. Es scheint plausibel, ist aber keineswegs erwiesen, dass Florian Geyer von sich aus zu den Bauern stieß. Über die Rolle seiner Standesgenossen, die Barge hier pauschal abfertigt, lässt sich nur spekulieren. Aber zeitgenössische Chroniken sprechen eine andere Sprache. Der Würzburger Stadtschreiber Martin Cronthal etwa behauptet, dass viele Adlige sich ursprünglich mit den Bauern verbündet hätten; als freilich das Blatt sich wendete, *war niemands weniger baurisch gewest, denn sie*.[105] Günther Franz spricht später von Florian Geyer „fast als de[m] einzigen unter seinen Standesgenossen", der freiwillig ins Lager der Bauern eingetreten sei.[106] Er habe „sich nicht, wie man früher wohl meinte, als ein ‚Verdorbener vom Adel' aus Verzweiflung und Raublust den Bauern angeschlossen."[107] Franz begründet dies mit den guten wirtschaftlichen Verhältnissen, in denen Geyer gelebt habe; für sich allein genommen ist das ein schwaches Indiz.

Lag Geyer die Sache der Bauern wirklich am Herzen? Günther Franz behauptet es, und Rudolf Endres ebenso wie Frank Kleinehagenbrock wiederholen es: Florian Geyer habe im Unterschied zu Götz „innere Gemeinschaft an die Bauernsache" gebunden, während Berlichingen „nur politische Zweckmäßigkeitsgründe" bestimmten.[108] Aber setzte nicht auch Florian Geyer nur auf das aus seiner Sicht beste Pferd? Wir wissen es nicht. Bei Günther Franzens weiterem Satz „er soll seinen eigenen Bauern schon lange vor dem Bauernkrieg Lasten und Abgaben ermäßigt

---

103   Vgl. FRANZ, Florian Geyer (wie Anm. 1) S. 131.
104   BARGE, Florian Geyer (wie Anm. 23) S. 12, Hervorhebungen in der Vorlage.
105   CRONTAL, Stadt Würzburg (wie Anm. 74) S. 111 f.; zitiert bei WAGNER, Bauernkrieg (wie Anm. 63) S. 177.
106   FRANZ, Florian Geyer (wie Anm. 1) S. 131.
107   FRANZ, Bauernkrieg (wie Anm. 34) S. 185.
108   KLEINEHAGENBROCK, Adel und Bauernkrieg (wie Anm. 13) S. 405; ENDRES, Franken (wie Anm. 54) S. 148, „der Bauernhauptmann Götz von Berlichingen [und] der idealistische Florian Geyer".

haben"[109] handelt es sich um eine unbelegte Mutmaßung aus dem Reich der Legenden, die Geyer zum Helden stilisieren.

Vor allem im ersten Teil dieses Beitrags dürfte deutlich geworden sein, dass man den historischen Geyer herausschälen muss aus den ideologiegeleiteten Mythen, die im Lauf der Jahrhunderte um ihn gewoben wurden. Das ist schwierig, weil das Quellenmaterial übersichtlich ist und Geyer sich dem Forschenden nur zurückhaltend preisgibt. Letztlich gibt die Überlieferung weniger Antworten, als sie Fragen aufwirft. Bei genauerem Hinsehen wusste dies auch schon Günther Franz, der stets vorsichtig und bevorzugt im Konjunktiv formuliert. Seine Texte sind, setzt man sich intensiver damit auseinander, eher von Mutmaßungen getragen als von echten Behauptungen oder gar von Tatsachen.

Trotz der skizzierten Unsicherheiten sollten abschließend dennoch ein paar konkrete Thesen aufgegriffen werden. Geyers Hauptmannschaft, die, sofern es sie überhaupt gab, nur kurz währte, ist grundsätzlich zu hinterfragen. Die Behauptung seiner Führungsposition stützt sich schon bei den Zeitgenossen auf Gerüchte, die ihre Verbreitung in Briefen fanden, so etwa in dem oben zitierten Schreiben Melchior von Rabensteins sowie in einen Brief des Grafen Georg II. von Wertheim, der selbst auf der Seite der Bauern stand. Am 18. April 1525 richtete der Graf einen Brief an Geyer, weil er gehört hatte, dass dieser *bey der versamlung ytzt an der Tauber gelegen zu oberstem hauptmann angenommen sei*.[110] Auf diesen Brief sollte der Wertheimer Graf sich später vor dem Kammergericht berufen, um zu beweisen, dass er nur widerwillig am Aufstand teilgenommen habe. Er bat Geyer darin um Auskunft, was die Bauern im Schilde führten, aber sein Brief blieb unbeantwortet. In einem Brief des markgräflichen Hofmeisters Hans von Schwarzenberg an seinen Sohn drei Tage später wird ebenfalls behauptet, Geyer sei, *bei dem haufen, so itzo bei Mergetheym gelegen, ein hauptmann*.[111] Der Wahrheitsgehalt der Information, die Melchior von Rabenstein, Georg von Wertheim und Hans von Schwarzenberg nur vom Hörensagen kannten, ist indes unsicher oder bezog sich nur auf kurzfristige, provisorische Übergangsregelungen. Mit Sicherheit aber traf das Behauptete – wenn überhaupt – nur vorübergehend zu. Nicht einmal zwei Wochen später, Ende April 1525, wurden die bis dahin lediglich provisorisch verwalteten Leitungsämter innerhalb der Bauernschaft offiziell besetzt, zum Hauptmann des Tauberhaufens wurde Jakob Kohl ernannt. Geyer war zweifelsohne rhetorisch geschickt und geschult und wurde dementsprechend eingesetzt. Er warb erfolgreich neue Anhänger, was ihn, den suspekten adligen Grenzgänger, aber nicht zwangsläufig für eine Leitungsfunktion prädestinieren musste; zudem äußerte er sich

---

109   FRANZ, Florian Geyer (wie Anm. 1) S. 131.
110   Zitiert bei BARGE, Florian Geyer (wie Anm. 23) S. 17.
111   FRANZ, Quellen (wie Anm. 40) S. 346f., Nr. 109, 21. April, Hans zu Schwarzenberg, Hofmeister des Markgrafen Casimir von Brandenburg, an seinen Sohn Friedrich über Florian Geyer.

mehrfach kritisch gegenüber der radikalen Mehrheitsmeinung innerhalb der Bauernschaft. Bei der definitiven Ämtervergabe erhielt er jedenfalls weder den Hauptmannsposten noch den des Stellvertreters.[112] Die Neckartäler Bauern hingegen wählten bei dieser Gelegenheit Götz von Berlichingen zu ihrem (unfreiwilligen) Hauptmann.[113] Günther Franz, der in seinem Vortrag von 1952 noch konträres behauptet, beschreibt die Verhältnisse in der neunten Auflage seiner Monographie über den Bauernkrieg 1972 treffender und korrigiert damit seinen eigenen, früheren Standpunkt: „Außenstehenden galt er damals fälschlicherweise als Oberster des Haufens. Später war er Mitglied des Bauernrates, ohne doch eine wirklich führende Stellung zu haben. Die Bauern verwandten ihn mit Vorliebe zu Verhandlungen mit den Städten und Fürsten. Noch von Mergentheim aus nahm er Tauberbischofsheim in den Bauernbund auf, das seinerseits die acht anderen mainzischen Städte des Odenwaldes zum Anschluß bewegen sollte."[114] Mit Kurmainz stand bereits seit Anfang Mai das vornehmste Kurfürstentum des Reiches nominell im Lager der Bauern.[115]

Günther Franz hält es für möglich, dass Geyer durch seine Missionen in Preußen bestens mit den dortigen Verhältnissen vertraut war, wo der Hochmeister im Begriff war, seinen Ordensstaat in ein weltliches Herzogtum umzuwandeln.[116] Franz entwickelt hier eine interessante These, die einiges für sich hat. Seine anschließende resümierende Behauptung, „die Herrschaft des Bischofs von Würzburg sollte beseitigt werden", ist indes, wie oben eingehend dargelegt, schlichtweg falsch.[117] Genau das wollte auch ein Großteil der aufständischen Bauern eben nicht. Die Landesherrschaft des bischöflichen Herzogs in Franken wurde von der Mehrheit der Bauern rundum anerkannt, an vorderster Front von Florian Geyer. Das herrschende System sollte nicht umgestürzt werden. Walter Peter Fuchs schreibt zu Recht: „Ihn als großen Führer des Bauernkrieges in Franken oder gar in ganz Deutschland und als Revolutionär zu feiern, besteht kein Anlaß. Es ging ihm um Reformen, nicht um Revolution."[118]

Die Person und Persönlichkeit Geyers bleibt also ein Rätsel. Sie bietet aber, gerade in der Zusammenschau mit Götz von Berlichingen, ein Exempel der Breite und Vielfalt des Adels zur Zeit des Bauernkriegs. Der fränkische Ritteradel fungierte als Scharnier zwischen seinen bäuerlichen Untertanen einerseits und den

---

112 Vgl. BARGE, Florian Geyer (wie Anm. 23) S. 18.
113 Vgl. FRANZ, Florian Geyer (wie Anm. 1) S. 128.
114 FRANZ, Bauernkrieg (wie Anm. 34) S. 184f.
115 Vgl. BLICKLE, Bauernkrieg (wie Anm. 2) S. 28.
116 „Geyer nahm an den Vorverhandlungen teil. [...] Es lag nahe, die Pläne, die sich für Preußen als Rettung erwiesen hatten, für das ganze Reich zu verwirklichen. [...] Gerade in Franken lagen die Verhältnisse ähnlich wie in Preußen", FRANZ, Florian Geyer (wie Anm. 1) S. 131f.
117 FRANZ, Florian Geyer (wie Anm. 1) S. 132.
118 FUCHS, Florian Geyer (wie Anm. 8) S. 139.

weltlichen, aber auch den geistlichen Fürsten Frankens andererseits, die diesem Ritteradel qua Geburt selbst angehörten. Geyers Rolle ist daher zu verstehen als die eines Grenzgängers zwischen den Ständen – Adel, Fürsten, Bauern –, und als solchen nahmen, wie die Quellen zeigen, die Zeitgenossen ihn auch wahr, etwa wenn Anhänger der Bauern ihn als adligen Außenseiter disqualifizierten oder ihn fürstliche Beamte kontaktierten, um ihm die Anliegen ihrer Herren zu übermitteln und ihn um Hilfe zu bitten. Florian Geyer war beiden Sphären verbunden.

Hermann Barge hat mit seiner Vorgehensweise einen interessanten und meines Erachtens vielversprechenden, aber nicht weit genug entwickelten Ansatz vertreten. Er wollte Quellen analysieren und die „das Denken der fränkischen Ritterschaft beherrschenden Anschauungen" in seine Untersuchung miteinbeziehen, um „Klarheit über die treibenden Kräfte für sein Verhalten im Bauernkriege [zu] gewinnen".[119] Der Adel stand bislang nicht im „Zentrum der Bauernkriegsforschung".[120] War Florian Geyer wirklich einer, der aus der Masse seiner ritterlichen Standesgenossen derart herausstach? Oder war er nicht vielmehr ein Kind seiner Zeit und seines Standes? Frank Kleinehagenbrock zählt den Adel „zu dem am schwierigsten zu fassenden Akteursgruppen im Bauernkriegsgeschehen der Jahre 1524/25".[121] Überdies stellte der Adel, ganz unabhängig von den Ereignissen des Jahres 1525 und ebenso wie die Bauern, alles andere als eine homogene Gruppe dar. Der Vollständigkeit halber müssen hier Details in die Bauernkriegsforschung einbezogen werden, die bisher noch nicht zur Sprache gekommen sind. Dadurch erweitert sich das Spektrum der potentiellen Möglichkeiten und Thesen einmal mehr. Zumindest in der Forschung zu Florian Geyer ist bisher etwas Wichtiges übersehen worden. Johannes Merz warf kürzlich die Frage auf, „ob das Bild des Klerus zur Zeit des Bauernkrieges überhaupt adäquat erfasst worden ist, wenn Selbstverständnis und Handlungsgrundlagen dieses Personenkreises eine so geringe Rolle in der Forschung spielten".[122] In unserer Fragestellung überlappen sich diese Themenkomplexe, Adel und Klerus, denn der hohe Klerus in den Stiften bestand ja zu einem Großteil aus Angehörigen adliger Familien, indem er den sogenannten Stiftsadel bildete.

Betrachtet man dessen Zusammensetzung in den fränkischen Domkapiteln um 1500, spielen die Geyer dort absolut keine Rolle. Möglicherweise waren sie aus welchen Gründen auch immer nicht stiftsfähig. An den wirtschaftlichen Möglichkeiten, die die Domkapitel den Söhnen ihrer Standesgenossen wie den Thüngen, Bibra, Grumbach oder den namensverwandten Zobel von Giebelstadt boten, hatten die Geyer und übrigens auch das Netzwerk um die Familie von Berlichingen,

---

119 BARGE, Florian Geyer (wie Anm. 23) S. 5.
120 KLEINEHAGENBROCK, Adel und Bauernkrieg (wie Anm. 13) S. 393.
121 KLEINEHAGENBROCK, Adel und Bauernkrieg (wie Anm. 13) S. 393.
122 Johannes MERZ, Der fränkische Klerus im frühen 16. Jahrhundert im Spiegel seiner Testamente, in: Bauernkrieg in Franken (wie Anm. 2) S. 375–391, hier S. 376.

das Mitte des 14. Jahrhunderts sogar glaubte, seine Teilhabe gewaltsam erstreiten zu können, jedenfalls von jeher keinen Anteil.[123] Von Chancen wie Studium, reichen Pfründen bis hin zum persönlichen Reichsfürstenstand, die die Kirche dem Stiftsadel zu bieten hatte, profitierten weder die Geyer noch die Berlichingen.[124] Gerade für einen nachgeborenen Sohn wie Florian Geyer wäre eine alternative Versorgung durch Partizipation an solchen wirtschaftlichen, politischen und religiösen Ressourcen unbedingt notwendig gewesen, wäre er nicht durch den frühen Tod seiner Brüder zum Alleinerben avanciert. Inneradlige Konkurrenz, zwischen stiftischem und nichtstiftischem Adel, könnte bei den Entscheidungen Geyers im Jahr 1525 demnach ebenso eine Rolle gespielt haben wie persönliche Standpunkte oder die Spannungen zwischen Ritteradel und bischöflicher Landesherrschaft.[125] Dass ein Florian Geyer für die Depossedierung des hohen Klerus eher plädierte als Mitglieder anderer ritteradliger Familien, die vom Ämter- und Pfründenwesen der Germania Sacra profitierten, scheint nachvollziehbar. Die beiden Jahrzehnte vor dem Ausbruch des Bauernkriegs waren geprägt vom „schroffen Gegensatz zwischen einem unzureichend gebildeten, unterbezahlten und moralisch bedenklichen Seelsorgeklerus und einer kleinen Zahl gutsituierter, privilegierter und teilweise humanistisch gesinnter Kleriker".[126] Das erregte Neid und Unmut, auch in adligen Kreisen. Dieser Antiklerikalismus wirkte als Katalysator zugunsten der von Geyer unterstützten reformatorischen Bewegung ebenso wie für die Kritik am Stiftsadel. Weshalb also sollte Geyer ein exklusives System unterstützen, an dem er selbst und seine Angehörigen nicht Anteil hatten? An dieser Konstellation hatte die Reformation nichts geändert. Schaut man genau hin, scheint hier ein Schwerpunkt von Geyers Argumentationen gelegen zu haben. Nicht auf die Abschaffung der Würzburger Landesherrschaft zielten seine Verhandlungen, sehr wohl aber auf

---

123 Staatsarchiv Würzburg, Ms. 43 (Hohe Registratur), Standbuch 1011, fol. 94r; vgl. Lorenz FRIES, Geschichte, Namen, Geschlecht, Leben. Thaten und Absterben der Bischöfe von Würzburg und Herzoge zu Franken, auch was während der Regierung jedes einzelnen derselben Merkwürdiges sich ereignet hat, Würzburg 1924, Bd. 2, S. 338 f.; Monumenta Boica, hg. von der Bayerischen Akademie der Wissenschaften, Bd. 41, München 1872, Nr. 99, S. 269; vgl. Julius HARTMANN und Eduard PAULUS, Beschreibung des Oberamts Neckarsulm, Stuttgart 1881, S. 449. Die Berlichingen versuchten, den mit ihnen verwandten Friedrich von Adelsheim gewaltsam zum Würzburger Domherrn zu machen.
124 Auch am Würzburger Stift Haug war – zumindest bis in die zwanziger Jahre des 15. Jahrhunderts – kein Mitglied der Familie Geyer bepfründet. Untersuchungen zur späteren Zusammensetzung des Kanonikerstifts stehen noch aus; vgl. Enno BÜNZ, Stift Haug in Würzburg. Untersuchungen zur Geschichte eines fränkischen Kollegiatstiftes im Mittelalter (Veröffentlichungen des Max-Planck-Instituts für Geschichte 128 – Studien zur Germania Sacra 20), 2 Bde., Göttingen 1998. Freundlicher Hinweis von Enno Bünz.
125 Zur prekären Situation weiter Kreise des fränkischen Ritteradels im ersten Viertel des 16. Jahrhunderts vgl. FRANZ, Bauernkrieg (wie Anm. 34) S. 7.
126 Josef SEGER, Der Bauernkrieg im Hochstift Eichstätt (Eichstätter Studien 38), Regensburg 1997, S. 156 f.; vgl. MERZ, Klerus (wie Anm. 121) S. 376.

deren Säkularisierung oder zumindest auf den Entzug der Privilegien des hohen Klerus, des Domkapitels und seiner lukrativen geistlichen Pfründen.[127] Wie Nina Gallion am Beispiel Speyers gezeigt hat, wandten sich die Aufständischen auch dort nicht gegen den bischöflichen Herrn, den Fürsten, sondern gegen das Domkapitel.[128] Diese Differenzierung der die Herrschaft tragenden sozialen Gruppen bis hin zu ihrer Konkurrenz untereinander sollte in zukünftigen Untersuchungen zum Bauernkrieg mehr Beachtung finden.

VI

Die gegenwärtige Forschung hält solche Spannungen und die Ungewissheit einer Vielzahl alternativer Möglichkeiten besser aus als die Geschichtswissenschaft des 19. und 20. Jahrhunderts, die sich nicht mit dem Stellen von Fragen begnügte, sondern nach gültigen Antworten suchte, gerade mit Blick auf den politischen Ort von Personen, die man für moderne, anachronistische Zwecke zu instrumentalisieren gedachte. Nicht obwohl, sondern weil die Informationen über Florian Geyer so spärlich sind, bot er sich zur politischen Instrumentalisierung seiner Person in späteren Jahrhunderten an – und das für ganz gegensätzliche Ideologien. Walter Peter Fuchs beschreibt ihn treffend als einen „Helden, den Phantasie und Ideologie nach ihren eigenen Gesetzen schufen", nicht nach denen der Wissenschaftlichkeit.[129] Die Bilder solcher Protagonisten haben „nicht allein Historiker geschaffen, sondern auch Literaten", die „schön anzusehende [...] und dadurch populäre Geschichtsbilder" geprägt haben, wie etwa Goethe mit seinem ‚Götz'.[130] An diesem Heroisierungsprozess hat auch die ältere Forschung zu Florian Geyer bis in die 1970er Jahre – bewusst oder unbewusst – mitgeschrieben.

Im Vorfeld des 500. Gedenkjahres des Bauernkriegs lässt sich, zumindest mit Blick auf Akteure wie Florian Geyer, feststellen, dass die Geschichte dieses Kriegs ganz neu geschrieben werden sollte und dabei weitere Gruppen – wie eben der Ritteradel in seiner Pluralität und Heterogenität – (noch) stärker in die Diskussion und in den Konflikt zwischen Bauern und Fürsten mit einzubeziehen sein werden, um den vielfältigen Beweggründen seiner Mitglieder auf die Spur zu kommen.

---

127 Vgl. MERZ, Klerus (wie Anm. 121) S. 390.
128 Vgl. den Beitrag von Nina GALLION in diesem Band S. 107–134.
129 FUCHS, Florian Geyer (wie Anm. 8) S. 112.
130 KLEINEHAGENBROCK, Adel und Bauernkrieg (wie Anm. 13) S. 393.

Bernd Schneidmüller

Wieviel Bauer braucht
die bürgerliche Bauernkriegsforschung?

Schlussgedanken

Die Vorträge des 14. Kraichtaler Kolloquiums ‚Bauernkrieg' und die daraus hervorgegangenen Aufsätze in diesem Band bezeugen eindrucksvoll die Leistungsfähigkeit der Landesgeschichtsforschung. Ihre Ergebnisse erwachsen jenseits initialer Großthesen aus umfänglichen Analysen der erreichbaren Quellen im umgrenzten Raum und aus der dichten Beschreibung von Ereignissen, Strukturen, Bedingungen und Handlungsspielräumen der historischen Akteure.

Die deutsche Landesgeschichtsforschung konnte ihre Prägung aus den territorialen Rahmungen niemals verleugnen und durfte das auch nicht, weil die Staatsbildungsprozesse im Heiligen Römischen Reich und in der nachnapoleonischen Neuordnung des 19. Jahrhunderts die Konfiguration der Quellenüberlieferung in Archiven, Bibliotheken und Sammlungen bedingten. Deshalb bietet die Konzentration auf den Kraichgau als historische Landschaft, wie sie in den renommierten Kraichtaler Kolloquien seit vielen Jahren geleistet wird, eine besondere Chance. Die Kleinteiligkeit der dortigen Herrschaftsverhältnisse lässt die variierende historische Vielfalt menschlichen Lebens hervortreten und bewahrt vor voreiligen Verallgemeinerungen. Deutlich wird das beispielsweise im beherzten Mut des Initiators und Herausgebers Kurt Andermann, Wörter wie „Aspekte" oder „Facetten" in die Titel der weithin beachteten Tagungsbände aufzunehmen, während andernorts kultur- und sozialwissenschaftliche Großthesen für ganze Gesellschaften angeboten werden.

Folglich konzentrieren sich die Beiträge dieses Bandes räumlich auf den Kraichgau und seine benachbarten Landschaften zwischen Speyer und Würzburg. Aus dieser gut begründeten Beschränkung erwächst gleichwohl der Anspruch, aus exemplarischen Beiträgen auch weiterführende Anregungen zum neuen Verständnis einer höchst bedeutsamen „sozialen Erhebung" an der Wende vom Mittelalter zur Neuzeit zu entwickeln. Im Wissen, dass die vielfältigen kriegerischen Ereignisse um das Jahr 1525 in sechs historischen Großregionen von Thüringen bis Oberschwaben stattfanden, werden hier also regionale Zugänge gebahnt, die überregionale Beachtung verdienen. Zudem wollte die Tagung von 2022 frühzeitig auf die erwartete Intensivierung des historischen Interesses am Bauernkrieg im Abstand von fünfhundert Jahren wirken.

Die hier versammelten Aufsätze unterstreichen wiederholt die Problematik der historischen Etikettierung als Bauernkrieg, die aus der Perspektive der siegreichen Obrigkeit entwickelt wurde: Sie führte einen Krieg gegen Bauern. Doch war es nicht eher ein „Ereignis ohne Namen"? Zeitgenossen und Nachgeborene entwickelten unterschiedliche Bezeichnungen und Deutungen für den Kampf um Gerechtigkeit und altes Herkommen, für die Erhebung gegen obrigkeitliches Unrecht, für die Ausrottung der Empörer gegen die göttliche Herrschaftsordnung.[1]

Allerdings zeigt die Forschungsgeschichte seit dem Vormärz, wie wenig sich die Geschichtswissenschaft trotz aller divergierenden Vorschläge auf eine bessere Begrifflichkeit als Bauernkrieg verständigen konnte. Labels wie „frühbürgerliche Revolution" oder „Aufstand des gemeinen Mannes" können ihre Herkunft aus den Sehnsüchten des 19. und 20. Jahrhunderts kaum verleugnen. Das vorliegende Buch macht deutlich, dass sowohl die Träger der Revolten als auch ihre sozialen oder religiösen Forderungen kaum auf eine Dichotomie von Bauern versus Obrigkeit zu reduzieren sind. Im Gegenteil lösen sich bei genauer historischer Betrachtung die gängigen sozialen Grenzen (Bauern, Bürgertum, niederer Adel) und die räumlichen Differenzierungen (Stadt und Land) vielfach auf. Kein großer historischer Entwurf aus dem 19. und 20. Jahrhundert zur Beschreibung des Bauernkriegs findet heute allgemeine Akzeptanz. Immerhin werden die analytischen oder kategorialen Verdienste einzelner Studien durchaus in Teilen anerkannt. Wenn ich hier das Wort Bauernkrieg benutze, so verzichte ich aus Gründen der Konvention auf die Anführungszeichen. Wer für historischen Abstand sensibel ist, dürfte eigentlich kaum noch eine spätere Benennung ohne Anführungszeichen ertragen. Doch man kann die sprachliche Erfassung vergangener Alterität nicht systemisch in Anführungszeichen verbannen. Wichtige Quellenbegriffe des 16. Jahrhunderts waren *aufrürer* und *aufrur* – das mag vielleicht hilfreich sein.[2]

Das Verständnis von Bauernkrieg als soziale Erhebung stellt in diesem Buch einen gemeinsamen Nenner dar. Man wird gespannt sein, ob aus den Dekonstruktionen rund um das Jahr 2025 neue Vorschläge zur zeitgemäßen Einordnung entstehen werden. Das Ereignis war bedeutsam genug. Die Beiträge dieses Buchs sprechen von bis zu 100.000 Toten im Bauernkrieg. Zwar entdecken Historikerinnen und Historiker in den Quellen des 16. Jahrhunderts erstmals so etwas wie die „Stimmen der Bauern". Trotzdem gerieten die vielen Frauen und Männer, die damals die weit überwiegende Mehrheit der Bevölkerung ausmachten, zuerst zum

---

1 Benjamin HEIDENREICH, Ein Ereignis ohne Namen? Zu den Vorstellungen des „Bauernkriegs" von 1525 in den Schriften der „Aufständischen" und in der zeitgenössischen Geschichtsschreibung (Quellen und Forschungen zur Agrargeschichte 59), Berlin und Boston 2019.
2 Die Begriffe prägen die Gliederung des Buchs von HEIDENREICH (wie Anm. 1).

Objekt der Geschichtsschreibung adliger Sieger und seit dem 19. Jahrhundert zum Gegenstand einer bürgerlichen Geschichtsforschung. Auch dieser Band geht nicht von einer konsequenten Perspektive der Aufrührer aus, die Freiheit und Recht einforderten. Die Quellen und Wahrnehmungen des 16. Jahrhunderts lassen Historikerinnen und Historiker vielmehr immer wieder in andere soziale Beschreibungsmuster rutschen, selbst wenn seit Jahrzehnten Sympathie für Unterdrückte und Entrechtete zum Grundton einer demokratischen Geschichtswissenschaft gehört.

Die Frauen und Männer aus dem ländlichen Raum haben den historischen Perspektivenwechsel vom Bauern zum Bürger niemals überwunden. Seit sich das Bürgertum in der Französischen Revolution apodiktisch zum Dritten Stand erklärte, fielen die Bauern aus den Gesellschaftsmodellen der Neuzeit heraus. Daran änderten die „Bauernbefreiungen" des 18. und 19. Jahrhunderts wenig. Das Bürgertum erwies sich als Sieger der Geschichte und dominierte die historische Strukturierung. Deshalb kommen in Büchern zum Jahr 1525 auch immer erstaunlich wenige Bauern und vergleichsweise viele Herren vor.

Es war eine merkwürdige Ironie, dass die marxistische Geschichtswissenschaft den Bauernkrieg zu einer „frühbürgerlichen Revolution" erklärte, um in Großnarrativen von der feudalen über die bürgerliche zur klassenlosen Gesellschaft fortschreiten zu können. Auch hier hatten die Bauern wenig Chance bei den vielfach bürgerlich geprägten Historikern der DDR oder der UdSSR. Menschen aus bäuerlichen Familien als spätere Historiker – es gibt sie durchaus als Kinder, als Enkel, als Nachfahren. Doch die Verformungen bürgerlicher Intellektualität entfremden. Ein beeindruckendes Gegenbeispiel ist das Buch von Ewald Frie über die Auflösung der bäuerlichen Welt in der frühen Bundesrepublik, das 2023 den Deutschen Sachbuchpreis gewann. Doch auch dieses gelungene Werk entwirft eine intellektuelle Perspektivierung aus der Universität heraus.[3]

Die folgenden Ausführungen untergliedern sich in vier Kapitel: Dritter Stand oder Fußboden der Gesellschaft (I), Bauern und Geschichte (II), Erträge eines Kolloquiums (III) und Gedicht am Ende (IV).

I

Als sich die Bürger zum Dritten Stand und zur treibenden Kraft von Geschichte erklärten, begruben sie eine über Jahrhunderte wirksame Einteilung der Gesellschaft in Geistliche, Krieger und Bauern. Deshalb ist hier an dieses Ordnungsmodell einer dreigeteilten und funktional miteinander verknüpften Gesellschaft zu erinnern. Das Dreiermodell geriet in der Zeit um 1000 auf die Pergamente geistlicher Autoren. Sie entwarfen ihre Differenzwahrnehmung als gottgewollte Ord-

---

3 Ewald FRIE, Ein Hof und elf Geschwister. Der stille Abschied vom bäuerlichen Leben in Deutschland, München 2023.

nung seit unvordenklichen Zeiten. Die damalige Konzentration auf die Bauern als Fundament der Gesellschaft ergab sich aus der Tatsache, dass die Bürger der Städte in der ersten Hälfte des 11. Jahrhunderts noch nicht jene prägende Kraft als dritter Stand besaßen, die sie später errangen.

Bischof Adalbero von Laon († 1030) beschrieb das einheitliche Haus Gottes (*Dei domus*) dreigeteilt: Die einen beten, die zweiten kämpfen, und die dritten arbeiten. Diese drei hängen zusammen und dulden keine Spaltung. weil sie eine Verknüpfung aus drei Teilen bilden. Solange diese besteht, hat die Welt Frieden.[4] Bischof Gerhard von Cambrai († 1051) „zeigte, dass das Menschengeschlecht von Anfang an dreifach geteilt ist, in Beter (*oratores*), Bauern (*agricultores*) und Kämpfer (*pugnatores*). Er stellte eine klare Lehre darüber auf, dass sich diese gegenseitig zur Rechten und zur Linken unterstützten."[5]

Damit war die ständische Ordnung als Gottes Schöpfungsakt unveränderlich fixiert. Tatsächlich erhielt sich die Deutungskraft des Modells über das ganze Mittelalter. Das zeigt die Darstellung auf einem Holzschnitt aus dem letzten Jahrzehnt des 15. Jahrhunderts. Das bis heute weit bekannte und häufig abgedruckte Dreiständebild findet sich in der von Jakob Meydenbach 1492 in Mainz gedruckten Inkunabel mit der ‚Pronosticatio' des Johannes Lichtenberger. In der lateinischen Buchausgabe steht die Überschrift, die übersetzt lautet: „Der Heiland sagt dem Papst: Du bete demütig. Dem Kaiser: Du schütze. Dem Bauern: Und Du arbeite."[6]

Die Abfolge der drei Stände in den Texten und die Anordnung von oben nach unten im Bild suggerieren eine soziale Wertigkeit, stellen aber immer wieder die Verknüpfung heraus. Die unüberwindliche ständische Hierarchisierung zwischen Kriegern und Bauern tritt in anderen Schriften hervor. Diese begründen die Notwendigkeit von Herrschaft sowie die Unterscheidung von Freiheit und Unfreiheit aus dem Willen Gottes.

Bischof Burchard von Worms († 1025), ein Zeitgenosse Adalberos von Laon und Gerhards von Cambrai, macht die Erbsünde der Menschen verantwortlich für

---

4 *Triplex ergo Dei domus est quae creditur una. / Nunc orant, alii pugnant aliique laborant. / Quae tria sunt simul et scissuram non patiuntur:/ Alternis uicibus cunctis solamina prebent. / Est igitur simplex talis conexio triplex. / Dum lex preualit tunc mundus pace quieuit.* Adalbero von Laon, Carmen ad Rotbertum regem, hg. von Claude CAROZZI, Paris 1979, v. 295–301, S. 22.
5 *Genus humanum ab initio trifarium divisum esse monstravit, in oratoribus, agricultoribus, pugnatoribus; horum singulos alterutrum dextra laevaque foveri evidens documentum dedit.* Gesta episcoporum Cameracensium (Monumenta Germaniae Historica, Scriptores 7), hg. von Ludwig Conrad BETHMANN, Hannover 1846, S. 393–525, hier Kap. III,52, S. 485.
6 *Saluator dicens summo pontifici Tu supplex ora. Imperatori Tu protege. Rustico Tuque labora.* Johannes Lichtenberger, Pronosticatio latina, Mainz [Jakob Meydenbach] 1492.06.08, fol. 6. Abbildung der Seite aus der Inkunabel der Bayerischen Staatsbibliothek, 2 Inc. c. a. 2729: https://www.digitale-sammlungen.de/de/view/bsb00033583?page=15 (Zugriff am 24. 08. 2023). Link zur Creative Commons Lizenz: https://creativecommons.org/licenses/by-nc-sa/4.0/deed.de.

Bete – Schütze – Arbeite. Christus und die drei Stände. Holzschnitt in Johannes Lichtenberger, Pronosticatio latina, 1492

die Entstehung von Herrschaft und Knechtschaft: „Warum Gott die einen zur Freiheit, die anderen zur Knechtschaft unterscheidet? Wegen der Sünde des ersten Menschen ist dem Menschengeschlecht von Gott die Strafe der Knechtschaft auferlegt worden. So erlegte Gott denen, für die er die Freiheit als nicht passend ansieht, barmherzig die Knechtschaft auf. Trotz der Erbsünde des Menschengeschlechts differenzierte der gnädige Gott gleichwohl den Menschen ihr Leben so, dass er die einen als Knechte, die anderen als Herren einsetzte, auf dass die Zügellosigkeit der Knechte zum schlechten Handeln durch die Macht der Herrschenden beschränkt würde. Denn wenn alle ohne Furcht lebten, wer wäre es dann, der jemanden vom Bösen zurückhielte? Daher wurden unter den Völkern Fürsten und Könige gewählt, damit sie die Völker mit ihrem Schrecken vor dem Übel bändigten und mit Gesetzen zum rechten Leben anspornen. [...] Denn der eine Gott richtet gleichermaßen über Herren und Knechte. Besser ist der Knechtschaft unterworfen als zur Freiheit erhoben zu sein. Denn es gibt viele, die Gott frei dienen und unter schändlichen Herren leben; wenn sie ihnen auch mit dem Körper unterworfen sind, übertreffen sie diese trotzdem an Geist."[7]

Solche theologischen Lehrsätze, die uns heute zynisch anmuten, zementierten über Jahrhunderte die Unfreiheit der Bauern. Deren dienende Rolle galt als Fügung Gottes. Im 12. Jahrhundert nutzte Honorius Augustodunensis das Bild des Kirchengebäudes als Symbol der menschlichen Gemeinschaft: Die Bischöfe tragen die Säulen des Baus. Ihn fügen Balken zusammen – das sind die Fürsten der Welt. Als Dachziegel halten die Ritter den Regen ab und verteidigen die Kirche gegen Heiden und Feinde. Über das Volk (*vulgus*) als den Bodenbelag trampeln die Füße der Höheren hinweg. Mit seiner Arbeit trägt und erhält es dafür die ganze Christenheit.[8]

Gegen diese Theologie der Herrschaft begehrte der Gemeine Mann im 16. Jahrhundert auf. Als Anstoß dafür ist die lutherische Reformation kaum zu unterschätzen. Sie stellte den Einzelnen in Freiheit vor Gott – ohne alle Gruppenbindung, ohne alle Unterdrückung. Auch wenn der Beitrag von Enno Bünz in diesem Band die Bedeutung einer bäuerlichen Gemeindereformation zurückweist, verleugnet er die stimulierende Rolle der evangelischen Lehre nicht. Während wir für die vom 14. zum 16. Jahrhundert anwachsende Folge von Unruhen lediglich kleine

---

7   Burchard von Worms, Decretorum libri viginti, in: Jacques-Paul MIGNE, Patrologia Latina, Bd. 140, Paris 1880, Sp. 537–1058, hier Kap. XV,43, Sp. 908. Vgl. Wolfgang STÜRNER, Peccatum und Potestas. Der Sündenfall und die Entstehung der herrscherlichen Gewalt im mittelalterlichen Staatsdenken (Beiträge zur Geschichte und Quellenkunde des Mittelalters 15), Sigmaringen 1987; Bernhard TÖPFER, Urzustand und Sündenfall in der mittelalterlichen Gesellschafts- und Staatstheorie (Monographien zur Geschichte des Mittelalters 45), Stuttgart 1999.
8   Honorius Augustodunensis, Gemma animae, in: Jacques-Paul MIGNE, Patrologia Latina, Bd. 172, Paris 1895, Sp. 541–738, hier Kap. 130, 131, 134, Sp. 586.

Splitter bäuerlichen Selbstbewusstseins greifen können, verraten uns die Zwölf Artikel und die Bundesordnung der oberschwäbischen Bauern von 1525 erstmals mehr über die religiöse Begründung von Recht und Widerstand.[9] Mit den gedruckten Flugschriften verbreitete sich damals massenhaft ein wichtiges Kommunikationsmittel. Es war die Druckkunst, die den immensen Erfolg der Reformation beförderte.[10] Die Zwölf Artikel wurden wiederholt aufgelegt und waren weit verbreitet. Ihr Text eröffnet eine historisch neue Möglichkeit, die Geschichte des Bauernkriegs nicht allein aus der Perspektive der obrigkeitlichen Sieger zu schreiben. Doch für die Bauern und den Bauernkrieg gelten die neueren Einsichten, dass die Besiegten in der Geschichte aus ihren Niederlagen mehr lernten als die Sieger, offenbar nicht.[11]

Der dritte Artikel beklagt, „dass man uns für ihre Eigenleute gehalten habe". Das sei zum Erbarmen [falsch], denn „Christus hat uns alle mit seinem kostbaren Blutvergießen erlöst und erkauft". Niemand, vom Hirten bis zum Höchsten, sei davon ausgenommen. Darum bezeugt die Schrift, „dass wir frei sind und sein wollen. Nicht dass wir völlig frei sein und gar keine Obrigkeit haben wollen." Denn Gott lehrt, in Geboten zu leben und ihn als unseren Herrn in unseren Nächsten zu erkennen. „Darum sollen wir nach seinem Gebot leben. Zeigt und weist uns das Gebot nicht an, dass wir der Obrigkeit nicht gehorsam seien? Nicht allein der Obrigkeit, wir sollen uns vielmehr gegen jedermann demütigen, so dass wir auch begehren, gegen unsere erwählte und gesetzte Obrigkeit (wie sie uns von Gott gesetzt ist) in allen ziemenden und christlichen Dingen gehorsam zu sein. Wir sind auch ohne Zweifel, dass ihr uns aus der Eigenschaft [Eigentum] als wahre und rechte Christen gerne entlassen werdet und uns im Evangelium mitteilen [berichten]), dass wir es sind."[12]

---

9   David von MAYENBURG, Gemeiner Mann und Gemeines Recht. Die Zwölf Artikel und das Recht des ländlichen Raums im Zeitalter der Bauernkriege (Studien zur europäischen Rechtsgeschichte 311), Frankfurt am Main 2017.
10   Thomas KAUFMANN, Die Druckmacher. Wie die Generation Luther die erste Medienrevolution entfesselte, München 2022.
11   Geschichte wird von den Besiegten geschrieben. Darstellung und Deutung militärischer Niederlagen in Antike und Mittelalter (Krieg und Konflikt 19), hg. von Manuel KAMENZIN und Simon LENTZSCH, Frankfurt am Main und New York 2023. – Die These vom größeren Erfahrungsgewinn der Besiegten wurde von Reinhart Koselleck entwickelt. Am besten zugänglich bei Reinhart KOSELLECK, Zeitschichten. Studien zur Historik (Suhrkamp Taschenbuch Wissenschaft 1656), Frankfurt am Main 2003, S. 27–77.
12   *Der drit artikel: Zu(o)m dritten ist der brauch byßher gewesen, das man vns für jr aigen leüt gehalten haben, wo(e)lchs zu(o) erbarmen ist, angesehen, das vns Christus all mitt seynem kostparlichen plu(e)tvergu(e)ssen erlo(e)ßt vnnd erkaufft hat, den / hyrtten gleych alls wol alls den ho(e)chsten, kain außgenommen. Darumb erfindt sich mit der geschryfft, das wir frey seyen vnd wo(e)llen sein. Nit das wir gar frey wo(e)llen seyn, kain oberkait haben wellen. Lernet vnß Gott nit, wir sollen in gepotten leben, nit yn freyem fleyschlichen mu(o)twilen, sonder Got lieben, jn als vnserrn herren jn vnsern nechsten erkennen, vnnd alles das, so wyr auch gern hetten, das*

Solche Forderungen bezeugen, dass es den Aufrührern 1525 im Kern um ihre Freiheit ging. Auch wenn derzeit die Definition von Leibeigenschaft und die Formen der Abhängigkeit im 15. und 16. Jahrhundert kontrovers diskutiert werden,[13] darf bei allen berechtigten Nuancierungen nicht die elementare Bedeutung der Unfreiheit in vormodernen Gesellschaften relativiert werden. Auf vielen Ebenen der sozialen Ordnung wurde die Abhängigkeit der Menschen von Menschen gelebt und symbolisiert. Gegen diese Unterdrückung richteten sich die sozialen Erhebungen, die man in der vergröbernden Sammelbezeichnung Bauernkrieg zusammenführt. Die Beiträge dieses Buchs machen deutlich, dass an den Revolten Bauern, Bürger und niedere Adlige, Gebildete ebenso wie Analphabeten, gleichermaßen beteiligt waren. Zu Recht nutzt die neuere Forschung dafür den Quellenbegriff Gemeiner Mann. Diese Relativierung kann aber die zahlenmäßig dominante Rolle der Bauern im Aufstandsgeschehen und unter den Opfern nicht vergessen machen. Eine frühbürgerliche Revolution hätte anders ausgesehen.

Der Hinweis auf die Zwölf Artikel von 1525 als Ausweis von Eigenbewusstsein macht deutlich, dass sich der Gemeine Mann zu artikulieren begann, in Taten wie in Worten. Dieser Befund widerspricht deutlich der traditionellen Ansicht vom Bauern als einem überzeitlichen Wesen jenseits aller Geschichte.

II

Der Bauernkrieg von 1525 hatte es nicht leicht in der Geschichte. In diesem Buch wird deutlich, dass er bis zum Jahr 1975 nicht als historisches „Jubiläum" taugte. In der Weimarer Republik war die wirtschaftliche Bedeutung von Landwirtschaft und Bauern zwar ungleich höher als heute. Die historische Erinnerungswelle blieb 1925 aber aus, weil Bürgertum und Stadt als politische Zukunft von Kultur und Gesellschaft dominierten. Man wird abwarten, ob und wie die fünfhundertjährige Wiederkehr des Bauernkriegs 2025 unsere Moderne angesichts des völligen Funktionswandels der agrarischen Welt lebensgeschichtlich noch erreicht.

---

vnns Got am nachtmal gepotten hat zu(o) ainer letz. Darumb sollen wir nach seinem gepot leben. Zaigt vnd weißt vns diß gepot nit an, das wir der oberkkait nit korsam seyen? Nit allain der oberkait, sunder wir sollen vns gegen jederman diemu(e)tigen, das wir auch geren gegen vnser erwelten vnd gesetzten oberkayt (so vns von Got gesetzt) jn allen zimlichen vnd christlichen sachen geren gehorsam sein. Seyen auch onzweyfel, jr werdendt vnß der aigenschafft als war vnnd recht christen geren endtlassen oder vns jm euangeli des berichten, das wirß seyen. https://web.archive.org/web/20071112051419/http://stadtarchiv.memmingen.de/918.html (Zugriff am 20.08.2023).
13 Kurt ANDERMANN, Leibeigenschaft, in: Handwörterbuch zur deutschen Rechtsgeschichte, Bd. 3, Berlin ²2016, Sp. 771–777; Landwirtschaft und Dorfgesellschaft im ausgehenden Mittelalter (Vorträge und Forschungen 89), hg. von Enno BÜNZ, Ostfildern 2020; vgl. Peter BLICKLE, Von der Leibeigenschaft zu den Menschenrechten. Eine Geschichte der Freiheit in Deutschland, München 2003.

Lebendig gestaltete sich die 450. Wiederkehr des Bauernkriegs, mitten im fundamentalen Systemkonflikt des Kalten Kriegs. Auch wenn sich die Deutsche Demokratische Republik in marxistisch-leninistischer Tradition dezidiert als Arbeiter- und Bauernstaat verstand,[14] hatte sie in ihrer Staatssymbolik mit Hammer und Zirkel als den Symbolen von Arbeiterklasse und Intelligenz – immerhin umfasst von einem goldenen Ährenkranz aus der bäuerlichen Welt – den älteren Bezug der Sowjetunion zu Hammer und Sichel aufgegeben. Wer sich auf die revolutionäre Kraft des Proletariats verließ, dachte die Bauern allenfalls am Rand mit. Während die bäuerliche Tradition im Westen unter die Räder des Bürgertums geriet, wich sie im Osten der Dominanz der Arbeiterklasse. Gerrit Jasper Schenk unterstreicht in seinem Beitrag die Bedeutung der Erinnerung von 1975 in beiden deutschen Staaten. Interessant sind die Neuperspektivierungen von Peter Blickle, die in diesem Buch von Enno Bünz einer fundamentalen wissenschaftlichen Kritik unterzogen werden. Das muss hier nicht wiederholt werden. Wichtig erscheinen Blickles Einbettungen der „Revolution von 1525" in seine weiterführenden Modelle von Gemeindereformation und Kommunalismus.[15] Auch hier sind die Bauern in weiter gefasste ordnungsgeschichtliche Konzepte eingefügt, ohne dass Geschichte aus einer bäuerlichen Perspektivierung entworfen würde. Wieviel Bauer verträgt die marxistische oder bürgerliche Bauernkriegsforschung eigentlich?

Zur 450. Wiederkehr der Ereignisse von 1525 erschien auch ein Band, der ‚Wort und Begriff „Bauer"' in den Mittelpunkt rückte.[16] Die Analysen der Begriffsgeschichte und der mittelalterlichen Perzeptionen führten damals zu wichtigen Einsichten. Die Quelleninterpretationen machten deutlich, dass das Schreiben von den Bauern „im Rechtssinn" erst im 11. Jahrhundert, also im zeitlichen Kontext der dreifunktionalen Gliederung der Gesellschaft entstand. 1973 hatte Georges Duby sein fundamentales Buch über Krieger und Bauern publiziert und den epochalen Rang der neuen Unterscheidung zwischen zwei Ständen von Laien herausgearbeitet.[17] Die Bauern als Stand waren überhaupt erst im Umfeld der Jahrtau-

---

14 Otto GROTEWOHL, Die Rolle der Arbeiter- und Bauernmacht in der Deutschen Demokratischen Republik. Referat auf der 3. Parteikonferenz der Sozialistischen Einheitspartei Deutschlands, Berlin 1956.
15 Peter BLICKLE, Die Revolution von 1525, München ⁴2004; Peter BLICKLE, Gemeindereformation. Die Menschen des 15. Jahrhunderts auf dem Weg zum Heil, München 1985; Peter BLICKLE, Kommunalismus. Skizzen einer gesellschaftlichen Organisationsform, 2 Bde., München 2000.
16 Wort und Begriff „Bauer". Zusammenfassender Bericht über die Kolloquien der Kommission für die Altertumskunde Mittel- und Nordeuropas (Abhandlungen der Akademie der Wissenschaften in Göttingen, Philosophisch-historische Klasse III 89), hg. von Reinhard WENSKUS, Herbert JANKUHN und Klaus GRINDA, Göttingen 1975; darin vor allem Reinhard WENSKUS, „Bauer". Begriff und historische Wirklichkeit, S. 11–28.
17 Georges DUBY, Guerriers et paysans. VIIe–XIIe siècle. Premier essor de l'économie européenne, Paris 1973; deutsche Übersetzung: Krieger und Bauern. Die Entwicklung von Wirtschaft und Gesellschaft im frühen Mittelalter, Frankfurt am Main 1977.

sendwende „entstanden", als Resultat gravierender Differenzierungsprozesse in der frühmittelalterlichen Sozialgeschichte. Mit der Karolingerzeit – so möchte man vergröbernd sagen – begann das Jahrtausend lateineuropäischer Unfreiheit.[18] Das Wissen um diese Zäsur verleugnet nicht die weitaus fundamentaleren Veränderungen im „paläolithischen Umbruch" von Jägern und Sammlern zu sesshaften Ackerbauern. Das war eine gravierende Wendephase in der Menschheitsgeschichte. Der neue Mut zu historischen Großentwürfen lässt solche Zäsuren in der Globalhistorie heute deutlicher hervortreten.[19]

Mit den Einsichten zur sozialen Ausdifferenzierung im Umfeld der 450. Wiederkehr des Bauernkriegs erledigten sich ältere, empirisch wenig gesicherte Vorstellungen von Bauer und Geschichte. Dazu gehörte die Behauptung Oswald Spenglers (1880–1936), der in seiner Lehre von der historischen Wirksamkeit der Stadt Bauer und Dorf jenseits der Geschichte ansiedelte. Seine Worte klingen suggestiv: *„Der Bauer ist geschichtslos.* Das Dorf steht außerhalb der Weltgeschichte, und die ganze Entwicklung vom „Trojanischen" bis zum mithridatischen Kriege und von den Sachsenkaisern bis zum Weltkrieg geht über diese kleinen Punkte der Landschaft hinweg, sie gelegentlich vernichtend, ihr Blut verbrauchend, aber ohne je ihr Inneres zu berühren. / Der Bauer ist der ewige Mensch, unabhängig von aller Kultur, die in den Städten nistet. Er geht ihr voraus, er überlebt sie, dumpf und von Geschlecht zu Geschlecht sich fortzeugend, auf erdverbundene Berufe und Fähigkeiten beschränkt, eine mystische Seele, ein trockener, am Praktischen haftender Verstand, der Ausgang und die immer fließende Quelle des Blutes, das in den Städten die Weltgeschichte macht."[20]

Der Aufruhr von 1525 passt nicht in dieses Bild vom ewigen Menschen jenseits von Geschichte und Kultur. Trotzdem nistete sich das Urteil vom dumpfen Hinnehmen auch in der Geschichtswissenschaft ein. Das Buch von Günther Franz ‚Der deutsche Bauernkrieg', das in zwölf gedruckten Auflagen von 1933 bis 1984 die Forschung maßgeblich prägt, greift im abschließenden Urteil das Wort von der bäuerlichen Dumpfheit über die Jahrhunderte auf. Franz leitet sie aus der Nie-

---

18 Freiheit und Unfreiheit. Mittelalterliche und frühneuzeitliche Facetten eines zeitlosen Problems (Kraichtaler Kolloquien 7), hg. von Kurt ANDERMANN und Gabriel ZEILINGER, Epfendorf 2010.
19 Hermann PARZINGER, Die Kinder des Prometheus. Eine Geschichte der Menschheit vor der Erfindung der Schrift, München 2014, S. 118–253; WBG Weltgeschichte. Eine globale Geschichte von den Anfängen bis ins 21. Jahrhundert, Bd. 1: Grundlagen der globalen Welt. Vom Beginn bis 1200 v. Chr., hg. von Albrecht JOCKENHÖVEL, Darmstadt 2009; Die Welt vor 600. Frühe Zivilisationen (C. H. Beck Geschichte der Welt), hg. von Hans-Joachim GEHRKE, München 2017, S. 57–184.
20 Oswald SPENGLER, Der Untergang des Abendlandes. Umrisse einer Morphologie der Weltgeschichte, München 1923 (ND 1973), S. 668 f. [kursiv im Original]. Im Original zu finden unter Bd. 2: Welthistorische Perspektiven, 2. Kap.: Städte und Völker. I. Die Seele der Stadt, Nr. 4.

derlage von 1525 ab: „Mit ihr schied der Bauer für fast drei Jahrhunderte aus dem Leben unseres Volkes aus. Er spielte fortan keine politische Rolle mehr. Aus seinen Reihen gingen auch keine geistigen Führer, wie es eben noch die Bauernsöhne Luther und Zwingli gewesen waren, mehr hervor. Ohne daß sich die wirtschaftliche und rechtliche Lage des Bauernstandes entscheidend verändert hätte, sank der Bauer jetzt doch zum Arbeitstier herab. Er wurde zum Untertan, der seine Tage in Dumpfheit verbrachte und nicht mehr auf eine Änderung hoffte."[21]

Franz erläutert dieses Urteil aus dem historischen Bedeutungsverlust der vom Bauernkrieg geprägten Landschaften Franken, Schwaben, Elsass und Thüringen: „In den folgenden Jahrhunderten ging die politische und geistige Führung der Nation auf den Osten über, der von der Revolution nicht erfaßt worden war." Dieser sei vom großen Aderlass des Bauernkriegs verschont geblieben, während in Ober- und Mitteldeutschland „etwa 10 bis 15 Prozent der gesamten wehrfähigen Mannschaft dieser Gebiete binnen weniger Wochen erschlagen wurden. Die wagemutigsten, einsatzbereitesten und aufgeschlossensten Kräfte des Bauerntums wie des Kleinbürgertums der Städte wurden ausgemerzt. Der Bauernkrieg bildete daher auch in biologischer Hinsicht einen ungemein schweren Verlust für unser gesamtes Volk." Im 19. Jahrhundert hätten die Bauern ihre Befreiung dann nicht aus eigener Kraft, sondern durch das Wohlwollen der Regierungen erreicht. Damals „war der Bauer nicht mehr Subjekt, sondern nur Objekt der Politik." Also besaß der weitaus größte Teil der deutschen Bevölkerung im 19. Jahrhundert keinen Anteil am historischen Fortschritt. In den Parlamenten war der Bauer nicht vertreten, und die Industrialisierung drängte ihn „sozial erneut völlig in den Hintergrund. Er hatte nicht die Kraft, sich dagegen zu wehren."[22]

In der ersten Auflage seines Buchs war Günther Franz noch weitaus euphorischer. In seinem Vorwort vom 1. Oktober 1933, „dem Tage des deutschen Bauern", schrieb er: „Heute, am Ende der ersten siegreichen deutschen Revolution, hat der Bauer im Dritten Reich endlich die Stellung im Leben der Nation gewonnen, die er schon 1525 erstrebte."[23] Diese Erfüllung des Bauernkriegs im nationalsozialistischen Deutschland beschworen auch die Schlussworte des Buchs, die mit Genugtuung die neue Rückbesinnung auf die Bundschuhfahne im Jahr 1933 feierten: „Allerorten ist der Bauer im Aufbruch und stellt sich einmütig hinter den Führer unseres Volkes, der die ewigen Werte von Blut und Boden erkannt und dem Leben unseres Volkes dienstbar gemacht hat. Die Niederlage von 1525, durch die das Leben der Nation auf Jahrhunderte hinaus geschwächt und verarmt worden ist, ist ausgeglichen. Der Bauer hat sein Ziel erreicht. Er ist zum tragenden Pfeiler unseres Volkslebens geworden."[24]

---

21 Günther FRANZ, Der deutsche Bauernkrieg, Darmstadt [12]1984, S. 299.
22 FRANZ, Bauernkrieg (wie Anm. 21) S. 299f.
23 Günther FRANZ, Der deutsche Bauernkrieg, München und Berlin 1933, S. V.
24 FRANZ, Bauernkrieg (wie Anm. 23) S. 481.

Der Blutzoll, den die Bauern im Zweiten Weltkrieg auf schreckliche Weise für diese verbrecherische Ideologie leisten mussten, erwies dann, dass kein Ziel erreicht war. Wieder einmal waren die Bauern zu Objekten der Herrschenden geworden. Günther Franz (1902–1992) war in den beiden mittleren Vierteln des 20. Jahrhunderts zwar der profilierteste Erforscher des Bauernkriegs, gehörte aber zu einer ganzen Generation von Sozialhistorikern, die ihre intellektuellen Prägungen vor 1945 erhielt und diese später in der Geschichtsschreibung der jungen Bundesrepublik entfaltete. Unter den Mediaevisten wird man neben Franz noch Theodor Mayer (1883–1972), Hermann Aubin (1885–1969), Karl Bosl (1908–1993) oder Walther Lammers (1914–1990) nennen. Sie alle legten umfassende Werke zur mittelalterlichen Gesellschaftsgeschichte vor, in denen die ländliche Welt einen großen Stellenwert einnahm. Walther Lammers lotete in seinem Buch über die Schlacht von Hemmingstedt im Jahr 1500 das Spannungsfeld von freiem Bauerntum und Fürstenmacht an der Wende vom 15. zum 16. Jahrhundert aus.[25]

Während also die 400. Wiederkehr des Bauernkriegs noch keine besondere Bedeutung im öffentlichen Interesse der Weimarer Republik erhielt, stellte das dezidierte nationalsozialistische Bekenntnis zum Bauerntum als Fundament der Nation und zu den Landsknechten als Verkörperung männerbündischen Gewalthandelns der Erinnerungsgeschichte neue Weichen.[26] Aus Fronterfahrungen des Ersten Weltkriegs formte sich eine furchtbare Ideologie von Blut und Boden. In ihr entwickelte sich die Farbe Braun zum neuen Symbol für die Verbundenheit mit der deutschen Heimaterde. Im Februar 1925 ordnete Adolf Hitler bei der Wiedergründung der NSDAP das Braunhemd als Uniform der paramilitärischen Sturmtruppen an.[27] „Braune Gesinnung" meint bis heute die ideologische Verblendung von Nationalsozialismus und deutschem Faschismus. Programmatisch stand ein Foto von Adolf Hitler im Braunhemd vor der Titelseite seines Buchs „Mein Kampf". Seine Hochschätzung des Bauernstands formulierte er dort so: „Schon die Möglichkeit der Erhaltung eines gesunden Bauernstandes als Fundament der gesamten Nation kann niemals hoch genug eingeschätzt werden. Viele unserer heutigen Leiden sind nur die Folge des ungesunden Verhältnisses zwischen Land- und Stadtvolk. Ein fester Stock kleiner und mittlerer Bauern war noch zu allen Zeiten der beste Schutz gegen soziale Erkrankungen, wie wir sie heute besitzen. Dies ist

---

25 Walther LAMMERS, Die Schlacht bei Hemmingstedt. Freies Bauerntum und Fürstenmacht im Nordseeraum. Eine Studie zur Sozial-, Verfassungs- und Wehrgeschichte des Spätmittelalters, Heide 1953 (^{3}1987).
26 Laurenz MÜLLER, Diktatur und Revolution. Reformation und Bauernkrieg in der Geschichtsschreibung des ‚Dritten Reiches' und der DDR (Quellen und Forschungen zur Agrargeschichte 50), Stuttgart 2004.
27 Henry PICKER, Hitlers Tischgespräche im Führerhauptquartier. Vollständig überarbeitete und erweiterte Neuausgabe mit bisher unbekannten Selbstzeugnissen Adolf Hitlers, Abbildungen, Augenzeugenberichten und Erläuterungen des Autors: Hitler, wie er wirklich war, Stuttgart ^{3}1977, S. 438f.

aber auch die einzige Lösung, die eine Nation das tägliche Brot im inneren Kreislauf einer Wirtschaft finden läßt."[28]

Zeugnis für die politische Instrumentalisierung einer gewaltbereiten Vergangenheit sind die Benennungen von Divisionen der Waffen-SS im Zweiten Weltkrieg. Dafür mussten die beiden prominentesten ritterlichen Heerführer im Bauernkrieg ihre Namen hergeben: Götz von Berlichingen für die 17. SS-Panzergrenadier-Division und Florian Geyer für die 8. SS-Kavallerie-Division. Nach Georg von Frundsberg († 1528) als einem prominenten Führer der Landsknechte wurde die 10. SS-Panzer-Division benannt; 2006 erlangte sie Bekanntheit, als Günter Grass seinen Militärdienst 1944/45 in dieser Division öffentlich machte. Die historischen Vorlieben aus der Zeit des Zweiten Weltkriegs spiegeln sich auch in den anderen Namen für SS-Divisionen: Wiking, Hohenstaufen, Skanderbeg, Hunyadi, Charlemagne, Nibelungen, Prinz Eugen, Maria Theresia; geplant waren bei Kriegsende noch Waräger und Wallenstein.

Eine anders gerichtete Erinnerung erfuhren Bauern und Bauernkrieg dann 1975 im Systemkonflikt der beiden deutschen Staaten.[29] Das großartige Monumentalbild von Werner Tübke gehört zu den wichtigsten Auftragswerken der Deutschen Demokratischen Republik. Bis heute strahlt es im Panorama Museum Bad Frankenhausen große Anziehungskraft aus, auch wenn die aktuelle Bewerbung als „Sixtina des Nordens" gleich in mehrfacher Hinsicht verblüfft.[30]

Die neueste historische Forschung, auf die Gerrit Jasper Schenk und Enno Bünz in diesem Band hinweisen, löste sich spätestens seit 1989/90 von den politischen Vereinnahmungen des Bauernkriegs aus der Zeit des Kalten Kriegs. Peter Blickle rückte den Bauernkrieg in den Kontext sich häufender sozialer Revolten des 15./16. Jahrhunderte und wies auf differenzierte Figurationen hin.[31] In vergleichender europäischer Perspektive wird man den deutschen Bauernkrieg von 1525 eher als spätes Großereignis sozialer Erhebungen ansprechen. In diesem Buch werden die französische Jacquerie von 1358 oder die englische Peasants' Revolt von

---

28 Adolf HITLER, Mein Kampf, München [275-276]1937, S. 151. Kritische Online-Edition des Instituts für Zeitgeschichte München und Berlin: https://www.mein-kampf-edition.de/ (Zugriff am 21.08.2023), S. 144 f. Dort auch Anm. 78 der Hinweis, dass Hitler seine Hochschätzung des Bauernstands als Fundament der Nation später erheblich revidierte: https://www.mein-kampf-edition.de/?page=band1%2Fp145.html (Zugriff am 21.08.2023).
29 MÜLLER, Diktatur und Revolution (wie Anm. 26) S. 208–282.
30 https://www.panorama-museum.de/de/monumentalbild.html (Zugriff am 21.08.2023).
31 Peter BLICKLE, Unruhen in der ständischen Gesellschaft 1300 bis 1800 (Enzyklopädie deutscher Geschichte 1), München [2]2010; Peter BLICKLE, Coniuratio. Figurationen spätmittelalterlicher Revolten in Europa, in: „Armer Konrad" und Tübinger Vertrag im interregionalen Vergleich. Fürst, Funktionseliten und „Gemeiner Mann" am Beginn der Neuzeit (Veröffentlichungen der Kommission für Geschichtliche Landeskunde in Baden-Württemberg B 206), hg. von Sigrid HIRBODIAN, Robert KRETZSCHMAR und Anton SCHINDLING, Stuttgart 2016, S. 15–32.

1381 ausdrücklich genannt. Beide bezeugten – eineinhalb Jahrhunderte vor dem Bauernkrieg – die soziale Radikalisierung und die Eskalation brutaler Gewalt im Schatten des Hundertjährigen Kriegs zwischen England und Frankreich.[32] Ein großangelegter Vergleich unter Einbeziehung weiterer Revolten wäre gewiss lohnend.[33] In diesem Band verbleiben die sozialen Erhebungen zwischen Speyer und Würzburg freilich ganz im Kontext deutscher Landesgeschichte.

Ein wesentliches Ergebnis der Forschungen zu den Revolten in Frankreich und England wird in Beiträgen dieses Buchs bestätigt: Die Aufrührer stammten aus verschiedenen sozialen Gruppen und respektierten im Grundsatz die gottgegebene Legitimation der Monarchie. Ihnen galten als Urheber von Unrecht und Unterdrückung zumeist Geistlichkeit und Adel. Ähnliche Beobachtungen trägt hier Nina Gallion vor. Die fundamentale Kritik der Bauern entzündete sich 1525 am Domkapitel von Speyer, nicht am Bischof. Also wurden nicht die monarchische oder geistliche Ordnung, sondern der als unmäßig empfundene feudale Druck in Frage gestellt. Auf diese Verdichtung des herrschaftlichen Zugriffs weisen Kurt Andermann und Christine Reinle mit eindrucksvollen Beispielen hin. Den Aufrührern ging es nicht um die Veränderung des Systems, sondern um Reformen im eigentlichen Wortsinn, nämlich um die Wiederherstellung des guten Herkommens. Allerdings steht dieses Urteil in erheblichem Kontrast zu den Anstrengungen von Peter Blickle, im Aufstand des Gemeinen Mannes erste republikanische Lösungswege zu entdecken und deshalb von einer Revolution zu sprechen.[34] Es wird weiter diskutiert, wieviel eidgenössischer Republikanismus bereits 1525 vorgedacht werden konnte.[35]

---

32 Aus der Fülle der Literatur nenne ich hier Justine FIRNHABER-BAKER, The Jacquerie of 1358. A French Peasants' Revolt, Oxford 2021; Christoph MAUNTEL, Gewalt in Wort und Tat. Praktiken und Narrative im spätmittelalterlichen Frankreich (Mittelalter-Forschungen 46), Ostfildern 2014; Alastair DUNN, The Peasants' Revolt. England's Failed Revolution of 1381, Stroud 2004; James CROSSLEY, Spectres of John Ball. The Peasants' Revolt in English Political History 1381 to 2020, Sheffield und Bristol 2022.
33 Samuel K. COHN, Lust for Liberty. The Politics of Social Revolt in Medieval Europe, 1200 to 1425. Italy, France, and Flanders, Cambridge, Mass. und London, England 2006; The Routledge History Handbook of Medieval Revolt, hg. von Justine FIRNHABER-BAKER und DIRK SCHOENAERS, London und New York 2017.
34 Peter BLICKLE, Der Bauernkrieg. Die Revolution des Gemeinen Mannes, München ⁵2018.
35 Im kritischen Zugriff Thomas MAISSEN, Die Geburt der Republic. Staatsverständnis und Repräsentation in der frühneuzeitlichen Eidgenossenschaft (Historische Semantik 4), Göttingen ²2008.

III

Die in diesem Buch versammelten Aufsätze erbringen reiche Erträge im Hinblick auf empirische Befunde wie auf ihre Perspektivierungen im Kontext eines größeren Aufstandsgeschehens. Wesentliche Ergebnisse sollen – im durchaus subjektiven Zugriff – nochmals hervorgehoben werden.

Akteure und Ereignisse: Götz von Berlichingen und Florian Geyer sind die bekanntesten Heerführer der Bauern im Aufruhr des Jahres 1525. Über die Jahrhunderte fanden sie nicht nur das Interesse der Geschichtswissenschaft, sondern erreichten als Helden literarischer Werke auch eine breitere Öffentlichkeit. Die Aufsätze von Oliver Auge und Andreas Flurschütz da Cruz stellen die zentralen Quellen erneut vor und fragen nach den Handlungsspielräumen. Beide ritterliche Adlige waren einander schon vor 1525 begegnet und verwandtschaftlich verbunden. Doch im Bauernkrieg gingen sie mit ihren Haufen unterschiedliche Wege. Auch die Konstruktionen von Erinnerung könnten unterschiedlicher kaum sein. Götz von Berlichingen († 1562) setzte sich nach der Niederlage der Bauern noch über Jahrzehnte mit seinen Verantwortlichkeiten im Kampf gegen die Obrigkeit auseinander. Aus diesem Streit der Erinnerungen und Worte sind ausführliche Texte erhalten, die bislang gerne als Ego-Dokumente gelesen wurden. Nun steht eine mögliche literarische Bearbeitung des Tatenberichts durch andere als neue quellenkritische Herausforderung im Raum.[36] Florian Geyer von Giebelstadt wurde 1525 ermordet und hatte keine Möglichkeit zur Stilisierung seines Images. Seine Wertschätzung in ganz unterschiedlichen Quellen ließ dagegen den Verdacht aufkommen, dass er vielleicht als eine Art Doppelagent für widerstrebende Interesse eintrat. Das Handeln der beiden kampferprobten ritterlichen Heerführer blieb stets von großen Vorbehalten der gewaltbereiten Aufrührer begleitet. Das Ausmaß und die Ursachen ihres Widerwillens gegen ihre zeitweiligen Anführer bleiben aber letztlich dunkel.

Oliver Auge schält aus sieben Verantwortungsschriften zwischen 1525 und 1533 und dem breit beachteten Tatenbericht ein mehrfaches Dilemma des Ritteradligen zwischen Fürsten und Bauern heraus. Vor Standesgenossen und Siegern stilisierte sich Götz von Berlichingen so sehr als ein Opfer der Bauern, dass ihm die neuere Forschung – im Gegensatz zu Florian Geyer von Giebelstadt – eine engere Bindung an die Ziele der Aufständischen absprach. Doch man sollte den späteren Worten nicht auf den Leim gehen, die beständig Götzens Lebensgefahr wegen bäuerlicher Nötigungen und den „Helden wider Willen" als bloßen Technokraten von Gewalt präsentieren. Wir haben inzwischen gut gelernt, mit wabernden „Schleiern

---

36 Tilman G. MORITZ, Autobiographik als ritterschaftliche Selbstverständigung. Ulrich von Hutten, Götz von Berlichingen, Sigmund von Herberstein (Formen der Erinnerung 70), Göttingen 2019, S. 91–140, S. 100: „Autobiographie ohne Autor", S. 122: „Der Tatenbericht als Kunst der kunstlosen Rede".

der Erinnerung" und mit beherzten Verformungen von Vergangenheit angesichts neuer Notwendigkeiten umzugehen. Wie auch Kurt Andermann stellt Oliver Auge den zunehmenden fürstlichen Druck und die territoriale Verdichtung als Ursachen des Aufruhrs heraus. In solchen Veränderungen erschien Götz „als Vorkämpfer für die bedrohten Rechte des Ritteradels".

Mit tatsächlichen oder vermeintlichen Selbstrechtfertigungen konnte Florian Geyer von Giebelstadt sein Wirken im Jahr 1525 nicht verformen. So schält Andreas Flurschütz da Cruz das Wissen um diese umstrittene Persönlichkeit aus fremden Perspektivierungen heraus. Wohltuend wird hier eine Herstellung psychologisierender Kohärenz ohne klare Quellengrundlage vermieden. So entsteht ein anderer, ein vielfach rätselhafter Florian Geyer von Giebelstadt, fern jener Instrumentalisierungen und Ideologisierungen, die Belletristik und Forschungsliteratur seit Jahrzehnten vornahmen. Weiterführend sind das Wissen über den sozialen Rang unterhalb der Stiftsfähigkeit im Würzburger Domkapitel, was manch schroffes Handeln vielleicht erklären hilft. Die Verbindungen zu anderen Familien der Ritterschaft werden jetzt deutlicher herausgearbeitet, insbesondere auch zur Familie Berlichingen.

Florian Geyer erscheint hier als Akteur, der zutiefst von der Herrschaftszersplitterung in Raum und Zeit geprägt war. Wegen seiner Gewandtheit im Sprechen und Handeln eignete er sich „als Grenzgänger zwischen den sozialen Gruppen". Über ihn gelingen auch Einsichten in die Orientierung der Rothenburger Bauern an der normativen Kraft des Evangeliums. Das ist wichtig, weil in den Tagungsdiskussionen das theologische Wissen der Bauern vielfach relativiert wurde. Man wird freilich die Kraft des Vertrauens auf die Heilige Schrift auch in sozialen Schichten unterhalb jeglicher Schriftgelehrsamkeit nicht in Abrede stellen. Weiter wird das Schlussplädoyer wirken, bei einer historiographischen Neukonzeption des Geschehens von 1525 die Netzwerke des Ritteradels mit seiner Pluralität und Heterogenität noch stärker zu beachten. Dies wird in den Beiträgen dieses Bands – in bester Tradition der Kraichtaler Kolloquien – geleistet, so deutlich übrigens, dass in der Schlussdiskussion sogar angemahnt wurde, die Bauern nicht aus den Augen zu verlieren.

Insgesamt rücken die Beiträge von Oliver Auge und Andreas Flurschütz da Cruz die Funktion des ritterlichen Anführers als Gallionsfigur der sozialen Erhebung neu ins Zentrum. Es war kein Zufall, dass sich die symbolische Wirkkraft solcher Helden stärker in die Erinnerung und damit auch in den Fokus der bürgerlichen Geschichtswissenschaft eingrub als Kampf und Sterben unzähliger aufrührerischer Bauern.

In zwei Beiträgen geht es um die turbulenten Ereignisse von 1525. Von großer symbolischer Wirkung waren die Einnahme von Weinsberg und das Massaker an adligen wie bewaffneten Verteidigern zu Ostern 1525. Hermann Ehmer bezeichnet die Gewalteskalation als „Wendepunkt des Bauernkriegs". Sogleich macht er deutlich, dass die sechzehn genannten Opfer nur wegen ihrer Standesqualität herausragen. An Zahl stehen sie weit hinter den abertausenden toten Bauern zurück, auf den Schlachtfeldern erschlagen oder von der Siegerjustiz hingerichtet. Für das Hochgefühl der revoltierenden Bauerngruppen und für die Sensibilität der Obrigkeit war „die Weinsberger Bluttat" ein brisantes Ereignis. Der Bodenbelag der Gesellschaft hatte Angehörige der kriegerischen Elite in öffentlicher Inszenierung durch die Spieße getrieben und massakriert.[37] Unter den Getöteten befand sich auch Graf Ludwig Helfrich von Helfenstein, der eine Tochter Kaiser Maximilians I. aus dessen außerehelicher Verbindung mit Margarethe von Edelsheim geheiratet hatte.

Die Eroberung einer gut befestigten Stadt, deren Bürger das Vertrauen auf ihre Verteidigungsfähigkeit verloren hatten und aus Feigheit vor den Belagerern einknickten, wog schwerer als das Plündern von Klöstern, Kirchen und Herrensitzen. Deshalb fiel die Rache der Sieger umso drastischer aus. Das schwäbische Bundesheer unter seinem Führer Georg Truchsess von Waldburg-Zeil († 1531)[38] sorgte für eine weitgehende Zerstörung Weinsbergs. Siebzig Menschen aus Weinsberg und Umgebung wurden angeklagt, neun von ihnen sogleich als Kollaborateure hingerichtet. Die Brutalität der Rache schien keine Grenzen zu kennen. Die Bürger verloren ihre Stadtrechte, mussten harte Sühneleistungen erbringen und am 17. November 1525 ihren völligen Verzicht auf Revanche in einer Urfehde beschwören.

In seiner Darstellung stützt sich Hermann Ehmer auf Verhörprotokolle und Gerichtsakten. Die Verschriftlichung sollte die Schwere der Verbrechen festhalten und die Rechtmäßigkeit des Siegerhandelns garantieren, eine erstaunliche Rationalisierung inmitten der Gewalt. Daneben setzten die Terrorakte der Sieger wirksame Zeichen. Der Wille zur Schriftlichkeit gibt uns auch bemerkenswerte Einsichten in Einzelschicksale, darunter Margarethe Renner, die „schwarze Hofmännin". Sie lässt – wie auf der Gegenseite Gräfin Margarethe von Helfenstein, der bei der Plünderung Kleinodien im Wert von 6.000 Gulden geraubt worden sein sollen – die Beteiligung von Frauen an den Konflikten wenigstens schlaglichtartig hervortreten.[39]

Den Aufruhr am Bruhrain (seit dem 20. April 1525) und im Kraichgau (ab 7. Mai 1525), bis vor kurzem nur wenig beachtet, beschreibt Nina Gallion. In dieser Region fanden sich die aufständischen Bauern später als in benachbarten Regionen

---

37 Zur Ritualisierung von Gewalt und Protest im Bauernkrieg Barbara HUBER, Im Zeichen der Unruhe. Symbolik bäuerlicher Protestbewegungen im oberdeutschen und eidgenössischen Raum 1400 bis 1700, Diss. phil. Bern 2005; online: https://biblio.unibe.ch/download/eldiss/05huber_b.pdf (Zugriff am 24.08.2023).
38 Peter BLICKLE, Der Bauernjörg. Feldherr im Bauernkrieg. Georg Truchsess von Waldburg 1488 bis 1531, München 2015.
39 Marion KOBELT-GROCH, Aufsässige Töchter Gottes. Frauen im Bauernkrieg und in den Täuferbewegungen (Geschichte und Geschlechter 4), Frankfurt am Main und New York 1993.

zusammen, zuerst in Malsch und in Gochsheim. Die aussagekräftigen Quellen stammen fast ausnahmslos von Amtsträgern und Anhängern der Obrigkeit. Dort ist auch der Brief des Eppinger Pfarrers Anton Eisenhut überliefert, mit dem dieser seine lieben Brüder in Christus nach Gochsheim einlud, um Evangelium und Gerechtigkeit zu fördern. Die Kritik der Aufrührer vom Bruhrain galt nicht dem Bischof von Speyer als dem Oberhaupt der Diözese, sondern dem Domkapitel (*dem beschornen faulen hauffen*) und seiner Pfründenherrschaft.

Erstaunlich sind die großen Erfolge des in seiner sozialen Zusammensetzung diffus anmutenden Kraichgauer Haufens. Innerhalb von neun Tagen eroberten die etwa zwölfhundert Männer im Mai 1525 auf ungeordnet anmutenden Wegen mit Ausnahme von Bretten fast den ganzen Kraichgau. Ihre Stärke waren der gewaltige Schwung der ersten Tage und die mangelnde militärische Präsenz der Obrigkeit. Nach einigem Hinhalten entschloss sich Kurfürst Ludwig V. von der Pfalz im Bund mit dem Erzbischof von Trier und dem Bischof von Würzburg zum Feldzug, der bald zum vollständigen Sieg führte. Als sich die Truppen des Schwäbischen Bunds mit dem kurpfälzischen Aufgebot vereinigten, brachen die Revolten zwischen Speyer und Heilbronn zusammen. Durch Unterwerfungsverträge und Sühnehuldigungen fügten sich die Untertanen den Fürsten. Deren entschlossenes Handeln erwies, dass die soziale Erhebung militärisch keine wirkliche Chance hatte. Es war ein Zeichen obrigkeitlicher Solidarität, als Georg Truchsess von Waldburg den in Gefangenschaft geratenen Anton Eisenhut an Kurfürst Ludwig V. auslieferte. In Bruchsal wurde der revolutionäre Pfarrer enthauptet. Es war das symbolische Ende einer gewaltsamen Erhebung, die in einer neueren Publikation metaphorisch als Revolution „im Taumel des Evangeliums" angesprochen wurde.[40]

Gewalt und Glaube: Das furchtbare Strafgericht steht für die weithin sichtbaren Racheakte der Obrigkeit, die allen Aufrührern die Sinnlosigkeit ihres Tuns öffentlich vor Augen führen wollten. Den Bauern waren gewaltsames Handeln und beherztes Gottvertrauen keineswegs fremd. Das demonstrieren auf je eigene Art die eingehenden Studien von Christine Reinle und Enno Bünz in diesem Buch.

Auch wenn normative Quellen den Bauern das Führen ritterlicher Waffen verboten, fiel die ländliche Bevölkerung keineswegs aus dem als legitim empfundenen Gewalthandeln des Mittelalters heraus. Den Anspruch, das eigene Recht im formalisierten Verfahren auch mit Waffen einzufordern, praktizierten nicht nur die Eliten. Die Fehdeführung Nichtadliger behandelte Christine Reinle in ihrem

---

40 Michael KLEBON, Im Taumel des Evangeliums. Anton Eisenhut und der Kraichgauer Haufen im „Bauernkrieg". Absichten, Planungen und Taten einer ungemein dynamischen Phase der Revolution von 1525 (Heimatvereins Kraichgau e. V., Sonderveröffentlichungen 40), Ubstadt-Weiher u. a. 2020.

Buch zu Bauernfehden.[41] Obwohl verboten, kamen sie häufig vor. In diesem Band studiert Christine Reinle bäuerliche Gewaltanwendung und vergleicht Bauernfehden und Bauernkrieg als Manifestationen von Eigengewalt ohne Rücksicht auf eine höhere Gerichtsinstanz. Formen und Ziele des Gewalthandelns ähnelten einander: Drohungen, Absagen als formelle oder zeichenhafte Fehdeerklärung und anschließende Schädigung des Gegners durch Nötigung, Brandlegen oder Raub – selten „Kidnapping".

Die obrigkeitliche Reaktion kriminalisierte alle diese Maßnahmen. Dem widersetzten sich die Bauern durch den Transzendenzbezug des von ihnen eingeforderten göttlichen Rechts und der Bewahrung guter alter Gewohnheiten. Damit kriminalisierten sie ihrerseits die obrigkeitliche Verdichtung des herrschaftlichen Zugriffs. Nur selten erfolgte eine genaue formaljuristische Erörterung, was eigentlich göttliches Recht oder gutes Herkommen sei – wichtig war die eigene Überzeugung, diesen idealen Zustand sozialen Zusammenlebens aus Erinnerungen und mit gesundem Menschenverstand begründen zu können.

Liest man dagegen die anschwellende Schriftlichkeit obrigkeitlicher Kanzleien oder Gerichte, dann fehlte den Bauern mit dem gerechten Kriegsgrund eine wichtige Voraussetzung der zeitgenössischen Fehdeführung. Vielmehr sah die Obrigkeit das göttliche Recht zur Herrschaft auf ihrer Seite und betrachtete den Aufruhr als Landfriedensbruch. Seine Ahndung führte in der Konsequenz bis zur Vernichtung des Landfriedensbrecher. Das Gewalthandeln im 16. Jahrhundert wurde aber gar nicht von einer ausgefeilten Theorie der Fehde geprägt. Tatsächlich nutzten die verfeindeten Lager die im sozialen Raum akzeptierten und formalisierten Formen und Muster von Gewaltanwendung. Doch im Aufruhr des Gemeinen Manns wurden die in ritterlicher Gleichrangigkeit durchaus bewährten Handlungsformen gezielt als Verbrechen gebrandmarkt.

Enno Bünz widmet seinen tiefschürfenden Artikel nicht dem Thema Bauernkrieg und Reformation, sondern lotet das grundsätzliche Verhältnis von Bauern, Kirchenorganisation und Reformation neu aus. Der Konnex von Reformation und Bauernkrieg wurde schon von den Zeitgenossen hergestellt. Dabei differierten freilich die Theologie der Reformatoren und die Erwartung jener Christen, welche die religiöse Befreiung des Menschen vor Gott auf die soziale Lebenswirklichkeit übertragen wollten. Luthers Reaktionen auf den Bauernkrieg 1525 stellten die Reformation fortan in den Dienst protestantischer Obrigkeiten. Das wurde viel kritisiert. Dabei war es der Frohen Botschaft Jesu Christi bei der Vereinnahmung durch das römische Kaisertum im 4. Jahrhundert auch nicht anders ergangen.

---

41 Christine REINLE, Bauernfehden. Studien zur Fehdeführung Nichtadliger im spätmittelalterlichen römisch-deutschen Reich, besonders in den bayerischen Herzogtümern (Vierteljahrschrift für Sozial- und Wirtschaftsgeschichte, Beih. 170), Wiesbaden 2003.

Bünz nutzt seine Umschau zu einer fundamentalen Kritik der Forschungen von Peter Blickle. Dieser hatte mit seinen Thesen von Gemeindereformation und Kommunalismus ein völlig neues Bild des frühen 16. Jahrhunderts angestrebt. Die von Bünz vorgenommene Zurückweisung erscheint auf Grund seiner empirischen Befunde zur herrschaftlichen (und eben nicht gemeindlichen) Prägung der etwa fünfzigtausend Pfarreien im Heiligen Römischen Reich durchaus gelungen. Seine exemplarischen Vergleiche des Verhältnisses von Pfarrei und Gemeinde – von Holstein über Oberfranken bis nach Tirol – lassen Bünz die Richtungen des reformatorischen Geschehens von den Städten aufs Land deutlich konturieren. Damit büßen Bauern und ländliche Gesellschaft ihre Handlungsmacht weitgehend ein. Sie bleiben Empfänger, vielleicht sogar nur Objekte der Theologie und des adligen oder bürgerlichen Handelns. Aufgeschoben ist nicht aufgehoben: Welche Wirkungen das Evangelium auf das Handeln des Gemeinen Manns tatsächlich hatte, wird zu den wichtigsten Forschungsaufgaben im Umfeld der 500. Wiederkehr des Bauernkriegs gehören. Man mag aus mangelnder Fähigkeit beim Lesen und Schreiben noch nicht auf mangelndes religiöses Wissen schließen. Gottes Wege waren auch vor fünfhundert Jahren unerforschlich.

Die Ergebnisse, die Enno Bünz in diesem Buch vorlegt, resultieren aus jahrelangen Forschungen zu Formen der Frömmigkeit, zur kirchlichen Verfassung und zur Bedeutung der Pfarrei als der Organisationseinheit kirchlichen Lebens.[42] Darüber hinaus gelingen hier wesentliche Einsichten in regionale Unterschiede und vor allem in die lange Dauer des reformatorischen Geschehens in landschaftlicher Differenzierung. Die Dekonstruktion von Großthesen ersetzt durch subtile Nuancierungen die alten Containermodelle. Die Analysen der Kirchenorganisation bringen ernüchternde Ergebnisse im Hinblick auf bäuerliche Handlungsspielräume. Im Bistum Bamberg konnte nur eine einzige Dorfgemeinde ihre Pfarrstelle selbst besetzten. Insgesamt erwiesen sich die lang etablierten Verfügungsrechte auf die Pfarreien als ungemein stabil. Von bäuerlicher Mitbestimmung, etwa bei Pfarrerwahlen[43], konnte selbst bei den eher spärlichen spätmittelalterlichen Neugründungen kaum die Rede sein. Auch die Verbreitung der reformatorischen Lehre strahlte vorwiegend von der Stadt auf das Land. Deshalb weist Enno Bünz „Blickles Vorstellung, dass die Bauern eigenständig und selbstbestimmt zur Neuen Lehre fanden", eher protestantischen Sehnsüchten aus der zweiten Hälfte des 20. Jahr-

---

42 Enno Bünz, Die mittelalterliche Pfarrei. Ausgewählte Studien zum 13. bis 16. Jahrhundert (Spätmittelalter, Humanismus, Reformation 96), Tübingen 2017; Die Pfarrei im späten Mittelalter (Vorträge und Forschungen 77), hg. von Enno Bünz und Gerhard Fouquet, Ostfildern 2013.
43 Dazu neuerdings Eike Wolgast, Pfarrerwahl und Klosterexistenz in Bauernkriegsprogrammen 1525, in: Thomas Müntzer im Blick. Günter Vogler zum 90. Geburtstag (Thomas-Müntzer-Gesellschaft e. V., Veröffentlichung 29), hg. von Marion Dammaschke und Thomas T. Müller, Mühlhausen 2023, S. 83–103.

hunderts als der historischen Wirklichkeit der Zeit um 1525 zu. Dort sorgten vielmehr Fürstenreformation, Stadtreformation und Adelsreformation für die Durchsetzung der lutherischen Lehre in weiten Teilen des Reichs. Auch hier erwiesen sich die Bauern als Objekte, allenfalls als Zielgruppe von Geschichte.

Natur und Verdichtung: Neuere historische Erklärungsmodelle betten den Bauernkrieg in längerfristige Transformationsprozesse von Herrschaft und Gesellschaft ein. Dabei gehörten die Bauern zu den sozialen Gruppen, die – wie durchaus auch der ritterliche Niederadel – den zunehmenden Zugriffen fürstlicher Obrigkeiten erlagen. In wachsender Territorialisierung lösten sich ältere Gemeinschaftsrechte zunehmend auf. Die Beiträge von Gerrit Jasper Schenk und Kurt Andermann präsentieren diesen größeren Wandel vom 15. zum 16. Jahrhundert in klug strukturierten sozionaturalen und historischen Zugängen.

Die Frage nach den Anliegen der Bauern beantwortet Gerrit Jasper Schenk mit einem innovativen Beitrag zum Verhältnis von Mensch, Naturraum, Gesellschaft und Wirtschaft. Er weiß, dass diese Interpretation von Vergangenheit zeittypischen Interessen einer neuen Umweltgeschichte entspringt. In diesem Kontext möchte er den von Gerd Schwerhoff[44] neuerdings vorgetragenen „Vorschlag einer praxeologischen und akteurszentrierten Analyse unter Berücksichtigung der symbolischen und emotionalen Kommunikation der Beteiligten um die Frage nach sozioökologischen Hintergründen für die Spezifik der Aufstände" erweitern. In einer genauen Lektüre der Zwölf Artikel von 1525 entwickelt Schenk das bäuerliche Beharren auf dem guten alten Recht als Verlusterfahrung angesichts einer als unrechtmäßig empfundenen zunehmenden Ausbeutung durch die Herren. Dabei tritt die Allmende als das naturräumliche Allgemeingut aller Menschen hervor, dessen freie Nutzung zunehmend bedroht wurde. Folglich konzentrierten sich die Zwölf Artikel auf das bäuerliche Recht zum Fisch- und Vogelfang sowie zur Nutzung von Holz, Wald und Weide. Heute ist nicht mehr allgemein bekannt, dass der Zugriff auf solche Ressourcen der unmittelbaren Umwelt ein beständiges Anliegen der bäuerlichen Bevölkerung bis weit ins 20. Jahrhundert hinein blieb und immer wieder zu Nutzungskonflikten führte. Umso wichtiger sind die von Schenk vorgenommenen Bündelungen der bisher eher schütteren Forschungsgeschichte. Daraus folgt die Forderung einer künftigen Erforschung „von regionalspezifischen sozionaturalen Systemen". In einer Langzeitperspektive ließe sich der Aufruhr von 1525 dann neu und anders verankern.

Kurt Andermann beschreibt den Gemeinen Mann um 1500 – „ohne jedes eigene Verschulden" – als Verlierer obrigkeitlicher Verdichtung. Bauern und kleine Stadtbürger besaßen keinen Zugang zum gelehrten Recht, das sich bei Fürsten und Städten im 16. Jahrhundert immer deutlicher durchsetzte, und nahezu keinen An-

---

44   Gerd SCHWERHOFF, Beyond the Heroic Narrative: Towards the Quincentenary of the German Peasant' War, 1525, in: German History 41 (2023) S. 103–126.

teil an der zunehmenden Schriftlichkeit der landesherrlichen Verwaltungen. Deshalb nutzte das bäuerliche Pochen auf altem Herkommen und Gerechtigkeit wenig in einer Welt, die ihre Rechte und Ansprüche nicht mehr aus mündlich tradierter Erinnerung und gesundem Menschenverstand entwickelte.[45] Vielmehr trat damals zunehmend akademisch graduiertes und bisweilen sogar promoviertes Spitzenpersonal in die Administration ein, die mit dem Geschriebenen gegen das Erinnerte agierte.

Der Aufsatz von Kurt Andermann nutzt die besonderen Stärken landesgeschichtlicher Forschung mit ihren detaillierten Kenntnissen der archivalischen Überlieferung. Das Hochstift Speyer erfasste im 15. Jahrhundert durch ausgreifende Schriftlichkeit in neuer Weise seine Untertanen und hielt diese als fiskalische Ressourcen in dickleibigen Codices fest. Der Liber secretorum von 1470 verdient wegen seiner namentlichen Erfassung aller zum Hochstift gehörenden Menschen die besondere Aufmerksamkeit der internationalen sozialhistorischen Forschung. Selbst die traditionell ausgehandelte konsensuale Rechtsfindung von Herren und Bauern in Weistümern überdauerte – schriftlich fixiert – nur in ritteradligen Archiven. Ein Beispiel von 1448 aus Hainstadt bei Buchen liegt heute im Archiv des inzwischen bürgerlichen Schlossbesitzers. Die wertvolle historische Quelle belässt bei allen Ansprüchen der ritterschaftlichen Ganerben nämlich der Gemeinde ihre *herkommenden rechten*. Über die lokalen Konflikte zwischen Herren und Gemeinde wölbten sich – das zeigt das Fazit des Beitrags – die fürstlichen Zugriffe auf Bauern und Ritteradlige gleichermaßen. Politisch dominant blieben die großen Herren. Ihr Erschrecken angesichts der sozialen Erhebungen von 1525 war signifikant, aber nicht nachhaltig. Die Sieger im Krieg gegen die Bauern standen rasch fest. Von den Verlierern und den geschätzten bis zu hunderttausend Toten des Bauernkriegs kennen wir nicht sehr viele namentlich. Namen von Untertanen wurden nur dann aufgeschrieben, wenn man sie wie in Speyer 1470 als Erbringer von Diensten oder Abgaben verzeichnen wollte.

Warum? Bäuerinnen und Bauern sind in den Wochen von Aussaat und Ernte nicht abkömmlich. Wer im Rhythmus der Natur lebt, beginnt in diesen Zeiten keinen Aufruhr und zieht nicht ohne Not in den Krieg. Der in diesem Band behandelte Aufruhr am Bruhrain und im Kraichgau fand irgendwie dazwischen statt, vom März bis zum Mai 1525. Die Nachrichten von den Erhebungen der Jahre 1524 bis 1526 liefen weithin, durch sechs große Regionen im Heiligen Römischen Reich. Wir kennen die Kommunikationswege und ihre Träger kaum, und doch dürften die Informationen über den Aufruhr schnell geflossen sein. Dabeisein wurde zum neuen Wert. Wir wüssten gern mehr darüber, warum sich Menschen im Frühjahr

---

45 Dazu Simon TEUSCHER, Erzähltes Recht. Lokale Herrschaft, Verschriftlichung und Traditionsbildung im Spätmittelalter (Campus Historische Studien 44), Frankfurt am Main und New York 2007.

1525 massenhaft zum Kampf gegen die Obrigkeit zusammenfanden und dafür ihr Leben opferten. In den Beiträgen dieses Buchs werden allerlei Anlässe, Motive und Verlaufsformen des Aufruhrs behandelt. Doch die Dynamik, die in solchen Größenordnungen weder Vorbilder hatte noch Nachahmungen fand, erschließt sich uns im Abstand von 500 Jahren nur schwer. Immerhin wissen wir jetzt einiges. So wurde die Verdichtung von Herrschaft mit ihren ausgreifenden Ansprüchen von den Bauern ganz offensichtlich als sündhaftes Unrecht empfunden. Mit der Reformation und ihrer Freiheitstheologie war die Sensibilität für den Wert jedes einzelnen Menschen vor Gott gewachsen.

Und dann kam eine bislang ungekannte Beschleunigung der Ereignisse hinzu. Wir würden die gewaltigen Eigendynamiken gern genauer erklären, die Menschen aus dem bäuerlichen Alltag zum Aufbruch aus dem Dorf und zum Ausstieg aus dem Gehorsamssystem führten. Das könnte die immense und unkontrollierbare Beschleunigung dieser Wochen vielleicht erklären? Im Aufbrechen logisch erscheinender Kausalitäten könnten Eigendynamiken zu einem neuen Forschungsparadigma jenseits des aktuell gängigen Beharrens auf Kontingenzen, Emergenzen oder Kausalitäten werden. Der Bauernkrieg von 1525 ist kein logisches Ereignis für das bürgerliche Begreifen. Dem Verstehen könnte das Deutungsmuster von den Eigendynamiken guttun!

IV

Vom Bauern als Objekt der Geschichte erzählt das Gedicht ‚Das Riesen-Spielzeug'. Adelbert von Chamisso schrieb es 1831 über die alten Riesen auf der Burg Niedeck im Elsass. Als das „Riesen-Fräulein" erstmals spielend ins Tal kam, entdeckte es die winzige Welt der Menschen, sammelte einen Bauern samt Pflug in ihr Tüchlein und brachte das für den alten Vater mit nach Hause.

> Sie spreitet aus das Tüchlein und fängt behutsam an,
> Den Bauer aufzustellen, den Pflug und das Gespann;
> Wie alles auf dem Tische sie zierlich aufgebaut,
> so klatscht sie in die Hände und springt und jubelt laut.
> Der Alte wird gar ernsthaft und wiegt sein Haupt und spricht:
> ‚Was hast du angerichtet? das ist kein Spielzeug nicht;
> Wo du es hergenommen, da trag es wieder hin,
> Der Bauer ist kein Spielzeug, was kommt dir in den Sinn?
> Sollst gleich und ohne Murren erfüllen mein Gebot;
> Denn wäre nicht der Bauer, so hättest du kein Brot;
> Es sprießt der Stamm der Riesen aus Bauernmark hervor,
> Der Bauer ist kein Spielzeug, da sei uns Gott davor!'

Bauer mit Pflug als Mitbringsel eines Riesen-Kinds! Mit eindrucksvollen Bildern fängt dieses Gedicht die vormoderne Ohnmacht der Bauern ebenso ein wie ihre Notwendigkeit für das Überleben der Menschheit. Doch in der Eingangs- wie in der Schlußstrophe macht Adelbert von Chamisso klar, dass die Welt der Riesen und nicht die ihrer Spielzeuge unterging:

> Burg Niedeck ist im Elsaß der Sage wohl bekannt,
> Die Höhe, wo vor Zeiten die Burg der Riesen stand,
> Sie selbst ist nun verfallen, die Stätte wüst und leer,
> Und fragst Du nach den Riesen, du findest sie nicht mehr.[46]

---

46 Der ewige Brunnen. Deutsche Gedichte aus zwölf Jahrhunderten, hg. von Dirk VON PETERSDORFF, München 2023, S. 600–602. Von diesem Gedicht ging ein Artikel der Frankfurter Allgemeinen Zeitung aus, der am 3. Mai 2022, drei Tage vor dem Kraichtaler Kolloquium, erschien (Frankfurter Allgemeine Zeitung, Nr. 102, 3. Mai 2022, S. 12), online: https://www.faz.net/aktuell/feuilleton/debatten/landwirtschaft-und-lieferketten-landwirte-verkaufen-direkt-am-hof-17999760.html (Zugriff am 23.08.2023).

Register der Personen und Orte

Abrecht, Peter 174
Adelberg 183
Adenbüttel 98
Adolzfurt 197
Albeins 83
Albert, Thomas 77
Albinus, Sebastian 95
Allgäu 23, 154
Alsfeld 96
Altdorf 96
Altenbruch 100
Altenburg bei Bruchsal 133
Altenburg in Thüringen 95, 96
Altenwalde 101
Amlingstadt 80
Amorbach 193, 94, 199, 200, 203, 225
Andermann, Kurt 111, 189, 203, 233, 246, 248, 253, 254
Anger, Hieronymus 95
Ansbach 212
Antholz 135
Antwerpen 96
Appenzell 157, 161
Arnold, Wendel 130
Arnstadt 96
Artzt, Ulrich 122
Aubin, Hermann 244
Auge, Oliver 206, 223, 226, 247, 248
Augsburg 122, 198, 199
Augustodunensis, Honorius 238

Bad Frankenhausen 245
Bad Mergentheim → Mergentheim
Bad Oldesloe → Oldesloe
Bad Wimpfen → Wimpfen
Baden, Markgrafschaft 15, 16, 39, 57, 58, 107, 127
Baden, Markgrafen von, Christoph 40
–, Philipp 131
Bader, Karl Siegfried 33
Bähr, Matthias 154
Ballenberg 172
Baltringen 23, 24, 148
Bamberg, Diözese und Hochstift 80, 83, 252
Bamberg, Domstift 172

Bamberg, Bischof von 85
Barge, Hermann 209, 225, 226, 229
Barlt 81, 84
Basel 14, 77, 88
Bayern 74, 103, 159
Beck, Renatus 24
Behne, Axel 100
Behringer, Wolfgang 18
Beilstein 176
Bender, Hans 41
Bensen, Heinrich Wilhelm 207
Bergheim 162
Berlichingen, von 229, 230
–, Götz 7, 8, 187–203, 206, 208, 211, 222–226, 228, 231, 245, 247, 248
–, Hans Christoph 59
–, Hans Jakob 223
–, Konrad 59
Berlin 69, 86, 208
Bern 13, 69, 71, 78
Bernhardi, Christian 98
Bertsch, Ulrich 117, 125
Besigheim 122
Beyer, Reiff gen. → Reiff gen. Beyer
Biberach 21, 69, 85
Bibra, von 229
Bieringen 172, 197
Bildhausen 218
Bischoff, Georges 21
Blaufelden 198
Blickle, Peter 8, 13, 15, 19, 22, 24, 28, 67–78, 90, 93, 96, 97, 101, 105, 106, 147, 148, 151–154, 163, 165, 170, 205, 241, 245, 246, 252
Böblingen 125, 126, 169, 170, 181, 183, 196
Bochum 188
Böckingen 173, 174, 181, 185
Bodenstein gen. Karlstadt, Andreas 215
Bödigheim, Rüdt von → Rüdt von Bödigheim
Böhl 90
Boie, Nikolaus 99
Bosl, Karl 69, 74, 244
Brackenheim 125

Brandenburg, Markgrafen und Kurfürsten von, Albrecht 211, 213, 228
–, Joachim 211, 213
Brandenburg-Ansbach, Markgrafen von 222, 225
Brandenburg-Kulmbach, Markgrafen von 105
–, Casimir 159, 211, 214
Brandes, Johannes 100
Braunschweig 98
Breisiger, Eberhard 95
Bremen 96, 99
Bremen, Diözese 81, 92, 94
Bremen, Domstift 100
Bremen, Erzbischöfe von 98, 101
–, Friedrich 79
Brenz, Georg 147
Brenz, Johannes 27
Bretten 40, 63, 109, 111, 116, 117, 124, 126–130, 132, 155, 250
Bretzfeld 184
Brisger, Eberhard 95
Brixen 135, 138
Brixen, Diözese und Hochstift 82, 83, 88
Brixen, Bischöfe von 135, 137
–, Georg Golser 82
Bruchsal 9, 40, 54, 110–113, 117, 119, 120, 122, 123, 132, 133, 250
Bruhrain 8, 9, 42, 53, 56, 107, 109–113, 115, 117–127, 131, 132, 134, 249, 250, 254
Bruneck 135
Bruns, Johann 98
Brüssel 211
Bubleben, Bernhard 221
Bucer, Martin 72
Buchen 192
Bühl 15
Bünz, Enno 238, 241, 245, 250–252

Cambrai, Bischof von, Gerhard 236
Carl, Horst 165
Chamisso, von, Adelbert 255, 256
Chur 77
Chytraeus, David 111
Cochlaeus, Johannes 66
Colditz 96
Collin, Randall 165, 166
Conrad, Franziska 77
Cottbus 95
Creuzburg 96
Cronthal, Martin 192, 219, 222, 226

Cumbach 83, 84
Custos, Johann 96
Cuxhaven 92

Daase, Christopher 139
Dalberg, von, Johann 57
Dänemark, König von, Christian 213
Darmstadt 36
Degerloch 108
Detmold 96
Dienheim, von, Wigand 59
Dithmarschen 81, 96, 98–100
Dixon, C. Scott 105
Döffingen 170
Dornberg, Thomas 57
Döse 101
Dresden 65
Duby, Georges 241
Durlach 15, 16, 119
Durnholz 83
Dürrenzimmern 180

Eberbach 85
Eberstein, Grafen von 122, 123
–, Bernhard 133
–, Wilhelm 107, 114, 123
Eck, von, Johann 159
Edelsheim, von, Margarethe 172, 249
Eder, Karl 90
Ehmer, Hermann 248, 249
Eibelstadt 218
Eicha 98
Eilenburg 96
Einbeck 96
Eisenberg 84
Eisenhut, Anton 37, 38, 107–109, 111, 114, 115, 118, 121, 122, 124–126, 128, 131, 133, 156, 250
Eisesheim, von, gen. Heußlein, Jörg 198
Elsass 22, 77, 162, 243, 255, 256
Eltershofen, von, Rudolf 176
Emser, Hieronymus 65
Endres, Rudolf 67, 71, 144
Engels, Friedrich 7, 13, 70, 169, 208
England 14, 157, 162, 210, 245, 246
England, Könige von, Heinrich VIII. 210
–, Richard II. 152
Eppingen 107, 108, 111, 121, 124, 125, 133, 250
Eschenau 58
Esslingen 170
Ettlingen 15

NAMENREGISTER

Ferber, Wolfgang 174
Fetzer, Ralf 9, 41, 42
Feuerbacher, Matern 121, 177, 181, 182
Fischer, Johann 219
Flandern 80
Flehingen 9
Flehingen, von 112
–, Erpf Ulrich 122, 123
–, Wolf Ulrich 132
Flein 173, 175
Flurschütz da Cruz, Andreas 247, 248
Fouquet, Gerhard 34
Franken 60, 64, 67, 68, 132, 159, 183, 193, 201, 207, 213, 215, 225, 228, 229, 243, 252, 258
Frankenbach 173
Frankfurt am Main 18, 85, 126
Frankreich 14, 245, 246
Frankreich, Könige von 172, 211
–, Ludwig XII. 210
Franz, Günther 8, 18–21, 23, 46, 48, 69, 70, 105, 145, 151, 163, 165, 169, 190, 205–207, 210, 214, 216, 218, 225–228, 242–244
Frauenalb 119
Freiburg im Breisgau 23
Freitag, Werner 97, 98
Frie, Ewald 235
Fries, Lorenz 7, 32, 117, 132, 158, 213, 215, 220, 221
Frundsberg, von, Georg 245
Fuchs, Walter Peter 207, 208, 212, 231
Fuhrmann, Rosi 76, 77, 90
Fürfeld 132
Fürth 96

Gaildorf 183
Gaismair, Michael 12, 167
Gallion, Nina 37, 246, 249
Gautzsch 98
Geisfeld 80, 83
Gemmingen, von 112
–, Blicker 59
–, Leonhard 60
–, Orendel 59
–, Reinhard 61
–, Sebastian 60
Geseke 96
Gettorf 92
Geyer von Giebelstadt, Ambrosius 213
–, Balthasar 210
–, Dietrich 210
–, Eberhard 210

Geyer von Giebelstadt, Eva 223
–, Florian 8, 190, 201, 205–231, 245, 247, 248
–, Sebastian 213
–, Wilhelm 210
Giebelstadt, Geyer von → Geyer von Giebelstadt
Giebelstadt, Zobel von → Zobel von Giebelstadt
Glaser, Michael 96
Gochsheim 40, 107, 108, 112, 114, 118, 121–124, 133, 250
Goertz, Hans-Jürgen 71
Goethe, von, Johann Wolfgang 188, 231
Göler von Ravensburg 112
–, Bernhard 120, 131
Göppingen 170
Gottesaue 119
Göttingen 98, 207
Graba 84
Grass, Günter 245
Graubünden 77
Groden 92
Grone 98
Grop, Gottschalk 96
Großbottwar 176, 177, 181
Grumbach, von 229
–, Wilhelm 222
Guben 95
Gugel, Bastian 15
Guldenkopf, Johann 57
Gundelsheim 212, 191, 192
Guttenberg über dem Neckar 58
Guttenberg, von, Erich 80

Habsburg, Grafen von 160, 161
Hadeln 100, 101
Haffner, Christoph 124
Hainstadt 61, 62, 254
Hall, Hans von 132
Hamburg 91, 95
Hamburg, Diözese 81, 82
Hamburg, Domstift 84, 98, 99
Hamerstetter 40
Hanau, Graf von, Philipp 131
Hardin, Garrett 35
Harer, Peter 7, 107, 115–119, 124, 184, 257
Hase, Sixt 173
Hauptmann, Gerhart 188, 208–210
Hechel, Anna 116
–, Melchior 128, 129
–, Michael 116
Hegau 153

Heggbach 155
Heide 99
Heidelberg 40, 118, 130, 132, 191
Heidelsheim 111, 114, 123, 124, 126
Heidenreich, Benjamin 11, 12
Heidingsfeld 218
Heilbronn 59, 126, 173–175, 181, 184, 185, 190, 194, 203, 250
Heimpel, Hermann 36
Helfenberg 170
Helfenstein, Grafen von, Ludwig 107, 155, 163, 175–181, 183–185, 190, 249
–, Margarethe 172, 249
–, Maximilian 172
Helmstatt, von 112
Hemmingstedt 244
Hengstlin, Marx 180
Henneberg, Grafschaft 37
Herford 96, 98
Herolt, Johannes 165, 195
Herrenalb 119, 127
Herrmann, Johannes 102
Herxheim 90
Hessen, Landgrafschaft 68, 102, 114
Hessen, Landgraf von, Philipp 66
Hetter, Michel 37
Hilpoltstein 96
Hilsbach 111, 123–125, 131
Himmel, Heinrich 96
Hinck, Helmut 157, 162
Hipler, Wendel 58, 164, 172, 173, 191, 194, 201
Hirschhorn, von 174
–, Jörg 185
–, Hans 59
Hitler, Adolf 19, 244
Hoffmann, Melchior 219
Hofgeismar 96
Hofmann, Johann 96
Hofmännin, Schwarze → Renner, Margarethe
Hofwart von Kirchheim, Adam 37, 39, 40–42
–, Kunigunde 37, 41, 42
Hohenheim 19, 69
Hohenlohe, Grafschaft 58, 172, 173, 192, 201
Hohenstaufen 183
Holstein, Grafschaft 81
Holzhausen 98
Höpfigheim, Speth von → Speth von Höpfigheim
Horb 24

Hornberg 190, 191, 197, 199, 200
Hoyer, Siegfried 169
Huber, Barbara 36
Hubmaier, Balthasar 153
Hüffenhardt 58
Hutten, von, Ludwig 223

Ilsfeld 181, 184
Ingolstadt 207, 222
Innsbruck 138
Iphofen 219
Italien 154

Jagsthausen 190
Jarl, Hans 136, 138

Kahla 96
Kaiser und Könige, römisch-deutsche, Friedrich I. Barbarossa 141
–, Karl IV. 141
–, Karl V. 15, 171, 177, 187, 211
–, Konrad III. 175
–, Maximilian I. 15, 172, 210, 249
Karlstadt, Andreas Bodenstein gen. 215
Karpfen, von, Eberhard 171
Kaufmann, Thomas 20
Keller, Georg 40
Kempten 69
Kern, Fritz 46, 47
Kerner, Justinus 175
Kießling, Rolf 74, 75, 103, 105
Kirchardt 60
Kirchheim, Hofwart von → Hofwart von Kirchheim
Kirrweiler 58
Kirser, Jakob 58
Kislau 132
Kitzingen 218
Klebon, Michael 37, 155, 165
Klein, Ernst 69
Kleinehagenbrock, Frank 201, 202, 214, 223, 226, 229
Klencke, Ludolf 100
Klingenberg 173
Kohl, Jakob 218, 227
Kohl, Paul 25
Koiten, Hermann 96
Köln 96
Köln, Domstift 172
Königsbach, Johann 171
Königsfelden 170
Königshofen 169, 170, 183
Konlin, Simon 41

NAMENREGISTER

Konstanz 14, 77
Konstanz, Diözese 90
Köster, Johann 96
Kraichgau 8, 11, 32, 37–43, 46, 47, 59, 107–134, 184, 203, 233, 249, 250, 254
Krautheim 191
Kropp, Gottschalk 96
Kühorn, Jakob 57
Kühren 80
Kumpf, Ehrenfried 215
Kuppenheim 15
Kurze 86, 88

Lajen 83
Lammers, Walther 244
Lamparter, Gregor 58
Landshut 103
Langermann, Fritz 219
Laon, Bischof von, Adalbero 236
Laube, Adolf 8, 150, 165
Lauenburg 95
Lauffen 173, 177, 181
Lausitz 91
Lehe, von, Erich 101
Lehen 157
Leipheim 160
Leipzig 58, 70, 98
Leisnig 94
Lenz, Max 209
Leutkirch 69
Lichtenberg 176
Lichtenberger, Johannes 236, 237
Lichtenstern 175
Limbach 194
Limpurg, Schenk von → Schenk von Limpurg
Lindenau, von, Heinrich 96
Lippstadt 96
Lobeda 96
London 210
Lorch 183
Lörrach 88
Lotzer, Sebastian 24, 113
Lübeck 84, 91, 95, 99
Lübeck, Diözese 81
Lüneburg 95
Lupfen, Grafen von 144, 149
Lußhardt 113
Luther, Martin 27, 65–67, 72–74, 91–96, 98–104, 107, 214, 215, 238, 243, 251, 253

Machern 96

Mainz 236
Mainz, Erzdiözese, Erzstift und Kurfürstentum 79, 84, 194, 199, 228
Mainz, Erzbischof von 194
Malsch 118, 119, 132, 156, 250
Marchal, Guy 88
Markkleeberg 98
Maulbronn 112, 121, 176, 182
Maurer, Justus 67
Mayenburg, von, David 22, 23, 28, 36
Mayer, Theodor 244
Meißen, Bischöfe von 79, 91
Melanchthon, Philipp 27, 116, 214
Meldorf 81, 82, 84, 99
Memmingen 23, 24, 69, 113
Mentzingen, von 112
–, Erasmus 38
–, Peter 38
–, Philipp 38, 62–64, 114
–, Stephan 9
Menzingen 38, 45, 62, 63, 114, 117, 133
Mergentheim 221, 228
Merz, Johannes 229
Metzler, Georg 172
Meydenbach, Jakob 236
Michelfeld 60, 61, 114
Miltenberg 194
Mitteldeutschland 96, 243
Möckmühl 190, 211, 223
Moraw, Peter 48, 49
Moritz, Tilman G. 188, 189, 203
Möschlitz 102
Mühlhausen 132
München 47, 69, 71, 78, 103
Münster 96
Müntzer, Thomas 20, 66, 71, 72, 169
Münzesheim 37, 39–42
Murer, Jakob 150
Murrhardt 183

Nassau, Graf von, Philipp 125
Neckargartach 173, 184
Neckarsulm 132, 173, 175, 197
Neckartal 58, 107, 114, 123, 173, 182, 207, 219, 222, 228
Neipperg, von 112
–, Engelhard 59
–, Wilhelm 173, 174
Nerer, Hans 122
Neuenstein 58, 173
Neuffen 176
Neuhausen 57
Neustift 138

Niedeck 255, 256
Niederburnhaupt 58
Ninness, Richard J. 188
Nonnenmacher, Melchior 181, 184
Norddeutschland 74, 79, 98
Nordheim 60
Nürnberg 85, 96

Oberacker 39, 40
Oberdeutschland 71, 73, 74, 97, 106, 243
Oberdorla 102
Obergrombach 112, 133
Oberhofen 170
Oberösterreich 90, 91
Oberöwisheim 40, 113, 122
Oberschwaben 12, 32, 67–69, 72, 75, 113, 114, 217, 233, 239, 243
Ochsenfurt 218, 222, 219
Ochsenhausen 146, 147
Odenheim 61
Odenwald 32, 58, 61, 62, 107, 111, 114, 147, 157, 164, 172, 173, 175, 182, 195, 197, 203, 207, 213, 214, 218, 219, 221–223, 228
Oechsle, Ferdinand Friedrich 207
Öhringen 121, 172, 173, 175, 197
Oldesloe 95
Österreich, Erzherzog von, Ferdinand 152, 153, 171, 177, 182
Ostpreußen 96
Ostrom, Elinor 35
Ottobeuren 31

Passler, Oswald 135–138, 140
Pavia 154, 182
Pens 83
Petke, Wolfgang 79
Petzensteiner, Johann 96
Pfaffenhofen 60
Pfalz, Pfalzgrafschaft und Kurfürstentum 56, 122, 172, 173
Pfalz, Pfalzgrafen und Kurfürsten von der, Ludwig III. 54
–, Ludwig V. 116–118, 120, 123, 125, 126, 130, 131, 133, 181, 191, 202, 222, 250
Pfeiffer, Gerhard 159
Pfeiffer, Heinrich 66
Pforzheim 40
Philippsburg → Udenheim
Polen, König von, Sigismund 211
Press, Volker 202
Preußen 213, 214, 221 – vgl. auch Ostpreußen

Preußen, Herzogtum 228

Rabenstein, von, Melchior 211, 227
Radstadt 12
Ranke, von, Leopold 7, 208
Rauch, Wolf 170
Rauenberg 132
Ravensburg 150
Ravensburg, Göler von → Göler von Ravensburg
Regensburg 25
Regius, Urbanus 27
Reichenau 84
Reiff gen. Beyer, Leonhard 95
Reinhard, Wolfgang 73, 74
Reinle, Christine 246, 250
Reinswald 83
Reitemeier, Arnd 98
Reitmayer, Mirjam 188
Remi, Endris 180
Renner, Margarethe 174, 175, 184, 185, 249
Retzel, Hans 219
Reuß 102
Reuter, Hans 172, 197
Reutlingen 190
Rimpar 222
Ritzebüttel 101
Röcknitz 96
Rohrbach, Jäcklein 121, 123, 127, 129, 130, 133, 173–175, 180–182, 184, 257
Rorschach 161
Rosenberg 40
Rosenberg, von, Zeisolf 223
Rösener, Werner 139
Rößler, Hans 103
Rosswein 96
Rotenberg 112, 119, 132
Roth, Andreas 152
Roth, Matthäus 96
Roth, Thomas 36
Rothenburg ob der Tauber 9, 207, 215–217, 219, 221, 222, 248
Rüdt von Bödigheim, Friedrich 59

Saalfeld 83
Saarbrücken 69
Sabean, David Warren 28
Sachsen, Herzogtum und Kurfürstentum 91, 94, 98, 102–104, 215
Sachsen, Herzöge und Kurfürsten von, Friedrich der Weise 103
–, Georg der Bärtige 65, 66

Sachsen, Herzöge und Kurfürsten von,
    Johann der Beständige 66
Sachsen-Lauenburg, Herzog von, Magnus
    100
Salzburg 72, 103, 146
Samper, Hans 122
St. Christina 83
St. Gallen 24, 161
Sartorius, Georg Friedrich 207
Saulle Hippenmeyer, Immacolata 77
Schaffhausen 148, 153
Schaller, Lorenz 96
Schappeler, Christoph 24, 26
Schenk, Gerrit Jasper 241, 245, 253
Schenk von Limpurg, Elisabeth 172
Schenk von Winterstetten, Hans Konrad
    176, 180
Scheuble, Adam 129
Schilling, Heinz 93
Schleiz 102
Schlesien 96
Schmale, Wolfgang 139
Schmid, Dionys 181, 184, 195, 198, 219
Schnabel, Tilemann 96
Schöntal 172, 173, 175, 177, 191
Schultheiß, Jakob 102
Schnurrer, Ludwig 9
Schwabach 96
Schwabbach 184, 195, 198, 219
Schwaben 31, 64, 69, 74, 243 – vgl. auch
    Oberschwaben
Schwäbisch Gmünd 183
Schwäbisch Hall 59, 195
Schwaigern 60
Schwarzburg, Grafen von 84
Schwarzenberg, von, Hans 227
Schwarzerd, Georg 7, 116, 117, 124, 127–
    130
–, Margarethe 116
–, Philipp → Melanchthon, Philipp
Schwarzwald 32, 111, 126, 160
Schweinberg, Stumpf von → Stumpf von
    Schweinberg
Schweinfurt 213, 223
Schweiz 73, 77, 106, 145, 182
Schwerhoff, Gerd 12, 253
Scott, Tom 22
Seckendorff, von, Anna 210
Seefeld 82
Selge, Kurt-Victor 73
Sempach 170
Seuter, Hans 41, 42
–, Matthes 40, 42

–, Peter 42
Sickingen, von 112
–, Franz 59
Sinsheim 111, 124, 128
Sladeczek, Martin 102
Smirin, Moisej Mendelvič 20, 70, 72, 169
Spelen, Georg 96
Spengler, Oswald 242
Spenlein, Georg 96
Speth von Höpfigheim, Ludwig 173
Speth von Zwiefalten, Dietrich 197
Speyer 125, 233, 246, 250
Speyer, Diözese und Hochstift 34, 53–58,
    90, 112, 118, 122, 132, 254
Speyer, Domstift 34, 53–58, 118–120, 250
Speyer, Bischöfe von 114, 117, 246, 250
–, Georg 118–120, 122, 131, 246
–, Gerhard 53
–, Matthias 54–58, 60
–, Raban 54
Spis, Anselm 122
Sprengel, Peter 209
Stade 94, 101
Stälin, Christoph Friedrich 174
Stammheim 148
Steiermark 157
Stein 148
Steinfeld 97
Steinkallenfels, von, Hans 129
Steinmarne 101
Steinmetz, Max 8, 20, 70, 150, 165
Steinsberg 125, 133
Stilfes 83
Stockheim 96
Stormarn 81
Straßburg 22, 24
Straßburg, Diözese und Hochstift 90
Straßburg, Domstift 172
Stühlingen, Landgrafschaft 12, 144, 145,
    148, 152, 153
Stumpf von Schweinberg, Marx 191
Sturmfeder, Eberhard 176, 180
Stuttgart 11, 122, 172, 175, 177, 198
Südtirol 83, 135
Sunthaym, Ladislaus 110
Sybolt, Pallas 40

Tauberbischofsheim 228
Taubertal 160, 194, 195, 216–218, 221,
    224, 225, 227
Taufers 137
Telfs 82
Teuscher, Simon 46

Thann 172
Thayngen 148
Thüngen, von 229
Thurgau 148
Thüringen 12, 20, 66, 68, 79, 83, 102, 233, 243
Tirol 72, 77, 82, 83, 138, 167, 172, 252 – vgl. auch Südtirol
Torgau 96
Treffurt 102
Trier, Erzbischof von 131, 250
Truchsess von Walburg, Georg 107, 122, 123, 131–133, 150–153, 170, 172, 183, 184, 196, 198, 249, 250
–, Wilhelm 172
Tübingen 116, 182
Tübke, Werner 245

Udenheim 54, 119, 120, 132
Ulm 84, 126, 154, 198
Ulmschneider, Helgard 187–189, 192, 196, 222
Untergrombach 34, 46, 113, 133, 147, 157
Unteröwisheim 40, 132, 133

Vaihingen 176
Valdorf 97, 98
Venningen, von 112
–, Konrad 16
Venningen, von, Florenz 57, 58
Vergenhans, Ludwig 58
Villanders 88
Villnöss 83
Vlotho 97, 98
Vogler, Günter 8, 150, 165
Volland, Ambrosius 58
Vollrath, Hanna 46

Waibstadt 112, 133
Waldburg, Truchsess von → Truchsess von Waldburg
Waldshut 153
Wangen 69
Wasserburg 103
Weil 170
Weiler 121, 133
Weiler, von, Dietrich d. Ä. 176–180
–, Franz 177
Weingarten 122
Weinsberg 8, 107, 119, 123, 128, 129, 133, 155, 163, 169–185, 190, 196, 197, 202, 207, 248, 249

Weiß, Sebastian 95
Weißenau 150, 151
Weißenburg 90
Welden, von, Johann 174
Welfen, Welf VI. 175
Wendehorst, Alfred 80
Wentz, Gustav 95
Werdenstein, von, Georg 155
Wertheim, Grafen von 201
–, Georg 194, 196, 227
Westermann, Johann 96
Westerstetten, von, Hans Dietrich 176
Westfalen 97
Weygandt, Friedrich 194
Weyher 90
Wiesloch 111
Wildenberg 194
Willoweit, Dietmar 46, 47
Wimpfen 173, 174
Winkelhofer, Heinrich 58
Winterstetten, Schenk von → Schenk von Winterstetten
Wittenberg 95, 96, 104, 214
Wohlfeil, Rainer 71
Wolgast, Eike 97
Worms, Bischöfe von, Burchard 236
–, Johann 57
Wüllersleben 96
Wunder, Heide 46, 101
Wunderer, Hans 121
Wunnenstein 121, 181, 182
Wurm, Friedrich 132
Wurms, Hans 123
Wursten 100, 101
Württemberg, Grafschaft und Herzogtum 56–58, 107, 112, 116, 121, 122, 124, 125, 170–173, 177, 181–183, 196
Württemberg, Grafen und Herzöge von, Eberhard im Bart 32, 56, 176
–, Eberhard d. J. 176
–, Ulrich 56, 153, 171, 173, 175–177, 182, 190, 202, 211
Würzburg 158, 169, 192, 194–197, 203, 207, 211, 215, 218–223, 225, 226, 233, 246
Würzburg, Diözese und Hochstift 199, 230
Würzburg, Domstift 210, 248
Würzburg, Bischof von, Konrad 131, 132, 198, 213, 214, 220, 222, 250
Wurzen 80

Zabergäu 60, 115, 121–123, 125, 127, 130, 173
Zasius, Ulrich 23
Zeitz 96
Zerbst 95, 96
Ziegler, Clemens 22
Ziegler, Walter 73, 74, 215
Zimmermann, Wilhelm 7, 11–13, 169, 174, 207, 208, 210
Zobel von Giebelstadt 229
Zuckelhausen 98
Zückert, Hartmut 28
Zürich 72, 148, 153, 181
Zütphen, Heinrich von 96, 99
Zweifel, Thomas 216, 219, 221
Zwickau 84, 95
Zwiefalten, Speth von → Speth von Zwiefalten
Zwilling, Gabriel 96
Zwingli, Huldrich 67, 75, 243

Register der Sachen und Begriffe

(in themenbezogener Auswahl)

Abendmahl 103, 104
Abgaben 15, 16, 26, 33, 35, 50, 52–55, 62, 99, 120, 123, 148, 153, 174, 177,211, 215–217, 226, 254 – vgl. auch Besthaupt, Bestkleid, Bodenzins, Erbschaftssteuer, Frondienst, Gerichtsbuße, Hauptrecht, Hühner, Lasten, Leibeigenschaft, Naturalabgaben, Schatzung, Steuer, Todfall, Ungeld, Zehnt
Acht 142, 156 – vgl. auch Reichsacht
Adel 13, 27, 31, 38, 49, 50, 55, 59, 62–64, 71, 74, 80–82, 96, 97, 106, 112, 114, 138–142, 146, 150, 153, 155, 157, 159, 164, 167, 169–171, 175, 180, 181, 187, 190, 191, 193, 195, 201–203, 205, 208, 209, 213–215, 220, 221, 223–231, 234, 238, 240, 246–248, 253, 255, 256 – vgl. auch Ritterschaft
Agrarkrise 14, 21, 28
Agrarverfassung 26, 28, 33
Allmende 11, 15–18, 25, 28, 29, 31, 33–37, 39, 42, 113, 156, 253
Altes Herkommen 25, 26, 45–64, 182, 234, 246, 251, 254 – vgl. auch Gemeines Recht, Gewohnheitsrecht
Altes Recht 19, 23, 45–64, 145, 251 – vgl. auch Gemeines Recht, Gewohnheitsrecht
Antiklerikalismus 20
Arme Leute 22, 62, 123, 128, 150, 201, 209 – vgl. auch Hintersassen, Untertanen
Armer Konrad 13, 15, 16, 19, 116, 173
Armut 34, 62, 63, 123, 128, 150, 201, 209, 243

Bann 41, 156, 160, 161
Bannrechte 62
Bannwald 35, 161
Bauernbefreiung 145, 235
Bauernfehde 135, 136, 138–142, 144, 167, 251
Bauernhaufen 58, 114, 115, 119, 125–128, 130, 131, 134, 152, 154–156, 165, 166, 175, 177–180, 182, 183, 192, 197, 218, 225, 228, 247
–, Allgäuer Haufen 23, 154
–, Badischer Haufen 119, 120, 127, 130, 131
–, Baltringer Haufen 23, 24, 148
–, Bruhrainischer Haufen 42, 111, 117–122, 124, 127, 130, 131, 133
–, Fränkischer Haufen 160, 195, 217, 225
–, Gaildorfer Haufen 182, 183
–, Gochsheimer Haufen 107, 108, 121–125, 250
–, Heller Haufen 108, 109, 181, 182
–, Hohenloher Haufen 172, 173, 192
–, Kraichgauer Haufen 37, 38, 41, 47, 108, 109, 111, 114, 115, 117, 121, 124, 125, 128, 130, 134, 155, 250
–, Neckartäler Haufen 58, 107, 114, 123, 147, 173, 207, 219, 222, 228
–, Odenwälder Haufen 58, 147, 157, 164, 172, 173, 175, 182, 195, 197, 207, 218, 221
–, Schwarzer Haufen 207
–, Seehaufen 23, 150, 154
–, Stuttgarter Haufen 127, 134
–, Sundgauer Haufen 162
–, Taubertäler Haufen 160, 194, 195, 217, 218
–, Weinsberger Haufen 183
–, Wunnensteiner Haufen 121, 181, 182
–, Württemberger Haufen 121–123, 175, 181–183
–, Zabergäuer Haufen 121–123, 127, 130, 173
Belagerung 143, 158, 159, 194, 195, 197, 211, 218, 222, 249
Benefizium 76, 79, 89–91 – vgl. auch Pfründe
Bergbau 21, 32
Besthaupt 26 – vgl. auch Hauptrecht, Todfall
Bestkleid 26 – vgl. auch Hauptrecht, Todfall
Bettelorden 95

Beute 59, 143, 159, 179
Bibel 20, 24, 26, 27, 45, 67, 120, 154, 248
– vgl. auch Evangelium
Bodenzins 25
Brandschatzung 133, 140, 142
Brandstiftung 136, 142, 158, 160, 251
Bruderschaft 91, 92, 94, 122, 123, 160, 191, 217, 224 – vgl. auch Kaland
Bundschuh 15, 19, 34, 46, 56, 113, 145, 147, 148, 153, 157, 243
Bürgerkrieg 134
Bürgertum 20, 61, 73–75, 80, 94, 98, 114, 116, 124, 128, 129, 142, 167, 177–180, 201, 215, 216, 234–236, 240, 241, 243, 249, 253

Christianisierung 75, 76
Christliche Vereinigung 24, 123, 126, 152, 154, 156, 160, 181, 182, 191, 217

Domkapitel → Domstift
Domstift 34, 53, 54, 80–82, 84, 98, 99, 118–120, 172, 210, 229, 231, 246, 248, 250
Dorfgemeinde 31, 38, 40, 60, 75, 77, 80, 83, 84, 87–90, 102, 103, 105, 252
Dorfgericht 26
Dorfordnung 26, 39, 51, 60, 61, 114
Dreifelderwirtschaft 28, 29, 33
Dreißigjähriger Krieg 151
Dritter Stand 235–240
Drohung 115, 127–130, 135, 137–140, 146, 150–157, 167, 173, 183, 251

Eidgenossen 24, 143, 145, 161, 182
Eigenkirche 78–80 – vgl. auch Patronatsrecht
Einschüchterung 155, 156, 164, 167
Erbschaftssteuer 26 – vgl. auch Todfall
Eroberung 108, 109, 119, 123–126, 132, 158, 160, 163, 249, 250
Evangelium 19, 24, 26, 27, 65, 72, 103, 104, 115, 118, 120, 154, 175, 217, 219, 221, 224, 239, 248, 250, 252 – vgl. auch Bibel

Faschismus 20, 244 – vgl. auch Nationalsozialismus
Fehde 135–144, 149–151, 153, 158, 161, 162, 165–167, 181, 202, 213, 220, 221, 225, 250, 251 – vgl. auch Bauernfehde, Krieg

Fischerei 16, 25, 28, 30–32, 34, 36, 37, 40, 83, 135, 161, 167, 253
Flößerei 32, 36
Flugschrift 23, 65, 66, 74, 92, 94, 239
Französische Revolution 207, 235
Freiheit 12, 13, 16, 25, 27, 68, 85, 123, 172, 208, 235, 236, 238, 240, 242, 255 – vgl. auch Unfreiheit
Frömmigkeit 76–79, 91, 92, 104, 105, 161, 252 – vgl. auch Religion
Frondienst 15, 16, 25, 54, 58, 59, 62, 113, 114, 160, 171, 174, 193, 195, 215, 254
Frühbürgerliche Revolution 8, 20, 21, 70, 73, 150, 234, 235, 240
Fürstenreformation 72, 73, 92, 106, 253 – vgl. auch Kirchenregiment

Gartenbau 30, 35
Gastwirt 41, 136, 172, 173, 191, 192, 198, 218
Gefangenschaft 99, 136, 137, 143, 148, 151, 164, 179–181, 188, 190, 195, 199, 200, 250
Geistlichkeit 13, 20, 50, 57, 58, 66, 67, 80–82, 84, 85, 87–90, 94, 101–103, 106, 113, 138, 140, 141, 160, 167, 171, 172, 174, 180, 193, 211, 217, 219, 220, 225, 229–231, 235, 246 – vgl. auch Benefizium, Kloster, Pfaffenhass, Pfarrer, Pfründe, Stift
Gemeinde 19, 22, 24, 25, 29, 31, 33, 37–40, 42, 45, 48, 51, 58, 60–63, 67, 68, 72, 75, 77, 78, 80–90, 92, 96, 97, 99–106, 112, 118, 138, 155, 156, 183, 202, 218, 252, 254 – vgl. auch Dorfgemeinde, Kirchengemeinde, Kommunalismus, Kommunalisierung, Landgemeinde, Pfarrgemeinde
Gemeindepatronat 81, 82, 84, 97 – vgl. auch Pfarrerwahl
Gemeindereformation 68–78, 90, 93, 96–98, 102, 103, 105, 106, 238
Gemeindeversammlung 75
Gemeindewald 35, 39, 40
Gemeiner Mann 22, 45, 48, 50, 51, 60, 63, 70–72, 77, 205, 234, 238, 240, 245, 251–253
Gemeines Recht 20, 23, 239 – vgl. auch Altes Herkommen, Altes Recht, Gewohnheitsrecht
Genossenschaft 17, 21, 33, 42, 48, 106 – vgl. auch Eidgenossen

SACHREGISTER

Gericht 61, 63, 98, 99, 102, 135, 141, 167, 174, 184, 250, 251 – vgl. auch Dorfgericht, Hofgericht, Landgericht, Reichskammergericht, Rüggericht
Gerichtsbuße 25, 193
Gerichtsherrschaft 47, 61, 129, 174, 181, 215
Geschütz 128, 159, 160, 173, 176 – vgl. auch Waffen
Getreide 16, 24, 30, 31, 34, 35, 67, 135, 218
Gewalt 8, 12, 23, 38, 42, 119, 135–167, 173, 184, 188, 193–197, 200, 202, 212, 218, 230, 238, 244–251 – vgl. auch Bauernfehde, Belagerung, Beute, Drohung, Einschüchterung, Eroberung, Fehde, Gefangenschaft, Hinrichtung, Klosterbruch, Krieg, Lösegeld, Misshandlung, Mord, Nötigung, Plünderung, Rache, Raub, Schleifung, Todesstrafe, Totschlag, Vandalismus, Vergewaltigung, Zwang
Gewohnheitsrecht 19, 39, 45, 47, 51, 63, 251 – vgl. auch Altes Herkommen, Altes Recht, Gemeines Recht
Gottesfrieden 142, 157 – vgl. auch Landfrieden
Gotteshausleute 150
Göttliches Recht 19, 23, 26, 45, 46, 145, 149, 251
Grundherrschaft 19, 29, 30, 47, 49, 55, 148, 189, 193 – vgl. auch Frondienst

Hauptrecht 174 – vgl. auch Besthaupt, Bestkleid, Todfall
Heilige Schrift → Bibel
Heiligenmeister 61, 87
Heiligenverehrung 75
Herrschaft 5, 12, 15–17, 19, 22, 27, 31, 33, 34, 36–38, 40, 42, 45, 46, 48–52, 54, 57, 58, 60–64, 67–70, 85, 94, 96, 97, 100, 102, 106, 109, 111, 112, 114, 131, 136, 139, 142, 144–150, 153, 155, 157, 160, 162, 165, 171, 172, 183, 184, 192, 215, 217, 218, 221, 224, 228, 231, 233, 234, 236, 238, 246, 248, 250–255 – vgl. auch Arme Leute, Frondienst, Gerichtsherrschaft, Grundherrschaft, Hintersassen, Landesherrschaft, Leibeigenschaft, Obrigkeit, Ortsherrschaft, Patronatsrecht
Herrschaftsintensivierung → Herrschaftsverdichtung

Herrschaftsverdichtung 19, 45–64, 246, 248, 251, 253, 255 – vgl. auch Schriftlichkeit, Verdichtung, Verfassungswandel
Hinrichtung 9, 135, 138, 162–164, 181, 184, 249, 250, 257
Hintersassen 22, 50, 60, 61, 147 – vgl. auch Arme Leute, Untertanen
Historisches Kolleg 47, 71, 78
Hofgericht 39, 52, 56, 60
Holz 16, 24, 28, 32, 33, 37, 161 – vgl. auch Wald
Holznutzung 25, 28, 33, 35, 161, 253 – vgl. auch Waldnutzung
Hühner 36, 179
Huldigung 133, 151, 158, 250
Huldigungsverweigerung 137, 146, 149
Hundertjähriger Krieg 246
Hungersnot 14, 16, 34 – vgl. auch Missernte, Teuerung
Hussiten 19, 143

Jacquerie 14, 245
Jagd 25, 31, 33, 36, 83, 253 – vgl. auch Vogelfang
Jagdfrevel 137
Jubiläum 7, 8, 70, 105, 240, 241
Juden 9, 14, 162

Kaland 94 – vgl. auch Bruderschaft
Kalter Krieg 8, 241, 245
Kirchenbann 211
Kirchenfabrik 67, 86, 87, 89
Kirchengemeinde 99 – vgl. auch Pfarrgemeinde
Kirchengeschworene 87, 99 – vgl. auch Kirchenpfleger
Kirchenordnung 94, 97, 99, 100 – vgl. auch Kirchenverfassung
Kirchenorganisation 94, 251, 252 – vgl. auch Kirchenverfassung, Pfarrorganisation
Kirchenpfleger 86, 87, 89, 93, 100 – vgl. auch Kirchengeschworene
Kirchenregiment 89, 96, 97, 100 – vgl. auch Fürstenreformation
Kirchenverfassung 76 – vgl. auch Kirchenordnung, Kirchenorganisation, Niederkirchenwesen
Klerus → Geistlichkeit
Klima 14, 17, 30, 31, 34, 111
Kloster 30, 31, 68, 80, 81, 84, 85, 95, 97, 98, 112, 119, 121, 127, 138, 146–148, 150, 154, 158–160, 161, 167, 170, 175,

177, 182, 183, 191, 193, 199, 200, 203, 222, 249, 252 – vgl. auch Stift
Klosterbruch 161
Knechtschaft 151, 152, 164, 238
Kommunalisierung 75–77, 85, 106 – vgl. auch Gemeinde
Kommunalismus 71, 72, 75, 78, 82, 87, 96–98, 101, 241, 252 – vgl. auch Gemeinde
Konfliktaustrag 140, 141, 144, 151, 156, 158
Konkubinat 97
Konsens 48, 52, 55, 61–63, 98
Konzil 14, 27
Krieg 234, 242 – vgl. auch Bürgerkrieg, Dreißigjähriger Krieg, Fehde, Hundertjähriger Krieg, Kalter Krieg, Landshuter Krieg, Städtekrieg, Zweiter Weltkrieg
Küster 86, 87, 89, 93 – vgl. auch Mesner

Landesgeschichte 133, 233, 246, 254
Landesherrschaft 55, 64, 76, 97, 101, 114, 228, 230 – vgl. auch Herrschaft, Huldigung, Obrigkeit
Landfrieden 141–143, 153, 157, 161, 167, 197, 213, 220, 251 – vgl. auch Gottesfrieden
Landgemeinde 75, 77, 78, 81, 85, 89, 90, 96, 97, 100, 101, 104, 106, 138
Landgericht 26, 211
Landshuter Krieg 107, 112, 175
Landsknechte 151, 152, 154, 163–165, 211, 244, 245 – vgl. auch Söldner
Landwirtschaft 17, 18, 29, 30, 35, 68, 162, 215, 240, 256 – vgl. auch Allmende, Agrarkrise, Agrarverfassung, Dreifelderwirtschaft, Grundherrschaft, Missernte, Sonderkulturen, Viehtrieb, Weide, Weinbau, Wiesenwässerung, Wildschaden
Lasten 50, 114, 226 – vgl. auch Abgaben
Legitimität 60, 139, 140, 166, 182, 217
Leibeigenschaft 16, 25, 26, 30, 34, 55, 57, 60, 62, 113, 173, 174, 177, 185, 193, 239, 240 – vgl. auch Arme Leute, Gotteshausleute
Lösegeld 143

Marxismus 8, 20, 21, 63, 70, 73, 164, 208, 235, 241, 245
Memoria 169, 170, 171 – vgl. auch Schlachtengedenken
Mesner 86 – vgl. auch Küster

Missernte 215 – vgl. auch Hungersnot, Teuerung
Misshandlung 155, 193
Mord 14, 136, 137, 140, 148, 194, 222, 247
Mühle 142, 181

Nationalsozialismus 18, 19, 208, 243–245 – vgl. auch Faschismus
Naturalabgaben 33, 49, 50
Niederkirchenwesen 75, 76, 78, 81, 83, 86–89, 106
Nötigung 140, 157, 247, 251
Nutzungsrechte 11, 16–18, 25, 28, 31–36, 38–40, 62, 113, 114, 156, 253 – vgl. auch Holznutzung, Waldnutzung, Wassernutzung
Nutzungskonflikt 18, 32–36, 253

Obrigkeit 23, 25, 32, 33, 48, 50–52, 62, 68, 74, 92, 104, 115, 116, 129, 135, 137, 140–142, 148, 157, 160, 174, 192, 193, 217, 234, 239, 247, 249–251, 253, 255 – vgl. auch Herrschaft, Landesherrschaft, Ortsherrschaft
Ortsherrschaft 39, 40, 61, 64, 133 – vgl. auch Herrschaft, Huldigung, Obrigkeit

Papst 236
Patronatsrecht 80–85, 88–90, 97–99, 102, 104, 106 – vgl. auch Eigenkirche, Gemeindepatronat
Pest 14, 30, 89
Pfaffenhass 67
Pfarrei 68, 74–91, 93, 94, 98–102, 105, 106, 113, 193, 252
Pfarrer 7, 24, 25, 27, 67, 75–77, 80–90, 98–104, 106, 107, 113, 121, 123, 159, 165, 178, 180, 193, 207, 221, 250, 252 – vgl. auch Seelsorge
Pfarrerwahl 24, 67, 75, 80, 81, 84–86, 88, 113, 252 – vgl. auch Gemeindepatronat
Pfarrgemeinde 76, 79–65, 89, 94, 100 – vgl. auch Kirchengemeinde
Pfarrorganisation 78, 81, 84, 89 – vgl. auch Kirchenorganisation
Pfründe 67, 77, 81, 82, 85, 86, 90, 91, 172, 230, 231, 250 – vgl. auch Benefizium
Plünderung 41, 107, 119, 124, 128, 132, 138, 142, 146, 148, 158–160, 162, 175, 179, 181, 183, 191, 193, 194, 199, 200, 249

Predigt 20, 22, 24, 26, 27, 66, 67, 92–99, 101, 104, 115, 120, 121 123, 133, 148, 153, 178, 217
Protest 12, 16, 17, 19, 36, 38, 63, 93, 139, 142, 152, 174, 194, 207, 249, 251, 252 – vgl. auch Verweigerung, Widerstand

Rache 107, 120, 138, 169, 195, 249, 250
Raub 136–138, 140, 142, 161–163, 193, 222, 226, 249, 251
Recht → Altes Recht, Dorfornung, Gemeines Recht, Gewohnheitsrecht, Göttliches Recht, Römisches Recht, Sachsenspiegel, Schwabenspiegel, Weistum, Widerstandsrecht
Reformation 8, 19, 20, 24, 26, 27, 37, 65–107, 113, 114, 116, 122, 148, 153, 161, 171, 193, 209, 211, 214, 216, 217, 230, 238, 239, 241, 251–253, 255 – vgl. auch Gemeindereformation, Volksreformation
Reichsacht 172
Reichskammergericht 23, 26, 33, 37, 39–42, 52, 58, 60, 61, 64, 153, 198, 213, 227
Reichsreform 52, 201 – vgl. auch Verfassungswandel
Reichsregiment 153, 213
Religion 12, 20, 26, 67, 68, 70, 71, 74, 75, 83, 102, 113, 144, 154, 182, 215, 224, 230, 239, 251, 252 – vgl. auch Frömmigkeit
Revolution 8, 22, 67, 69, 71, 241, 243, 246, 250 – vgl. auch Französische Revolution, Frühbürgerliche Revolution
Revolution 1848 7
Rezeption → Römisches Recht
Ritterschaft 53, 59, 62–64, 110, 130, 155, 188, 191, 203, 213, 214, 223, 229, 248, 254
Römisches Recht 19, 49, 51, 52, 57–59
Rüggericht 52

Sachsenspiegel 26, 142
Sakrament 65, 76, 90, 98, 178
Säkularisation 112, 225, 231
Schäferei 62
Schaftrieb 16
Schatzung 143, 173, 174, 185 – vgl. auch Brandschatzung
Schlachtengedenken 170 – vgl. auch Memoria
Schleifung 160, 183

Schriftlichkeit 19, 47, 49–56, 58–60, 114, 249, 251, 254 – vgl. auch Dorfordnung, Flugschrift, Weistum, Zinsbuch
Schule 86, 93
Schwabenspielgel 26
Schwäbischer Bund 23, 107, 126, 131–134, 146, 154, 166, 170, 171, 183–185, 188, 190, 192, 196–200, 202, 203, 207, 211, 213, 222, 223, 249, 250
Schweinemast 16, 39
Seelsorge 76, 82, 83, 85, 87, 88, 90, 98, 100, 230
Söldner 130, 136, 153, 154, 159, 166, 182, 192, 211 – vgl. auch Landsknechte
Sonderkulturen 21, 30, 36
Stadt 12, 14, 21, 22, 26, 30, 31, 35, 36, 50, 55, 68, 71, 72, 78, 81, 84, 85, 88–90, 92–95, 97–100, 103, 106, 109, 111–112, 119, 123, 124, 133, 134, 142, 143, 145, 147, 156, 158, 165, 170, 182, 183, 190, 207, 216, 228, 236, 240, 242, 243, 252, 253
Städtekrieg 143, 170
Stände 56, 57, 201, 229, 235–240 – vgl. auch Dritter Stand
Steuer 34, 52, 54, 55, 62, 63, 64, 148, 215–217, 219 – vgl. auch Erbschaftssteuer, Ungeld
Steuerverweigerung 137, 146, 149
Stift 61, 68, 80, 81, 85, 88, 124, 147, 161, 170, 211, 229, 230, 248 – vgl. auch Domstift, Kloster
Strafe 123, 161, 162, 164, 167, 170, 173, 174, 184, 193, 197, 199, 213, 219, 238 – vgl. auch Sühne, Todesstrafe, Urfehde
Studium 58, 59, 116, 207, 230, 251 – vgl. auch Universität
Sühne 133, 143, 144, 171, 183, 249 – vgl. auch Strafe
Synagoge 162

Tagelöhner 21, 29, 31, 34
Territorialisierung 19, 32, 201, 248, 253
Teuerung 16 – vgl. auch Hungersnot, Missernte
Theologie 20, 23, 27, 67, 70–72, 74, 76, 77, 93, 95, 238, 248, 251, 252, 255
Todesstrafe 147 – vgl. auch Hinrichtung
Todfall 16, 26, 62 – vgl. auch Besthaupt, Bestkleid, Erbschaftssteuer, Hauptrecht
Totengedenken → Memoria
Totschlag 143, 164, 179–181, 249

Umweltgeschichte 17, 28, 29, 35, 43, 253, 259
Unfreiheit 236, 238, 240, 242 – vgl. auch Freiheit, Knechtschaft
Ungeld 113
Universität 19, 37, 69, 93, 235 – vgl. auch Studium
Unterschicht 20, 21
Untertanen 9, 23, 32, 33, 38, 48, 52, 55, 57, 58, 60, 63, 76, 133, 138, 144, 146, 147, 162, 163, 177, 212, 224, 228, 229, 243, 250, 254 – vgl. auch Arme Leute, Hintersassen
Untertanenkonflikt 12, 37–42, 58, 60–62, 114
Urfehde 133, 143, 170, 174, 181, 183, 184, 190, 197, 199, 249

Vandalismus 162
Verdichtung 5, 45, 47–50, 54, 56, 62–64, 246, 248, 251, 253, 255 – vgl. auch Herrschaftsverdichtung, Verfassungswandel
Verfassungswandel 8, 46, 52, 64, 78, 201, 202 – vgl. auch Reichsreform, Verdichtung
Vergewaltigung 137, 155
Verweigerung 61, 102, 113, 141, 146, 149, 153, 174 – vgl. auch Huldigungsverweigerung, Steuerverweigerung, Widerstand
Viehtrieb 33, 36, 62 – vgl. auch Schäferei, Schaftrieb, Schweinemast, Waldweide
Viehweide → Viehtrieb
Visitation 89, 97, 102, 103
Vogelfang 16, 25, 36, 37, 143, 144, 253
Volksreformation 20, 70, 71, 73, 169 – vgl. auch Gemeindereformation
Vormärz 13, 207, 234

Waffen 118, 125, 133, 138, 141, 143, 156, 175, 177, 180, 181, 184, 211, 250 – vgl. auch Geschütz

Wald 25, 28–35, 38, 39, 55, 113, 222 – vgl. auch Bannwald, Gemeindewald, Holz
Waldnutzung 16, 32, 35, 38–40, 62, 114 – vgl. auch Holznutzung
Waldweide 28, 32, 114 – vgl. auch Viehtrieb
Waldwirtschaft → Waldnutzung
Wallfahrt 75, 92
Wassernutzung 15, 28, 36 – vgl. auch Wiesenwässerung
Weide 16, 29, 31, 33, 114, 253 – vgl. auch Viehtrieb, Waldweide
Weimarer Republik 240, 244
Wein 104, 105, 119, 128, 129, 215, 218
Weinbau 17, 30, 34, 142
Weinschank 62
Weistum 47, 51, 61–63, 88, 254
Widerstand 19, 36, 38, 78, 95, 119, 123, 124, 138, 139, 144–147, 149, 155, 159, 239 – vgl. auch Protest, Untertanenkonflikt, Verweigerung
Widerstandsrecht 46, 146
Wiedertäufer 20
Wiesenwässerung 16, 31
Wildschaden 16, 25
Wirtschaftskrise 21 – vgl. auch Agrarkrise

Zehnt 24, 25, 26, 33–36, 67, 77, 79, 85, 102, 114, 174, 177, 193
Zerstörung 40, 53, 66, 112, 116, 120, 124, 125, 132, 133, 148, 158–162, 181, 201, 207, 213, 218–222, 249
Zinsbuch 49, 59, 60
Zwang 40, 118, 156–158, 167, 185, 197, 201, 214
Zweiter Weltkrieg 242, 244, 245
Zwölf Artikel 5, 11, 16, 18, 20, 22–24, 26–28, 35, 37, 40, 45, 62, 67, 85, 99, 106, 108, 113, 126, 136, 150, 174, 175, 177, 180, 193, 207, 217, 239, 240, 242, 250 253

Abbildungsnachweis

Frontispiz: Hinrichtung des Bauernführers Jäcklein Rohrbach. Miniatur in Peter Harers Chronik des Bauernkriegs, Badische Landesbibliothek Karlsruhe, Cod. K 2476, fol. 129r.

S. 237: Bete – Schütze – Arbeite. Christus und die drei Stände. Holzschnitt in Johannes Lichtenberger, Pronosticatio latina, Mainz [Jakob Meydenbach] 1492.06.08, Bayerische Staatsbibliothek München, 2 Inc.c.a. 2729, fol. 6r.: https://www.digitale-sammlungen.de/de/view/bsb00033583?page=15 (Zugriff am 24.08.2023).

Verzeichnis der Autorinnen und Autoren

KURT ANDERMANN, Professor Dr. phil., geb. 1950 in Speyer, Archivdirektor i. R., Honorarprofessor der Albert-Ludwigs-Universität Freiburg im Breisgau, Mitglied des Konstanzer Arbeitskreises für mittelalterliche Geschichte. – Publikationen zur südwestdeutschen und vergleichenden Landesgeschichte sowie zur Verfassungs- und Sozialgeschichte des Mittelalters und der frühen Neuzeit.

OLIVER AUGE, Professor Dr. phil., geb. 1971 in Göppingen, Professor für Regionalgeschichte mit Schwerpunkt Schleswig-Holstein in Mittelalter und Frühneuzeit an der Christian-Albrechts-Universität zu Kiel, Mitglied des Konstanzer Arbeitskreises für mittelalterliche Geschichte. – Publikationen zur Regional- und Landesgeschichte Schleswig-Holsteins, Mecklenburgs, Pommerns, Südwestdeutschlands und Südtirols, zur Reichsgeschichte, zur Sozial- und Verfassungsgeschichte des Mittelalters und der frühen Neuzeit, zur Stadtgeschichte und zur Universitätsgeschichte.

ENNO BÜNZ, Professor Dr. phil., geb. 1961 in Marne (Dithmarschen), Professor für sächsische Landesgeschichte an der Universität Leipzig, Ordentliches Mitglied der Sächsischen Akademie der Wissenschaften, Mitglied der Zentraldirektion der Monumenta Germaniae Historica und des Konstanzer Arbeitskreises für mittelalterliche Geschichte. – Publikationen zur deutschen und vergleichenden Landesgeschichte vor allem in Sachsen, Thüringen, Franken und Schleswig-Holstein, zur Geschichte des Hoch- und Spätmittelalters und der Reformationszeit, zur Kirchen- und Pfarreigeschichte sowie zu den Historischen Hilfswissenschaften.

HERMANN EHMER, Professor Dr. theol., geb. 1943 in Beilstein, Direktor des Landeskirchlichen Archivs in Stuttgart i. R., Honorarprofessor der Eberhard-Karls-Universität Tübingen, Mitglied der Kommission für geschichtliche Landeskunde in Baden-Württemberg. – Publikationen zur Kirchen- und Reformationsgeschichte sowie zur allgemeinen Landes- und Kirchengeschichte Südwestdeutschlands.

ANDREAS FLURSCHÜTZ DA CRUZ, Privatdozent Dr. phil., geb. 1982 in Haßfurt, Akademischer Oberrat a. Z. am Institut für Geschichtswissenschaften und europäische Ethnologie der Universität Bamberg, Wahlmitglied der Gesellschaft für fränkische Geschichte. – Publikationen zur Rechtsgeschichte, Mikrogeschichte,

Prosopographie und Genealogie, zur Adelsforschung, zur Vergleichenden Landes- und Regionalgeschichte, zur internationalen Diplomatie- und Militärgeschichte, zur Geschichte Italiens und der Iberischen Halbinsel sowie zur Geschichte des Fremdsprachenerwerbs.

NINA GALLION, Professorin Dr. phil., geb. 1980 in Heilbronn, Professorin für Spätmittelalterliche Geschichte und Vergleichende Landesgeschichte an der Johannes Gutenberg-Universiät Mainz. – Publikationen zur Stadtgeschichte, zur Kirchen- und Bischofsgeschichte, zur vergleichenden Landesgeschichte mit Schwerpunkten in Südwestdeutschland und Schleswig-Holstein, zur Hofgeschichte und zur Geschlechtergeschichte.

CHRISTINE REINLE, Professorin Dr. phil., geb. 1962 in Mannheim, Professorin für Deutsche Landesgeschichte und Geschichte des späten Mittelalters an der Justus Liebig-Universität Gießen, Mitglied des Konstanzer Arbeitskreises für mittelalterliche Geschichte. – Publikationen zur kaiserlichen und königlichen Herrschaftspraxis im späten Mittelalter, zum Adel und zum Fehdewesen sowie zu spätmittelalterlichen Ausprägungen von Landesherrschaft.

GERRIT JASPER SCHENK, Professor Dr. phil., geb. 1968 in Baden-Baden, Professor für Mittelalterliche Geschichte an der Technischen Universität Darmstadt, Mitglied der Hessischen Historischen Kommission Darmstadt und der European Society for Environmental History. – Publikationen zur politischen Anthropologie, zu Ritualen, zur Umweltgeschichte, Stadtgeschichte und Wissensgeschichte, zur fluvialen Antroposphäre sowie zu Katastrophenkulturen im globalen Kontext.

BERND SCHNEIDMÜLLER, Professor Dr. phil., geb. 1954 in Hainchen, Seniorprofessor an der Universität Heidelberg, Ordentliches Mitglied der Heidelberger Akademie der Wissenschaften, Mitglied des Konstanzer Arbeitskreises für mittelalterliche Geschichte. – Veröffentlichungen zur Geschichte des Mittelalters vom 9. bis 15. Jahrhundert; Beteiligung an zahlreichen historischen Ausstellungen.